Nazi-Deutschland von A bis Z

D1720093

Mit guten Wünschen
und großem Dank
für angenehme Stunden
von Angelika und
Helmut Caspar
Berlin, den 24. 4. 2016

Helmut Caspar

Nazi Deutschland von A bis Z

Ein Lesebuch
über den deutschen Faschismus

edition bodoni

© edition bodoni, 1. Auflage 2016
Gesamtgestaltung und Herstellung: typowerk.net

ISBN: 978-3-940781-71-0

INHALT

11	Vorbemerkung
15	Adolf-Hitler-Spende der deutschen Wirtschaft
17	Aktion Reinhardt
18	Aktionseinheit, Brüsseler Konferenz der KPD
19	Alliierter Kontrollrat
20	Anschluss Österreichs, Heim ins Reich
23	Anti-Hitler-Koalition, Kalter Krieg
24	Antikominternpakt, Stahlpakt
25	Ardennenoffensive
26	Arierparagraph
27	Arisierung
30	Aufstand im Warschauer Ghetto, Warschauer Aufstand
31	Auschwitz, Auschwitzlüge
33	Auschwitz-Prozess
37	Autobahn, Volkswagen
39	Bedingungslose Kapitulation
40	Bekennende Kirche, Pfarrernotbund
44	Berliner Arbeiterwiderstand 1942-1945
46	Blitzkrieg
47	Blockade Leningrads
48	Blut und Boden, Volk ohne Raum
50	Blutrichter, Furchtbare Juristen
52	Buchenwald
55	Bücherverbrennung
57	Casablanca, Teheran und Jalta
59	Dachau
62	D-Day, Operation Overlord
63	Der Stürmer
64	Deutsche Christen, Entjudete Bibel
66	„Deutsche Hörer"
68	Deutsche Wissenschaft

70	Deutsch-sowjetischer Nichtangriffspakt (Hitler-Stalin-Pakt)
71	Edelweißpiraten
73	Eichmann-Prozess, Banalität des Bösen
76	Einheitsfront
77	Einsatzstab Rosenberg, Der Mythus des 20. Jahrhunderts
78	Elser-Attentat 1939
79	Endlösung der Judenfrage, Madagaskarplan
81	Enigma
83	Entartete Kunst, Entartete Musik
85	Entnazifizierung
87	Euthanasie, Aktion T 4, Reichsausschusskinder
90	Fabrik-Aktion, Rüstungsjuden
92	Fall Gleiwitz
93	Faschismus in Italien, Duce-Kult
95	Feindbegünstigung, Fahnenflucht
97	Flüsterwitze
99	Frontbegradigung
100	Führerhauptquartier, Wolfsschanze, Berghof und Neue Reichskanzlei
103	Führerstädte, Führermuseum Linz
106	Gau, Gauleiter
108	Generalgouvernement
111	Generalplan Ost
113	Gestapo, Reichssicherheitshauptamt, Meldungen aus dem Reich
116	Hitlers Ende
118	Holocaust
119	Horst-Wessel-Lied, Kälbermarsch
120	IG-Farben
122	Judenboykott, „Deutsche kauft nicht bei Juden"
125	Judenstern, Judenhaus, Sara und Israel, Stille Helfer
128	Jüdische Rundschau, Jüdische Selbsthilfe
130	Kanonen statt Butter, Eintopfsonntag, Kohlenklau

132 Kirchenkampf, Klosterprozesse
136 Kolonialplanungen
137 Konzentrations- und Vernichtungslager
142 Köpenicker Blutwoche
143 Korruption, Dotationen
144 Kreisauer Kreis
146 Kriegsfinanzierung, Mefo-Wechsel
149 Kriegsziele, Liebmann-Protokoll, Hoßbach-Protokoll
152 Lingua Tertii Imperii, Drittes Reich
156 Luftkrieg, Moral Bombing
160 Machtergreifung
164 Medizinverbrechen, Menschenversuche
167 „Mein Kampf"
169 Menschenmaterial
170 Morgenthauplan, Marshallplan
173 Münchner Abkommen, Sudetenkrise
174 Nationalkomitee Freies Deutschland
175 Nationalsozialistische Deutsche Arbeiterpartei (NSDAP)
178 Nerobefehl, Verbrannte Erde
179 Notverordnungen, Ermächtigungsgesetz
181 Nürnberger Gesetze, Rassenschande
185 Nürnberger Kriegsverbrecherprozesse
189 Olympische Spiele von 1936
192 Organisation Todt, Westwall, Atlantikwall, Alpenfestung
194 Paragraph 175, homusexualtät, Rosa Winkel
196 Plötzensee
199 Posener Reden
201 Potsdamer Abkommen
204 Prinz-Albrecht-Straße, Topographie des Terrors
205 Propagandakompanie
207 Protektorat Böhmen und Mähren
209 Quisling, Vichy, Wlassow-Armee
211 Rattenlinie, Klosterroute

213 Raubgold

214 Ravensbrück

217 Regierung Dönitz

218 Reichsarbeitsdienst

220 Reichsgau Wartheland

221 Reichskonkordat, Mit brennender Sorge

223 Reichskriegsgericht

225 Reichskulturkammer

226 Reichsmarschall

228 Reichsparteitag

230 Reichspogromnacht, Reichskristallnacht

233 Reichstagsbrand, Braunbuch

235 Reichswehr, Wehrmacht, Ersatzheer

238 Reichswerke Hermann Göring

239 Rote Kapelle

241 Sachsenhausen

245 Schlacht um Berlin

247 Schutzstaffel, Reichsführer SS

249 Selektion, Sonderbehandlung

251 Sippenhaft, Aktion Gewitter

253 Stalingrad

255 Stammlager, Stalag

256 Stolpersteine

257 Sudetenkrise, Memelkrise

259 Theresienstadt

260 Unternehmen Barbarossa, Kommissarbefehl

264 Unternehmen Seelöwe

266 Vergeltungswaffen, Wunderwaffen

268 Versailler Vertrag, Völkerbund

269 Vierjahresplan

270 Volksgerichtshof

273 Volkssturm

274 Wehrwirtschaftsführer, Gefolgschaft

275   Weimarer Republik, Preußenschlag
277   Weiße Rose
279   Welthauptstadt Germania
283   Werwolf
285   Widerstand
290   Wiedergutmachung
292   Wilhelmstraßenprozess
295   Winterhilfswerk, Metallspende des deutschen Volkes
297   „Wollt ihr den totalen Krieg?"
300   Zentrale Stelle Ludwigsburg
302   Zigeuner-Erlass
304   Zwangsarbeiter, Vernichtung durch Arbeit
309   Zwanzigster Juli 1944, Unternehmen Walküre
312   Zweite Schuld, kalte Amnestie
315   Zyklon B, Topf & Söhne
319   Literatur

»Hier stehst Du schweigend,
doch wenn Du Dich wendest,
schweige nicht.«

*Inschrift auf dem Jüdischen Friedhof
an der Schönhauser Allee in Berlin*

VORBEMERKUNG

Dieses Nachschlagewerk über Untaten und Taten, Wörter und Unwörter aus der Zeit des faschistischen Regimes in Deutschland erfasst bei weitem nicht die überaus komplexe Geschichte der Nazi-Zeit und des Zweiten Weltkriegs, sondern konzentriert sich auf vier Schwerpunkte. Es sind dies die Weltherrschaftspläne der Nazis und ihrer Helfershelfer, des Weiteren die vielfältigen Widerstandsgruppen und -formen, die zwar nicht die Kraft hatten, entscheidend in das Rad der Geschichte einzugreifen, aber der Vergessenheit nicht anheimfallen dürfen. Die Zerschlagung des NS-Regimes und damit die Befreiung Deutschlands durch die Anti-Hitler-Koalition ist ein dritter Schwerpunkt, der in den Umgang in Ost und West mit den ungeheuerlichen Verbrechen mündet, die von Deutschen im Namen des Faschismus begangen worden waren, und den namhaft gemachten Tätern.
Dieses besondere Wörterbuch erinnert an Geschehnisse in Berlin, aber nicht nur an diese. Es erschließt geschichtliche Hintergründe, spürt dem Werdegang der Täter nach dem Ende der NS-Herrschaft nach und stellt Bezüge zur Gegenwart her. Die hier erfassten Stichworte zeigen, wie das NS-Regime seine unmenschlichen Maßnahmen einerseits mit verschleiernden Begriffen umschrieb und auf der anderen Seite unverblümt die Dinge beim Namen nannte, die ihm bei der Durchsetzung seiner rassistischen Politik sowie seiner Weltherrschafts- und Kriegspläne wichtig waren.

Angeregt durch das namhafte Werk des Dresdner Romanisten und Überlebenden der faschistischen Rassenpolitik Victor Klemperer „LTI Lingua Tertii Imperii" ging ich schon vor Jahren auf die Suche nach charakteristischen Begriffen aus der Nazi-Sprache, und je mehr ich mich in dieses Thema eingearbeitet habe, um so mehr fand ich Wörter, die es verdient haben, in einem Buch für heutige Leser gut verständlich zusammengefasst zu werden. Es will sich nicht an dickleibigen Enzyklopädien und den unendlich vielen Einzeldarstellungen messen.

Aber es scheint geboten, angesichts der rechtsextremen Entwicklungen in unserem Lande Begriffe zu benennen und zu brandmarken, die heute ungeachtet ihrer politischen Belastung wieder in die politischen Auseinandersetzungen eingezogen sind, aber auch in der Alltagssprache verwendet werden.

Mit seinem 1947 und später in weiteren Auflagen veröffentlichten Buch über die Sprache des Dritten Reichs hat Victor Klemperer ein Grundlagenwerk darüber geschaffen, wie der Alltag in der NS-Zeit funktioniert hat und wie es möglich war, dass so viele Deutsche den demagogischen Parolen und Verheißungen der Nazis folgten. Aus seiner Wohnung vertrieben, in Dresdner Judenhäusern untergebracht und zur Zwangsarbeit verpflichtet, blieb dem Sprachforscher durch einen grausamen Zufall die Deportation als einer der letzten Dresdner Juden erspart. Am 13. Februar 1945, als er sich bei der Gestapo melden sollte, ging die Stadt im anglo-amerikanischen Bombenangriff unter. „Am Abend dieses 13. Februar brach die Katastrophe über Dresden herein: die Bomben fielen, die Häuser stürzten, der Phosphor strömte, die brennenden Balken krachten auf arische und nichtarische Köpfe, und derselbe Feuersturm riss Jud und Christ in den Tod; wen aber von den etwa 70 Sternträger diese Nacht verschonte, dem bedeutete sie Errettung, denn im allgemeinen Chaos konnte er der Gestapo entkommen", beschrieb Klemperer seine Rettung. Der Sprach- und Literaturforscher lebte und lehrte hochgeehrt in der DDR und starb 1960 in Dresden. „Ich möchte gar zu gerne am Auspumpen der Jauchengrube Deutschlands mitarbeiten, dass wieder etwas Anständiges aus diesem Lande werde", erklärte er 1946 und tat dies im deutschen Osten, den er im Vergleich zum deutschen Westen mit seinen zu neuen Ehren gekommenen Naziverbrechern als das kleinere Übel betrachtete

In mein Gedächtnis eingebrannt sind die Warnungen und Mahnungen, die Thomas Mann aus dem Exil über die BBC London seinen Landsleuten während des Zweiten Weltkriegs zurief und später unter dem Titel „Deutsche Hörer" veröffentlicht hat. „Die Welt braucht Frieden, um Lebens und Sterbens willen braucht sie ihn, und darum kann sie den

Nationalsozialismus, der keinen anderen Sinn und Zweck hat als Krieg, der nie etwas anderes meinte und in sich trug als Krieg, nicht brauchen. Koste es was es wolle, an Zeit und Opfern, – die Erde muss von ihm befreit, die Menschen von ihm erlöst werden!" sagte der Literaturnobelpreisträger am 1. Januar 1945. Es wurde noch unendlich viel Blut vergossen, es sanken noch viele Städte in Schutt und Asche und Millionen Menschen mussten ihre Heimat verlassen, bis die Nazidiktatur im Orkus der Geschichte verschwunden war. Die Worte des Dichters sind uns heute angesichts zunehmender globaler Konflikte und Bedrohungen ernste Mahnung.

Nicht alle Menschen in diesem Land haben sich von der NS-Ideologie gelöst, manche weinen auch heute Hitler und seinem Großdeutschen Reich Tränen nach. Es gibt Neonazis, die dieses zurück haben wollen, „arischer Blutreinheit" das Wort reden und so genannte Fremdvölkische, neuerdings auch Zuwanderer und Flüchtlinge zum Teufel jagen möchten. Allen denen, die dieser neuen Welle aus Verherrlichung eines untergegangenen Terrorregimes und Hass gegen alles Fremde und Ungewohnte eine Absage erteilen wollen und ihre Argumente mit historischen Fakten untermauern möchten, seien die nun folgenden Erläuterungen zur Beachtung empfohlen. Die alphabetisch geordneten Stichworte des Buches werden durch ein umfangreiches Literaturverzeichnis ergänzt, das sowohl auf Quellen verweist, aus denen geschöpft wurde, aber auch als Anregung für vertiefende Lektüre gedacht ist.

Es ist mir ein Bedürfnis, meiner Lektorin Dr. Christa Kouschil für vielfältige, geduldige Hilfe beim Werden des Manuskripts und der edition bodoni für die Veröffentlichung herzlich zu danken.

ADOLF-HITLER-SPENDE DER DEUTSCHEN WIRTSCHAFT

Die Adolf-Hitler-Spende der deutschen Wirtschaft wurde am 1. Juni 1933 von der Vereinigung der deutschen Arbeitgeberverbände und dem Reichsverband der Deutschen Industrie zugunsten der NSDAP eingerichtet. Angeregt wurde diese Spendenaktion für die NS-Bewegung von Gustav Krupp von Bohlen und Halbach und Martin Bormann, wobei Krupp das dazu installierte Kuratorium führte. Zu den Mitbegründern des Bündnisses „auf Gegenseitigkeit" gehörte auch der Ex-Reichsbankpräsident und Reichswirtschaftsminister Hjalmar Schacht. Die prozentuale Belastung schwankte zwischen einem und 3,5 Prozent der gesamten Lohnkosten eines Betriebes.

Krupp, IG-Farben, Flick, Thyssen und andere Konzerne ließen über die Adolf-Hitler-Spende zwischen 1933 und 1945 der Nazipartei jährlich über 60 Millionen Reichsmark (RM) zukommen. Allein die Dresdner Bank war 1934 mit 120 000 RM beteiligt. Außer den Zahlungen für die Adolf-Hitler-Spende machten die Rüstungsmonopole große finanzielle Zuwendungen an die SS und andere Organe des nazistischen Terrorapparates.

Zu den eifrigsten Geldgebern und Förderern der NSDAP zählte Friedrich Flick. Neben ständigen Zahlungen an den sogenannten Freundeskreis von jährlich über 100 000 RM zahlte Flick auch große Summen in die Adolf-Hitler-Spende sowie an die örtlichen Stellen der Nazi-Partei. So überwies das zu seinem Konzern gehörende Stahlwerk Riesa in der Zeit vom 24. Februar 1933 bis Ende 1934 über 34 000 RM an örtliche SA- und SS-Verbände.

Nach der Unterzeichnung des Münchner Abkommens am 30. September 1938 sicherte der Vorstandsvorsitzende der IG-Farben, Hermann Schmitz, Hitler weitgehende finanzielle Unterstützungen zu. „Unter dem Eindruck der von Ihnen, mein Führer, erreichten Heimkehr Sudetendeutschlands ins Reich, stellt Ihnen die IG-Farbenindustrie Aktiengesellschaft zur Verwendung für das sudetendeutsche Gebiet einen Betrag von einer halben Million Reichsmark zur Verfügung", kündigte er Hitler an. Insgesamt stellte der IG-Farben-Konzern (ohne Tochtergesellschaften) der Hitlerclique in den Jahren von 1933 bis 1945 über 84 Millionen RM zur Verfügung. Die Erwartungen der Industrie in ihre Investitionen wurden erfüllt. Unmittelbar nach seinem Machtantritt versprach Hitler in einer Ansprache vor den Befehlshabern des Heeres und der Marine die Ausrottung des Marxismus mit Stumpf und Stiel, straffste autoritäre Staatsführung, Beseitigung des „Krebsschadens der Demokratie" und nach außen Kampf gegen den Versailler Vertrag. In seinen Augen war der Aufbau der Wehrmacht „die wichtigste Voraussetzung der Wiedergewinnung der politischen Macht. Wie soll die politische Macht gebraucht werden? Vielleicht Erkämpfung neuer Exportmöglichkeiten, vielleicht – und wohl besser – Eroberung neuen Lebensraumes im Osten und dessen rücksichtslose Germanisierung."

Die Erwartungen, die führende Vertreter des deutschen Großkapitals in die Hitlerregierung gesetzt hatten, erfüllten sich bald. Nachdem das Deutsche Reich Ende Oktober 1933 die Abrüstungskonferenz in Genf verlassen hatte und aus dem Völkerbund ausgetreten war, telegrafierte der Essener Industrielle Gustav Krupp von Bohlen und Halbach: „Auf dem vorgezeichneten Weg folgt Ihnen in unbeugsamer Entschlossenheit inmitten der einigen Nation die deutsche Industrie." Mit Krupp, dem damaligen Vorsitzenden des Reichsverbandes der deutschen Industrie, stellten sich die einflussreichsten Kreise der deutschen Industrie hinter eine Politik, die ihren eigenen langjährigen Expansionszielen in allen wichtigen Punkten entsprach. Die Wirtschaft hatte sich nicht, wie es so oft heißt, „den Plänen Hitlers zu fügen", sondern sie selbst fügte sich äußerst wirkungsvoll in die Politik des faschistischen Staates ein.

In der Geschichtsschreibung der Bundesrepublik wird allzu oft verdrängt, dass die großen Monopole der Stahl-, Elektro- und Chemieindustrie die hauptsächlichen Entwicklungslinien der Aufrüstung des so genannten Dritten Reiches selber bestimmten. Sie gaben die entscheidenden Phasen dieser Entwicklung vor und dirigierten die Durchführung der gewaltigen Rüstungsprogramme. Eine bissige Fotomontage des

Grafikers John Heartfield aus dem Jahr 1932 zeigt den zur Macht drängenden Hitler, wie er seine rechte Hand nach hinten zum „Deutschen Gruß" ausstreckt und ein Vertreter des Kapitals einen großen Geldschein in sie legt. Das Bild entlarvt, dass die deutsche Großindustrie Geldgeber, Motor, Steigbügelhalter und Nutznießer des faschistischen Regimes war.

AKTION REINHARDT

Im Generalgouvernement, dem von der deutschen Wehrmacht besetzten Ostpolen, und der Ukraine wurden zwischen Juli 1942 und Oktober 1943 mehr als zwei Millionen Juden sowie etwa 50 000 Sinti und Roma ermordet. Die Verbrechen fanden vor allem in den Vernichtungslagern Belzec, Sobibor und Treblinka unter der Tarnbezeichnung Aktion Reinhardt statt. Mit ihrer Durchführung im Rahmen der Endlösung der Judenfrage beauftragte Reichsführer SS Heinrich Himmler den Lubliner SS- und Polizeiführer Odilo Globocnik. In Lublin sah sich Adolf Eichmann, der Protokollant der Wannseekonferenz, ein Lager an, in dem ihm SS-Sturmbannführer Christian Wirth, der erste Kommandant von Belzec und Inspekteur der Vernichtungslager, erklärte, wie Juden vergast werden. Wirth zufolge, einem der Organisatoren des Euthanasie-Programms, kämen die getöteten Gefangenen ins Krematorium und würden verbrannt (s. Topf & Söhne). Erfahrungen, die Wirth und andere SS-Leute beim Krankenmord T4 gesammelt hatten, wurden bei der Aktion Reinhardt genutzt. Die Vernichtungslager waren mit Gaskammern ausgestattet, in denen das tödliche Kohlenmonoxid sowie das Giftgas Zyklon B zum Einsatz kamen. Die Deportation der so genannten Fremdvölkischen wurde unter Tarnbegriffen wie Abschiebung, Absiedlung oder Verschickung organisiert.

Zufrieden schrieb Propagandaminister Joseph Goebbels am 7. März 1942 in sein Tagebuch: „Aus dem Generalgouvernement werden jetzt, bei Lublin beginnend, die Juden nach dem Osten abgeschoben. Es wird dabei ein ziemlich barbarisches und nicht näher zu beschreibendes

Verfahren angewandt, und von den Juden selbst bleibt nicht mehr viel übrig. Im großen kann man wohl feststellen, dass 60 % davon liquidiert werden müssen, während nur noch 40 % in der Arbeit eingesetzt werden können." Die auf 180 Millionen Reichsmark bewerteten Hinterlassenschaften der ermordeten Menschen wurden Himmlers Sonderkonto „R" gut geschrieben und für Terrormaßnahmen der SS verwendet (s. Raubgold). Enteignete Immobilien und Grundstücke dienten der Ansiedlung von so genannten Reichs- und Volksdeutschen in den okkupierten Gebieten.

AKTIONSEINHEIT, BRÜSSELER KONFERENZ DER KPD

Die Brüsseler Konferenz der KPD fand aus konspirativen Gründen nicht in der belgischen Hauptstadt statt, sondern vom 3. bis 15. Oktober 1935 in Kunzewo bei Moskau. Im Mittelpunkt dieser ersten großen Zusammenkunft führender Kommunisten nach der Errichtung der faschistischen Diktatur in Deutschland stand die Frage, ob und wie die Aktionseinheit mit den Sozialdemokraten im Widerstandskampf unter den Bedingungen von Naziterror und Illegalität möglich ist. Prominente Redner und Gäste waren Wilhelm Pieck als Vertreter des in Nazihaft befindlichen und 1944 in Buchenwald ermordeten Parteivorsitzenden Ernst Thälmann sowie Walter Ulbricht, Anton Ackermann, Franz Dahlem und Wilhelm Florin. Die Konferenzteilnehmer lösten sich vom bisherigen Kurs, nach dem die SPD lange Zeit als Partei der Sozialfaschisten galt. Ausgehend von den Beschlüssen des VII. Weltkongresses der Kommunistischen Internationale (s. Komintern) vom 25. Juli bis 20. August 1935, ebenfalls in Moskau, orientierte die Brüsseler Konferenz auf die antifaschistische Volksfront und die Schaffung der Aktionseinheit der Arbeiterklasse.

Auf dem VII. Weltkongress der Komintern definierte Georgi Dimitrow den Faschismus an der Macht als die „offene, terroristische Diktatur der reaktionärsten, chauvinistischsten, am meisten imperialistischen

Elemente des Finanzkapitals. Die reaktionärste Spielart des Faschismus ist der Faschismus deutschen Schlages. Er hat die Dreistigkeit, sich Nationalsozialismus zu nennen, obwohl er nichts mit Sozialismus gemein hat. Der Hitlerfaschismus ist nicht bloß bürgerlicher Nationalismus, er ist ein tierischer Chauvinismus. Das ist ein Regierungssystem des politischen Banditentums, ein System der Provokationen und Folterungen gegenüber der Arbeiterklasse und den revolutionären Elementen der Bauernschaft, des Kleinbürgertums und der Intelligenz. Das ist mittelalterliche Barbarei und Grausamkeit, zügellose Aggressivität gegenüber den anderen Völkern und Ländern. [...] Der Faschismus ist die wütendste Offensive des Kapitals gegen die werktätigen Massen. Der Faschismus ist zügellosester Chauvinismus und Raubkrieg. Der Faschismus ist wütende Reaktion und Konterrevolution. Der Faschismus ist der schlimmste Feind der Arbeiterklasse und aller Werktätigen." In der Geschichtsschreibung und Geschichtspropaganda der DDR spielte diese Definition eine herausragende Rolle.

ALLIIERTER KONTROLLRAT

Gleich nach dem Kriegsende haben die vier Besatzungsmächte Frankreich, Großbritannien, Sowjetunion und USA den Alliierten Kontrollrat als höchste Regierungsgewalt im besiegten Deutschen Reich ins Leben gerufen. Für die Viersektorenstadt Berlin war die Alliierte Kommandantur zuständig, die dem Alliierten Kontrollrat unterstand. Dieser trat am 30. Juli 1945 am Rande der Potsdamer Konferenz zu seiner konstituierenden Sitzung zusammen. Sitz des Gremiums war das Kammergericht am Kleistpark im Berliner Bezirk Schöneberg, in dem Hitlers Volksgerichtshof Todesurteile über die Teilnehmer am Attentat vom 20. Juli 1944 und dessen Mitwisser sowie weitere Antifaschisten verhängt hatte.

In mehr als 80 Sitzungen erließ der Alliierte Kontrollrat zahlreiche Befehle, Gesetze, Verordnungen und Direktiven. Die ersten beiden Gesetze betrafen die Aufhebung von Nazi-Unrecht und die Auflösung und

Liquidierung der NS-Organisationen. Die 1946 erlassenen Befehle 3 und 4 verlangten die Aussonderung und Vernichtung von Nazi-Literatur und Werken militaristischen Inhalts sowie die Registrier- und Arbeitspflicht für alle Personen in erwerbsfähigem Alter. In weiteren Beschlüssen und Direktiven ging es um Grenzziehungen und Modalitäten der Umsiedlungen aus den deutschen Ostgebieten. Großen Raum nahmen in der Arbeit des Kontrollrats Maßnahmen zur Entmilitarisierung und Entflechtung der deutschen Wirtschaft ein. Außerdem ordneten die Siegermächte die Demilitarisierung sowie Reparationsleistungen in ihren Gebieten an und überwachten ihre Durchführung.

Am 25. Februar 1947 beschloss der Alliierte Kontrollrat das Gesetz Nr. 46 über die Auflösung des Staates Preußen, seiner Zentralregierung und nachgeordneten Organe. „Der Staat Preußen, der seit jeher Träger des Militarismus und der Reaktion in Deutschland gewesen ist, hat in Wirklichkeit zu bestehen aufgehört", heißt es in der Präambel. Für die Siegermächte stand fest, dass Preußen die Wurzel allen Übels ist. Diktatur, Massenmord und Militarismus, Großkapital und Großgrundbesitz, Antiparlamentarismus und Unterdrückung von Meinungsfreiheit wurden mit dem Hohenzollernstaat in Verbindung gebracht. Man wusste, welch perfide Propaganda die Nazis mit Preußen und seinen Herrschern, insbesondere mit Friedrich II., dem Großen, betrieben hatten. Das Preußen-Gesetz war die letzte politisch bedeutsame Entscheidung des Kontrollrats. Das Verwaltungsorgan der Besatzungsmächte verlor unter den Bedingungen des Kalten Krieges und großer Spannungen zwischen Ost und West an Bedeutung. Es wurde aber erst 1990 im Rahmen der deutschen Wiedervereinigung aufgelöst.

ANSCHLUSS ÖSTERREICHS, HEIM INS REICH

Nachdem die Naziführung mit allen ihr zu Gebote stehenden Propagandamitteln unter dem Motto „Deutsche Mutter heim zu dir" für die Rückkehr des aufgrund des Versailler Vertrags französisch verwalteten

Saarlandes in das Reich geworben hatte und bei einer Volksabstimmung am 13. Januar 1935 erfolgreich war, betrieb sie unter der Parole „Ein Volk, ein Reich, ein Führer" die Einverleibung Österreichs. Dabei bediente sich die Regierung einer dort von Nazis dominierten Anschlussbewegung. Vor der Annexion Österreichs hatte Hitler im Reichstag der Tschechoslowakei und Österreich mit offener Intervention gedroht, angeblich um die dort lebenden Deutschen vor Übergriffen zu schützen. Bei einem Treffen auf dem Obersalzberg verlangte er ultimativ vom österreichischen Bundeskanzler Kurt von Schuschnigg, seine Außen-, Militär-, Wirtschafts- und Pressepolitik der des Deutschen Reiches anzupassen und den NS-Politiker Arthur Seyß-Inquardt zum Innenminister zu bestellen. Schuschnigg stimmte gezwungenermaßen zu, rief aber zu einer kurzfristig anberaumten Volksabstimmung am 13. März 1938 auf. Um einem möglichen „Ja" der Österreicher zu der Frage zuvorzukommen, ob das Land ein „freies und deutsches, unabhängiges und soziales, ein christliches und einiges Österreich" sein soll oder nicht, erließ Hitler die Weisung „Unternehmen Otto" zum Einmarsch der Wehrmacht am 12. März 1938. Unter massivem deutschen Druck geraten, sagte Schuschnigg die Volksbefragung ab und trat als Bundeskanzler zurück. Sein Nachfolger Seyß-Inquart „bat" darauf die Reichsregierung um die Entsendung von Truppen und forderte seine Landsleute auf, keinen Widerstand zu leisten, und öffnete Hitler Tür und Tor.

Die Mehrheit der Österreicher begrüßte die mit klingendem Spiel einmarschierenden deutschen Soldaten als „Befreier". Bei einer Kundgebung auf dem überfüllten Heldenplatz in Wien erklärte Hitler am 15. März 1938: „Ich proklamiere nunmehr für dieses Land seine neue Mission. Sie entspricht dem Gebote, das einst die deutschen Siedler aus allen Gauen des Altreiches hierher berufen hat: Die älteste Ostmark des deutschen Volkes soll von jetzt ab das jüngste Bollwerk der deutschen Nation und damit des Deutschen Reiches sein." Mit der Wehrmacht kamen die Gestapo und weitere deutsche Terroreinheiten ins Land und machten sofort Jagd auf Juden, Antifaschisten, Oppositionelle und andere Personen, die nicht ins politische und rassistische Konzept der neuen Herren passten. Schon bald richteten sie die ersten Konzentrationslager und Folterhöllen ein, um jede Form von Widerstand im Keim zu ersticken. Die österreichische Presse wurde gleichgeschaltet und gab mit ihren Jubelgesängen eine weit verbreitete Stimmung wieder.

Wenige Tage nach dem „Anschluss" wurde 20 Kilometer von Linz entfernt das KZ Mauthausen eingerichtet, was der Linzer Gauleiter August Eigruber als besondere Auszeichnung für seine Leistungen während der Kampfzeit bezeichnete, „denn nach Oberösterreich kommt das Konzentrationslager für die Volksverräter von ganz Österreich". Von den etwa 200 000 Häftlingen verloren etwa 100 000 in Mauthauasen und seinen Nebenlagern ihr Leben. Die nahe Mauthausen und Gusen befindlichen Granitsteinbrüche lieferten das Baumaterial für die geplante Führerstadt Linz. Viele in die Lagerstätten abkommandierten Häftlinge verloren bei der „Vernichtung durch Arbeit" ihr Leben.

Die Großmächte nahmen die Annexion Österreichs als unvermeidbar hin. Sie vertrauten Hitlers Versprechen, keine weiteren territorialen Ansprüche mehr stellen zu wollen. Diese Lüge kam der Beschwichtigungspolitik des britischen Premierministers Chamberlain entgegen, der auf Ausgleich mit dem Deutschen Reich setzte (s. Münchner Abkommen). Hitler ließ seine ehemalige Heimat per Verordnung vom 14. Oktober 1938 in Ostmark umbenennen. Ab 1940 hießen die Gebiete des ehemaligen Österreichs Reichsgaue der Ostmark, doch schon zwei Jahre später genügte diese Bezeichnung nicht mehr, weil sie immer noch an die ehemalige Eigenstaatlichkeit des Landes erinnerte. Ab jetzt hießen diese Gebiete Alpen- und Donau-Reichsgaue des Großdeutschen Reichs-Gau.

Nach dem Ende der NS-Herrschaft war Österreich bis 1955 als vormaliger Teil des Deutschen Reiches in vier Besatzungszonen aufgeteilt. Vorarlberg und Nordtirol gehörten zur französischen Zone, Kärnten, Steiermark und Osttirol zur britischen, Salzburg und der südlich der Donau gelegene Teil Oberösterreichs zur US-amerikanischen und Oberösterreich nördlich der Donau, Niederösterreich und das Burgenland zur sowjetischen Zone. Wie Berlin war auch Wien eine

Vier-Sektoren-Stadt. Ihr 1. (innerer) Bezirk wurde von den Alliierten gemeinsam verwaltet. Die westlichen Besatzungszonen kamen in den Genuss von Hilfen aus dem Marshallplan, die sowjetische Zone musste Reparationen an die Sowjetunion leisten. Österreich erhielt erst 1955 seine volle Souveränität und musste sich zu immerwährender Neutralität verpflichten. Im Unterschied zu Deutschland wurde die Teilung der Republik aufgehoben. Eine konsequente Aufarbeitung der Beteiligung von Österreichern an NS-Verbrechen fand und findet nur unter Vorbehalten statt. Viele Bewohner der Alpenrepublik sahen sich als „erste Opfer des Nationalsozialismus" und wollten nicht wahrhaben, dass 1938 ein großer Teil der Bevölkerung den Einmarsch der Wehrmacht und den „Anschluss" des Landes an das NS-Reich bejubelt und sich an der Verfolgung der Juden und von Hitler-Gegnern beteiligt hat.

ANTI-HITLER-KOALITION, KALTER KRIEG

Unter dem US-Präsidenten Franklin D. Roosevelt hatte 1933 in den USA eine sowjetfreundliche Phase begonnen, die zur diplomatischen Anerkennung der Sowjetunion führte. Hingegen war der britische Politiker und ab 1940 Premierminister Winston Churchill ein ausgesprochener „Kommunistenfresser". Doch da er Verbündete brauchte, stellte er seine Vorbehalte gegenüber der Sowjetunion zurück, als diese 1941 von der Wehrmacht überfallen wurde (s. Unternehmen Barbarossa). Nolens volens wurde zwischen beiden Systemen eine Hilfs- und Notgemeinschaft mit dem Ziel geschlossen, mit allen Mitteln den Sieg über Hitlerdeutschland und seine Verbündeten zu erringen. 1942 beschlossen die USA, Großbritannien und die Sowjetunion ein Bündnis für die nächsten 20 Jahre. Die Sowjetunion erhielt von ihren Partnern gewaltige Lieferungen von Waffen und Munition, aber auch von Lokomotiven, Waggons und Lastkraftwagen sowie Lebensmittel. Die Naziführung hoffte vergeblich, dass das Bündnis an seinen inneren Gegensätzen zerbricht und dem Deutschen Reich in aussichtsloser Lage Spielräume eröffnet. Da es auf der bedingungslosen Kapitulation bestand, waren solche Träume reine Illusion.

Auf der Potsdamer Konferenz im Sommer 1945 konnten die Gegensätze zwischen den Waffenbrüdern nur mühsam kaschiert werden, doch einigten sich die Siegermächte über die europäische Nachkriegsordnung. Am 5. März 1946 sprach in Fulton der während der Potsdamer Konferenz als Premierminister abgelöste Churchill in Anwesenheit des US-Präsidenten Truman vom Eisernen Vorhang, der sich über Mittel- und Osteuropa gesenkt habe. „Es scheint, dass von Stettin an der Ostsee bis Triest am Mittelmeer ein eiserner Vorhang über den Kontinent herunter kam. Hinter dieser Linie liegen alle Hauptstädte der alten Staaten von Zentral- und Osteuropa. Warschau, Berlin, Prag, Wien, Budapest, Belgrad, Bukarest und Sofia: Alle diese berühmten Städte, und auch die Bevölkerung um diesen Städten liegen in einer Sphäre, die ich Sowjetische Sphäre nennen muss." Der Kalte Krieg nahm mit Drohungen auf beiden Seiten seinen Anfang. Zwar konnte durch das atomare Gleichgewicht des Schreckens, das mit den amerikanischen Atombombenabwürfen auf Hiroshima und Nagasaki im August 1945 begann und zu atomarer Aufrüstung auf beiden Seiten führte, ein Dritter Weltkrieg verhindert werden, doch stand die Menschheit mehrmals kurz davor. Die Gefahr ist nach wie vor nicht gebannt.

ANTIKOMINTERNPAKT, STAHLPAKT

Zwischen dem japanischen Kaiserreich und dem Deutschen Reich gab es viele Gemeinsamkeiten, vor allem die antikommunistische und imperialistische Grundeinstellung. Am 25. November 1936 beschlossen beide Staaten den auf fünf Jahre befristeten und 1940 verlängerten Antikominternpakt. Er legte den gemeinsamen Kampf gegen die 1919 gegründete Kommunistische Internationale sowie gegenseitige Konsultationen fest. Ein geheimes Zusatzprotokoll verpflichtete die Partner zu „wohlwollender Neutralität" bei militärischen Auseinandersetzungen mit anderen

Staaten. Sie verpflichteten sich, keine Verträge mit der Sowjetunion abzuschließen, die dem Geist des Abkommens zuwiderlaufen. Der Antikominternpakt war für Nazideutschland wichtig, um seine außenpolitische Isolierung zu überwinden. Hitler strebte Verträge mit weiteren Staaten an, von denen er glaubte, sie würden mit ihm gegen die UdSSR vorgehen und den Kommunismus vernichten. Während er bei seinem Werben um Japan erfolgreich war, lehnte Großbritannien solche Avancen ab.

Der am 22. Mai 1939 unterzeichnete Stahlpakt zwischen dem Deutschen Reich und Italien sah militärische Zusammenarbeit und gegenseitige Unterstützung im Fall eines Krieges vor, wobei die Vertragsverpflichtungen auch für einen Angriffskrieg gelten sollten. Allerdings gab es eine Einschränkung, denn der italienische Diktator Mussolini wies Hitler darauf hin, dass sein Land noch bis etwa Ende 1942 brauchen werde, um einen Krieg führen zu können. Nach dem deutschen Überfall auf Polen am 1. September 1939 (s. Blitzkrieg) hatte das faschistische Italien Mühe, sich aus seinen vertraglichen Verpflichtungen zu lösen, ohne dabei das Gesicht zu verlieren. Italienische Soldaten nahmen am Krieg gegen Polen nicht teil. Mit der Absetzung des Duce im Juli 1943 und der sich anschließenden Kriegerklärung Italiens an Deutschland hatte der Stahlpakt, dem Ende 1940 noch Rumänien beigetreten war, ausgedient.

ARDENNENOFFENSIVE

Mitte Dezember 1944 raffte sich die Wehrmacht zu einem letzten Gewaltakt auf, um an der Westfront einen entscheidenden Sieg zu erringen. Er sollte es dem Deutschen Reich ermöglichen, mit frei gewordenen Kräften die im Osten vordringende Rote Armee zurückzuwerfen. Ziel der von Hitler befohlenen Ardennenoffensive war die Rückeroberung des Hafens von Antwerpen, durch die der Nachschub für die alliierten Truppen auf ihrem Weg in das Deutsche Reich unterbrochen werden sollte. Die „Battle of the Bulge" mit einer Million Soldaten war eine der blutigsten Schlachten des Zweiten Weltkrieges. Der Wehrmacht blieb der Erfolg versagt, während die Westalliierten tief ins Reich vordrangen und eine Stadt nach der anderen befreiten. Die US-Army konnte die Wehrmacht bei ihrem Vorgehen perfekt täuschen und eigene Verluste ausgleichen, während die Deutschen bedeutende Reserven verbrauchten. Indem Hitler alles auf eine Karte setzte, um die militärische Wende herbeizuführen, erwies er sich erneut als Vabanquespieler. In seiner letzten Neujahrsansprache 1945 erwähnte er die verloren gegangene Ardennenoffensive nicht. Intern erging er sich in Untergangsszenarien und erklärte, wenn das deutsche Volk zum Sieg unfähig sei, dann müsse es untergehen (s. Hitlers Ende).

ARIERPARAGRAPH

Das Gesetz zur Wiederherstellung des Berufsbeamtentums vom 7. April 1933 bestimmte, dass Beamte aus rassischen und politischen Gründen aus dem Amt entlassen werden können, „auch wenn die nach dem geltenden Recht hierfür erforderlichen Voraussetzungen nicht vorliegen". Laut Paragraph 3 waren Beamte „nicht arischer Abstammung" in den Ruhestand zu versetzen. Das Gesetz bestimmte ferner, dass „Beamte, die nach ihrer bisherigen politischen Betätigung nicht die Gewähr dafür bieten, dass sie jederzeit rückhaltlos für den nationalen Staat eintreten", zu entlassen sind. Staatsbeamte sowie Mitarbeiter des öffentlichen Dienstes, aber auch Ärzte, Juristen, Wissenschaftler und andere Personen mussten ihre arische Abstammung nachweisen. Forderungen innerhalb der evangelischen Kirche, dass Gemeindemitglieder den Ariernachweis erbringen müssen, führten zu heftigen Auseinandersetzen zwischen den Deutschen Christen und der Bekennende Kirche.

Die Stadt Berlin war im Jahr 1933 mit etwa 100 000 Beschäftigten der größte kommunale Arbeitgeber. Gleich nach Hitlers so genannter Machtergreifung und in den Folgejahren wurden unerwünschte Bedienstete, vor allem Juden, Sozialdemokraten und Kommunisten, in den Haupt- sowie den Bezirksverwaltungen und den zahlreichen städtischen Betrieben versetzt, zwangspensioniert oder entlassen. Im NS-Jargon hieß das „Aufräumarbeiten"; die frei gemachten Stellen übernahmen in der Regel „alte Kämpfer" der NSDAP. So stand das Berliner Nahverkehrsunternehmen BVG mit einer Belegschaft von 28 000 Personen vor 1933 im Wesentlichen unter dem Einfluss von Sozialdemokraten. Ab 1930 von den Nazis unterwandert, wurde das Unternehmen nach dem 30. Januar 1933 von politisch und rassisch „missliebigen" Personen gesäubert. Von einem zum anderen Tag verlor fast jeder zehnte Beschäftigte seine Arbeit. Unter ihnen waren Kommunisten, Sozialdemokraten und Gewerkschafter, aber auch Juden, und viele mussten in SA-Kellern und Konzentrationslagern ihr Leben lassen. Bei der BVG nahm der Altnazi Johannes Engel das Heft in die Hand. Der Mann mit exzellenten Verbindungen zur obersten Parteiführung brachte es zum Staatskommissar für Verkehrswesen, Aufsichtsratsvorsitzenden der BVG und SS-Brigadeführer. Eine Ausstellung in Berlin zeigte 2013 anlässlich des Themenjahrs „Zerstörte Vielfalt", wie Mitarbeiter und Mitarbeiterinnen der mit dem Titel „Nationalsozialistischer Musterbetrieb" ausgezeichneten Verkehrsbetriebe bespitzelt und denunziert wurden. Mit materiellen und finanziellen Vergünstigungen beziehungsweise mit politischem Druck, Angst und Terror, gelang es, die Belegschaft bis zum bitteren Ende bei der Stange zu halten. Ursprünglich waren die BVG ein Männerbetrieb, doch da im Verlauf des Zweiten Weltkriegs immer mehr Männer an die Front mussten und dort starben, wurden zunehmend Frauen eingestellt, obwohl die NS-Ideologie sie nur für wert hielt, Kinder zu gebären und den Haushalt in Ordnung zu halten.

ARISIERUNG

Der Raub jüdischer Betriebe, Kaufhäuser, Läden und anderer Einrichtungen im Deutschen Reich und den besetzten Ländern hat großes menschliches Leid und immensen wirtschaftlichen Schaden verursacht.

Arisierung und Konfiszierung waren wichtige Bestandteile der Juden-verfolgung sowie der Korrumpierung der so genannten Volksgemein-schaft. Manche jüdischen Familien mussten sich von ihren Immobi-lien oder/und ihrem Kunstbesitz unter hohen Verlusten trennen, um die Kosten für ihre Auswanderung bezahlen zu können, andere wurden zu diesem Schritt mit der Drohung gezwungen, sie ins KZ zu bringen.

In der dicht besiedelten Innenstadt von Berlin gab es zahlreiche Kaufhäuser, Textilfabriken und andere Betriebe in jüdischem Besitz, die der so genannten Arisierung unterworfen wurden. Reichsregie-rung und Magistrat eigneten sich viele im Zentrum der Reichshaupt-stadt gelegenen Grundstücke aus jüdischem Besitz an und ließen Häu-ser abreißen, um auf den leer geräumten Flächen Neubauten für die Welthauptstadt Germania zu errichten. Von 1 500 Grundstücken wur-den 225 in jüdischem Besitz befindliche Liegenschaften enteignet oder zwangsweise von den Besitzern unter Wert an den Staat verkauft. Nach 1945 behaupteten ehemalige Schreibtischtäter, bei den Raub-zügen nur nach Recht und Gesetz gehandelt zu haben. Die wenigs-ten Arisierern wurden zur Rechenschaft gezogen, Überlebende des Holocaust und ihre Nachkommen hingegen kämpfen bis heute um Wiedergutmachung.

Die Raubzüge erfolgten zugunsten von Konkurrenten, die sich Produktionsbetriebe, Warenhäuser, Läden, Restaurants usw. aneigne-ten und/oder unter anderem Namen weiter betrieben. Ein solcher Fall war die Berliner Feinkost- und Spirituosenkette Meyer, deren Werbes-logan „Keine Feier ohne Meyer" bis heute populär ist. Dass der 1913 verstorbene Firmengründer Hermann Meyer und zwei seiner Teilhaber Juden waren, spielte vor 1933 keine große Rolle. Nach 1933 zuneh-mend antisemitischen Angriffen ausgesetzt und mit anderen als „ty-pisch jüdisch" diffamierten Unternehmen zum Totengräber des deut-schen Volkes abgestempelt, wurde die Firma bis 1938 arisiert. Das Schnaps- und Lebensmittelimperium erhielt 1941 den Namen Ro-bert Melchert & Co. AG. Ähnlich erging es verschiedenen am Haus-vogteiplatz, dem Zentren der Berliner Textilindustrie, befindlichen

Textil- und Konfektionsbetrieben. Ein aus Spiegeln gebildetes Denkmal am Eingang zum U-Bahnhof Hausvogteiplatz ehrt die Opfer der Rassengesetze der Nazis.

Der Berliner Zoo will nunmehr seine politische Vergangenheit in der NS-Zeit erforschen und aufarbeiten. So soll geklärt werden, unter welchen Umständen nach 1933 jüdischen Aktionären des Zoologischen Gartens im Rahmen der Arisierung Wertpapiere abgenommen und anschließend gewinnbringend weiter verkauft wurden. Mit der Errichtung der NS-Diktatur betrieben Aufsichtsrat und Vorstand des Zoos in vorauseilendem Gehorsam den Ausschluss der jüdischen Aufsichtsratsmitglieder, Aktionäre und Besucher. Ab Januar 1939 durften Juden den Zoo nicht mehr besuchen. Eine Entschädigung der enteigneten Aktionäre und ihrer Erben hat es nicht gegeben und wird auch von der heutigen Zoo AG nicht erwogen. Aktuellen Schätzungen zufolge soll etwa ein Drittel der 4000 Zoo-Aktien im Besitz jüdischer Eigentümer gewesen sein. Einzelheiten der NS-Geschichte des Berliner Zoos und der Rolle, die der damalige Direktor Lutz Heck als eifriger Arisierer, förderndes Mitglied der SS und Jagdfreund von Reichsmarschall Hermann Göring spielte, sollen 2016 im Antilopenhaus dokumentiert werden.

Hin und wieder kam es vor, dass vom Staat als besonders wichtig erachtete Wissenschaftler und Künstler jüdischer Abstammung oder Verwandtschaft von den Rassengesetzen ausgenommen wurden. Ein prominentes Beispiel war der Hamburger „Halbjude" Heinrich Hertz (1857-1894), der als Entdecker der elektromagnetischen Welle ein Wegbereiter des Rundfunks war und international geschätzt wurde. Hitler ordnete 1941 anlässlich der Fünfzigjahrfeier dieser Entdeckung an, dass die nach Hertz benannte Frequenzbezeichnung Hz beibehalten werden soll und wies Absichten zurück, sie „arisch" umzumünzen und mit dem Namen Helmholtz zu verbinden.

AUFSTAND IM WARSCHAUER GHETTO,
WARSCHAUER AUFSTAND

Als die deutsche Wehrmacht am 1. September 1939 Polen überfiel und das Land nach wenigen Wochen okkupiert worden war, begann eine furchtbare Leidenszeit für seine Bewohner. Allein in dem Ende 1940 eingerichteten Warschauer Ghetto waren über 300 000 jüdische Männer, Frauen und Kinder eingepfercht. Den Sperrbezirk zu verlassen, war ihnen bei Todesstrafe verboten, ebenso wurde ihnen Hilfe von außen versagt. Ihren Tod vor Augen, erhoben sich im April/Mai 1943 die Bewohner des Warschauer Ghettos, um ihrer Deportation in die Vernichtungslager zu entgehen. Obwohl ihre Lage angesichts der deutschen Übermacht aussichtslos war, leisteten die Aufständischen im Ghetto mehrere Wochen lang erbitterten Widerstand. Nach dem Ende des Kampfes, bei dem die Deutschen Bomben, Granaten, Feuer und Giftgas einsetzten, wurden die wenigen Überlebenden in Vernichtungslager verschleppt und ermordet. Die SS brannte ganze Stadtviertel nieder. Von den ehemals 500 000 in Warschau lebenden Juden haben nur 40 000 die Befreiung der Stadt durch die Rote Armee am 17. Januar 1945 erlebt.

Dem Aufstand der Juden im Warschauer Ghetto folgte ein Jahr später der Warschauer Aufstand vom 1. August bis zum 2. Oktober 1944. Unter dem Befehl des Generals Tadeusz Bór-Komorowski erhoben sich in Absprache mit der Londoner Exilregierung sich zu allem entschlossene Menschen, um die polnische Hauptstadt von der deutschen Besatzung zu befreien. Dem Aufstand schlossen sich Zivilisten, Mitglieder von Untergrundgruppen sowie solche der Heimatarmee an. Sie brachten große Teile der Stadt unter ihre Kontrolle und bildeten kurzzeitig einen eigenen Staat. Diese größte bewaffnete Erhebung im deutsch besetzten Europa während des Zweiten Weltkrieges fand in der Hoffnung statt, dass die bereits in Vororten von Warschau stationierten Einheiten der Roten Armee eingreifen würden. Doch diese verharrten, von schweren Kämpfen nach großer Offensive ausgeblutet, am rechten Ufer der Weichsel. Polnische Truppenteile in ihren Reihen griffen jedoch in die

Kämpfe ein und teilten das Schicksal der aufständischen Warschauer – den Tod. Die Hintergründe der damaligen Entscheidung der sowjetischen Führung werden von Historikern kontrovers beurteilt.

Die Aufständischen hielten 63 Tage den schwer bewaffneten Wehrmachts- und SS-Einheiten stand. Nach erbitterten Straßen- und Häuserkämpfen ergab sich Bór-Komorowski mit wenigen Überlebenden am 2. Oktober 1944. Hitler und seine Henker ließen unzählige Bewohner von Warschau ermorden. „Warschau soll dem Erdboden gleichgemacht werden, um auf diese Weise ein abschreckendes Beispiel für ganz Europa zu statuieren", lautete der Befehl. Die Nazipropaganda feierte die Niederschlagung des Aufstands als Warnung für andere okkupierte Länder. Insgesamt rechnen Historiker mit fast 700 000 Toten. Warschau war ein Trümmerfeld, fast 80 Prozent der Bauten einschließlich zahlloser Kulturdenkmäler waren zerstört. Die polnische Hauptstadt ist nach dem Krieg aus Ruinen neu erstanden ist und entwickelte sich zu einer blühenden Metropole.

AUSCHWITZ, AUSCHWITZLÜGE

Ab Oktober 1941 begannen die Massenmorde in den deutschen Vernichtungslagern vor allem im okkupierten Polen. Das Generalgouvernement wurde zu einem Zentrum des Holocausts. Allein in Auschwitz fielen über eine Million Juden dem Tod im Gas zum Opfer (s. Zyklon B). Rudolf Höß, der 1947 am Ort seiner Verbrechen hingerichtete Auschwitz-Kommandant, berichtete als Angeklagter beim Prozess in Warschau ohne einen Anflug von Reue und Mitgefühl, wie wichtig ihm die reibungslose Durchführung des Massenmordes war, und behauptete, sich persönlich an niemandem vergangen zu haben. In seinem Erinnerungsbuch schildert er unverhüllt, wie vor den Gaskammern Panik unter den Juden eingedämmt wurde und was die als Helfer abkommandierten Häftlinge tun mussten, damit der „Vorgang" möglichst lautlos und zügig von statten ging.

Spezielle Kommandos sortierten und verwerteten die Hinterlassenschaften der Ermordeten (s. Raubgold). „Nach jeder größeren Aktion mussten in Auschwitz alle Unterlagen, die Aufschluss über die Zahl der Vernichteten geben konnten, laut RFSS-Befehl verbrannt werden. [...] Ich selbst wusste nie die Gesamtzahl, habe auch keine Anhaltspunkte, um sie wiedergeben zu können. Es sind mir lediglich noch die Zahlen der größeren Aktionen in Erinnerung, die mir wiederholt von Eichmann oder dessen Beauftragten genannt worden waren", erklärte Höß. Seine von Stolz, Selbstmitleid und Rechthaberei triefenden Bekenntnisse gipfeln in dem Satz: „Mag die Öffentlichkeit ruhig weiter in mir die blutdürstige Bestie, den grausamen Sadisten, den Millionenmörder sehen – denn anders kann sich die breite Masse den Kommandanten von Auschwitz gar nicht vorstellen. Sie würde doch nie verstehen, dass der auch ein Herz hatte, dass der nicht schlecht war."

Auschwitz wurde am 27. Januar 1945 von der Rote Armee befreit. Dieser Tag wird seit 2005 als Internationaler Tag des Gedenkens an die Opfer des Rassenwahns der Nazis begangen. Historiker, Politiker und Überlebende des Holocaust diskutieren bis heute, warum die westlichen Alliierten weder das Vernichtungslager Auschwitz noch andere Stätten des NS-Massenmords bombardiert haben. Churchill und Roosevelt hatten lediglich in Auschwitz-Birkenau am 13. September 1944 Fabriken mit Zwangsarbeitern attackieren lassen und dabei auch einige Baracken der Häftlinge und SS-Bewacher getroffen. Dabei war längst bekannt, was in Auschwitz und den anderen Todeslagern geschieht, man wusste von Gaskammern und Massenerschießungen. Offenbar war Auschwitz kein Ziel, das anzugreifen sich gelohnt hätte, der militärische Effekt wäre nicht bedeutend genug gewesen, die Gefahr für das Leben der Häftlinge auf engstem Raum womöglich zu groß. US-Kriegsminister Henry Stimson und sein Unterstaatssekretär John McCloy stellten klar: Bomben auf Auschwitz würden nicht helfen, den Krieg zu verkürzen, die effektivste Hilfe für die Naziopfer sei ein schneller Sieg über die Achsenmächte. Auch der britische Premierminister Churchill hielt sich zurück. Mit anderen Worten: Die Westmächte hatten andere

Prioritäten, die Konzentrationslager waren nicht auf ihrem „Schirm". Auschwitz-Überlebende berichteten später, die Häftlinge wären lieber bombardiert worden, als elend im Gas zu enden. Das Vernichtungslager wurde um die Jahreswende 1944/45 von der SS evakuiert, viele Häftlinge kamen auf den Todesmärschen ums Leben. Um Spuren zu verwischen, wurden die Gaskammern und Verbrennungsöfen zerstört und Dokumente vernichtet.

Wider besseren Wissens leugnen Alt- und Neonazis bis heute die Existenz des Konzentrations- und Vernichtungslagers Auschwitz und der anderen Stätten des Nazi-Völkermords. Auch die planmäßige Ermordung von so genannten Fremdvölkischen durch Einsatzgruppen der SS sowie durch Einheiten der Wehrmacht wird in Abrede gestellt und als Erfindung der Siegermächte verunglimpft. Bestritten wird in diesen Kreisen die Echtheit von Dokumenten und Filmaufnahmen, aber auch von Zeugenaussagen, ja es wurden und werden nicht einmal die von den Befreiern entdeckten Leichenberge als Beweise anerkannt.

In Deutschland ist es verboten, die Verfolgung und Ermordung von Juden und anderen Menschen durch die Nazis zu leugnen. In einem Beschluss des Bundesverfassungsgerichts von 1994 wird erklärt, wer dies tue, verletze die Ehre der Ermordeten und ihrer Hinterbliebenen. Er könne nicht den Schutz der Meinungsfreiheit beanspruchen. Die Tolerierung der Auschwitzlüge würde für die Betroffenen eine unerträgliche Fortsetzung ihrer Leiden bedeuten.

AUSCHWITZ-PROZESS

Zwischen 1963 und 1965 fand im Frankfurter Gallushaus der erste Auschwitz-Prozess vor einem deutschen Schwurgericht statt. Angeklagt waren 21 SS-Männer und ein Funktionshäftling. Unter den 360 Zeugen waren 211 Überlebende aus Auschwitz, die zum Teil erstmalig über ihre grauenhaften Erlebnisse berichteten und dem Gericht und der deutschen Öffentlichkeit die Vernichtungsmaschinerie in dem

Lager, 65 Kilometer von Krakau entfernt, vor Augen führten. Ihr fielen allein dort mehr als eine Million meist jüdische Häftlinge durch Giftgas zum Opfer (s. Zyklon B). Insgesamt wird die Zahl der in allen deutschen Vernichtungslagern ermordeten Juden auf sechs Millionen beziffert.

Dem hessischen Generalstaatsanwalt Fritz Bauer, dem Generalsekretär des Internationalen Auschwitzkomitees Hermann Langbein und weiteren Persönlichkeiten war es gelungen, den Bundesgerichtshof zu bewegen, dass das Verfahren gegen das Personal von Auschwitz in Frankfurt am Main stattfinden konnte. Bauer hatte über einen Journalisten Aufzeichnungen eines Holocaust-Überlebenden erhalten. Nach fünf Jahren Ermittlungsarbeit wurde am 16. April 1963 Anklage erhoben und die 700 Seiten starke Anklageschrift verlesen. Ausgesprochen wurden sechsmal lebenslanges Zuchthaus und elfmal Freiheitsstrafen zwischen dreieinhalb und vierzehn Jahren. Wegen Mangels an Beweisen kamen drei Angeklagte frei. Fritz Bauer war Jude, wurde 1933 aus dem Dienst entlassen, konnte 1936 nach Dänemark und 1943 nach Schweden fliehen. Wegen seines konsequenten Vorgehens gegen Naziverbrecher wurde er in der Bundesrepublik stark angefeindet und als „dreckige Judensau" beschimpft. Die Behörden haben ihn nach Strich und Faden behindert, doch er ließ sich nicht beirren.

Gegenüber Vertrauten drückte Bauer seine große Enttäuschung darüber aus, wie tief die westdeutsche Gesellschaft im braunen Sumpf steckt und dass bei den Auschwitz-Prozessen von Seiten der Angeklagten kein einziges Wort des Bedauerns gesprochen wurde. Wenige Wochen nach Beginn der Hauptverhandlung mahnte Bauer: „Nichts gehört der Vergangenheit an, alles ist noch Gegenwart und kann wieder Zukunft werden. Nichts ist, wie man zu sagen pflegt, bewältigt, mag auch die Öffentlichkeit sich gerne in dem Glauben wiegen, dass ihr zu tun fast nichts mehr übrig bleibe."

Gegen Angehörige der Lagermannschaft von Auschwitz fanden insgesamt sechs Verfahren statt, und zwar die ersten drei in den Jahren

1963 bis 1965, 1965/1966 und 1967/1968 sowie drei Nachfolgeprozesse in den 1970-er Jahren. Bei den Prozessen zeigte sich, dass die noch stark von NS-belasteten Beamten durchsetzte westdeutsche Justiz nicht willens war, den ganzen Umfang der Naziverbrechen aufzuklären und zu ahnden, weshalb viele NS-Verbrecher ungeschoren beziehungsweise mit geringen Strafen davon kamen und sogar amnestiert wurden (s. Zweite Schuld). Hingegen wurden Naziverbrechen in der Sowjetischen Besatzungszone beziehungsweise DDR rigoros verfolgt und geahndet. 1965 wurde Horst Fischer, ein ehemaliger Lagerarzt des KZ Auschwitz III Monowitz, angeklagt, zum Tod verurteilt und hingerichtet. Seit 1933 Mitglied der SS und im Zweiten Weltkrieg als deren Truppenarzt tätig, nahm er an der Selektion von Häftlingen an der Rampe teil. Nach 1945 war Fischer unter richtigem Namen im heutigen Land Brandenburg als Arzt tätig gewesen. Von dem Prozess erhoffte sich die DDR-Justiz, durch die Aufdeckung von Fischers Tätigkeit im Arbeitslager Monowitz die NS-Belastung der deutschen Industrie im Allgemeinen und des ehemaligen IG-Farben-Konzerns im Besonderen aufzeigen zu können, da dieser nach seiner Auflösung durch die Alliierten in Form verschiedener Nachfolgeunternehmen in Westdeutschland fortbestand. Fischer gab alles zu, wessen man ihn beschuldigte, während Angeklagte in der Bundesrepublik in ähnlichen Fällen alles abzustreiten pflegten und mit milden Strafen davon kamen.

Die juristische Aufarbeitung der NS-Verbrechen durch westdeutsche Gerichte wurde 1950 mit dem Gesetz Nr. 13 des Rats der Hohen Kommissare erleichtert, das Einschränkungen bei der Verfolgung von NS-Verbrechern durch deutsche Gerichte aufhob. Zunächst wurden von ihnen nur Verbrechen verhandelt, die von Deutschen an Deutschen begangen worden waren, wobei bis 1952 lediglich 5 678 Angeklagte rechtskräftig verurteilt wurden. Viele Täter bestritten vor den Gerichten, in irgendwelche Verbrechen verstrickt zu sein und/oder sich als Denunzianten betätigt zu haben. Indem sie sich gegenseitig Alibis gaben, kamen sie häufig ungeschoren oder mit geringen Strafen davon. Sie bauten sich eine bürgerliche Existenz auf und erlangten angesehene Positionen im öffentlichen Leben. Ende 1958 wurde in Ludwigsburg die Zentrale Stelle der Landesjustizverwaltungen mit dem Ziel gegründet, NS-Morde an Zivilpersonen inner- und außerhalb des Bundesgebietes aufzuklären. Darunter fielen Verbrechen in Konzentrationslagern und Ghettos sowie die Massenerschießungen der Einsatzgruppen.

Der erste Auschwitzprozess und weitere Verfahren mit ähnlichem Ausgang fanden in der deutschen und ausländischen Öffentlichkeit ein geteiltes Echo. Dass Polizisten salutierten, als die ehemaligen SS-Angehörigen den Gerichtssaal verließen, beschreibt eine weit verbreitete Meinung, wonach den von der „Siegerjustiz" angeklagten Personen Unrecht geschehe, weil sie nur Befehlsempfänger waren. Im Zeichen des Kalten Kriegs kam es zwischen beiden deutschen Staaten nicht zum Austausch von Dokumenten. Bei verschiedenen Gerichtsverfahren lehnte es die Bundesrepublik ab, Einsicht in brisante Akten zu nehmen, die die DDR verwahrte, weil sie darin eine Art Anerkennung des zweiten deutschen Staates sah.

Nach einer Gesetzesänderung von 2011 ist in Deutschland der Nachweis einer direkten Beteiligung an Morden in den Vernichtungslagern für eine Verurteilung nicht mehr nötig. Auch Tätigkeiten als Aufseher und Schreiber, in der Küche oder Registratur können als Beihilfe zum Massenmord gewertet und geahndet werden. Im Prozess vor dem Landgericht Lüneburg gegen den „Buchhalter von Auschwitz", Oskar Gröning, kamen 2015 weitere Einzelheiten über die Art und Weise ans Tageslicht, wie die Ankömmlinge ausgeplündert wurden, bevor sie ins Gas geschickt wurden (s. Raubgold). Der in der Häftlingsgeldverwaltung beschäftigte SS-Mann wurde wegen Beihilfe zum Mord an mindestens 300 000 ungarischen Juden angeklagt und zu vier Jahren Gefängnis verurteilt. Holocaust-Überlebende und weitere Beobachter kritisierten, dass es so lange gedauert hat, bis ein Mann vom Schlag des heute 94-jährigen Gröning vor Gericht gestellt wurde.

Bundesjustizminister Heiko Maas stiftete 2014 den „Fritz Bauer Studienpreis für Menschenrechte und juristische Zeitgeschichte" für juristische Doktorarbeiten, die sich mit dem unermüdlichen Streiter für die Ahndung faschistischer Verbrechen, Fritz Bauer, seinem Werk oder seinen Lebensthemen befassen.

AUTOBAHN, VOLKSWAGEN

Die Autobahn in Deutschland war keine Erfindung der Nazis und ihres Führers Adolf Hitler, der ein großer Autofreund war und sich in schweren Wagen durch das Reich fahren ließ, sondern war schon vor der Errichtung der NS-Diktatur geplant. Die 1929 begonnene „Kraftwagenbahn" Köln-Bonn wurde im August 1932 eingeweiht, knapp ein halbes Jahr vor der so genannten Machtergreifung der Nazis. Dessen ungeachtet tat Hitler alles, die vierspurige Autostraße als von ihm erdacht und gebaut auszugeben. Sowohl der erste Spatenstich am 23. September 1933 als auch die Eröffnung eines Abschnittes zwischen Frankfurt am Main und Darmstadt wurden von Hitler persönlich vollzogen und landesweit in den vom Propagandaminister Joseph Goebbels kontrollierten Medien gefeiert. Zu dem selbst erfundenen Mythos gehörte die Legende, der NSDAP-Führer habe schon Mitte der zwanziger Jahre die Idee gehabt, Deutschland eine Autobahn zu „schenken". Das stimmte nicht, denn schon vor dem Ersten Weltkrieg gab es dafür erste Pläne. Kurios ist, dass in der Weimarer Republik die „Nur Autostraßen" von Kommunisten und Nationalsozialisten als „Straßen der Reichen" abgelehnt wurden.

Nach dem Willen der Nazis sollte die mit großem finanziellem Einsatz und im Rahmen eines Arbeitsbeschaffungsprogramms unter quasi militärischen Bedingungen gebaute Autobahn die Einheit von technischem Fortschritt und Natur verkörpern, und sie wurde als Symbol für eine grandiose Zukunft des Deutschen Reichs in den Himmel gehoben. Die von unzähligen Menschen unter primitiven Umständen gebaute Autobahn hatte militärstrategische Bedeutung, wurde aber als Zeichen der Einheit von Reich und Führer, von deutscher Größe und zurück gewonnener Stabilität verherrlicht. Ähnliche Funktionen hatten die Olympischen Spiele von 1936, deren Vorbereitungen auf die Zeit vor 1933 zurückgehen.

Als Hitler am 8. März 1934 die 24. Internationale Automobil- und Motorrad-Ausstellung in Berlin eröffnete, forderte er den Bau eines Autos für das Volk. Selber nur in schweren und teuren Luxuslimousinen fahrend, dachte der Diktator an einen Wagen, der auf der Autobahn 100 km/h erreicht. Ausgestattet mit vier Sitzen und sparsam im Verbrauch, sollte dieses Familienauto weniger als 1 000 Reichsmark (RM) kosten. Der Stuttgarter Autokonstrukteur Ferdinand Porsche wurde beauftragt, einen Prototyp des Volkswagens zu entwickeln. Fachleute bezweifelten, ob der von Hitler vorgegebene Preis angesichts der hoher Materialkosten und fehlender rationeller Fertigungsmethoden überhaupt gehalten werden kann. Da die Automobilindustrie den Volkswagen nicht subventionieren wollte und Hitler im Wort stand, sprang die Deutsche Arbeitsfront ein und ließ den nach der NS-Gemeinschaft Kraft durch Freude benannten KdF-Wagen entwickeln und das Volkswagenwerk in dünn besiedelter Gegend nahe der niedersächsischen Gemeinde Fallersleben unweit des Schlosses Wolfsburg bauen. Parallel zur neuen Autofabrik musste die notwendige Infrastruktur geschaffen oder ausgebaut werden, so der Mittellandkanal, die Autobahn Berlin-Hannover und die Eisenbahnstrecke von Berlin ins Ruhrgebiet. Finanziert wurde das VW-Werk aus dem Vermögen der 1933 von den Nazis zerschlagenen Gewerkschaften und aus anderen Quellen. Interessenten am VW, wie man bald sagte, konnten den Kaufpreis von 990 RM ratenweise ansparen.

Als Hitler am 26. Mai 1938 mit großem propagandistischen Aufwand den Grundstein für das Volkswagenwerk legte, hieß die neue Siedlung Stadt des KdF-Wagens bei Fallersleben. Erst 1945 wurde sie in Wolfsburg umbenannt. Ferdinand Porsche hatte in den USA die Fließbandfertigung studiert und setzte sie beim Bau des VW konsequent und effektiv ein. Im Herbst 1939 war der Rohbau der Fertigungshallen fertig, doch kam es nicht mehr zur Produktion von 150 000 KdF-Wagen im Jahr, weil die Zulieferbetriebe auf Rüstungsgüter umgestellt wurden. Der Volkswagen, auf den viele Menschen gespart hatten, wurde nicht ausgeliefert, hingegen kam die Technik beim Bau von Kübel- und Schwimmwagen zur Anwendung, die die Wehrmacht im Krieg einsetzte. Nach 1939 stellte das Volkswagenwerk Rüstungsgüter her, darunter die Vergeltungswaffe V1. Bis Kriegsende mussten etwa 20 000 Kriegsgefangene und KZ-Häftlinge im Volkswagenwerk Zwangsarbeit leisten. Nach 1945 erlebte der Volkswagen einen Siegeszug ohnegleichen und ist seither mit unzähligen Autos und Modellen überall auf der Welt präsent.

BEDINGUNGSLOSE KAPITULATION

Der Versuch von Reichsmarschall Hermann Göring und Reichsführer SS Heinrich Himmler, kurz vor Kriegsende hinter dem Rücken von Hitler mit den Westalliierten in Waffenstillstandsverhandlungen einzutreten, scheiterte, da die Anti-Hitler-Koalition auf bedingungsloser Kapitulation der Wehrmacht bestand. Nach Hitlers Selbstmord am 30. April 1945 war das Schicksal des Nazi-Reiches besiegelt. Generaloberst Alfred Jodl unterzeichnete die Urkunde zur bedingungslosen Kapitulation der Wehrmacht am 7. Mai 1945 in der französischen Stadt Reims. Die abschließende Kapitulationserklärung wurde im sowjetischen Hauptquartier Berlin-Karlshorst im Beisein von Repräsentanten der alliierten Streitkräfte in der Nacht vom 8. auf den 9. Mai 1945 von den Oberkommandierenden aller deutschen Heeresgruppen unterschrieben. Vertreter Frankreichs fungierten als Zeugen. Wegen der Zeitverschiebung wird der Sieg über Hitlerdeutschland in Moskau nicht am 8. Mai, sondern am 9. Mai gefeiert.

Die ersten beiden Punkte der Urkunde vom 8. Mai 1945 lauten folgendermaßen: „1. Wir, die hier Unterzeichneten, handelnd in Vollmacht für und im Namen des Oberkommandos der Deutschen Wehrmacht, erklären hiermit die bedingungslose Kapitulation aller am gegenwaertigen Zeitpunkt unter deutschem Befehl stehenden oder von Deutschland beherrschten Streitkraefte auf dem Lande, auf der See und in der Luft gleichzeitig gegenueber dem Obersten Befehlshaber der Alliierten

Expeditions-Streitkraefte und dem Oberkommando der Roten Armee. 2. Das Oberkommando der Deutschen Wehrmacht wird unverzueglich allen Behoerden der deutschen Land-, See- und Luftstreitkraefte und allen von Deutschland beherrschten Streitkraeften den Befehl geben, die Kampfhandlungen um 23:01 Uhr Mitteleuropaeischer Zeit am 8. Mai einzustellen und in den Stellungen zu verbleiben, die sie an diesem Zeitpunkt innehaben und sich vollstaendig zu entwaffnen, indem sie Waffen und Geraete an die oertlichen Alliierten Befehlshaber beziehungsweise an die von den Alliierten Vertretern zu bestimmenden Offiziere abliefern. Kein Schiff, Boot oder Flugzeug irgendeiner Art darf versenkt werden, noch duerfen Schiffsruempfe, maschinelle Einrichtungen, Ausruestungsgegenstaende, Maschinen irgendwelcher Art, Waffen, Apparaturen, technische Gegenstacnde, die Kriegszwecken im Allgemeinen dienlich sein koennen, beschaedigt werden."

Mit der bedingungslosen Kapitulation räumten die nach Flensburg geflohene, noch von Hitler ernannte Reichsregierung unter Karl Dönitz und die Führung der Wehrmacht den alliierten Siegermächten das Recht ein, alle politischen, militärischen und gesellschaftlichen Angelegenheiten Deutschlands zu regeln. Durch die Berliner Erklärung vom 5. Juni 1945 übernahmen die Siegermächte die oberste Regierungsgewalt im besetzten Deutschland. Die Kapitulation vom 8. Mai 1945 und die Berliner Erklärung bildeten die Grundlage für den Viermächte-Status, nach dem die Alliierten bis zur Wiedervereinigung am 3. Oktober 1990 für „Deutschland als Ganzes" verantwortlich sind.

BEKENNENDE KIRCHE, PFARRERNOTBUND

Die Haltung beider christlicher Konfessionen gegenüber der NS-Diktatur schwankte zwischen Anpassung und Widerstand, wobei bei vielen Gemeindemitgliedern und Kirchenoberen die Zustimmung überwog und erst nach 1945 als Fehler eingestanden wurde. Befehlsgemäß öffneten viele Geistliche und Gemeinden Privatpersonen und Behörden ihre Kirchenbücher, aus denen ersichtlich war, ob jemand einen „rassereinen" Stammbaum besitzt oder nicht. Dieser Ahnennachweis konnte über Freiheit, Leben und Tod entscheiden. Um sich mit den Kirchen gut zu stellen und ihre Potenziale für eigene Zwecke zu nutzen, förderte das Regime den Bau neuer Gotteshäuser und die Restaurierung alter Gebäude. Wo es angebracht war, zeigte die Nazipresse Bilder von Geistlichen mit dem zum Deutschen Gruß oder Hitlergruß erhobenen Arm, und lobte ihr „staatstragendes" Verhalten.

Doch es gab auch Theologen und Gemeindemitglieder, die sich nicht vor den Karren der NS-Ideologen spannen ließen. So gründeten im September 1933 die Theologen Martin Niemöller, Dietrich Bonhoeffer und andere den Pfarrernotbund. Sie erklärten die Unvereinbarkeit des Arierparagraphen mit dem christlichen Glaubensbekenntnis und setzten sich für Verfolgte und Bedrängte ein. Die Gründung des Pfarrernotbundes war eine Reaktion auf Versuche der Deutschen Christen, die NS-Ideologie in der evangelischen Kirche zu verankern, aus ihr eine „judenreine" Reichskirche zu machen sowie aus der Bibel alle jüdischen Elemente zu streichen.

Binnen weniger Monate entwickelte sich der Pfarrernotbund zu einer Bewegung, die im Januar 1934 bereits über 7 000 Mitglieder hatte und aus der die Bekennende Kirche hervor ging. Ihre Anhänger bekamen den ganzen Hass und die Härte der NS-Justiz zu spüren und hatten hohe Opfer zu beklagen. Mutige Vertreter beider Konfessionen klärten ihre Gemeinden über die Ermordung der als „Ballastexistenzen" eingestuften Kranken und Schwachen auf (s. Euthanasie). 1937, auf dem Höhepunkt des Kirchenkampfes, mussten sich etwa 800 Mitglieder der Bekennenden Kirche vor Gericht verantworten. Unerschrockene Katholiken erhoben ebenfalls ihre Stimme gegen Gewalt, Terror, Mord und Unmenschlichkeit. Kirchenzeitungen, die nicht der Kontrolle des Propagandaministeriums unterstanden, prangerten die Zwangssterilisierung und Ermordung von so genannten Erbkranken an und bestärkten die Gemeinden, sich nicht auf die pseudoreligiösen Heilsverprechungen der Nazis einzulassen, sondern die christlichen Gebote einzuhalten.

Als die Bekennende Kirche 1936 die Existenz von Konzentrationslagern anprangerte und sich gegen die antireligiöse Weltanschauung der Nazis wandte, wurde sie als staatsfeindliche Organisation eingestuft. Amtsenthebung und Prozesse konnten Martin Niemöller und seine Mitstreiter nicht beeindrucken. Als der Pfarrer 1938 in einem Prozess freigesprochen wurde, ließ der darüber erboste Hitler ihn als „persönlichen Gefangenen" festnehmen. Er überlebte die Haft in Dachau und trat nach 1945 für die Erneuerung der evangelischen Kirche und die Friedensbewegung ein. Dietrich Bonhoeffer wurde mit Rede- und Schreibverbot belegt. 1942 erkundete er im Auftrag der Bekennenden Kirche in Schweden mit dem englischen Bischof von Chichester Möglichkeiten für eine deutsche Kapitulation. 1943 verhaftet, wurde Bonhoeffer am 9. April 1945, einen Monat vor dem Kriegsende, im KZ Flossenbürg ermordet.

1935 begann eine sich immer mehr verstärkende Verleumdungskampagne, die katholische Geistliche und Institutionen ins Zwielicht zu bringen versuchte. In den Klosterprozessen wurden hohe Zuchthausstrafen ausgesprochen, zahlreiche Geistliche kamen in die Konzentrationslager und manche starben dort den Märtyrertod. Am liebsten hätte der Hitler „alle diese Pfaffen" zum Teufel gejagt, doch er vertagte ihre Ermordung auf spätere Zeiten. Im Führerhauptquartier behauptete er am 8. Februar 1942: „Der größte Krebsschaden sind unsere Pfarrer beider Konfession! Ich kann ihnen jetzt nicht die Antwort geben, aber das kommt alles in mein großes Notizbuch. Es wird der Moment kommen, wo ich mit ihnen abrechne ohne langes Federlesen. [...] Ich schätze, dass in zehn Jahren das alles ganz anders aussieht. Um die grundsätzliche Lösung kommen wir nicht herum."

Der katholische Dompropst Bernhard Lichtenberg wurde 1935 bei den Behörden vorstellig, um gegen die Gräuel in den Konzentrationslagern zu protestieren, und wurde prompt zum Staatsfeind erklärt. In seinen Fürbitten in der Hedwigskathedrale am Berliner Opernplatz, dem heutigen Bebelplatz (s. Bücherverbrennung), betete er für Soldaten hüben und drüben, für den Frieden, für die bedrängten Juden, für die Häftlinge in den Konzentrationslagern und seine verfolgten Amtsbrüder. Lichtenberg richtete in Berlin eine Hilfsstelle für getaufte Juden ein, half jüdischen und nichtjüdischen Menschen, Illegalen und Wohnungslosen, so gut es ging. Wie Lichtenberg setzte sich auch der evangelische Pfarrer Heinrich Grüber für die Opfer des faschistischen Rassenwahns ein.

Das Mitglied der Bekennenden Kirche richtete im Gemeindehaus neben der Martin-Luther-Kirche im Ortsteil Lichterfelde beziehungsweise An der Stechbahn 3-4 in Berlin-Mitte Hilfsstellen für nichtarische Christen ein. Nach der Reichspogromnacht 1938 nahm Grüber Illegale in seinem Pfarrhaus in Kaulsdorf auf oder versteckte sie in Kleingartenkolonien. Außerdem halfen er und seine Mitstreiter bei der Beschaffung von Ausreisedokumenten für gefährdete Personen. Das Büro Grüber unterstand der Aufsicht durch Eichmann (s. Endlösung der Judenfrage). In einem Gespräch wollte der SS-Offizier von Grüber wissen, warum er sich für Juden einsetzt, wo er doch keine jüdischen Verwandten habe und niemand ihm diesen Einsatz danke. Grüber antwortete, dass Gott ihm genau das zur Aufgabe mache. Der Pfarrer wurde 1940 verhaftet und kam erst nach Sachsenhausen und dann nach Dachau. Von dort wurde er 1943 schwerkrank entlassen. Unter strengen Auflagen durfte er in Kaulsdorf weiter amtieren. Am 22. April 1945 ging Grüber mit anderen Unerschrockenen der Roten Armee entgegen und half, bei der Übergabe des Berliner Ortsteils Blutvergießen zu verhindern.

Beide Konfessionen bekannten nach 1945 ihre Mitschuld an den Verbrechen des NS-Staates. „Unser Volk, das zu 90 v. H. [90 %] aus getauften Christen bestand, hat sich unter geringem Widerstand die christliche Prägung seines staatlichen und kulturellen Lebens in kürzester Zeit rauben lassen. Das ist eine für uns Deutsche tief beschämende Tatsache", wurde im „Wort der Berliner Bekenntnissynode" vom 31. Juli 1945 festgestellt. „Wir müssten weit zurückgehen in der Geschichte des deutschen Geistes, um darzutun, warum wir uns so leicht haben verführen lassen. Eine Fehlentwicklung von langer Hand hat uns dahin gebracht, dass wir in der Stunde der Versuchung versagt haben". In ihrer „Stuttgarter Schulderklärung" vom 18. und 19. Oktober 1945 bekannten Vertreter des Ökumenischen Rates der Evangelischen Kirchen: „Mit großem Schmerz sagen wir: Durch uns ist unendliches Leid über viele Völker und Länder gebracht worden. Was wir unseren Gemeinden oft bezeugt haben, das sprechen wir jetzt im Namen der ganzen Kirche aus: Wohl haben wir lange Jahre hindurch im Namen Jesu Christi gegen den Geist gekämpft, der im nationalsozialistischen Gewaltregiment seinen furchtbaren Ausdruck gefunden hat; aber wir klagen uns an, dass wir nicht mutiger bekannt, nicht treuer gebetet, nicht fröhlicher geglaubt und nicht brennender geliebt haben. Nun soll in unseren Kirchen ein neuer Anfang gemacht werden." Die Stuttgarter Schulderklärung löste in manchen Gemeinden Unverständnis und Widerspruch aus, ja sie wurde sogar als Fälschung angezweifelt. Sie vermied es, den latenten bis offenen Antisemitismus innerhalb der Kirche anzusprechen, und es blieb in der Diskussion zumeist auch unerwähnt, dass der kirchliche Widerstand etwa in Gestalt von Dietrich Bonhoeffer und Bernhard Lichtenberg hohe Opfer leisten musste.

BERLINER ARBEITERWIDERSTAND 1942-1945

Die Saefkow-Jacob-Bästlein-Organisation in Berlin war eine der größten Widerstandsgruppen in der Endzeit des Naziregimes. Zu ihren 500 Akteuren gehörten vornehmlich Arbeiter und Angestellte sowie Ärzte, Lehrer, Ingenieure, Künstler und selbstständige Gewerbetreibende. Initiiert und organisiert von Kommunisten, wuchs die Organisation bald über diesen Rahmen hinaus. Etwa 250 Mitstreiter waren vor 1933 Mitglied der KPD oder ihr nahe stehender Organisationen, gezählt wurden auch 220 Parteilose und 30 Angehörige von sozialdemokratischen Organisationen. Etwa jede vierte war eine Frau. Sie alle handelten mit Mut und Entschlossenheit gegen Krieg und Nazidiktatur, gegen Unrecht, Intoleranz, Antisemitismus und Menschenverachtung.

Als 1942 kommunistische Widerstandsgruppen in Berlin und Hamburg sowie die Berliner Widerstandskreise der Roten Kapelle zerschlagen waren, begannen die kommunistischen Funktionäre Anton Saefkow und Franz Jacob, ihre Bemühungen um einen Neuanfang zu forcieren. Gemeinsam mit dem später hinzugekommenen Bernhard Bästlein gelang es ihnen, in der Schlussphase des Krieges ein weitverzweigtes Widerstandsnetz aufzubauen. Für ihr Ziel „Weg mit Hitler – Schluss mit dem Krieg!" gewannen sie neue Mitstreiter in Berliner Betrieben, unter deutschen Soldaten, Kriegsgefangenen und Zwangsarbeitern. Sie bemühten sich um ein breites Widerstandsnetz, das Regimegegner unterschiedlicher politischer und weltanschaulicher Orientierung umfasste. Die Nachricht von der Gründung des Nationalkomitees Freies Deutschland (NKFD) im Juli 1943 bei Moskau, das an die Volksfrontideen der dreißiger Jahre anknüpfte, bestärkte sie in dieser Haltung. Sie verstanden sich als Teil des NKFD und entwickelten in der Folgezeit verstärkt eigenständige Vorstellungen von der illegalen Arbeit und für den politischen Neuanfang nach dem Sturz des Naziregimes.

Der Versuch, über Verbindungen zu kommunistischen Widerstandsgruppen in Sachsen, Thüringen und Sachsen-Anhalt Strukturen für ein über Berlin hinausreichendes Widerstandsnetz zu aktivieren, wie auch das Bemühen um Kontaktaufnahme zu bürgerlichen und sozialdemokratischen Hitlergegnern stellten ein neues Herangehen dar. Ausdruck dieses neuen Denkansatzes war auch das Treffen von führenden Vertretern von SPD und KPD am 22. Juni 1944. Die Initiative für diese Zusammenkunft ging von den Sozialdemokraten Julius Leber und Adolf Reichwein aus. Sie wollten mit Anton Saefkow und Franz Jacob einen Gedankenaustausch über Möglichkeiten gemeinsamen Vorgehens gegen die Nazidiktatur beginnen.

Eine wie ein Fallbeil gestaltete Gedenktafel an einem Haus nahe dem U-Bahnhof Heinrich-Heine-Straße erinnert daran, dass sich hier Leber, Reichwein, Jacob, Saefkow und andere getroffen haben, um über Wege zur Beendigung des Krieges und die Zeit danach zu sprechen. Bevor es zu einer weiteren Zusammenkunft kamen, wurden sie an die Gestapo verraten, vor den Volksgerichtshof gestellt, zum Tod verurteilt und in Plötzensee sowie im Zuchthaus Brandenburg-Görden hingerichtet. Gegen die gesamte Gruppe wurden 76 Prozesse geführt. Von den über 300 verhafteten Männern und Frauen wurden mehr als 200 verurteilt, davon 62 Männer und drei Frauen zum Tode.

BLITZKRIEG

Militärstrategen und Politiker träumten schon immer davon, einen Gegner in kürzester Zeit mittels eines Blitzkriegs niederringen und zur Kapitulation zu zwingen. Ein Vorbild aus neuerer Zeit war dafür der deutsch-französische Krieg von 1870/71, der nach kurzer Dauer durch die Kapitulation von Kaiser Napoleon III. am 2. September 1870 nach der Schlacht von Sedan entschieden war. Im Ersten Weltkrieg schafften es beide Seiten nicht, dem Gegner durch blitzartige Angriffe zur Aufgabe zu bewegen. Im Zweiten Weltkrieg gelang es der Wehrmacht, das schwer bewaffnete Polen und weitere Staaten zu überrollen und in kürzester Zeit zur Kapitulation zu zwingen. Der spätere Generalfeldmarschall Erich von Manstein ließ auf Weisung von Hitler alte Angriffspläne gegen Frankreich überarbeiten und war mit einem schnellen Vorstoß schwerer Panzerdivisionen durch die Ardennen erfolgreich. Bei den blitzartigen Angriffen fielen der Wehrmacht bedeutende Bestände an Beutewaffen, unzerstörte Rüstungsfabriken sowie große Mengen an Bargeld und Gold in die Hände. Opfer von Blitzkriegen wurden neben Polen auch Belgien, die Niederlande, Luxemburg, Jugoslawien, Griechenland, Norwegen und weitere Staaten, während die Invasion Großbritanniens ungeachtet großer Anstrengungen der deutschen Seite nicht gelang (s. Unternehmen Seelöwe). Die Blitzkriegstrategie ging auch im Falle der Sowjetunion nicht auf, obwohl die Wehrmacht nach dem Überfall vom 22. Juni 1941 zunächst weit ins Land einzudringen vermochte.

BLOCKADE LENINGRADS

Die „Auslöschung" der Kulturmetropole Leningrad und seiner Bewohner war ein erklärtes Kriegsziel des faschistischen Deutschlands. Die Millionenstadtstadt wurde vom 8. September 1941 bis zum 27. Januar 1944. von der Wehrmacht belagert, durch die Luftwaffe bombardiert, von Versorgungslinien abgeschnitten und dem Hungertod preisgegeben. Ihr Ziel haben die Faschisten nicht erreicht. Die Bewohner bewiesen trotz schrecklicher Hungersnot sowie Bombardierung und Beschießung eine schier unglaubliche Kraft, um dem Feind standzuhalten. Historiker schätzen, dass etwa 1,1 Millionen Zivilisten bei der Blockade starben. Ihr Hungertod wurde von den Deutschen, einem Befehl Hitlers folgend, gezielt herbeigeführt und zählt zu den schlimmsten Kriegsverbrechen der Geschichte. Im Winter hatte die Millionenstadt, die 1703 als Sankt Petersburg gegründet worden war und heute wieder so heißt, lediglich durch eine Straße über den zugefrorenen Ladogasee Verbindung zur Außenwelt, doch reichten die auf diesem Weg herbei geschafften Lebensmittel nicht aus, um die Einwohner zu versorgen. Es gelang jedoch, über diese „Straße des Lebens" zahlreiche Bewohner aus der Stadt in Sicherheit zu bringen. In der warmen Jahreszeit bestand eine von den Deutschen durch Bombenangriffe gefährdete Schiffsroute. Um das Eindringen der Wehrmacht und der damals mit dem Deutschen Reich verbündeten Finnen zu verhindern, legten unzählige Bewohner und Soldaten einen mehrfach gestaffelten Verteidigungsring um die Stadt an der Newa an. Er bestand aus kilometerlangen Stacheldrahtverhauen, Schützen- und Panzergräben, Erd-Holz-Palisaden sowie Artilleriestellungen.

    Leningrad gilt als besonders schlimmes Beispiel für die deutsche Hungerpolitik im Zweiten Weltkrieg, den Stalin als Großen Vaterländischen Krieg ausgerufen hatte (s. Unternehmen Barbarossa). Es gelang der deutschen Luftwaffe, große Menge an Getreide, Mehl und Zucker zu vernichten, die über das Wasser herbeigeschafft werden sollten. Die Abriegelung Leningrads verschärfte die Ernährungssituation enorm, und die wenigen Vorräte schwanden immer mehr. Als sie erschöpft waren, nahmen die Menschen alles zu sich, was irgendwie organischen und tierischen Ursprunges war. Der Tod war allgegenwärtig, in ihren eiskalten Wohnungen lebten die Leningrader mit ihren Toten zusammen, weil sie keine Möglichkeit hatten, sie zu bestatten. Mehrfach versuchte die Rote Armee, die Belagerung Leningrads zu durchbrechen, doch erst im Sommer 1943 gelang ihr dieser Plan. Zu diesem Zeitpunkt hatte die deutsche Wehrmacht bereits ihr Fiasko bei Stalingrad erlebt und war auf dem Rückzug aus der am 22. Juni 1941 überfallenen Sowjetunion.

Der verzweifelte Mut und die Opfer der Leningrader während der Belagerung waren und sind Gegenstand von Romanen, Erzählungen, Dokumentationen und Filmen. An die Belagerung von Leningrad erinnert der „Grüngürtel des Ruhms" mit einer Vielzahl von Bäumen, Denkmälern und Tafeln entlang des ehemaligen Frontverlaufs. Am 1. Mai 1945 erhielt Leningrad gemeinsam mit Odessa, Sewastopol und Stalingrad den Titel „Heldenstadt"; es folgten in späteren Jahren weitere Städte, alles in allem zwölf, und die Festung Brest. Der Komponist Dmitri Schostakowitsch entschied 1942: „Ich widme meine Siebente Sinfonie unserem Kampf gegen den Faschismus, unserem unabwendbaren Sieg über den Feind, und Leningrad, meiner Heimatstadt."

„Überlebende der Blockade Leningrads" erhalten in der Sowjetunion bzw. Russland eine monatliche Entschädigung. Es ist beschämend, dass bei Überlebenden der Blockade mit Wohnsitz in Deutschland deren Anspruch auf Sozialhilfe durch diese Rente gemindert wird. Sie wird nicht den deutschen Leistungen nach dem Bundesversorgungsgesetz für Kriegsopfer und dem Bundesentschädigungsgesetz für Opfer des NS-Regimes gleich gesetzt.

BLUT UND BODEN, VOLK OHNE RAUM

Dem Buch von Oswald Spengler „Der Untergang des Abendlandes" aus dem Jahr 1922 folgend, wurde „Blut und Boden" zu einem der zentralen Begriffe der NS-Ideologie. Das Wortpaar diente mehreren Büchern sowie einer „Monatsschrift für wurzelstarkes Bauerntum, für deutsche Wesensart und nationale Freiheit" als Titel. Im Sinne der Theorie vom Volk ohne Raum sollten unter der Parole „Blut und Boden" neue Territorien erobert und dort deutsche Bauern angesiedelt werden (s. Generalplan Ost). Diese Zielsetzung fand bei vielen Bauern Anklang und war ein wichtiger Teil der Herrschafts- und Mordpolitik des NS-Regimes. Einer der schärfsten Einpeitscher der Blut-und-Boden-Ideologie und Visionär eines „germanischen Baueradels" war Reichsbauernführer Richard Walter Darré, der schon vor 1933 ein Buch mit dem Titel „Blut und Boden, ein Grundgedanke des Nationalsozialismus" veröffentlicht hatte. Er setzte sich für die „Züchtung" eines nordisch-germanischen Bauerngeschlechts ein und forderte die Ausmerzung von „minderwertigen" Menschen. Darré verlangte die Einführung von erbgesundheitlichen Nachweisen und Stammbüchern. Mit seiner Forderung, die Landwirtschaft auf einen vorindustriellen Stand zurückzuführen, geriet er mit anderen NS-Funktionären in Konflikt, die die Modernisierung der Industrie und Landwirtschaft forderten, um künftige Kriege effektiv führen zu können.

Der von den Nazis mit dem Posten des Präsidenten der Reichsschrifttumskammer belohnte „völkische" Schriftsteller Hans Grimm veröffentliche schon 1926 einen Blut-und-Boden-Roman mit dem Titel „Volk ohne Raum" und forderte die Eroberung fremder Länder. Damit empfahl er sich Hitler, der ihn zu seinen Lieblingsautoren zählte, als treuer Paladin und Stichwortgeber. Der Roman war eines der am meisten verkauften Bücher der Weimarer Republik, sein Titel wurde zum geflügelten Wort. Elemente dieses Programms wurde später vom Generalplan Ost übernommen. Allerdings dachte Grimm nicht an die Eroberung des europäischen Osten, sondern an die afrikanischen Kolonien, die Deutschland nach dem Ersten Weltkrieg verloren hatte.

In der NS-Propaganda wurde die Parole „Volk ohne Raum" zur Rechtfertigung deutscher Eroberungspläne im Osten benutzt. Darré fasste 1936 entsprechende Pläne in diese Worte: „Der natürliche Siedlungsraum des deutschen Volkes ist das Gebiet östlich unserer Reichsgrenze bis zum Ural, im Süden begrenzt durch Kaukasus, Kaspisches Meer, Schwarzes Meer und die Wasserscheide, welche das Mittelmeerbecken von der Ostsee und der Nordsee trennt. In diesem Raum werden wir siedeln, nach dem Gesetz, dass das fähigere Volk immer das Recht hat, die Scholle eines unfähigeren Volkes zu erobern und zu besitzen."

Die Volk-ohne-Raum- und die Blut-und-Boden-Propaganda begründeten den deutschen Landraub und die Versklavung fremder Völker als Sieg der Starken über die Schwachen, als Triumph der Herrenrasse über die Untermenschen. So erklärte Robert Ley, der Leiter der Deutschen Arbeitsfront: „Die Natur rottet überall das Schwache und Ungesunde zugunsten des Starken und Gesunden aus. [...] Wir aber haben jedoch für 2000 Jahre aus Mitleid Kranke erhalten, das Minderwertige gepäppelt und gepflegt und zu dessen Gunsten das Höhere sich nicht entfalten lassen. Aus diesen Gedanken, aus dieser Idee kommt unser Auftrag. Deshalb verlangen wir Boden."

BLUTRICHTER, FURCHTBARE JURISTEN

Nach dem Ende des NS-Staates hatten auch dessen Richter ausgedient. Die Siegermächte verfügten die Schließung der deutschen Gerichte. Beim Wiederaufbau der Verwaltung und Justiz sollten Personen mit Nazivergangenheit nicht mehr beschäftigt werden. Das hatte zur Folge, dass nur wenige unbelastete Juristen ihre Arbeit weiter führen durften. Wenn Kriegsverbrecher und KZ-Wächter, Regierungsmitglieder, Ärzte, Juristen und weitere NS-Funktionsträger angeklagt wurden, dann geschah das zunächst vor amerikanischen, englischen, französischen und sowjetischen Tribunalen und vor Spruchkammern. Als 1947 in Nürnberg gegen Nazi-Richter und Justizbeamte verhandelt wurde, zeigten die Angeklagten und ihre Verteidiger keine Bereitschaft, sich ihrer Schuld zu stellen. Sie behaupteten, nur nach Recht und Gesetz gehandelt zu haben, und wurden nur selten bestraft. Die junge Bundesrepublik stellte ungeachtet des Edikts der Siegermächte belastete Juristen in ihren Dienst und kümmerte sich wenig um ihr berufliches und politisches Vorleben. Für 1954 hat man errechnet, dass 74 Prozent der bei Amtsgerichten tätigen Juristen schon in der Nazizeit tätig gewesen waren, bei den Landgerichten waren es 74, bei den Oberlandesgerichten 88 und beim Bundesgerichtshof 75 %. Diese hochproblematische Zusammensetzung hatte Auswirkungen auf die aktuelle Politik, denn manche Gesetze und Verordnungen wurden von Juristen formuliert, die bereits unterm Hakenkreuz gedient hatten. Wo immer ein Angeklagter erklärte, er habe als überzeugter Nationalsozialist nach bestem Wissen und Gewissen im Rahmen der damaligen Gesetze gehandelt, durfte er mit Verständnis und Milde rechnen, weil er ein „Überzeugungstäter" war. So wurden in 15 Strafverfahren gegen ehemalige NS-Juristen nur sieben Angeklagte rechtskräftig verurteilt.

Für die in der Bundesrepublik Deutschland aus der NS-Zeit stammenden und weiter tätigen Juristen hat der Schriftsteller Rolf Hochhuth mit Blick auf Hans Filbinger, den ehemaligen NS-Marinerichter und späteren Ministerpräsidenten von Baden-Württemberg, den Begriff „Furchtbare Juristen" geprägt. Ein von dem Strafrechtler Ingo Müller in mehreren Auflagen veröffentlichtes Buch über die Verbrechen der deutschen Justiz und ihre mangelhafte Aufarbeitung in der Bundesrepublik Deutschland trägt den Titel „Furchtbare Juristen – Die unbewältigte Vergangenheit unserer Justiz". Ein weiteres Buch von Jörg Friedrich schildert den geradezu höflichen Umgang westdeutscher Gerichte mit Naziverbrechern (s. Zweite Schuld).

Das Bundesministerium der Justiz hat 2012 eine Unabhängige Wissenschaftliche Kommission zur Aufarbeitung der NS-Vergangenheit ins Leben gerufen. Benannt nach der Bonner Rosenburg, dem ersten Amtssitz des Bundesjustizministeriums, fragen Historiker und Juristen nach dem Umgang der Behörde mit der eigenen NS-Vergangenheit, nach personellen Kontinuitäten und dem Einfluss von Blutrichtern und anderen NS-Belasteten auf die Gesetzgebung und Rechtsprechung in der bundesdeutschen Nachkriegszeit. Die Kommission klärt auf, warum sich das Ministerium lange bei der Verfolgung von NS-Tätern zögerlich bis passiv verhalten und aus welchen Gründen es keine Maßnahmen zur Entschädigung von Opfern des NS-Unrechts ergriffen hat. Im Bereich des Strafrechts werden die Haltung des Ministeriums zu den Nürnberger Prozessen sowie zur Verfolgung von Verbrechen im Zusammenhang mit der Endlösung der Judenfrage untersucht. Ferner gehen die Experten der Frage nach, wie in der Bundesrepublik bei NS-Verbrechen Amnestie und Verjährung gehandhabt wurden, wie sich das Ministerium bei der Anerkennung beziehungsweise Aufhebung von NS-Urteilen verhielt und wie NS-Prinzipien im politische Strafrecht und bei der Wehrstrafgerichtsbarkeit fortgewirkt haben. Besonderes Interesse gilt dem „Geist der Rosenburg", das heißt dem nachsichtigen Umgang mit der NS-Vergangenheit und der Bewertung der „schrecklichen Juristen", die nach dem Untergang der Diktatur stets behaupteten, nach Recht und Gesetz gehandelt zu haben, und sich keiner Schuld bewusst waren, weil angeblich heute kein Unrecht sein kann, was damals geltendes Recht war.

BUCHENWALD

Ursprünglich sollte das KZ Buchenwald Ettersburg heißen nach einem Schloss in der Nähe, dem Sommersitz der Weimarer Herzoginwitwe Anna Amalia und Treffpunkt des klassischen Weimar. Da aber der Geist des Ortes nicht zu einem Konzentrationslager passte, erhielt es den Namen Buchenwald und erlangte unter diesem einen grausigen Ruf. Im Juli 1937 von der SS errichtet, wurden hinter dem Eisentor mit der Inschrift „Jedem das Seine" politische Gegner sowie Juden, Sinti und Roma, aber auch so genannte Gemeinschaftsfremde wie Homosexuelle, Wohnungslose, Zeugen Jehovas und Vorbestrafte inhaftiert, drangsaliert und vielfach ermordet mit dem Ziel, diese Gruppe dauerhaft aus dem deutschen „Volkskörper" zu entfernen. Nach Kriegsbeginn kamen unzählige Kriegsgefangene und Zivilisten aus den okkupierten Ländern nach Buchenwald. Insgesamt waren im Stammlager auf dem Ettersberg und in seinen 136 Außenlagern mehr als 250 000 Menschen zusammengepfercht. Viele mussten in der Rüstungsindustrie unter schwersten Bedingungen und ständigem Hunger Zwangsarbeit verrichten. Mehr als 56 000 Häftlinge starben an den Folgen von Folter, medizinischen Experimenten sowie Krankheit und Hunger. Hinzu kommen tausende Kriegsgefangene, die in Buchenwald erschossen wurden. Das KZ besaß zahlreiche Außenlager. Darunter befand sich bei Nordhausen die geheime Rüstungsfabrik Mittelbau Dora, in der unter unmenschlichen Bedingungen und einer hohen Sterblichkeitsquote Raketen vom Typ V 2 hergestellt wurden (s. Vergeltungswaffen).

In Buchenwald bildeten Widerstandskämpfer eine Untergrundorganisation, um das Wüten der SS so gut wie möglich einzudämmen. Ursprünglich hatten die Bewacher die interne Organisation und Überwachung des Häftlingsalltags so genannten Funktionshäftlingen (Kapos) übertragen, unter denen viele Kriminelle waren. Allerdings gelang es den politischen Gefangenen mehr und mehr, eigene Leute in diese Posten zu lancieren. Innerhalb der engen Grenzen des Lageralltags standen die „Politischen" Kameraden zur Seite und halfen, Leben zu retten. Den Mord am früheren Vorsitzenden der KPD Ernst Thälmann am 18. August 1944 und weiteren Gegnern des NS-Regimes konnten sie nicht verhindern. Der „Völkische Beobachter" behauptete: „Bei einem Terrorangriff auf die Umgebung von Weimar am 28. August 1944 wurde auch das Konzentrationslager von zahlreichen Sprengbomben getroffen. Unter den dabei ums Leben gekommenen Häftlingen befinden sich unter anderem die ehemaligen Reichstagsabgeordneten Breitscheid und Thälmann."

Ende 1944 wurden rund 87 000 Häftlinge im Stamm- und den Außenlagern gezählt. Anfang 1945 war das KZ Buchenwald Endstation von Todesmärschen aus Auschwitz und Groß-Rosen. Kurz vor der Befreiung schickte die SS noch 28 000 Häftlinge auf den Todesmarsch. Im Lager blieben nur noch 21 000 Gefangene sowie über 900 Kinder und Jugendliche. Als die 3. US-Armee am 11. April 1945 den Ort des Grauens erreichte, waren die SS-Wachen geflohen, und die geheime Widerstandsorganisation öffnete die Tore von innen. Das leitende Personal des Lagers war vom Lagerkomitee der Widerstandsorganisation verhaftet worden. Darunter befanden sich der Kommandant Hermann Pister und der Lagerarzt Hans Eisele sowie Ilse Koch, die Frau des Kommandanten Karl Koch, genannt die Hexe von Buchenwald. Unter dem Eindruck des Entsetzens, das sie beim Anblick des Lagers empfanden, zwangen die Amerikaner die Bewohner von Weimar, diesen Ort des Grauens mit eigenen Augen anzuschauen. Ähnlich hat man Bewohner von Dachau und München veranlasst, im KZ Dachau die Spuren der SS-Verbrechen zur Kenntnis zu nehmen.

Wenige Tage nach der Befreiung kamen Überlebende auf dem Appellplatz zusammen, um ihrer toten und gequälten Kameraden zu gedenken. „Noch wehen Nazifahnen, noch leben die Mörder unserer Kameraden. Deshalb schwören wir hier vor der ganzen Welt an dieser Stelle faschistischer Gräuel: ‚Wir werden den Kampf erst aufgeben, wenn der letzte Schuldige vom Gericht aller Nationen verurteilt ist‘." Dieser Schwur von Buchenwald wurde später um die Verpflichtung erweitert: „Der Aufbau einer neuen Welt des Friedens und der Freiheit ist unser Ziel. Das sind wir unseren Ermordeten und ihren Angehörigen schuldig." Beim Truppenabzug am 1. Juli 1945 nahm die US-Armee Dokumente über die Verbrechen der SS mit. Nach ihrer Sichtung erhielt die Sowjetunion das Angebot, mit ihrer Hilfe einen Buchenwaldprozess durchzuführen, doch ließ Stalin diese Möglichkeit verstreichen, da er wohl befürchtete, dass auch die Weiternutzung des KZ Buchenwald als sowjetisches Speziallager Nr. 2 zur Sprache kommt.

Die in Buchenwald begangenen Verbrechen wurden bei den Prozessen im ehemaligen KZ Dachau von einem US-amerikanischen Militärgericht und in weiteren Verfahren verhandelt. Beim Prozess gegen Angehörige des KZ Buchenwald vom 11. April bis zum 14. August 1947 wurden alle 31 Angeklagten für schuldig befunden. Von 22 Todesurteilen wurden elf Todesurteile vollstreckt, die anderen wurden in lebenslängliche Haftstrafen umgewandelt. Unter den Verurteilten befanden sich Lagerkommandant von Buchenwald Hermann Pister, der KZ-Arzt Hans Eisele sowie Ilse Koch, die sich 1967 in einem bundesdeutschen

Gefängnis das Leben nahm. Das Urteil an Pister konnte nicht vollstreckt werden, weil er kurz davor einem Herzinfarkt erlegen war. Auch mit Eisele ging das Schicksal milde um, seine Todesstrafe wurde in lebenslängliches Zuchthaus umgewandelt. 1952 kam er frei, eröffnete in München eine Arztpraxis und starb schließlich im ägyptischen Exil.

Bevor 1958 die Nationale Mahn- und Gedenkstätte Buchenwald eingeweiht werden konnte, wurden die ehemaligen Lagerbauten beseitigt, auch diejenigen eines sowjetischen Speziallagers, in dem Nazi- und Kriegsverbrecher gefangen gehalten wurden. Die Gedenkstätte am Südhang des Ettersbergs dominiert ein 54 Meter hoher Glockenturm, im Weimarer Land weithin sichtbar, davor das von Fritz Cremer geschaffene „Monument des Aufstandes und des Sieges". Drei als Ringgräber gestaltete Erdtrichter, in die die Nazis Leichen von tausenden Häftlingen geworfen hatten, sowie Stelen an der „Straße der Nationen" sind Teil der Gedenkstätte. Über seine den Schwur nach der Befreiung schildernde Figurengruppe schrieb der Bildhauer: „Es liegt eine tiefe Tragik für das deutsche Volk in der Tatsache, dass Weimar, einige Kilometer von Buchenwald entfernt, die Stadt Goethes und Schillers, einmal den Geist des Humanismus in die Welt strahlte und ein anderes Mal eine Hölle der Unmenschlichkeit war. Aber gerade in diesem fast unglaublichen Widerspruch ist, so denke ich, die Möglichkeit enthalten, abzuwägen zwischen dem, was gut und böse ist, was rückwärts und was vorwärts strebt, was dem deutschen Volk Schande zufügt und was ihm wahrhaft zu dienen gewillt ist. Dass der denkende Mensch, frei von Mystifikation, gläubig dem Leben zugewandt, sogar noch angesichts des Todes triumphiert, das wollte ich in meiner Gruppe zeigen."

BÜCHERVERBRENNUNG

„Ich stand vor der Universität, eingekeilt zwischen Studenten in SA-Uniform, den Blüten der Nation, sah unsere Bücher in die zuckenden Flammen fliegen und hörte die schmalzigen Tiraden des kleinen abgefeimten Lügners." So erinnerte sich der Schriftsteller Erich Kästner an den 10. Mai 1933, als aufgeputschte Nazis auf dem Berliner Opernplatz, dem heutigen Bebelplatz, Bücher in die Flammen eines Scheiterhaufens warfen. Angeführt und aufgestachelt vom Reichspropagandaminister und Berliner Gauleiter Joseph Goebbels, jenem „abgefeimten Lügner", riefen braun uniformierte Studenten so genannte Feuersprüche, als sie Schriften von Lion Feuchtwanger, Sigmund Freud, Heinrich Heine, Magnus Hirschfeld, Erich Kästner, Karl Kautsky, Alfred Kerr, Heinrich Mann, Karl Marx, Carl von Ossietzky, Theodor Plivier, Erich Maria Remarque, Kurt Tucholsky, Arnold Zweig und vielen anderen in die Flammen warfen. Zeitgleich fanden in 21 deutschen Hochschulstädten weitere Aktionen dieser Art statt. Ihnen folgten Gewaltaktionen gegen so genanntes undeutsches Theater sowie entartete Kunst und Musik. Die Bücherverbrennung unter dem Motto „Wider den undeutschen Geist" rief „für Zucht und Sitte in Familie und Staat" auf und machte Front „gegen Klassenkampf und Materialismus, Dekadenz und moralischen Verfall, Gesinnungslumperei und Verrat, seelenzerfasernde Überschätzung des menschlichen Trieblebens, Verfälschung der Geschichte und Verhunzung der deutschen Sprache", also gegen Inhalte und Formen, die die Nazis in den Werken ihnen aus rassistischen Gründen verhasster oder in Opposition stehender Autoren zu erkennen glaubten.

Der von Goebbels als „starke, große und symbolische Handlung" und geistige Vorbereitung der „machtpolitischen Revolution" gelobte, landesweit im Radio übertragene Brandanschlag auf Werke der klassischen deutschen Literatur sowie auf solche der Moderne, aber auch auf politisch „links" stehende Schriften und Bücher jüdischer Autoren war der spektakuläre Auftakt für die geistige Gleichschaltung im Deutschen Reich. Zeitgleich begann die „Säuberung" der Bibliotheken und Museen von Schriften und Kunstwerken, die nicht ins weltanschauliche und politische Konzept der Nazis passten. In Tageszeitungen und Fachzeitschriften wurde ein Index von verbotenen Büchern und Schriften veröffentlicht, und es wurden Sammelplätze eingerichtet, an denen man solche Publikationen zur Vernichtung abgeben konnte. Studenten drangen in öffentliche und private Bibliotheken ein und suchten, Chaos hinterlassend, die auf schwarzen Listen vermerkte Literatur zusammen, um sie ebenfalls zu vernichten.

An die Berliner Bücherverbrennung erinnern auf dem Bebelplatz, dem früheren Opernplatz, eine Gedenktafel an der ehemaligen Königlichen Bibliothek („Kommode") und eine unterirdische Gedenkstätte. Der israelische Künstler Micha Ullman hat 1995 eine leere Bibliothek gestaltet, in die man von oben durch eine Glasscheibe blicken kann. Sie verdeutlicht, wie öde Kunst, Kultur und Wissenschaft ohne die Werke derer sind, die das faschistische Verdikt traf. Eine Inschrift zitiert Heinrich Heine, der wegen seiner jüdischen Herkunft ebenfalls zu den verbotenen Autoren gehörte und dessen Denkmäler von den Nazis gestürzt wurden, mit den aus der Tragödie „Almansor" (1821) übernommenen Worten „Das war ein Vorspiel nur, dort wo man Bücher verbrennt, verbrennt man am Ende auch Menschen." Der Dichter rügte eine von Studenten inszenierte Bücherverbrennung 1817 auf der Wartburg als „obskuren Rabengesang, und bei Fackellicht wurden Dummheiten gesagt und getan, die des blödsinnigsten Mittelalters würdig waren! [...] Auf der Wartburg herrschte jener beschränkte Teutomanismus, der viel von Liebe und Glaube greinte, dessen Liebe aber nichts anderes war als Hass des Fremden und dessen Glaube nur in der Unvernunft bestand, und der in seiner Unwissenheit nichts Besseres zu erfinden wusste als Bücher zu verbrennen!"

CASABLANCA, TEHERAN UND JALTA

In einer Serie von Gipfeltreffen haben die Staats- und Regierungschefs der USA, Sowjetunion und Großbritanniens im Zweiten Weltkrieg über ihr Vorgehen im Kampf gegen das Deutsche Reich und seine Verbündeten beraten. US-Präsident Franklin D. Roosevelt und der britische Premierminister Winston Churchill trafen sich im Januar 1943 in der marokkanischen Stadt Casablanca. Der sowjetische Staatschef Josef Stalin war wegen der Schlacht von Stalingrad als Oberbefehlshaber der Roten Armee unabkömmlich. Die Westalliierten legten sich auf die bedingungslose Kapitulation des Deutschen Reichs, Italiens und Japans fest und beschlossen die Verstärkung ihrer Luftangriffe auf deutsche Städte. Fortan flogen die Briten nachts und USA tagsüber. Außerdem wurde die Landung der Alliierten auf Sizilien und in Westeuropa erörtert.

In Teheran trafen sich Roosevelt und Churchill vom 28. November bis 1. Dezember 1943 zum erstenmal mit Stalin. Sie bestimmten unter anderem die Aufteilung des Deutschen Reichs in Besatzungszonen und den künftigen Verlauf der polnischen Grenzen. Danach sollte Polen östliche Gebiete, die ehemals zum Zarenreich gehört hatten, an die Sowjetunion abgeben und mit Landesteilen östlich der Oder entschädigt werden, die teils zu Preußen gehörten (Neumark, Pommern) oder von Preußen während der Teilungen Polens geraubt worden waren (Posen, Westpreußen).

Am 4. Februar 1945 beschlossen Roosevelt, Stalin und Churchill in Jalta auf der Insel Krim Maßnahmen für die Zeit nach Hitler. Sie betonten ihren Willen, „den deutschen Militarismus und Nationalsozialismus zu zerstören und dafür Sorge zu tragen, dass Deutschland nie wieder imstande ist, den Weltfrieden zu stören. Wir sind entschlossen, alle deutschen Streitkräfte zu entwaffnen und aufzulösen; den deutschen Generalstab, der wiederholt die Wiederaufrichtung des deutschen Militarismus zu Wege gebracht hat, für alle Zeiten zu zerschlagen, sämtliche deutschen militärischen Einrichtungen zu entfernen oder zu zerstören; die gesamte deutsche Industrie, die für militärische Produktion benutzt werden könnte, zu beseitigen oder unter Kontrolle zu stellen; alle Kriegsverbrecher vor Gericht zu bringen und einer schnellen Bestrafung zuzuführen sowie eine genaue, durch Leistung von Sachwerten erfolgende Wiedergutmachung der von den Deutschen verursachten Zerstörungen zu bewirken; die Nationalsozialistische Partei, die nationalsozialistischen Gesetze, Organisationen und Einrichtungen zu beseitigen, alle nationalsozialistischen oder militärischen Einflüsse aus den öffentlichen Dienststellen sowie dem kulturellen und wirtschaftlichen Leben des deutschen Volkes auszuschalten und in Übereinstimmung miteinander solche Maßnahmen in Deutschland zu ergreifen, die für den künftigen Frieden und die Sicherheit der Welt notwendig sind. Es ist nicht unsere Absicht, das deutsche Volk zu vernichten, aber nur dann, wenn der Nationalsozialismus und Militarismus ausgerottet sind, wird für die Deutschen Hoffnung auf ein würdiges Leben und einen Platz in der Völkergemeinschaft bestehen."

Solange der Krieg dauerte, waren die Verbündeten aufeinander angewiesen und blendeten ihre ideologischen und politischen Zwistigkeiten aus, denn im Vordergrund stand die bedingungslose Kapitulation des Deutschen Reichs und Japans, da Italien bereits gefallen war. In Jalta erklärte sich Stalin bereit, drei Monate nach der deutschen Niederlage in den Krieg gegen Japan einzutreten, und stimmte der Gründung der Vereinten Nationen zu. Die Westmächte erkannten die sowjetische Ansprüche auf große Teile Polens an und stimmten der Verschiebung der polnischen Grenze bis an die Oder und Neiße zu.

Propagandaminister Goebbels nutzte die Beschlüsse von Jalta, um die deutsche Bevölkerung mit Schreckensbildern von einem durch die Sowjetunion unterjochten, ausgeraubten und hungernden Reich an der Kandare zu halten und zu weiteren Anstrengungen für die militärische Wende anzustacheln. Angesichts der sich nähernden Fronten sah auch der Letzte, von Fanatikern abgesehen, dass der Krieg nicht mehr zu gewinnen ist. Wer das offen aussprach und/oder weiße Fahnen aus den Fenstern hing, riskierte seinen Kopf.

DACHAU

Am 21. März 1933 gab Reichsführer SS Heinrich Himmler den Befehl, in Dachau, einer kleinen Stadt vor den Toren Münchens, ein Konzentrationslager einzurichten. Kommandant Theodor Eicke entwickelte ausgehend von Dachau Pläne für weitere Konzentrationslager. Die ersten nach Dachau eingelieferten Häftlinge waren Regimegegner – Kommunisten, Sozialdemokraten, Gewerkschafter sowie Juden und vereinzelt auch Mitglieder konservativer und liberaler Parteien. In den folgenden Jahren wurden weitere Opfer in das KZ verschleppt – Homosexuelle, Zigeuner, Zeugen Jehovas, Geistliche und andere. Allein im Zusammenhang mit der Reichspogromnacht am 9. November 1938 wurden mehr als 10 000 Juden in Dachau interniert. Nach dem Anschluss Österreichs folgten zahlreiche Österreicher sowie Häftlinge aus den sudetendeutschen Gebieten und ab März 1939 aus dem Protektorat Böhmen und Mähren. Nach Kriegsbeginn am 1. September 1939 wurden Polen, Belgier, Niederländer, Franzosen, Norweger, Russen und andere nach Dachau gebracht. Die größte nationale Gruppe bildeten polnische Häftlinge, gefolgt von solchen aus der Sowjetunion. Insgesamt waren rund 200 000 Menschen aus mehr als 30 Staaten in dem KZ inhaftiert.

In der Vorkriegszeit mussten die Gefangenen unter schrecklichen Bedingungen in SS-Betrieben, im Straßenbau, in Kiesgruben sowie bei der Kultivierung des Umlandes arbeiten. Während des Kriegs waren die Häftlinge verstärkt in Rüstungsbetrieben eingesetzt. Ab 1942 entstand ein weit verzweigtes Netz aus Außenlagern und Außenkommandos, in denen weit über 30 000 Gefangene Waffen herstellten mussten. Als die deutsche Flugzeugproduktion durch alliierte Luftangriffe zunehmend gefährdet war, verlegte die NS-Führung den Bau von Flugzeugen und Raketen in unterirdische Fabriken. Dazu wurden in Kaufering und Mühldorf zwei große Komplexe als Außenlager von Dachau angelegt. Im Laufe des Krieges wurde das KZ Dachau Ort von Massenmorden. Hier wurden ab Oktober 1941 ähnlich wie in Buchenwald und Sachsenhausen mehrere tausend sowjetische Kriegsgefangene erschossen. Auch unzählige andere Gefangene kamen in Dachau ums Leben, viele infolge von Hunger und Krankheiten. Darüber hinaus starben zahlreiche Häftlinge an den Folgen von Medizinexperimenten einen qualvollen Tod. Neben 30 000 registrierten Toten haben weitere Tausende namentlich unbekannte Häftlinge in dem KZ ihr Leben verloren. Wer als Gefangener zu schwach war und nicht mehr arbeiten konnte, wurde im Schloss Hartheim bei Linz durch Giftgas ermordet. Der unter der Codebezeichnung Aktion 14 f 13 im Anschluss an die Aktion T 14 (Euthanasie) durchgeführten Aktion fielen in Hartheim, Bernburg und Sonnenstein zwischen 20 000 und 30 000 Menschen zum Opfer.

Mit dem siegreichen Vorrücken der alliierten Truppen wurden das KZ Dachau und seine Außenlager von der SS evakuiert. Auf oft wochenlangen Todesmärschen kamen kurz vor Kriegsende noch tausende Häftlinge ums Leben. Sie starben an Krankheiten, Schwäche, Unterernährung, an den Schlägen der SS oder wurden, wenn sie nicht mehr laufen konnten, erschossen. Am 28. April 1945 verließ der größte Teil der SS-Wächter das Lager, einen Tag später wurde es von Einheiten der US-Armee befreit. Ähnlich wie in Buchenwald zwangen die Befreier Bewohner von Dachau und München, die Leichenberge anzusehen.

Nach 1945 war das ehemalige KZ Dachau wie die früheren KZ Buchenwald und Sachsenhausen zunächst Internierungslager für ehemalige SS-Wachmannschaften und Nazischergen. Bis 1965 dienten die Baracken als Unterkunft für Flüchtlinge aus den Ostgebieten. Die Gedenkstätte des ehemaligen KZ wurde 1965 auf Initiative der Überlebenden mit Unterstützung des Freistaats Bayern errichtet. Die Ausstellung „Der Weg der Häftlinge" berichtet über die Geschichte des KZ Dachau, das schon sehr früh zum Musterlager und Vorbild für weiterer Orte des Grauens und des Mordens im Deutschen Reich und den besetzten Gebieten wurde.

Die US-Armee führte im ehemaligen KZ Dachau knapp 500 Prozesse gegen meist deutsche Angeklagte wegen Kriegsverbrechen und Verbrechen gegen die Menschlichkeit durch. Mehr als eintausend Personen kamen wegen so genannter Konzentrationslagerverbrechen vor Gericht, die 268 von 426 verhängten Todesurteilen wurden im Kriegsverbrechergefängnis Landsberg durch Hängen vollstreckt. Die übrigen Verurteilten mussten ihre Haft bis Ende der 1950-er Jahre ebenfalls in Landsberg verbüßen (s. Buchenwald).

D-DAY, OPERATION OVERLORD

Ende 1943 einigten sich die Repräsentanten der Anti-Hitler-Koalition auf die Eröffnung der Zweiten Front in Frankreich, die als Entlastung der Sowjetunion große Bedeutung hatte. „Das allgemeine Einvernehmen, das wir hier erzielt haben, gewährleistet, dass der Sieg unser sein wird", erklärten Churchill, Roosevelt und Stalin. Die Überlegenheit der alliierten Luftwaffe, die die Stellungen der Wehrmacht und ihre Verbindungswege pausenlos bombardierte, aber auch Fehlentscheidungen von Hitler sorgten dafür, dass die Invasion nach erbitterten und verlustreichen Kämpfen erfolgreich war.

Nach intensiven Vorbereitungen landeten am 6. Juni 1944 westalliierte Truppen unter dem Befehl dcs amerikanischen Generals und späteren US-Präsidenten Dwight D. Eisenhower in der Normandie. Die Aktion hat sich als D-Day beziehungsweise Operation Overlord in das historische Gedächtnis eingebrannt. Trotz intensiver Gegenwehr der Wehrmacht erreichten 850 000 englische, amerikanische und weitere Soldaten die französische Atlantikküste. Da die Deutschen nach der Niederlage Frankreichs 1940 an der Atlantikküste ein System von Verteidigungsanlagen errichtet hatten, den Atlantikwall, glaubten sie, für eine Invasion gewappnet zu sein. Den Alliierten gelang es, das deutsche Oberkommando durch Täuschungsmanöver in die Irre zu führen, und sie waren auch über die gegnerischen Pläne gut informiert, nachdem ein deutscher Geheimcode geknackt war und man mitlesen konnte, was auf der Chiffriermaschine Enigma geschrieben wurde. US-amerikanische Soldaten gelang es, nach ihrer Landung in der Normandie den Gegner mit aufblasbaren Panzern, Geschützen und Transportfahrzeugen in Angst und Schrecken zu versetzen. Die Geisterarmee vermochte es, den Gegner zwischen Normandie und Rhein über die wahre Stärke und Lage der amerikanischen Einheiten raffiniert zu täuschen.

Nachdem am 18. August 1944 amerikanische und französische Truppen auch in Südfrankreich gelandet waren, vereinigten sich diese knapp einen Monat später bei Dijon mit den im Norden operierenden

US-Truppen. Die deutsche Propaganda hatte allergrößte Mühe, die Schlappen zu verschleiern. In den Wehrmachtsberichten war nur von Frontbegradigung die Rede. Nach der Schlacht um Paris nahmen die alliierten Truppen am 25. August 1944 die für den Nazistaat auch politisch so wichtige französische Hauptstadt ein und machten sich auf den Weg in das Altreich. Der deutsche Kommandant General Dietrich von Choltitz übergab Paris nahezu unzerstört den Alliierten und setzte sich über den Führerbefehl vom 23. August 1944 „Paris darf nicht oder nur als Trümmerfeld in die Hand des Feindes fallen" hinweg. Choltitz wurde später deshalb von vielen Seiten als ein „Retter von Paris" bezeichnet. Hitler sprach von Verrat und drohte allen mit dem Tod, die sich ergeben.

DER STÜRMER

Einer der in Nürnberg angeklagten und dort am 16. Oktober 1946 hingerichteten Hauptkriegsverbrecher war Julius Streicher, Gauleiter von Nürnberg und Herausgeber des antijüdischen Hetzblattes „Der Stürmer". Das Nürnberger Kriegsverbrechertribunal charakterisierte seine Aufreizung zum Mord und zur Ausrottung der Juden als Verbrechen gegen die Menschlichkeit. Als „Deutsches Wochenblatt im Kampfe um die Wahrheit" deklariert und mit dem von dem preußischen Historiker Heinrich von Treitschke übernommenen Motto „Die Juden sind unser Unglück" versehen, behauptete das Hetzblatt, Juden würden alles daran setzen, die nordisch-germanische Rasse und ihre Erbanlagen durch Geschlechtsverkehr und Vermischung des Blutes zu schädigen und auszurotten. Das in Nürnberg publizierte Blatt untermalte seine Hetze mit pornografischen und sadistischen Horrorgeschichten und -bildern. Juden wurde eine ungebremste sexuelle Triebhaftigkeit wie bei Tieren und der unermüdliche Drang zur Schändung von Frauen, Mädchen und kleinen Kindern unterstellt. Ziel der Angriffe waren darüber hinaus Homosexuelle, die angeblich dem gesunden Volkskörper unermesslichen Schaden zufügen und zur Verbreitung von Geschlechts-krankheiten beitragen (s. Paragraph 175). Bereitwillig stellte sich das Hetzblatt für den Kampf gegen unbotmäßige Geistliche zur Verfügung und versetzte seine Leser mit wildesten Geschichten von Orgien und Ausschweifungen in Kirchen und Klöstern in Angst und Schrecken (s. Kirchenkampf). Für diese und andere Beiträge schlachtete „Der Stürmer", der eine wöchentliche Auflage bis zu 400 000 Exemplare erreichte und für seinen Herausgeber sehr einträglich war, Einsendungen von Denunzianten, aber auch Ermittlungen der Gestapo und Berichten aus Gerichtsverfahren aus. Den Zweiten Weltkrieg schilderte das Hetzblatt als schicksalhafte Auseinandersetzung mit dem „jüdischen Weltfeind" und Kampf für den Fortbestand der arischen Rasse.

Überall im NS-Staat wurden die antisemitischen Parolen und die von Philipp Rupprecht, genannt Fips, angefertigten Hassbilder sowie Leserzuschriften in so genannten Stürmer-Kästen ausgehängt. Diese Schaukästen verschwanden während der Olympischen Spiele von 1936 aus der Öffentlichkeit, als sich der NS-Staat als tolerant und weltoffen darzustellen versuchte. Beim Kriegsende als Kunstmaler Seiler untergetaucht, doch von den Amerikanern erkannt und als einer der schlimmsten Einpeitscher des Antisemitismus entlarvt, versuchte Streicher, sich vor dem Kriegsverbrechertribunal, wie andere Angeklagte auch, als verfolgte Unschuld darzustellen. Seine Behauptung, vom Massenmord an den Juden nichts gewusst zu haben, und lediglich ein Naturfreund gewesen zu sein, der etwas gegen „Fremdlinge" hat, nahm ihm niemand ab. Mit anderen Hauptkriegsverbrechern wurde er am 16. Oktober 1946 in Nürnberg hingerichtet.

DEUTSCHE CHRISTEN, ENTJUDETE BIBEL

So gern er es getan hätte, doch frontal konnte der Nazi-Staat gegen die Kirche nicht angehen, er brauchte ihre Unterstützung für die Rechtfertigung seiner Rasse- und Eroberungspolitik. Willige Helfer organisierten sich in der antisemitisch geprägten Bewegung der Deutschen Christen (DC), die sich SA Jesu Christi nannte und die Thesen des NS-Chefideologen Alfred Rosenberg nachbetete, die er in seinem Buch „Der Mythus des 20. Jahrhunderts" und weiteren Schriften darlegte. Die DC behaupteten, die nationalsozialistischen Rassengesetze täten ein gottgefälliges Werk. Vom Reichsbischof Ludwig Müller geführt, versuchten sie, Christen jüdischer Herkunft aus der Kirche auszuschließen. Das aber führte 1934 zur Spaltung, denn die Bekennende Kirche lehnte die Unterwerfung unter das Diktat der Nazis ab und bekam sofort deren Hass zu spüren. Die Thesen der DC wurden gebraucht, um der Verfolgung von Juden und anderen so genannten Fremdvölkischen und Gemeinschaftsfremden, wie man sagte, ein religiöses Mäntelchen umzuhängen. Statt sich auf Gott und christliche Gebote und Werte zu berufen, riefen Hitler und seine Anhänger die Vorsehung an.

Eisenach wurde zur Hochburg der mit den Nazis paktierenden Protestanten. In der Georgenkirche, in der Luther gepredigt hatte und Johann Sebastian Bach getauft wurde, haben besonders eifrige Nazi-Christen unliebsame Verse übermalt. Sie fanden die aus dem Neuen Testament stammenden Zeilen wie „Zacharias sprach: gelobt sey der Herr, der Gott Israel / denn er hat besucht und erlöst seyn Volk" oder „Philippus spricht: Wir haben Jesum gefunden, von welchem Moses im Gesetz und die Propheten geschrieben haben" so unerträglich, dass sie diese beseitigen ließen. Es ist in unserer Zeit geplant, die aus der Barockzeit stammenden Inschriften wieder lesbar zu machen

Eifrig versuchten die vom Staat geförderten Deutschen Christen, die Bibel „judenrein" zu machen. Sie forderten Ende 1933, „dass eine deutsche Volkskirche Ernst macht mit der Verkündigung der von aller orientalischen Entstellung gereinigten schlichten Frohbotschaft und einer heldischen Jesus-Gestalt als Grundlage eines artgemäßen Christentums". Bei ihren Bestrebungen berief sich die Gruppe auf Martin Luther, der im 16. Jahrhundert massiv gegen Juden gehetzt hatte. 1939 gründeten DC-Vertreter in Eisenach, wo der Reformator auf der Wartburg die Bibel ins Deutsche übersetzt hatte, ein Institut zur Erforschung und Beseitigung des jüdischen Einflusses auf das deutsche kirchliche Leben. An der Spitze dieses sogenannten Entjudungsinstituts stand der Theologieprofessor an der Universität Jena, Walter Grundmann, NSD-AP-Mitglied seit 1930 und förderndes Mitglied der SS. Der Herausgeber der Zeitschriften „Christenkreuz und Hakenkreuz" und „Deutsche Frömmigkeit" schrieb 1942, auf dem Höhepunkt der Endlösung der Judenfrage: „Möge man sich auch über Deutschlands Haltung gegen das Judentums ereifern, Deutschland hat dennoch die geschichtliche Rechtfertigung und die geschichtliche Berechtigung zum Kampf gegen das Judentum auf seiner Seite. [...] und an diesem Satz wird auch spätere Forschung nichts mehr abändern können!" 1940 wurde eine Liste von Bibelworten zusammengestellt, die verschwinden und durch Zitate aus dem Neuen Testament beziehungsweise neue Wortschöpfungen ersetzt werden sollten. Dass dadurch substanzielle Elemente der christlichen Botschaft aufgegeben wurden, haben Grundmann und seine Freunde billigend in Kauf genommen. In ihrem Eifer, die jüdischen Wurzeln des Christentums zu beseitigen, gingen die DC, geführt vom thüringischen Landesbischof Martin Sasse so weit, aus Jesus einen „Arier" zu machen. Das Entjudungsinstitut wurde von 13 Landeskirchen getragen. Walter Grundmann war nach dem Ende des NS-Reichs Rektor des Eisenacher Katechetenseminars und gab sich als Opfer des NS-Regimes aus. Dass es in Eisenach das von ihm geleitete Entjudungsinstitut gegeben hat, wurde in den vergangenen 70 Jahren ungern erwähnt und ist erst jetzt Gegenstand innerkirchlicher Debatten. Seine Professur an der Theologischen Fakultät der Jenaer Universität hatte Grundmann bei der Entnazifizierung verloren.

„DEUTSCHE HÖRER"

Der Literaturnobelpreisträger Thomas Mann besaß und besitzt in der deutschen und internationalen Kulturszene einen hervorragenden Namen. Das hinderte die 1933 an die Macht gelangten Nazis aber nicht, ihn auszubürgern und seine Werke auf den Index zu setzen. Im schweizerischen Exil beziehungsweise in den USA lebend, war der Schriftsteller an den Vorgängen in seiner Heimat brennend interessiert. Im Herbst 1940 fragte ihn der britische Sender BBC, ob er zu seinen Landsleuten sprechen und die Kriegsereignisse sowie die Nazi-Verbrechen kommentieren würde. Thomas Mann nahm den Auftrag gern an. Wer sich in Nazideutschland und den von ihm okkupierten Ländern beim Abhören von Feindsendern wie BBC oder Radio Moskau erwischen ließ, war des Todes (s. Rundfunkverbrechen). „Weißt du, der mich jetzt hört, von Majdanek bei Lublin in Polen, Hitlers Vernichtungslagern? Es war kein Konzentrationslager, sondern eine riesige Mordanlage. Da steht ein großes Gebäude aus Stein mit einem Fabrikschlot, das größte Krematorium der Welt", beschrieb Mann am 14. Januar 1945 seinen Hörern, was Vertreter der Schweizer Flüchtlingshilfe in Auschwitz und anderen Vernichtungslagern gesehen hatten – all die Menschenknochen, Kalkfässer, Chlorgasröhren und die Verbrennungsanlagen, die Haufen von Kleidern und Schuhen, „viele kleine Schuhe von Kindern, wenn du, deutscher Landsmann, du, deutsche Frau, es hören magst".

Am 10 Mai 1945 sprach Thomas Mann die Hoffnung aus: „Möge die Niederholung der Parteifahne, die aller Welt ein Ekel und Schrecken war, auch die innere Absage bedeuten an den Größenwahn, die Überheblichkeit über andere Völker, den provinziellen und weltfremden Dünkel, dessen krassester, unleidigster Ausdruck der Nationalsozialismus war. Möge das Streichen der Hakenkreuzflagge die wirkliche, radikale und unverbrüchliche Trennung alles deutschen Denkens und Fühlens von der nazistischen Hintertreppen-Philosophie bedeuten, ihre Abschwörung auf immer." Viele Menschen erkannten, dass das zertrümmerte Deutschland nur dann eine Zukunft hat, wenn sich seine Bewohner mutig und rücksichtslos der Aufklärung der Verbrechen der Nationalsozialisten stellen und die eigenen Verstrickungen bekennen, was dann aber vielfach nur unzureichend und widerwillig geschah (s. Zweite Schuld).

DEUTSCHE WISSENSCHAFT

Die Bücherverbrennung auf dem Berliner Opernplatz am 10. Mai 1933 markierte auf drastische Weise den Beginn der Gleichschaltung der Hochschulen und Universitäten und des Geisteslebens. Sehr schnell entledigten sich Universitäten, Hochschulen und andere akademische Einrichtungen ihrer jüdischen Professoren und Studenten sowie aller Personen, die als politisch unzuverlässig galten. Zur Lehre, Forschung und Ausbildung wurden nur zugelassen, wer den Ariernachweis erbringen konnte und sich gegenüber den neuen Machthabern loyal verhielt. Von nun an stand so genannte Deutsche Wissenschaft auf dem Programm. Systemkonforme Wissenschaftler konnten sich in Fächern wie Rassepolitik, Geopolitik, Germanenkult sowie politische Pädagogik und Volkskunde austoben und erhielten reiche Publikationsmöglichkeiten. Jetzt wurden „deutsche" Chemie, Mathematik und Physik gelehrt und praktiziert, und es wurden Menschen als „Material" für sadistische Versuchszwecke verwendet und ermordet (s. Medizinexperimente).

Die Knebelung der Universitäten, Hochschulen und Akademien hatte gravierende Folgen. In Berlin, damals der wichtigste Standort im Deutschen Reich für Lehre und Forschung, und weiteren Städten wurden über 2 000 Wissenschaftler aus rassistischen und politischen Gründen aus dem Amt gejagt. Doch hinter der Fassade brodelte es. Immer wieder kam es an Universitäten und akademischen Einrichtungen zu regimefeindlichen Aktionen, deren Initiatoren von der Gestapo und der Justiz erbarmungslos verfolgt und ermordet wurden.

Der Physiknobelpreisträger Albert Einstein war Anfang 1933 von einer Auslandsreise nicht mehr nach Deutschland zurückgekehrt. Seine pazifistischen und regimekritischen Äußerungen brachten die Nazis so sehr auf, dass sie massiv gegen ihn hetzten und seinen Ausschluss aus der Preußischen Akademie der Wissenschaften verlangten. Diesem kam der Gelehrte durch seinen eigenen Austritt zuvor. Sein Kollege Max Planck erklärte, Einstein sei „der Physiker, durch dessen in unserer Akademie veröffentlichte Arbeiten die physikalische Erkenntnis in unserem Jahrhundert eine Vertiefung erfahren hat, deren Bedeutung nur an den Leistungen Johannes Keplers und Isaac Newtons gemessen werden kann." Als sich die Berliner Akademie der Wissenschaften nach dem Ende des NS-Staats entschloss, ihre nach 1933 aus politischen und rassistischen Gründen suspendierten Mitglieder wieder aufzunehmen, lehnte Einstein als einziger mit der Bemerkung ab, nach all dem furchtbaren Geschehen sehe er sich nicht in der Lage, dieses Anerbieten anzunehmen. Nobelpreisträger Gustav Hertz, der unter den Nazis seine Lehrberechtigung verloren hatte, leitete nach der Befreiung ein Forschungslabor für Atomforschung in der Sowjetunion. 1955 übernahm er die Leitung des zentralen Wissenschaftlichen Rates für die friedliche Anwendung der Atomenergie beim Ministerrat der DDR.

Bis zum Ende des Zweiten Weltkriegs befasste sich die Kaiser-Wilhelm-Gesellschaft (KWG) in den ihr angeschlossenen Instituten mit Grundlagenforschung mehr oder minder bedenklichen, oft grausigen Inhalts. Nach 1945 wurden ihre Einrichtungen nach und nach von der Max-Planck-Gesellschaft übernommen. Zum schlimmen Erbe der KWG gehört ihre Beteiligung an Versuchen mit lebenden und toten Menschen sowie in der Giftgasforschung. Diese dunkle Seite ihrer Geschichte wurde inzwischen aufgearbeitet und liegt in Form einer mehrbändigen „Geschichte der Kaiser-Wilhelm-Gesellschaft im Nationalsozialismus" vor. Sie dokumentiert unter anderem die im Dienst der NS-Führung stehenden Forschungsfelder, die Korrumpierung führender Wissenschaftler durch die NS-Regierung, den Anteil der KWG an der Rüstungsforschung und den Menschenversuchen in den Vernichtungslagern. Außerdem erinnert ein Band an die aus der KWG vertriebenen Wissenschaftler. Die Akten der Kaiser-Wilhelm-Gesellschaft sowie zahlreiche Nachlässe herausragender Wissenschaftler befinden sich im Geheimen Staatsarchiv Preußischer Kulturbesitz, Berlin-Dahlem.

DEUTSCH-SOWJETISCHER NICHTANGRIFFSPAKT
(HITLER-STALIN-PAKT)

Für Hitler war es im Sommer 1939 nur eine Frage der Zeit, wann er den Krieg gegen Polen beginnen würde, der sich zum Zweiten Weltkrieg auswuchs. Wichtig für den Überfall am 1. September 1939 war die Absicherung im Osten. Sie wurde durch den deutsch-sowjetischen Nichtangriffspakt möglich, auch Hitler-Stalin-Pakt genannt. Das unter hohem Zeitdruck ausgehandelte Abkommen wurde am 23. August 1939 von den Außenministern beider Länder, von Ribbentrop und Molotow, in Moskau in Anwesenheit von Stalin unterzeichnet. Auf zehn Jahre befristet, legte es unter Berufung auf einen 1926 abgeschlossenen Neutralitätsvertrag fest, dass sich beide Staaten jeglicher Gewalt des einen gegenüber dem anderen enthalten. Im Falle eines Krieges wollten sie sich neutral verhalten und auch keine Koalition unterstützen, die sich gegen die andere Seite richtet. Darüber hinaus wollten das Deutsche Reich und die Sowjetunion mögliche Konflikte „freundschaftlich" beilegen. Hitler drängte auf Eile, weil er im Osten für seinen Polenfeldzug den Rücken frei haben wollte. Er musste damit rechnen, dass England und Frankreich bei einem Krieg mit Polen nicht stillhalten werden, was dann auch eintraf. Teil des Vertrags war ein Wirtschaftsabkommen, nach dem die Sowjetunion Nahrungsmittel, Öl und Erz nach Deutschland liefert und im Gegenzug von dort Industrieerzeugnisse und Steinkohle erhält. Außerdem wurden deutsch-sowjetische Militärkonsultationen ermöglicht.

In einem geheimen Zusatzprotokoll „für den Fall einer territorial-politischen Umgestaltung", sicherte sich die Sowjetunion die Zurückgewinnung von Territorien, die das russische Reich nach dem Ersten Weltkrieg 1918 im Frieden von Brest-Litowsk an Polen abtreten musste, Gebiete, die weit über den Bug weißrussische und ukrainische Territorien umfassten. Dieses östliche Polen sowie Finnland, Estland und Lettland wurden in dem Dokument zu sowjetischen Interessensphären, das westliche Polen und Litauen zu denen des Deutschen Reiches erklärt. Für die Sowjetunion bedeutete der Abschluss des Paktes, sich eine – letztendlich schlecht genutzte – Atempause vor einem möglichen deutschen Angriff zu verschaffen, um die sowjetische Aufrüstung forcieren zu können. Gleichzeitig wurden große Gebiete im Osten des polnischen Staates jenseits des Bugs zumindest kurzzeitig vor dem Zugriff der faschistischen Wehrmacht geschützt.

Die NS-Propaganda feierte das überraschende Zusammengehen mit der stets als „jüdisch-bolschewistischer Erzfeind" verteufelten Sowjetunion als Fortsetzung der von Reichskanzler Otto von Bismarck während der Kaiserzeit praktizierten freundschaftlichen Beziehungen zum zaristischen Russland, während in der Sowjetunion die Losung ausgegeben wurde, sie müsse Zeit gewinnen, um für einen möglichen Krieg mit dem Deutschen Reich gewappnet zu sein. Beide Seiten verzichteten bis zum Überfall der Wehrmacht auf die Sowjetunion am 22. Juni 1941 auf gegenseitige verbale Angriffe und zelebrierten mehr oder weniger mühsam so etwas wie deutsch-sowjetische Freundschaft (s. Unternehmen Barbarossa). Aus der Geschichte ist bekannt, dass Stalin seinen Freiraum nicht nutzte und vielfältige Warnungen vor einem bevor stehenden Angriff in den Wind schlug, was Millionen Menschen das Leben kostete.

Der deutsch-sowjetische Nichtangriffspakt wird von Politikern und Historikern kontrovers beurteilt. Während die einen der Sowjetunion ein berechtigtes Interesse an der Wiederherstellung der alten polnisch-russische Grenze zugestehen, werfen andere Stalin vor, er habe unverfroren die Gelegenheit genutzt, sein Herrschaftssystem nach Westen auszuweiten. Lange leugnete die Sowjetunion die Existenz des Zusatzprotokolls, das erst am 24. Dezember 1989 vom sowjetischen Volksdeputiertenkongress für null und nichtig erklärt wurde.

EDELWEISSPIRATEN

Nicht alle Deutschen ließen sich von den Nazis vereinnahmen. Es gab auch welche, die sich ihnen aus politischen, religiösen und anderen Gründen verweigerten und dafür Freiheit und Leben riskierten (s.

Widerstand). Illegale Jugendgruppen, die sich Edelweißpiraten, Swing-jugend, Cliquen, Meuten oder Fahrtenstenze nannten, pflegten eine von der NSDAP und Hitlerjugend abweichende Subkultur und hoben sich mit ihrer Vorliebe für verbotene „Ami"-Musik sowie durch Kleidung und Frisuren von dem ab, was die Hitlerjugend vorschrieb. Die vor allem im Rhein-Ruhr-Gebiet agierenden Edelweißpiraten waren meist junge Arbeiter, die als Erkennungszeichen ein Edelweiß oder eine weiße Stecknadel unter dem linken Rockaufschlag trugen. Historiker schätzen, dass die Gruppen mehrere tausend Anhänger zwischen 14 und 17 Jahren hatten. Ihr Widerstand äußerte sich in verbotenen Fahrten und Zeltlagern, im Krieg aber auch durch Verbreitung von illegal abgehörten Informationen über den Kriegsverlauf, was als Rundfunkverbrechen mit dem Tod bestraft wurde. Wenn bei einem Fliegeralarm die Straßen menschenleer waren, schrieben Edelweißpiraten Parolen wie „Nieder mit Hitler" oder „Naziköpfe rollen nach dem Krieg" an Mauern oder Eisenbahnzüge.

Das NS-Regime bestrafte die oppositionellen Jugendlichen mit Gefängnis und Jugend-KZ, schreckte aber auch nicht vor der Todesstrafe zurück. In dem 1940 eingerichteten Jugend-KZ Moringen bei Göttingen wurden unangepasste Jugendliche, unter ihnen viele Edelweißpiraten, unter unmenschlichen Bedingungen gefangen gehalten. Außerdem gab es ein Mädchenlager in der Nähe des Frauen-KZ Ravensbrück sowie in Litzmannstadt (Łódź) ein Lager für polnische und tschechische Kinder und Jugendliche sowie weitere über das Reich verstreute Lager dieser Art. Manche Edelweißpiraten nahmen Kontakt zu Widerstandsgruppen auf. Die wohl bekannteste war die aus einem Kölner Arbeiterstadtteil stammende Ehrenfelder Gruppe.

Das Reichssicherheitshauptamt ging gegen die illegalen Jugendgruppen unbarmherzig vor. In einem Bericht heißt es, dass Mitglieder der Berliner Clique „Knietief" festgenommen wurden. „Sie kamen fast täglich in einem Café im Nord-Osten Berlins zusammen. Bei Jazz-Musik wurde getanzt und ‚gehottet'. Ein Angehöriger der Clique hatte die Wohnung seiner abwesenden Eltern für ‚Budenzauber' zur Verfügung gestellt, wobei es zu alkoholischen Exzessen und sittlichen

Ausschreitungen mit Mädchen kam. Sie verübten ferner Überfälle auf HJ-Angehörige, rissen ihnen die HJ-Abzeichen ab und belästigten sie. Allgemein wurde langer Haarschnitt getragen. Zwei Cliquenangehörige, bei denen es sich um jüdische Mischlinge I. Grades handelt, wurden einem Arbeitserziehungslager zugeführt; 12 Jugendliche sind dem Jugendrichter überstellt worden."

Zentrum der von der Gestapo bekämpften Swing-Bewegung, in der man sich mit „Swing Heil" begrüßte, war Hamburg. Das Ausbrechen aus den jugendpolitischen Grenzen und Vorgaben des NS-Regimes wurde mit Jugendhaft, Einweisung in ein Konzentrationslager und Schlimmerem bestraft. Selbstverständlich hörten unangepasste Jugendliche heimlich so genannte Ami- oder Niggermusik oder machten selber welche. Der nach dem Krieg bekannt gewordene Jazzmusiker Emil Mangelsdorff war Mitglied der illegalen Hotclub Combo in Frankfurt am Main. Wegen seines Eintretens für den Jazz wurde er Anfang 1943 verhaftet und interniert, nach dem Ende des Nazistaates schloss er sich der Frankfurter Jazzszene an.

EICHMANN-PROZESS, BANALITÄT DES BÖSEN

Im Eichmann-Prozess 1961 vor einem Gericht in Jerusalem gab sich Adolf Eichmann als kleines Rädchen im Getriebe des NS-Staates aus. Er habe nur seine Pflicht getan und die Entscheidungen hätten viel mächtigere Leute getroffen, behauptete der SS-Obersturmbannführer, der im Reichssicherheitshauptamt das Judenreferat IV B 4 leitete und damit an der Schaltstelle des Mords an Millionen Juden saß. Die organisatorischen Maßnahmen dafür erfolgten in Eichmanns Dienststelle Kurfürstenstraße 115/116. Gedenktafeln vor dem Grundstück, auf dem jetzt ein Hotel steht, informieren über den Anteil, den Eichmann an der Organisation und Durchführung der Endlösung der Judenfrage hatte.

Im Frühjahr 1945 war es Eichmann gelungen unterzutauchen. Er geriet unter falschem Namen in amerikanische Kriegsgefangenschaft, ohne dass seine Identität erkannt wurde. Alte Seilschaften und der in Rom tätige österreichische Bischof Alois Hudal ermöglichten es ihm, auf der Rattenlinie und mit einem Flüchtlingspass des Internationalen Komitees vom Roten Kreuz in der Tasche nach Argentinien auszuwandern, wo er sich als Ricardo Klement mit seiner Familie eine bescheidene Existenz aufbaute. Der hessische Generalstaatsanwalt Fritz Bauer hatte Ende der 1950-er Jahre von Eichmanns Aufenthaltsort erfahren und dem israelischen Geheimdienst Mossad einen Hinweis gegeben, weil die westdeutschen Behörden an einer Auslieferung des Massenmörders in Erwartung unliebsamer Enthüllungen nicht interessiert waren. Bauer musste befürchten, dass er wegen dieses Hinweises wegen Landesverrats zur Rechenschaft gezogen wird (s. Auschwitz-Prozess). Erst zehn Jahre nach seinem Tod (1968) wurde seine Zusammenarbeit mit dem Mossad bekannt.

Der deutsche Kinofilm „Der Staat gegen Fritz Bauer" von 2015 schildert, wie Bauers Recherchen vom Geheimdienst BND und anderen Behörden sowie die Auslieferung von Eichmann an die Bundesrepublik hintertrieben wurden. Der Film enthält eine Szene, in der Eichmann im Exil dem niederländischen SS-Untersturmführer Willem Sassen gegenüber auf Tonband bedauert, er habe „versagt", weil es ihm nicht gelungen ist, statt elf nur sechs Millionen Juden zu ermorden. „Ich muss Ihnen ganz ehrlich sagen, hätten wir von den 10,3 Millionen Juden, die Korherr, wie wir jetzt nun wissen, ausgewiesen hat, 10,3 Millionen Juden getötet, dann wäre ich befriedigt und würde sagen, gut, wir haben einen Feind vernichtet." Mit „Korherr" ist ein Bericht mit statistischen Angaben über die Endlösung der Judenfrage gemeint. Der hochgeheime Bericht wurde 1943 im Auftrag von Himmler von Richard Korherr, dem Leiter der Statistischen Abteilung im SS-Hauptamt, zusammengestellt. Der Statistiker behauptete später, er habe erst nach dem „Zusammenbruch" im Jahr 1945 von Vernichtungsaktionen gehört.

Das Verfahren gegen Eichmann, die dem Gericht vorgelegten Dokumente und die Zeugenaussagen ergaben neue erschreckende

Einzelheiten über die Planung und Durchführung des Holocausts und die Ausplünderung der Juden im Deutschen Reich und den von der Wehrmacht überfallenen Ländern. Eichmann wurde für millionenfachen Mord zum Tod durch den Strang verurteilt und am 1. Juni 1962 hingerichtet. In einem Abschiedsbrief an seine Frau behauptete der fanatische Antisemit: „Ich bin das Opfer eines Fehlschlusses. Meine Schuld war mein Gehorsam."

Das 1963 von Hanna Arendt aufgrund ihrer Eindrücke beim Eichmann-Prozess veröffentlichte Buch „Eichmann in Jerusalem. Ein Bericht von der Banalität des Bösen" schlug hohe Wellen. Viele Überlebende des Holocausts in Deutschland und im Ausland störten sich an der Unterzeile des Buches, weil banal und Banalität sowie auch böse für die faschistischen Massenverbrechen viel zu schwache Formulierungen seien. Das Buch löste eine Kontroverse darüber aus, ob es erlaubt ist, den „Spediteur des Todes" als ganz normalen Menschen, nur als einen pflichtschuldig arbeitenden Bürokraten zu schildern, als einen Mann, der seine Arbeit ohne Ambition und Emotion getan hat. Dabei war Eichmann, der Protokollant der Wannseekonferenz von 1942 über die „Endlösung der Judenfrage", ein Mann, der viel mehr war als ein seelenloser Schreibtischtäter und Befehlsempfänger. In seinem ausgeprägten Judenhass schöpfte er seine Möglichkeiten nicht nur voll, sondern weitaus mehr aus, etwa als er dafür sorgte, dass 1944 unzählige ungarische Juden ins Gas geschickt wurden. Von den 825 000 ungarischen Juden wurden etwa 565 000 ermordet, und Eichmann hatte einen großen Anteil an diesen Opferzahlen. Arendt fasste ihre Eindrücke am Ende des Prozesses so zusammen: „In diesen letzten Minuten war es, als zöge Eichmann selbst das Fazit der langen Lektion in Sachen menschlicher Verruchtheit, der wir beigewohnt hatten – das Fazit von der furchtbaren ‚Banalität des Bösen', vor der das Wort versagt und an der das Denken scheitert."

EINHEITSFRONT

Unter dem Motto „Heran an die Massen" versuchte die Kommunisti-schen Internationale in den frühen 1920-er Jahren, die Einheitsfront der kommunistischen Parteien mit sozialistischen und sozialdemokra-tischen Kräften für den Kampf um die Interessen der Arbeiterklasse und insbesondere gegen den aufkommenden Faschismus zu schmieden. Allerdings kam in der Weimarer Republik diese Aktionseinheit wegen stark auseinander klaffender Interessen und Programme beider Lager nicht zustande. Erst als die NS-Diktatur errichtet war, schlossen KPD, SPD und Gewerkschaften ihre Kräfte unter den lebensgefährlichen Be-dingungen der Illegalität zusammen. Die noch in der Weimarer Re-publik bestehenden Gegensätze zwischen revolutionären Kommunisten und staatstragenden Sozialdemokraten wurden überwunden.

Der vor 1933 von ideologischer Verbohrtheit geprägte Kampf gegen die als Arbeiterverräter beschimpften Sozialdemokraten beziehungswei-se die als rot lackierte Faschisten diffamierten Kommunisten hatte ob-jektiv den Aufstieg der Nazis erleichtert. Die Brüsseler Konferenz von 1935 ebnete den Weg zur Aktionseinheit und Volksfront und zu einem geschlossenen Zusammengehen im Widerstand gegen die NS-Dikta-tur. Während des Kriegs schlossen sich Soldaten und Offiziere in sow-jetischer Kriegsgefangenschaft im Nationalkomitee Freies Deutschland mit dem festen Willen zusammen, das Morden in Europa so schnell wie möglich zu beenden.

Zu den ersten Opfern des Naziterrors gehörten Kommunisten, So-zialdemokraten, Gewerkschafter, Juden sowie Künstler, Wissenschaft-ler, Schriftsteller, Journalisten und andere Personen, die sich schon vor 1933 verdächtig gemacht hatten und nun ungeschützt massivem Ter-ror ausgesetzt waren. Geistliche, die gegen die neue Gottlosigkeit wet-terten, wurden ebenfalls drangsaliert, mit Predigtverbot belegt, ange-klagt, verurteilt und in vielen Fällen ermordet (s. Kirchenkampf). Zwar wurden Widerstandsgruppen von der Gestapo systematisch aufgespürt und zerschlagen, doch bildeten sich immer wieder neue (s. Berliner

Arbeiterwiderstand, Kreisauer Kreis, Weiße Rose, Rote Kapelle). Die Gedenkstätte Deutscher Widerstand an der Stauffenbergstraße in Berlin-Tiergarten schildert, wo überall im Deutschen Reich und den besetzten Ländern Widerstand geleistet wurde und wer dafür einen Blutzoll entrichten musste (s. 20. Juli 1944).

EINSATZSTAB ROSENBERG, DER MYTHUS DES 20. JAHRHUNDERTS

Mit einem Führerbefehl ermächtige Hitler am 5. Juli 1940 den NS-Ideologen Alfred Rosenberg und den nach ihm benannten Einsatzstab Reichsleiter Rosenberg (ERR), in den von der Wehrmacht besetzten Ländern wertvolle Kulturgüter aus jüdischen Besitz zu erfassen und zu beschlagnahmen. Weiterhin sollte der Einsatzstab dort die öffentlichen Bibliotheken und Archive nach Büchern und anderen Druckschriften sowie Manuskripten durchsuchen und jene beschlagnahmen, die für das Deutsche Reich als wichtig und wertvoll erachtet wurden. Die Maßnahmen erstreckten sich auch auf den Buch- und Kunstbesitz von Kirchen, Klöstern, Logen und ähnlichen Einrichtungen. Rosenberg war Hitler als oberster Überwacher der geistigen und weltanschaulichen Schulung der NSDAP direkt unterstellt. Er wurde 1938 Herausgeber des Zentralorgans „Völkischer Beobachter" und 1940 Gründungsbeauftrager einer von der Naziparti finanzierten Hohen Schule, die sich unter anderem mit der Erforschung des Germanentums und des Judentums befassen sollte. Der Kriegsverlauf verhinderte deren Einrichtung.

Rosenberg, der Reichsminister für die besetzten Ostgebiete, organisierte mit seinem Einsatzstab den planmäßigen Kunstraub mit Schwerpunkt Frankreich und Benelux-Staaten. Diese Region war eine wichtige Quelle für den Aufbau des Führermuseums in Linz. Außer im Westen unternahm der ERR ausgedehnte Raubzüge in Polen, den baltischen Staaten, der Sowjetunion sowie in Italien und Griechenland. Verbunden waren die Aktionen mit der Deportation der Besitzer und/oder

Betreuer in die Vernichtungslager, wo sie als unbequeme Zeugen ermordet wurden. Da auch Reichsmarschall Göring eine eigene Kunstsammlung aufbaute, geriet Rosenberg mit diesem aneinander. Zwar half Göring dem Reichsleiter beim Abtransport der Kunstbeute, beanspruchte aber die besten Stücke daraus für sich.

In seinem 1930 und danach in mehreren Auflagen erschienenen Buch „Der Mythus des 20. Jahrhunderts. Eine Wertung der seelisch-geistigen Gestaltenkämpfe unserer Zeit" versuchte Rosenberg, eine von „jüdischen Einflüssen" gereinigtes Christentum zu kreieren. Nach seiner Vorstellung sei die arische Rasse berufen, über „Fremdvölkische" und insbesondere die Juden zu herrschen und sie zu eliminieren. Im Unterschied zu den Juden und ihrer Religion hielt der Reichsleiter die Arier für eine göttliche Rasse, die einen Plan der Vorsehung auszuführen haben. Vor allem bei den Deutschen Christen, die die Bibel judenrein machen wollten und sich auf Rosenberg als Autorität beriefen, heimste dieser viel Beifall ein.

Für seine Kriegsverbrechen und Verbrechen gegen die Menschlichkeit schuldig befunden, wurde Rosenberg vom Nürnberger Kriegsverbrechertribunal zum Tod verurteilt und am 16. Oktober 1946 mit anderen Naziführern durch den Strang hingerichtet. Bis zum Schluss war der eingefleischte Propagandist des Holocausts, Kunsträuber und Einpeitscher von Hitlers Weltherrschaftsplänen fest davon überzeugt, dass der Nationalsozialismus „eine echte soziale Weltanschauung und ein Ideal blutbedingter kultureller Sauberkeit" war und ist.

ELSER-ATTENTAT 1939

Eine von dem aus Schwaben stammenden Schreiner Georg Elser heimlich im Münchner Bürgerbräukeller platzierte Bombe verfehlte am 8. November 1939 Hitler, der eine Parteiveranstaltung kurz vor der Explosion verlassen hatte, tötete aber einige seiner Anhänger. Der Attentäter wurde an der Grenze zur Schweiz gefasst und in München und Berlin quälenden Verhören unterworfen. Mit ihnen wollte die Gestapo herausfinden, ob er Hintermänner zum Beispiel im britischen Geheimdienst hat, die er, der Alleintäter, jedoch nicht nennen konnte. Die Naziführung verzichtete auf einen Prozess, der unliebsame Einsichten in das Denken des Hitlergegners ergeben hätte. Nach langer Einzelhaft und furchtbaren Torturen wurde Elser am 9. April 1945 im KZ Dachau ermordet, wenige Tage vor der Befreiung durch amerikanische Truppen.

In der Geschichtsschreibung und im Schulunterricht beider deutscher Staaten blieb Georg Elser lange unbeachtet, er war ein Vergessener und Verfemter. Doch seit dem Auffinden der Verhörprotokolle im Jahre 1964 konnte niemand ernsthaft an der Aufrichtigkeit der Motive dieses Widerstandskämpfers zweifeln, dem 2015 der Spielfilm „Georg Elser – Er hätte die Welt verändert" gewidmet wurde. Genau 72 Jahre nach dem gescheiterten Sprengstoffanschlag wurde er mit einer Skulptur des Berliner Künstlers Ulrich Klages in der Berliner Wilhelmstraße geehrt. Das Denkzeichen ist eine über 17 Meter hohe, filigrane Stahlskulptur mit der Silhouette von Elsers Profil, das im Dunkeln mit LED-Lampen erleuchtet ist. Das Projekt geht auf eine Initiative des Schriftstellers Rolf Hochhuth zurück. Eine in das Straßenpflaster eingelassene Inschrift zitiert Elser mit den Worten „Ich habe den Krieg verhindern wollen". Eine Bronzebüste an der „Straße der Erinnerung" im Berliner Ortsteil Moabit erinnert ebenfalls an ihn, und eine Schule im Bezirk Neukölln trägt seinen Namen.

ENDLÖSUNG DER JUDENFRAGE, MADAGASKARPLAN

Am 20. Januar 1942 kamen hohe Nazifunktionäre in einer großbürgerlichen Villa am Großen Wannsee im Berliner Bezirk Zehlendorf zusammen. Was in der neunzigminütigen Wannseekonferenz unter Vorsitz des Chefs des Reichssicherheitshauptamtes Reinhard Heydrich erörtert wurde, ist in einem von SS-Obersturmbannführer Adolf Eichmann verfassten Protokoll vermerkt, das erst 1947 in den

Akten des Auswärtigen Amtes entdeckt wurde und daher im Nürnberger Prozess gegen die Hauptkriegsverbrecher von 1945/46 nicht zur Sprache kam. In Eichmanns Mitschrift heißt es, nach dem Verbot der Auswanderung von Juden sei nunmehr „als weitere Lösungsmöglichkeit nach entsprechender Genehmigung durch den Führer die Evakuierung der Juden nach dem Osten getreten. Diese Aktionen sind jedoch lediglich als Ausweichmöglichkeiten anzusprechen, doch werden hier bereits jene praktischen Erfahrungen gesammelt, die im Hinblick auf die kommende Endlösung der Judenfrage von wichtiger Bedeutung sind. Im Zuge dieser Endlösung der europäischen Judenfrage kommen rund elf Millionen Juden in Betracht."

Diese Zahl wurde zum Leidwesen der Naziführung nur zur Hälfte erreicht, und auch der Generalplan Ost, der Mordtaten in noch viel größerem Umfang vorsah, konnte nur unvollständig verwirklicht werden. Für die Konferenzteilnehmer war die Ermordung der „Fremdvölkischen" so selbstverständlich, dass das konkrete Vorgehen im Protokoll nicht extra vermerkt wurde. Es ist lediglich euphemistisch von Evakuierung, Behandlung, natürlicher Verminderung, Ausfall, Überstellung oder Straßenbau-Arbeitseinsätzen die Rede. Eichmann räumte vor dem Gericht in Jerusalem ein, während der Besprechung sei in unverblümten Worten von Töten und Eliminieren und Vernichten gesprochen worden (s. Eichmann-Prozess).

Nach dem deutschen Sieg 1940 über Frankreich wurde in der NS-Führung zunächst darüber nachgedacht, ob und wie man vier Millionen Juden auf die französisch beherrschte Insel Madagaskar deportieren könne, um sie dort unter deutscher Oberhoheit und Kontrolle „agrarisch" einzusetzen und sie ihrem Schicksal zu überlassen. Der vom Reichssicherheitshauptamt und dem Auswärtigen Amt erarbeitete Madagaskar-Plan griff Ideen auf, die schon im 19. Jahrhundert in antijüdischen Schriften diskutiert wurden. Mit der Ausarbeitung von Einzelheiten für die „Bereinigung des Judenproblems durch Auswanderung" wurde Eichmann betraut. Der Erfolg der „Überseelösung insularen Charakters" hing jedoch vom Sieg über England ab

(s. Unternehmen Seelöwe). Da dieser ausblieb, wurden die Deportationspläne nach Übersee hinfällig und andere Methoden der Vernichtung menschlichen Lebens beschlossen.

Nach dem Zweiten Weltkrieg wurde die Villa am Großen Wannsee im Berliner Bezirk Zehlendorf zunächst von US-Soldaten besetzt, 1947 kam sie in die Verfügung des Berliner Magistrats und diente der SPD als Heimvolksschule des August-Bebel-Instituts. Von 1952 bis 1989 wurde das Haus Schullandheim. Offizielle Stellen im Westberlin der Nachkriegszeit hatten nur geringes Interesse, in der für einen reichen Berliner Fabrikanten erbauten Villa ein „Internationales Dokumentationszentrum zur Erforschung des Nationalsozialismus und seiner Folgeerscheinungen" einzurichten. Als der jüdische Auschwitz-Überlebende, Historiker und Buchautor Joseph Wulf erkannte, dass er mit diesem seinem Plan auf taube Ohren stößt, nahm er sich am 10. Oktober 1974 das Leben. Erst in den 1980-er Jahren geriet das Haus am Wannsee in das öffentliche Bewusstsein, und so konnten Wulfs Pläne langsam Gestalt annehmen. Zum 50. Jahrestag der Wannseekonferenz 1992 wurde in dem 1914 erbauten Haus eine Gedenk- und Bildungsstätte eingerichtet. Die Ausstellung dokumentiert nicht nur, was bei der Besprechung von 1942 erörtert und geplant wurde, sie zeigt auch die praktische Umsetzung des Völkermords und schildert, wie die Nazis mit Gas, Gift und Gewehrkugeln vorgingen.

ENIGMA

Die nach dem griechischen Wort für Rätsel benannte Verschlüsselungsmaschine Enigma spielte während des Zweiten Weltkriegs auf deutscher Seite in der politischen und militärischen Kommunikation, im diplomatischen Dienst, bei der Polizei und den Sicherheitsdiensten, in der Reichspost und Reichsbahn eine bedeutende Rolle. Allerdings wussten diese Dienststellen nicht, dass es den Alliierten ungeachtet immer besserer Verfeinerung der Sicherheitstechnik gelungen war, die per Enigma verschickten Funksprüche zu entziffern und sich daraus Vorteile bei der Planung und Durchführung ihrer Aktionen zu verschaffen.

Das von Arthur Scherbius zum Patent angemeldete Gerät ersetzte nach dem Ersten Weltkrieg unsichere und umständliche Verschlüsselungstechniken durch ein besseres maschinelles Verfahren. Scherbius gründete 1923 in Berlin eine Firma und produzierte die anfangs für den zivilen Schriftverkehr bestimmten Geräte. Bald schon zeigte sich das deutsche Militär interessiert. So wurde die Enigma 1926 probeweise in der Reichsmarine und zwei Jahre später auch in der Reichswehr eingesetzt. Nach 1933 erlebte das deutsche Verschlüsselungsgerät einen Höhenflug ohnegleichen. Im Zweiten Weltkrieg sollen über 30 000 Maschinen hergestellt worden sein.

Selbstverständlich setzten die Kriegsgegner des Deutschen Reichs alles daran, dessen Funkverkehr zu entschlüsseln und sich Einblick in Pläne und Vorgänge innerhalb der NS-Führung und weiteren Bereichen zu gewinnen. Die Alliierten konnten im Wissen um die deutschen Funksprüche während der Schlacht im Atlantik ihre Konvois an deutschen U-Booten vorbei leiten und den Gegner durch Täuschungsmanöver verunsichern. Außerdem half ihnen die Decodierung deutscher Botschaftsmeldungen, ihre Angriffe effektiv zu planen und durchzuführen. Bei der Vorbereitung der alliierten Operation D-Day spielten entschlüsselte Enigma-Funksprüche eine herausragende Rolle, weil die deutschen Gefechtsstellungen in der Normandie bekannt waren. Auch im Osten hatten sowjetische Codebrecher Erfolg, so dass die Rote Armee nicht zuletzt in Kenntnis der Pläne des Oberkommandos der Wehrmacht bis nach Berlin und die Mitte des Deutschen Reiches vorstoßen konnte. Entscheidenden Anteil an der Entschlüsselung hatte der britische Logiker und Informatiker Allan Turing. Ungeachtet seiner großen Verdienste wurde er in Großbritannien wegen seiner Homosexualität strafrechtlich verfolgt und in den Tod getrieben. Erst 2013 hat Queen Elizabeth II. ihn begnadigt.

ENTARTETE KUNST, ENTARTETE MUSIK

Am 10. Mai 1933 veranstalteten die Nazis unter dem Motto „Wider den undeutschen Geist" auf dem Berliner Opernplatz, dem heutigen Bebelplatz, eine von Propagandaminister Goebbels vorbereitete Bücherverbrennung. Vier Jahre später verloren auch die Museen zahlreiche Gemälde, Skulpturen und andere Werke der Moderne. Die Aktionen gingen mit der Entlassung und Ausgrenzung von Künstlern einher, die aus politischen, rassistischen und ideologischen Gründen oder weil ihre Werke nicht dem offiziellen Geschmack entsprachen. Die damalige Kunstkritik bereitete mit diffamierenden Beiträgen in der Presse und im Rundfunk den Boden dafür vor, dass zehntausende Kunstwerke aus den Museen entfernt, dem öffentlichen Spott preisgegeben, ans Ausland verkauft und/oder vernichtet wurden.

Am 30. Juni 1937 ermächtigte Goebbels mit Vollmacht von Hitler den Präsidenten der Reichskammer für bildende Künste, Adolf Ziegler, „die in deutschem Reichs-, Länder- und Kommunalbesitz befindlichen Werke deutscher Verfallskunst seit 1910 auf dem Gebiet der Malerei und Bildhauerei zum Zweck einer Ausstellung auszuwählen und sicherzustellen". Als entartet galten jene Werke, die „das deutsche Gefühl beleidigen oder die natürliche Form zerstören oder verstümmeln oder sich durch fehlendes angemessenes handwerkliches oder künstlerisches Können auszeichnen". Aus 32 öffentlichen Sammlungen wurden über 650 Bilder und Skulpturen ausgewählt, um sie in München, genannt Stadt der NS-Bewegung, und danach in weiteren Städten an den Pranger zu stellen. Zeitgleich wurde im Münchner Haus der Deutschen Kunst das gezeigt, was Hitler, der sich in seiner Jugend erfolglos als Maler betätigt hatte, und seinem Anhang als „wahre und ewige deutsche Kunst" erschien.

Durch den Vergleich zwischen offiziell zugelassener Staatskunst auf der einen Seite und der als undeutsch diffamierten Moderne auf der anderen wurde den Arbeiten der Avantgarde ein schwerer Schlag versetzt. Der Kunsthistoriker und Kurator der Berliner Nationalgalerie Paul Ortwin Rave beschrieb die im Münchner Archäologischen Institut am 19.

Juli 1937 eröffnete Schreckenskammer mit Werken von Beckmann, Cézanne, Chagall, Dix, Feininger, van Gogh, Grosz, Kandinsky, Klee, Kollwitz, Macke, Nolde, Liebermann, Pechstein oder Picasso so: „Was der Zieglersche Ausschuss in den Wochen zuvor ausgewählt und weggeschafft hatte, war nun hier in den langgestreckten, sackartig schmalen, durch Schwerwände noch verengten Räumen zusammengepfercht, in absichtlich ungünstiger Aufstellung und unter schlechtesten Lichtverhältnissen, da die Fenster durch die vorgesetzten Halbwände halb verstellt und das Auge durch die übrig bleibenden Luken immerfort geblendet wurde."

Mit mehr als zwei Millionen Besuchern war der Ausstellung ein ungewöhnlicher propagandistischer Erfolg beschieden. Einige der bedeutendsten Schöpfungen der Moderne wurden 1939 in der Schweiz zum Zwecke der Devisenerwirtschaftung versteigert. Manche tauchten nach 1945 wieder auf, und um einige gibt es wegen ungeklärter Restitutionsansprüche juristischen Streit. Was nicht verkauft werden konnte, wurde 1939 vor der Feuerwache in Berlin verbrannt, womit die Nazis ihr Autodafé von 1933 wiederholten. Beim Bau der U-Bahnlinie 55 in Berlin wurden 2010 im Untergrund vor dem Roten Rathaus elf verschollen geglaubte Skulpturen, geschaffen von Künstlern des 20. Jahrhunderts, gefunden, die von den Nazis 1937 in Museen als „entartete Kunst" beschlagnahmt worden waren – ein Glücksfall.

Selbstverständlich beließen es die Nazis nicht bei Liquidierung der als entartet diffamierten bildenden Kunst. Sie dehnten diesen Begriff auch auf die so genannte neue Musik aus, mit der der Wagner-Verehrer Hitler und seinesgleichen auf Kriegsfuß standen. So wurden Werke von Alban Berg, Paul Hindemith, Ernst Krenek, Arnold Schönberg, Franz Schreker, Igor Strawinsky, Anton Webern, Kurt Weill und vielen anderen Musikern und Interpreten als „entartet" eingestuft und ihre Schöpfer mit Berufsverbot belegt. Das Verdikt, jüdisch, fremdvölkisch, undeutsch und unkünstlerisch zu sein, traf auch den aus den USA stammenden Jazz, der als „Niggermusik" diffamiert wurde. Ihn bei Tanzveranstaltungen und Lokalen zu spielen war verboten. Wer es dennoch tat, wurde der Gestapo gemeldet und hatte schwere Sanktionen bis zur Einweisung ins KZ und Schlimmeres zu erwarten.

Um dem Kampf gegen die entartete Musik Nachdruck zu verleihen und dem „heldischen" Musikgeschmack der NS-Führung mehr Ansehen zu verschaffen, fand 1938 analog zur Ausstellung „Entartete Kunst" in Düsseldorf anlässlich der Reichsmusiktage die Ausstellung „Entartete Musik" statt. Von Hans Severus Ziegler, dem Generalintendanten des Weimarer Nationaltheaters, organisiert, rief sie dazu auf, die von jüdischen Komponisten der Moderne, aber auch aus früheren Epochen stammende Musik jüdischer Komponisten wie Felix Mendelssohn Bartholdy oder Giacomo Meyerbeer zu ächten und aus dem deutschen Musikleben zu verbannen. Selbstverständlich wurden die Verbote unterlaufen, und so wurde außerhalb des offiziellen Programms auch Jazz, Swing und andere als missliebig und subversiv eingestufte Musik gespielt. Nicht angepasste Jugendliche grüßten einander mir „Swing heil" und machten sich über den von oben angeordneten Musikgeschmack lustig (s. Edelweißpiraten). Als im Großdeutschen Rundfunk gelegentlich Jazzmusik gespielt wurde, legte der darüber entsetzte Goebbels 1941 fest, grundsätzlich sei Musik mit verzerrten Rhythmen und atonaler Melodienführung verboten, ebenfalls wurde die Verwendung von so genannten gestopften Hörnern untersagt. Der Minister war überzeugt, dass Musik, die Melodien gänzlich verhöhne und nur noch das Rhythmische durch „übeltönendes Instrumentengequieke" betone, ganz und gar abzulehnen sei. Mit großem Ärger registrierte er, dass Feindsender gerade auch deshalb gern von seinen Landsleuten abgehört wurden, weil sie die vom NS-Regime unterdrückte Musik spielten.

ENTNAZIFIZIERUNG

Das Kontrollratsgesetz der Alliierten Nr. 104 vom 5. März 1946 regelte die Entnazifizierung in Deutschland. Es teilte die Deutschen in Hauptschuldige, Belastete (Aktivisten, Militaristen, Nutznießer),

Minderbelastete (Bewährungsgruppe), Mitläufer sowie Personen ein, die sich nichts hatten zuschulden kommen lassen. Sie alle, insgesamt 13 Millionen, mussten sich auf Fragebögen offenbaren. Die Kommissionen bekamen bisweilen zu hören, dass der Nationalsozialismus eine gute Sache war, die aber „schlecht gemacht wurde". NS-Verbrecher der ersten beiden Gruppen mussten nach Anhörung von Be- und Entlastungszeugen mit Haft zwischen zwei bis zehn Jahren rechnen. Obwohl es viel mehr Hauptschuldige und Belastete gab, wurden nur 1,4 Prozent der Deutschen diesen beiden Gruppen zugeordnet.

In den westlichen Besatzungszonen fällten nach dem Zweiten Weltkrieg Juristen sowie Laienrichter zahllose Urteile in Spruchkammerverfahren über Menschen, die mehr oder weniger in Nazi-Verbrechen verstrickt oder dem Regime verbunden waren. Im Unterschied zu ordentlichen Gerichten, die einem Angeklagten oder Beschuldigten eine Straftat nachweisen mussten, hatte man selber in den Spruchkammerverfahren seine Unschuld nachzuweisen. Die später von regulären Gerichten in Westdeutschland mit ihren vielen ehemaligen NS-Richtern geübte Nachsicht und Milde ging unrühmlich als Zweite Schuld in die Geschichte ein. Mehr als die Hälfte der Spruchkammerverfahren endete mit der Einstufung als Mitläufer. Wer als „unbedenklich" beurteilt wurde, erhielt dies schriftlich bestätigt und konnte unbekümmert seinen Geschäften nachgehen und eine neue Karriere beginnen. Eine Historikerkommission ermittelte 2015, dass im Innenministerium der alten Bundesrepublik zeitweise 66 Prozent der Mitarbeiter ehemalige NSDAP-Mitglieder waren. Im DDR-Innenministerium betrug der Anteil 14 Prozent.

Als die westlichen Besatzungsmächte und die Landesjustizverwaltungen angesichts des Kalten Kriegs an einer konsequenten Strafverfolgung immer weniger interessiert waren, konnten die Beschuldigten aufatmen. In den Genuss milder Sichtweisen kamen unter anderem die von Hitler und Goebbels sehr geschätzte Filmregisseurin Leni Riefenstahl, die sich einen Namen durch Dokumentarfilme über die Reichsparteitage der NSDAP, einen Film über die Olympischen Spiele von 1936 und weitere seinerzeit mit allerbesten Kritiken und Preisen bedachte Filme machte. Obwohl von der Spruchkammer als Mitläuferin eingestuft, war es ihr nicht mehr möglich, an die alten Erfolge anzuknüpfen.

Besser als ihr erging es dem populären Filmschauspieler Heinz Rühmann. Nachdem er sich von seiner jüdischen Ehefrau hatte scheiden lassen, sammelte er im NS-Staat Lorbeer als treuherziger, sich manchmal als etwas ungelenk gebender Schauspieler und mit komischen Rollen etwa in der „Feuerzangenbowle". Dass er dem Regime als „nützlicher Idiot" diente, hat man ihm nach 1945 nicht übel genommen, so dass er bis ins hohe Alter weiter in seinem Metier tätig sein konnte. Ungeachtet seiner hohen Stellung im Nazistaat konnte der Schauspieler und Regisseur Gustav Gründgens nach 1945 seine Arbeit fortsetzen. Bereits 1946/47 spielte der begnadete Künstler am Deutschen Theater in Berlin. Der Film „Mephisto" nach dem Roman von Klaus Mann stellte gleichsam eine Abrechnung mit den zwiespältigen Beziehungen dar, die Gründgens zu den Mächtigen des so genannten Dritten Reichs pflegte.

In der Sowjetischen Besatzungszone und der DDR gingen die Justizorgane weniger nachsichtig mit Naziverbrechern um und stellten zahlreiche vor Gericht. Wer verdächtigt wurde, an Kriegs- und anderen Verbrechen beteiligt gewesen zu sein und das Hitlerregime unterstützt zu haben, erhielt hohe Zuchthaus- oder auch Todesstrafen. Das Landgericht Chemnitz, von 1953 bis 1990 Karl-Marx-Stadt, verhandelte vom 21. April bis zum 29. Juni 1950 im Zuchthaus Waldheim (Sachsen) gegen 3442 Personen, denen Kriegs- und NS-Verbrechen sowie Verbrechen gegen die Menschlichkeit vorgeworfen wurde. Fast alle Angeklagten wurden zu Freiheitsstrafen von 15 bis 25 Jahren verurteilt, über 32 Personen wurde das Todesurteil ausgesprochen, von denen 24 vollstreckt wurden.

EUTHANASIE, AKTION T 4, REICHSAUSSCHUSSKINDER

Die massenhafte Ermordung von Kranken und Behinderten wurde in einer vornehmen Villa mit der Adresse Tiergartenstraße 4 im Berliner

Bezirk Tiergartenstraße geplant. Eine Gedenkstätte neben der Philharmonie erinnert an die Opfer der faschistischen Krankenmorde, die unter dem Codenamen T 4 in psychiatrische Anstalten sowie Kliniken und Heimen durchgeführt wurden. Die dort untergebrachten Erwachsenen und Kinder kamen qualvoll vor allem durch Giftgas und Giftspritzen sowie durch Verhungern zu Tode. Eine Ausstellung unter freiem Himmel macht mit den Schicksalen von Betroffenen bekannt, die in der Nazisprache „Ballastexistenzen" hießen und denen man in zynischer Weise vorrechnete, dass ihre Betreuung und Ernährung weitaus mehr kostet als einer „normalen" Arbeiterfamilie zur Verfügung steht. Die von Hitler persönlich angeordneten Krankenmorde waren ein brisantes Thema, weil es in vielen Familien kranke und behinderte Angehörige gab, die Zuwendung und Pflege benötigten. Viele Menschen kannten das fünfte Gebot „Du sollst nicht töten" und wollten es beachtet wissen. Mutige Kirchenvertreter sprachen sich gegen die Tötung von Kranken und Schwachen aus, weshalb sie von der NS-Propaganda als undeutsch und volksfremd verunglimpft wurden (s. Kirchenkampf).

Dem Massenmord fielen von 1939 bis zum Kriegsende 1945 zwischen 200 000 und 300 000 kranke und wehrlose Männer, Frauen und Kinder zum Opfer. Manche waren debil und dement, manche waren aber nur Bettnässer, aufsässig, querulant oder einfach lästig und unbequem. Um die Angehörigen zu täuschen, haben die Täter Todesursachen und Ortsangaben in den Bescheinigungen gefälscht. Wichtigster Gesichtspunkt bei der Selektion der Patienten war ihr Wert für die „Volksgemeinschaft". Ärzte, Pflegende und Funktionäre urteilten unbarmherzig nach Kriterien wie Heilbarkeit, Bildungsfähigkeit oder Arbeitskraft über die ihnen anvertrauten Personen.

Im Krieg wurden kranke Jungen und Mädchen dem „Reichsausschuss zur wissenschaftlichen Erfassung erb- und anlagebedingter schwerer Leiden" (RA) überantwortet und in verschwiegenen Kliniken ermordet. Das auf ihrer Akte vermerkte Kürzel RA bedeutete den sicheren Tod. Der Begriff Kinderfachabteilung für diese Einrichtungen gaukelte den Angehörigen vor, dass sich die Kinder in der Obhut von geschultem Fachpersonal befinden und Sorgen unbegründet sind. In Wahrheit waren die Kinder nichts anderes als so genannter menschlicher Abfall und bloßes Menschenmaterial für Medizinversuche, die sehr schmerzhaft waren und meist tödlich endeten. Im NS-Staat existierten mehr als dreißig solcher Kinderfachabteilungen. Unzählige wehr- und hilflose, von ihren Eltern isolierte Kindern gingen hier elend zugrunde. Die beteiligten Ärzte, Schwestern, Helfer, Aufseher und Polizisten sowie ihre Auftraggeber in der schwarzen SS-Uniform hatten kein Interesse, dass die Verbrechen bekannt und thematisiert wurden.

In den meisten Familien, in denen es Fälle von NS-Euthanasie gab, sprach man ungern über das Thema. So kam es erst in den 1980- und 1990-er Jahren auf die Tagesordnung und führte unter anderem dazu, dass an der Berliner Philharmonie in der Tiergartenstraße ein Gedenkort entstand.

Im Nürnberger Ärzteprozess, der vom 9. Dezember1946 bis zum 20. August 1947als erster der zwölf Nürnberger Prozesse vor dem amerikanischen Military Tribunal I stattfand, waren 20 KZ-Ärzte sowie ein Jurist und zwei Verwaltungsfachleute als Organisatoren von Medizinverbrechen angeklagt. Ziel war es, führende Vertreter der „staatlichen medizinischen Dienste" des NS-Staates anzuklagen, um das Wirken des verbrecherischen Systems und nicht nur verbrecherischer Einzelpersonen zu dokumentieren. Beispielhaft für die Medizinverbrechen wurden in dem Prozess auch Versuche an Menschen und die Krankenmorde der Aktion T4 behandelt. Von den 23 Angeklagten wurden am 20. August 1947 sieben zum Tode verurteilt, fünf zu lebenslangen Haftstrafen und vier zu Haftstrafen zwischen 10 und 20 Jahren. Sieben Angeklagte kamen frei.

Der namhafte Psychoanalytiker Alexander Mitscherlich, der diesen Prozess als Leiter der Deutschen Ärztekommission beim 1. Amerikanischen Militärgerichtshof begleitete, beobachtete mit Bitterkeit in der Folgezeit eine „gigantische Beseitigung der Spuren" und eine „Schuldendlastung auf psychischem Wege durch den Fluchtversuch der Verdrängung". In seinem Buch „Die kalte Amnestie" hat Jörg Friedrich über Gerichtsverfahren in den damaligen Westzonen und der frühen Bundesrepublik Deutschland berichtet und gezeigt, mit welchen Tricks und Kniffen die Angeklagten und ihre Verteidiger versuchten, sich unter Berufung auf Führerbefehle aus der Verantwortung zu stehlen und sogar die Tötung der Kranken als humanitäre Erlösungstat zu deklarieren (s. Zweite Schuld).

Nicht nur in beiden christlichen Konfessionen gab es Widerstand gegen den massenhaften Krankernmord, auch in Kreisen, die dem Regime eigentlich nahe standen, war das Verständnis für die Maßnahme oft gering. Lothar Kreyssig, Vormundschaftsrichter in Brandenburg, der als evangelischer Christ zum Präses der Synode der Bekennenden Kirche in Sachsen gewählt wurde, prangerte er als einziger Vertreter seiner Gilde die Euthanasiemorde an, als er erkannt hatte, dass sich Nachrichten über den Tod seiner behinderten Mündel häuften. Als er 1940 dem Reichsjustizminister Franz Gürtner seinen Verdacht meldete, diese könnten ermordet worden sein, wurde ihm geantwortet, die Aktion sei von Hitler veranlasst worden und stehe unter seiner Verantwortung. Darauf zeigte Kreyssig Reichsleiter Philipp Bouhler wegen Mordes an. Der zu Gürtner zitierte Richter ließ sich nicht einschüchtern. Er wurde zwangsweise beurlaubt, blieb aber am Leben. Nach dem Ende des NS-Staates war er im Westen an leitender Stelle für die Evangelische Kirche tätig und einer der Mitbegründer der Aktion Sühnezeichen.

FABRIK-AKTION, RÜSTUNGSJUDEN

Juden mussten seit Anfang 1939 Zwangsarbeit verrichten, seit 1940 vorwiegend in deutschen Rüstungsbetrieben. Im September 1942 betraf das 75 800 Juden. Hitler befahl 1943, diese so genannten Rüstungsjuden durch andere Zwangsarbeiter zu ersetzen, weshalb das Reichssicherheitshauptamt die ersten Transporte in die Vernichtungslager Riga und Auschwitz bringen ließ. Anfang 1943 gab es in Berlin noch 15 100 jüdische Zwangsarbeiter. Um die Reichshauptstadt „judenrein" zu machen, drängte Propagandaminister und Gauleiter Goebbels auf ihre rasche „Abschiebung". Mit diesem Begriff, aber auch mit Umsiedlung oder Verschickung wurden die Fahrten in den Tod verbal kaschiert. In Berlin riegelten Gestapo und SS schlagartig am 27. Februar 1943 etwa einhundert Betriebe ab und brachten die Verhafteten auf offenen Lastkraftwagen zu Sammelstellen, darunter auch in das Haus der Jüdischen Gemeinde in der Rosenstraße (Bezirk Mitte). Andere Träger des Judensterns wurden auf offener Straße verhaftet. Gestapobeamte durchsuchten Wohnungen und nahmen die jüdischen Bewohner mit. Insgesamt wurden bei dieser Großrazzia mehr als 8 000 Berliner Juden inhaftiert. Die meisten wurden in Auschwitz und anderen Konzentrationslagern ermordet. Etwa 4 000 Berliner Juden konnten untertauchen.

Historiker rechnen mit 55 000 Berliner Juden, die von den Nazis ermordet wurden. Im Mai 1945 soll es in Berlin noch 6 000 bis 8 000 von ihnen gegeben haben. Eine Gedenkstätte im Bahnhof Grunewald zählt die Transporte auf, die von hier bis ins Frühjahr 1945 in den Tod führten. Weitere Denkmale an der Levetzowstraße, auf dem Koppenplatz, an der Putlitzbrücke und an anderen Orten halten ebenfalls die Erinnerung an die Deportationen wach. In der Rosenstraße (Stadtbezirk Mitte) weisen Skulpturen der Bildhauerin Ingeborg Hunzinger auf den Protest gegen die sogenannte Fabrik-Aktion Ende Februar 1943 hin. Zu allem entschlossene Frauen wehrten sich gegen die Deportation ihrer jüdischen Männer und Söhne in die Vernichtungslager. Unter den Augen der Gestapo verlangten sie die Freilassung ihrer Angehörigen – und hatten Erfolg. Die Nazis wollten Aufsehen über die Transporte in den Tod vermeiden, zudem mussten sie gerade den Untergang ihrer 6. Armee in Stalingrad verkraften. Ärgerlich schrieb Goebbels am 2. März 1943 in sein Tagebuch: „Leider hat sich auch hier wieder herausgestellt, dass die besseren Kreise, insbesondere die Intellektuellen, unsere Judenpolitik nicht verstehen und sich zum Teil auf die Seite der Juden stellen. Infolgedessen ist unsere Aktion vorzeitig verraten worden, so dass uns eine Menge von Juden durch die Hände gewischt sind. Aber wir werden ihrer doch noch habhaft werden." Überlebende berichteten später, sie seien von Freunden gewarnt worden. Die Gestapo suchte weiter und konnte mit Hilfe von Spitzeln und so genannten Judengreifern noch zahlreiche Verhaftungen vornehmen.

FALL GLEIWITZ

Für Hitler war es nur eine Frage der Zeit, wann er den Krieg gegen Polen vom Zaun brechen würde, der sich binnen weniger Monate zum Zweiten Weltkrieg auswuchs. Anfang 1934 hatte er noch einen Freundschafts- und Nichtangriffspakt mit dem Nachbarland abgeschlossen. Der deutsche Diktator schloss zu dieser Zeit militärische Maßnahmen bei der Lösung bi- und multilateraler Konflikte aus, und die Welt nahm ihm die Rolle als Friedensstifter ab. Im Sommer 1939 hatte sich die Lage gründlich verändert. Das Deutsche Reich hatte massiv aufgerüstet und war zum Krieg gegen Polen bereit. Durch den am 23. August 1939 in Moskau abgeschlossenen Hitler-Stalin-Pakt erhielt das Deutsche Reich freie Bahn für den Einmarsch in Polen. Damit, dass England und Frankreich den Überfall nicht einfach hinnehmen, sondern gegenüber Polen ihren Beistandsverpflichtungen nachkommen würden, hatte die NS-Führung nicht gerechnet. Als Hitler am 1. September 1939 im Reichstag den Kriegsbeginn verkündete, erklärte er: „Seit 5.45 Uhr wird jetzt zurück geschossen."

Die Goebbels-Propaganda behauptete, es habe einen polnischen Überfall auf den deutschen Sender im schlesischen Gleiwitz gegeben, auf den das Reich antworten müsse. In Wirklichkeit war der Anschlag eine vom Leiter des Reichssicherheitshauptamtes Heydrich vorbereitete Geheimaktion. SS-Männer in polnische Uniformen unterbrachen das laufende Rundfunkprogramm und verbreiteten einen Aufruf an die polnische Minderheit in Schlesien zu einem Aufstand gegen Hitler. Der Tote, der bei einem fingierten Feuergefecht liegen blieb, war ein KZ-Häftling. Der wahre Ablauf des Falls Gleiwitz blieb geheim, Hitler aber hatte ein Argument, den Überfall auf das Nachbarland zu rechtfertigen. „Ich werde propagandistischen Anlass zur Auslösung des Krieges geben. Der Sieger wird später nicht danach gefragt, ob er die Wahrheit gesagt hat oder nicht", verkündete er am 22. August 1939 in einer Geheimbesprechung. Als er den Oberbefehlshabern der Heeresgruppen den Überfall auf Polen ankündigte, befahl er ihnen, „mitleidlos Mann, Weib und Kind polnischer Abstammung und Sprache in den Tod zu schicken" und stellte mit Blick auf den Völkermord des Osmanischen Reiches an den Armeniern im Jahr 1915 die rhetorische Frage: „Wer redet heute noch von der Vernichtung der Armenier?" Die DEFA drehte 1961 einen sehenswerten Spielfilm, der die damaligen Geschehnisse nach den Aussagen des SS-Mannes Naujocks vor britischen Vernehmungsbehörden und im Nürnberger Prozess minutiös rekonstruierte.

FASCHISMUS IN ITALIEN, DUCE-KULT

Ende Oktober 1922 marschierte der Journalist und Führer der italienischen Faschisten, Benito Mussolini, mit 40 000 seiner in schwarze Hemden gekleideten Anhänger nach Rom und erzwangen den Rücktritt der Regierung. König Victor Emanuel III. ließ sich auf eine Zusammenarbeit mit dem Faschistenführer ein. Vom König mit der Bildung einer neuen Regierung beauftragt, errichtete der Chef der 1919 gegründeten Kampfbünde (Fasci combattimenti) eine Diktatur, ohne dass formal die Verfassung außer Kraft gesetzt wurde. Benannt wurde die faschistische Bewegung nach dem altrömischen Symbol der Fasces, also von Rutenbündeln mit einem Beil darin, die bei Umzügen hohen Würdenträgern voran getragen wurden. Mussolini, der sich als Duce (Führer) feiern ließ und wie ein antiker Imperator posierte, stellte „Ruhe und Ordnung" her, wobei er im Kampf gegen linke Kräfte von Teilen des Bürgertums sowie von Intellektuellen und Künstlern unterstützt wurde. Eine proletarische Revolution und ein Italien unter sozialistischer oder kommunistischer Führung war ihnen solch ein Gräuel, dass sie die Faschisten als kleineres

Übel unterstützten. Ein 1924 erlassenes Wahlgesetz sicherte diesen die absolute Macht im Staat und im Parlament.

Schaut man auf Mussolinis Aufstieg und Politik, so drängen sich Parallelen zu Nazideutschland auf. In beiden Ländern war der Wille des Führers oberstes Gesetz. Die Beziehungen, die sich nach 1933 zwischen Hitler und Mussolini entwickelten, waren ambivalent. Beide brauchten einander, um ihre Kriegs- und Herrschaftspläne zu verwirklichen, und sie zelebrierten ähnlich gestaltete Kundgebungen und Auftritte als Massenredner. Sogar bei der Bekleidung ihrer Anhänger gab es Übereinstimmungen, denn während die italienischen Faschisten schwarze Hemden und Uniformen trugen und daher Schwarzhemden genannt wurden, traten die deutschen Faschisten in braun auf, was ihnen den Namen Braunhemden eintrug.

Zu Beginn des Zweiten Weltkriegs 1939 verhielt sich Mussolini zunächst abwartend, doch als die Wehrmacht einen Staat nach dem anderen besetzte und besiegte, trat auch er in den Krieg gegen Frankreich, England und die Sowjetunion in der Hoffnung ein, damit an den Siegen seines Bündnispartners partizipieren zu können. Nach der Landung der Alliierten auf Sizilien im Sommer 1943 musste der Möchtegern-Feldherr Terrain aufgeben und war bald am Ende. Nach dem Vormarsch der Westalliierten in Italien und der Einnahme von Rom versuchte der von einem deutschen Sonderkommando aus alliierter Haft befreite italienische Diktator im Frühjahr 1945 vergeblich, seine Haut durch Flucht in die Schweiz zu retten. Doch wurde er von Partisanen erkannt und mit weiteren Begleitern am 28. April 1945 erschossen. Seine Leiche und die seiner Geliebten Claretta Petacci wurden zur allgemeinen Abschreckung in Mailand öffentlich aufgehängt. Die Gefangennahme seines ehemaligen Verbündeten und einen Kriegsverbrecherprozess vor Augen, beging der deutsche Diktator am 30. April 1945 Selbstmord (s. Hitlers Ende).

Ungeachtet der Verbrechen des Duces und seiner Kumpane gibt es in Italien eine nicht kleine Gemeinde von Mussolini-Sympathisanten und Apologeten der faschistischen Diktatur. Ungeniert marschieren

seine auf die Wiederherstellung von Italiens alter Größe hoffenden Anhänger mit schwarzen Hemden, Stahlhelmen und faschistischen Sym-
bolen einschließlich des in Deutschland verbotenen Hakenkreuzes
durch die Straßen. Der Devotionalienhandel mit Mussolini-Bildern
und ebensolchen Büsten treibt seltsame Blüten. Ein Zentrum des für
viele Ausländer schwer nachvollziehbaren Duce-Kultes ist Predappio,
ein kleiner Ort in der Emilia-Romagna, in dem Benito Mussolini 1883
geboren wurde. Dass es Versuche gibt, der faschistischen Ära positi-
ve Seiten abzugewinnen und so genannte gute Faschisten im Film und
Fernsehen agieren, gehört zum italienischen Alltag. Unrühmlich machte der damalige Ministerpräsident Silvio Berlusconi von sich reden, als
er behauptete, Mussolini sei für keinen einzigen Toten verantwortlich,
und die Straflager und Gefängnisse seines Regimes seien so etwas wie
Ferienlager gewesen.

FEINDBEGÜNSTIGUNG, FAHNENFLUCHT

Das deutsche Militärstrafrecht ahndete hart und unerbittlich Delikte wie Befehlsverweigerung, Desertion, Landesverrat und ähnliches.
Die Strafen reichten von mehreren Jahren Zuchthaus bis zum Erschießen oder Erhängen. Gleich nach der Errichtung der NS-Diktatur wurden die Bestimmungen zum Hoch- und Landesverrat beziehungsweise
Kriegsverrat drastisch verschärft. Ab 1934 legte ein Gesetz fest: „Wer
im Inland oder als Deutscher im Ausland es unternimmt, während eines Krieges gegen das Reich oder in Beziehung auf einen drohenden
Krieg der feindlichen Macht Vorschub zu leisten oder der Kriegsmacht
des Reichs oder seiner Bundesgenossen einen Nachteil zuzufügen, wird
mit dem Tode oder mit lebenslangem Zuchthaus bestraft." In „Mein
Kampf" gab Hitler die Linie für die Behandlung derer aus, die das Töten nicht mitmachen wollten und sich von der Front entfernten, aus
welchen Gründen auch immer. „Will man schwache, schwankende
oder gar feige Burschen nichtsdestoweniger zu ihrer Pflicht anhalten,

dann gibt es von jeher nur eine Möglichkeit: Es muss der Deserteur wissen, dass seine Desertion gerade das mit sich bringt, was er fliehen will. An der Front kann man sterben, als Deserteur muss man sterben. Nur durch solch eine drakonische Bedrohung jedes Versuches zur Fahnenflucht kann eine abschreckende Wirkung nicht nur für den einzelnen, sondern auch für die Gesamtheit erzielt werden." Diese Forderung wurde als Führerbefehl aufgefasst, weshalb Deserteure und Befehlsverweigerer massenhaft exekutiert wurden. Die NS-Militärjustiz fällte an die 30 000 Todesurteile wegen Fahnenflucht (s. Reichskriegsgericht).

Nach dem Zweiten Weltkrieg dauerte es lange, bis Kriegsdienstverweigerern der ihnen gebührende Respekt gewährt wurde. Nach und nach hat man ihnen zu Ehren in Bernau, Erfurt, Hamburg, Köln, Potsdam und anderen Städten sowie im Ausland Denkmäler errichtet. Erst 1998 beschloss der Deutsche Bundestag ein Gesetz zur Rehabilitierung der Deserteure und eine symbolische Entschädigung der Überlebenden und ihrer Angehörigen. Eine wirkliche Wiedergutmachung für erlittene Leiden blieb in der Regel aus. Erst 2002 wurden die Urteile der deutschen Militärgerichte aufgehoben. Den seinerzeit an Bluturteilen beteiligten Richtern ist in der Bundesrepublik Deutschland nichts oder kaum etwas geschehen. Die wenigen Verfahren wurden unter fadenscheinigen Begründungen eingestellt (s. Zweite Schuld).

Der ehemalige Marinerichter Hans Filbinger brachte es ungeachtet seiner früheren Mitwirkung an mehreren Todesurteilen wegen Fahnenflucht, Wehrkraftzersetzung und Meuterei sogar zum Ministerpräsidenten von Baden-Württemberg. Der von Rolf Hochhuth als „furchtbarer Jurist" bezeichnete CDU-Politiker behauptete 1978, es gebe kein einziges Todesurteil, das er in seiner Eigenschaft als Richter gesprochen hätte. Nach Angaben des „Spiegels" verstieg er sich zu dem schlimmen Satz „Was damals Rechtens war, kann heute nicht Unrecht sein!" Nachdem immer mehr Akten über die „Rechtsprechung" des Marinerichters Filbinger sogar noch nach dem Ende des NS-Staates wegen ‚Auflehnung gegen Zucht und Ordnung' bekannt wurden, trat er am 7. August 1978 vom Amt als Ministerpräsident zurück, nicht ohne sich als Opfer einer Rufmordkampagne zu bezeichnen, „die in dieser Form bisher in der Bundesrepublik nicht vorhanden war. Es ist mir schweres Unrecht angetan worden. Das wird sich erweisen, soweit es nicht bereits offenbar geworden ist." Er wies alle Aufforderungen von sich, Reue zu zeigen und bei den Hinterbliebenen seiner Urteile Abbitte zu leisten und sich um Wiedergutmachung zu bemühen. Die baden-württembergische CDU ernannte Filbinger 1979 zum Ehrenvorsitzenden, und im CDU-Bundesvorstand blieb er bis 1981. Seine Versuche, sich schriftlich und mündlich zu rechtfertigen, zielten ins Leere, ebenso seine Behauptung, im Grunde ein Nazigegner gewesen zu sein. Aber damit war Filbinger nicht allein.

FLÜSTERWITZE

Wenn während der NS-Diktatur Witze am Stammtisch oder auch im Familien- und Freundeskreis gerissen wurden, war es gut, sich mit „deutschem Blick" zu vergewissern, ob nicht ein Spitzel in der Nähe ist, der Witzemacher und Zuhörer bei der Gestapo denunziert. „Lieber Gott mach mich stumm, dass ich nicht nach Dachau kumm", heißt es in einem umgedichteten Kindergebet in Anspielung auf die Gefahr, für vorlautes Reden ins Konzentrationslager verschleppt zu werden. Die geflüsterten Hitler- und Naziwitze liefen überall um. Als Hitlers militärischer Ruhm schwand, munkelte man in der Wehrmacht, man möge an Hindenburg-Denkmälern die Inschrift „Steig herab, edler Krieger zu deinem Heer! / Dein Gefreiter kann nicht mehr" anbringen. Gegen Kriegsende sollen hungernde Berliner einander „Tausche großes Hitlerbild gegen kleines Wittler-Brot" zugeraunt haben, womit die begehrten Waren einer Großbäckerei gemeint waren. Der Spott reichte von Witzen über persönliche Eigenschaften der NS-Spitze wie „Lieber Gott mach mich blind, dass ich Goebbels arisch find" oder „Lügen haben kurze Beine, Goebbels hat besonders kleine" bis zur grundsätzlichen Kritik am System. Wenn aber jemand diffamierende Geschichten über

Juden erzählte, durfte er gewiss sein, wegen Volksverhetzung nicht angezeigt zu werden. Das galt auch für Angriffe auf so genannte Asoziale, Zigeuner, Arbeitsscheue oder auch Personen, die Nahrungsmittel und Energie verschwenden. In damaligen Zeitungen findet man immer wieder hämische Bemerkungen und Karikaturen, die so genannte Volksschädlinge, Fremdvölkische und Parasiten aufs Korn nehmen.

Natürlich wussten diejenigen, die äußerst dünnhäutig reagierten, wenn es ihnen mit Spott und sarkastischen Bemerkungen ans Leder ging, dass Witze durchaus befreiend wirken können. Nur durften sie nicht zu weit gehen, denn generelle Kritik am Nazisystem war streng verboten. Aufgeblasene Bonzen, ständig „Heil Hitler" brüllende und herumspitzelnde Blockwarte, raffgierige Geschäftemacher und so genannte Schrumpfgermanen vom Schlage eines Joseph Goebbels waren beliebte Ziele von Hohn und Spott allerdings nur hinter vorgehaltener Hand. Weihnachten, das von den Nazis mit Inbrunst und besonderen Radioprogrammen gefeierte Fest der Liebe, und die für viele Volksgenossen unerreichbare Weihnachtsgans wurden so auf die Schippe genommen: „Sie ist fett wie Göring, schnatternd wie Goebbels, braun wie die Partei und gerupft wie das deutsche Volk!" Als man trotz Verbots politische Witze in Kabaretts hörte, legte Propagandaminister Goebbels Anfang 1941 fest, es müsse unter allen Umständen vermieden werden, dass zum Beispiel gegen Italien in versteckter Form politische Sabotage betrieben wird. Die Rüge bezog sich auf die witzig gemeinte Frage im „Kabarett der Komiker": „Wer trägt Federn und ist kein Hahn? Wer trägt einen Stahlhelm und ist kein Soldat? Wer geht rückwärts und ist kein Krebs? – Die Italiener."

In die Fänge der Gestapo geriet Werner Finck, den Star im Berliner Kabarett „Katakombe". Er gründete 1933 den „Kampfbund für harmlosen Humor" und veröffentlichte ein Couplet mit Anspielungen auf die Naziparole „Deutschland erwache, Juda verrecke" und das als Nazihymne verwendete Horst-Wessel-Lied. Fincks Reime „Es weht ein frischer Wind, zwei, drei / wir wollen wieder lachen. / Gebt dem Humor die Straße frei, / Jetzt muss auch er erwachen" und weitere zweideutige

Äußerungen brachten den Kabarettisten in große Schwierigkeiten. Der Spötter kam 1935 ins KZ Esterwegen. Wieder frei gekommen, erhielt er ein Jahr Arbeitsverbot, durfte aber ab 1937 im Berliner „Kabarett der Komiker" weiter machen.

Als der Berliner Pfarrer Joseph Müller von einem sterbenden Soldaten erzählte, er habe vor seinem Tod noch einmal je ein Bild von Hitler und von Göring neben sich aufstellen lassen, wurde es lebensgefährlich. Der Soldat soll gesagt haben, er sterbe jetzt wie Christus zwischen zwei Verbrechern. Der Geistliche wurde angezeigt, vor Gericht gestellt und hingerichtet. Die „Kostenrechung" der Gerichtskasse in Berlin-Moabit enthielt 300 Reichsmark für die Todesstrafe, Haftkosten für 133 Tage zu 1,50 Reichsmark und 31 Reichsmark Transportkosten sowie 63,50 Reichsmark für Zeugen- und Sachverständigengebühren. Alles in allem berechnete die NS-Justiz für Haft und Hinrichtung 448,36 Reichsmark, eine Summe, die den Hinterbliebenen in Rechnung gestellt wurde. Die Haftanstalt verlangte 131 Reichsmark.

FRONTBEGRADIGUNG

Wenn die Wehrmacht im Zweiten Weltkrieg Stellungen aufgeben musste oder wenn sie eine Niederlage erlitt, hatte die NS-Propaganda das Problem, die Nachricht schonend den Volksgenossen zu verkaufen. Sie verhüllte den Rückzug mit Begriffen wie Frontbegradigung, taktischer Rückzug oder geplante Absatzbewegung. Wörtlich meinten die Euphemismen, dass gewisse Ausbuchtungen oder Zick-Zack-Verläufe korrigiert werden, um den Soldaten bessere Handlungsmöglichkeiten zu verschaffen. In dieser Sichtweise vermochten es Wehrmachtsbericht und Deutsche Wochenschau, Rückzüge und Niederlagen in militärische Vorteile umzumünzen. Ungeachtet gegenteiliger Behauptungen der NS-Propaganda wurde die Frontbegradigung von den Deutschen zunehmend als ein Zurückweichen der eigenen Truppen interpretiert. Wer sich darüber mokierte und angezeigt wurde, hatte schlimmste

Strafen wegen Feindbegünstigung und Untergrabung des deutschen Verteidigungswillens zu befürchten. In seinem Buch über die Sprache des Dritten Reiches (LTI) hat Victor Klemperer dokumentiert, wie die NS-Propaganda schlechte Nachrichten von den Fronten verschleierte und beschönigte. Die Worte Niederlage und Rückzug, geschweige denn Flucht seien nicht ausgesprochen worden. „Für Niederlage sagte man Rückzug - das klingt weniger definitiv; statt zu fliehen, setzte man sich nur vom Feinde ab; Durchbrüche gelangen ihm nie, immer nur Einbrüche, schlimmstenfalls ‚tiefe Einbrüche', die ‚aufgefangen', die ‚abgeriegelt' wurden, weil wir eben eine ‚elastische Front' besaßen. Von Zeit zu Zeit wurde dann − freiwillig, und um den Gegner einen Vorteil aus der Hand zu nehmen, eine ‚Frontverkürzung' oder ‚Frontbegradigung' durchgeführt", stellte der Sprachwissenschaftler fest und nannte als weiteren Schleierbegriff den „General Winter", der der Wehrmacht in den Weiten der Sowjetunion schwer zusetzte. Statt zuzugeben, dass Soldaten und Zivilisten hungern und frieren, sei von Engpässen bei der Versorgung und Bekleidung gesprochen, und als nichts mehr zu gewinnen war, redete sich die Propaganda damit heraus, es gebe eine Krise, die aber bald dank der Wunderwaffen und durch den fanatischen Willen der Deutschen an der Front und in der Heimat nach Hitlers Parole „Wien wird wieder deutsch, Berlin bleibt deutsch und Europa wird niemals russisch" überwunden werde.

FÜHRERHAUPTQUARTIER, WOLFSSCHANZE, BERGHOF UND NEUE REICHSKANZLEI

Als Oberbefehlshaber der Wehrmacht verfügte Hitler nicht nur über die Wolfsschanze bei Rastenburg in Ostpreußen als Führerhauptquartier, sondern über weitere Befehlsstellen dieser Art im Deutschen Reich und den besetzten Gebieten. Zu nennen sind Werwolf bei Winniza in der Ukraine, Felsennest bei Münstereifel, Wolfsschlucht I in Belgien, Tannenberg im Schwarzwald, Adlerhorst im Taunus sowie die Neue

Reichskanzlei in Berlin mit einer unterirdischen Bunkeranlage, der Berghof auf dem Obersalzberg und das Braune Haus in München, um die wichtigsten zu nennen. Allerdings wurden nicht alle diese schwer befestigten und gesicherten Örtlichkeiten bis zum Kriegsende 1945 fertig gestellt. Die Bauarbeiten wurden unter Zuhilfenahme von Zwangsarbeitern und KZ-Häftlingen von der Organisation Todt durchgeführt.

Grundsätzlich wurden Meldungen des Oberkommandos der Wehrmacht mit der Ortsbezeichnung „Aus dem Führerhauptquartier" in Umlauf gebracht. Das unter dem Tarnnamen Wolfsschanze ab 1940 von der Organisation Todt errichte Lagezentrum bestand aus einem weitläufigen Bauten- und Bunkersystem, in dem die ebenfalls mit Tarnnamen versehenen Gefechtsstände für Stäbe der Truppengattungen untergebracht waren. Der Name Wolfsschanze geht auf Hitler zurück, der sich intern Wolf, abgeleitet von Adolf, nannte.

Insgesamt umfasste die Wolfsschanze rund einhundert Objekte, die in einem dichten Waldgebiet unter strenger Geheimhaltung bis 1944 errichtet wurden. Dazu gehörte ein weit verzweigtes Bunkersystem, das unter der Tarnbezeichnung „Chemische Werke Askania" angelegt wurde. Die Bunker waren durch sechs bis acht Meter dicke Betondecken gesichert, außerdem verliefen um die mit mehr als 2 000 Personen besetzte Wolfsschanze drei Sperrkreise und ein Minengürtel. Ferner gab es zu ihrem Schutz Stacheldrahtzäune und mehrere Flakstellungen. Erschlossen wurde Hitlers bevorzugter Aufenthaltsort im Zweiten Weltkrieg durch die Eisenbahn, Autostraßen und einen Flugplatz. Nach Berlin und zu allen Frontabschnitten bestand eine ständige Telefonverbindung. Hitlers Bunker hatte die Nummer 13 und lag im besonders gesicherten Sperrkreis 1. Allerdings reichten die strengen Kontrollen nicht aus, um am 20. Juli 1944 den Attentäter Oberst Claus Graf Schenk von Stauffenberg davon abzuhalten, mit einer Bombe in der Aktentasche zu einer von Hitler geleiteten Lagebesprechung vorzudringen. Das Attentat scheiterte, die Folgen waren für die Verschwörer und den Verlauf der Geschichte katastrophal. Als am 24. Januar 1945 die Rote Armee in Richtung Wolfsschanze vorrückte, wurden alle

Objekte von der Wehrmacht gesprengt. Die Trümmer sind heute eine Touristenattraktion.

Zwar wurde Hitlers aufwändig und kostspielig gestalteter Landsitz am Obersalzberg bescheiden Berghof genannt. In Wirklichkeit aber war die weitläufige Anlage so etwas wie die zweite Reichskanzlei (s. Neue Reichskanzlei). Wen Hitler zu sich kommen ließ, war im NS-Staat eine wichtige Person. Hitler lud darüber hinaus Politiker aus aller Welt zu Verhandlungen auf den Berghof und wusste seine Gäste durch die prachtvolle Umgebung sowie die aufs Modernste kostbar ausgestatten Wohn- und Verwaltungsbauten zu beeindrucken. Unmittelbar vor dem Kriegsende wurde das Areal durch alliierte Luftangriffe schwer beschädigt und schon bald besetzt. 1952 wurden die Reste des Berghofs gesprengt. Der Freistaat Bayern zeigt am Obersalzberg eine Ausstellung, die unter Einbeziehung erhalten gebliebener Bunkeranlagen über die braune Vergangenheit dieses Ortes aufklärt.

Die Berliner Wilhelmstraße war das Machtzentrum der preußischen Monarchie, des 1871 gegründeten Kaiserreichs, der Weimarer Republik und des NS-Staates. Da das alte Reichskanzlerpalais nicht mehr den Anforderungen als Sitz des Regierungschefs entsprach, erhielt es 1928 bis 1931 einen Ergänzungsbau. Allerdings reichte der Amtssitz Hitler nicht aus. Er wünschte einen repräsentativen Neubau, mit dessen Planung er Albert Speer beauftragte (s. Welthauptstadt Germania). Der Architekt entwarf in Zusammenarbeit mit Hitler einen monumentalen Bau, der an der Ecke Wilhelmstraße begann und sich im rechten Winkel über 400 Meter entlang der Voßstraße hinzog. Die kalte Pracht einer 300 Meter langen Saalfolge sollten Besucher erschauern lassen. Hitlers Arbeitszimmer war 27 Meter lang, 14,5 Meter breit und 9,75 Meter hoch und wirkte auf Besucher einschüchternd. Vor dem Krieg ließ Hitler zu seinem Bunker unter der Reichskanzlei noch einen weiteren im Garten seines Amtssitzes bauen, in dem er sich am 30. April 1945 erschoss. Hinzu kamen unterirdische Räume der SS-Wachmannschaften und Kraftfahrer. Bis auf den so genannten Fahrerbunker ist davon nichts mehr erhalten, denn nach dem Kriegsende wurden die Neue Reichskanzlei, das

SS- und Gestapo-Hauptquartier und weitere NS-Bauten gesprengt und abgerissen (s. Topographie des Terrors). Im Fahrerbunker haben Archäologen stümperhafte Wandbilder entdeckt, die SS-Leute als Krone der germanischen Herrenrasse verherrlichen. Nachdem die Malereien fotografiert wurden, hat man die Zugänge zu dem Verlies zubetoniert um zu verhindern, dass es eine Wallfahrtstätte von Neonazis wird.

FÜHRERSTÄDTE, FÜHRERMUSEUM LINZ

Hitler war von einer unbändigen Bauwut befallen. Er plante die monumentale Umgestaltung der so genannten Führerstädte Berlin, Hamburg, München, Nürnberg und Linz. Persönlich bestimmte er, was eine Führerstadt ist und welche Zuschüsse oder Darlehen sie bekommt. Alle anderen Städte müssten sich selbst helfen, bestimmte er. An der Spitze aller Planungen stand Berlin, die Welthauptstadt Germania. Sie zu einem gigantischen Monument tausendjähriger NS-Herrschaft zu machen, war der erklärte Wille von Hitler und seines Stararchitekten Albert Speer.

München, der Hauptstadt der NS-Bewegung, fühlte sich der Diktator in besonderem Maße verpflichtet. Hier feierte er seine ersten Triumphe als Führer der Nazipartei, hier hatte er am 9. November 1923 den spektakulären Marsch auf die Feldherrnhalle unternommen, und hierher kam er immer wieder, um sich als Einpeitscher seiner rassistischen Parolen und seiner Welteroberungspläne feiern zu lassen und schaurige Heldengedenkfeiern zur Erinnerung an seinen Putschversuch von 1923 zu veranstalten. Für die Neugestaltung von München sollten historische Häuser, Straßen und Plätze geopfert werden. Riesige Prachtboulevards sollten auf die 214,5 Meter hohe „Siegessäule der Bewegung" zulaufen, die die Frauenkirche um das Zweieinhalbfache überragt hätte. Ein besonderes Prachtstück sollte ein neuer Hauptbahnhof werden, der das Sechsfache der Fläche des Petersdoms in Rom und seines Vorplatzes eingenommen hätte. Auf der Theresienwiese, dem Ort des Oktoberfests, wollte Hitler eine monumentale Ausstellungshalle und ein riesiges Hotel der NS-Organisation Kraft durch Freude erbauen lassen. Das neue Opernhaus sollte dreimal so groß werden wie die Pariser Oper. Aber auch Hochhäuser für den parteieigenen Franz Eher Verlag und weitere Monumentalbauten waren geplant. Münchens Um- und Neugestaltung sollte nach dem Endsieg begonnen werden und bis 1950 abgeschlossen sein. Hier und in den anderen Führerstädten sollte Geld keine Rolle spielen. Hitlers stellte bei seinen Berechnungen die Baukosten denen etwa von Kriegsschiffen gegenüber und behauptete, Städtebau sei billiger als Rüstung, und Deutschland könne sich beides leisten (s. Kriegskosten). Als Hjalmar Schacht als Reichswirtschaftsminister und Präsident des Reichsbankdirektoriums auf nicht zu finanzierende Kosten hinwies, ließ Hitler das nicht gelten und schickte ihn in die Wüste.

Hamburg wollte Hitler zur Hauptstadt der deutschen Schifffahrt machen. Er träumte von einer Hochbrücke über der Elbe und von einem 250 Meter hohen Wolkenkratzer. Sie sollten die USA erstaunen, wo man solche Bauten schon kannte. Geplant waren ferner ein riesiges Gauhaus, eine Volkshalle für 50 000 Besucher sowie die Überquerung der malerischen Fleete durch 400 Brücken. Die Zerstörung Hamburgs durch die alliierten Bombenangriffe machte diesen und weiteren Planungen einen dicken Strich durch die Rechnung. Der bis 1965 anvisierte Um- und Neubau Hamburgs mit Hilfe von Zwangsarbeitern hatte sich damit erledigt.

Für Nürnberg, die Stadt der Reichsparteitage, hatte Hitler ähnliche Pläne. Realisiert wurde das 60 Quadratkilometer große Reichsparteitagsgelände nach Plänen von Albert Speer. Es sollte eine monumentale Rednertribüne entstehen, über der sich eine weibliche Figur erhebt. Sie wäre 14 Meter höher als die Freiheitsstatue in New York geworden. Geplant wurden ein riesiges Stadion, eine Ausstellungs- sowie eine Kongresshalle mit der Anmutung des Kolosseums in Rom und weitere Bauten, die alles bisher Bekannte in den Schatten setzen sollten. Einige Nürnberger Prestigebauten blieben unfertig, sie als Zeugnisse politischen und baulichen Größenwahn zu erhalten, ist für Nürnberg und den Freistaat Bayern eine gigantische Aufgabe. Ein Informationssystem auf dem Parteitagsgelände berichtet in Bild und Schrift, was hier geschah und wie sich der Diktator an dieser Stelle von Hunderttausenden feiern ließ.

Für Linz hatte Hitler besondere Pläne, er stellte sich die Stadt als seinen mit den üblichen Großbauten des Nationalsozialismus, wie man sagte, besetzten Altersitz vor und wollte aus ihr eine Kultur- und Kunsthauptstadt machen, von der die Welt spricht. Der für die Bauten benötigte Granit wurde in den Steinbrüchen bei Mauthausen und Gusen von unzähligen KZ-Häftlingen unter unvorstellbar grausamen Bedingungen gewonnen. Der Führerauftrag Linz war Ausgangspunkt eines groß angelegten Kunstraubs im eigenen Land und quer durch die von der Wehrmacht besetzten Staaten. Hitlers Stararchitekt Albert Speer, fasste am 19. Februar 1941 Hitlers Vorstellungen so zusammen: „Hier wird nach den Einzelplänen des Führers ein Theater, eine vom Führer zusammengestellte Galerie, eine Bibliothek, ein großes Freiheitsstadion, eine Gauanlage, ein Rathaus, eine neue Geschäftsstraße, ein neuer Bahnhof und ein großes Hotel u. a. errichtet." Zentrum der neuen Stadt sollte der Operplatz in den Maßen 180 mal 210 Meter werden. Die Pläne für ein Opernhaus mit 2000 Besucherplätzen und einer großen Haupt- und zwei Nebenbühnen wurden von Hitler gezeichnet, Geld sollte keine Rolle bei der Verwirklichung der Pläne spielen, und auch für die Beschaffung der Baumaterialien und der Arbeitskräfte wurde ungeachtet des Kriegsbeginns gesorgt. „Vor allem muss Linz ein neues Museum bekommen und eine neue Oper. Mit den Bergen im Hintergrund ist seine Lage um vieles schöner als Budapest oder Wien", träumte Hitler und erteilte den Befehl, im Rahmen des Führerauftrags Linz hochkarätige Kunstwerke – Gemälde, Skulpturen, historische Waffen und sogar Münzen und Medaillen – aus öffentlichen und privaten Sammlungen für die Präsentation in dem neuen Kunstmuseum herbei zu schaffen. Die Listen der für das Führermuseum Linz und andere Sammlungen requirierten Objekte sind lang. Die Ausgaben allein für das Neue Kunstmuseum Linz wurden im August 1944 mit knapp 120 Millionen Reichsmark berechnet.

Hitler nahm die Auswahl der zum Teil jüdischen und anderen Eigentümern geraubten oder abgepressten Gemälde und Wertgegenstände für das Führermuseum Linz persönlich vor. Um den Bestand auf Weltniveau zu heben, sollten die österreichischen Landesmuseen Teile ihrer Bestände nach Linz überstellen. Prominente Museumsleute und Händler gingen ohne Skrupel mit allerhöchster Rückendeckung daran, in den besetzten Ländern und im Reich die betreffenden Museumsstücke zusammen zu raffen und verdienten dabei prächtig. Ähnlich gingen Hermann Göring, Alfred Rosenberg und weitere Kunsträuber vor. In seinem Sommersitz Carinhall nördlich von Berlin besaß der Reichsmarschall eine bedeutende, aus Raubgut oder zweifelhaften Ankäufen bestehende Kunstsammlung. Nach dem Ende des faschistischen Staates unternahmen die Alliierten und die ehemaligen Besitzer der Kunstwerke große Anstrengungen, das Raubgut zu finden und zurückzuführen.

GAU, GAULEITER

In Anlehnung an die frühmittelalterliche Territorialverfassung Kaiser Karls des Großen teilten die Faschisten 1925 das Deutsche Reich in 33 Gaue ein, zu denen später zehn weitere in okkupierten Ländern hinzu kamen. Diese Gaue entsprachen den Reichstagswahlkreisen und ersetzten die nach 1933 aufgelösten deutschen Länder. In den Gauen trugen die Gauleiter als Beauftragte der NSDAP Verantwortung für alles, was in ihrem Hoheitsbereich passierte – schrittweise Gleichschaltung der Verwaltung, Inhaftierung politisch Andersdenkender, Enteignung unde Deportation der jüdischen Bevölkerung sowie die Umstellung des täglichen Lebens auf die Belange der Kriegswirtschaft.

Im Gau Thüringen war die NSDAP bereits 1930 an der Landesregierung beteiligt. Großem Anteil an der Formierung Thüringens zu einer Nazi-Hochburg hatte der im Nürnberger Hauptkriegsverbrecherprozess zum Tode verurteilte und am 16. Oktober 1946 hingerichtete

Gauleiter und Reichsstatthalter Fritz Sauckel. Er gab die Parole aus, Thüringer Land sei „Hitler-Land" und „Trutzgau" des Deutschen Reiches.

Bereits 1933/34 setzte die kriegswirtschaftliche Aufwertung des industrialisierten Gaues Thüringen ein. Es entstand ein engmaschiges Beziehungsgeflecht aus Staat und Partei, Wirtschaft, Wehrmacht, Wissenschaft und Kultur. Landesinnenminister Wilhelm Frick (NSDAP) gab 1930 einen Erlass „Wider die Negerkultur für deutsches Volkstum" heraus und war nach 1933 als Reichsinnenminister führend an der Gleichschaltung der Länder im Deutschen Reich und der Anwendung der faschistischen Terrorgesetze beteiligt.

1930 wurde an der Universität Jena ein „Lehrstuhl für Rassefragen und Rassenkunde" geschaffen, es folgte im Juli 1933 die Gründung eines Landesamts für Rassekunde in Weimar. Zum Leiter der ersten derartigen Institution auf Länderebene wurde der Sportarzt und Rassenhygieniker Karl Astel bestellt. Unter seiner Führung entstand ein „Erbbiologisches Archiv", in dem bis 1935 bereits 466 000 Personenakten aufbewahrt wurden. Letztlich wurde jeder dritte Einwohner des Landes hier erfasst. Astel erhielt 1934 eine Berufung an den Lehrstuhl für „Menschliche Züchtungslehre und Vererbungsforschung" der Universität Jena und war 1938 Rektor dieser Alma Mater. Der Rassist und Richter am Jenaer Erbgesundheitsgericht stand auf dem Standpunkt, dass Verbrecher getötet werden sollen, auch wenn sie noch nicht selbst einen Menschen umgebracht haben, und in den Konzentrationslagern sollten zum Nutzen des Reiches die „schlimmsten Ballastexistenzen" ermordet werden. Die Entfernung unglücklichen lebensunwerten Lebens sei „die frohe Botschaft, die der Nationalsozialismus der leidenden und hoffenden Menschheit zu verkünden hat." Nicht zufällig fanden die Deutschen Christen in Thüringen und speziell in Eisenach allerbeste Arbeitsbedingungen, um gegen Juden zu hetzen und die Bibel zu „entjuden".

Die im thüringischen Suhl ansässige Firma Simson & Co, seit 1925 reichsweiter Monopolist für die Herstellung leichter Maschinengewehre, wurde als eine der ersten Betriebe in Deutschland schon 1934 ihren jüdischen Inhaber entzogen und direkt der Verwaltung des Gauleiters Sauckel unterstellt. Dieses Ereignis fand im Ausland starke Betrachtung, bedeutete es doch einen weitreichenden Eingriff in das private Eigentum der bisherigen Besitzer. Gleichzeitig war die Maßnahme die Initialzündung für die Arisierung der deutschen Wirtschaft. Während des Krieges erfolgten Straffung und Ausbau der „Sauckel-Werke" genannten regionalen Rüstungsbetriebe.

Mit der Ernennung Albert Speers zum „Reichsminister für Bewaffnung und Munition" im Februar 1942 begann die vollständige Umstellung der thüringischen Wirtschaft auf die Kriegsproduktion. Im März desselben Jahres wurde Sauckel zum „Generalbevollmächtigten für den Arbeitseinsatz" ernannt. Unter seiner Leitung wurden in der Folge Millionen Menschen verschleppt und zur Zwangsarbeit in der deutschen Rüstungsindustrie oder Landwirtschaft gezwungen. Die zentrale Lage Thüringens führte zur Verlagerung wichtiger Industriestandorte in Sauckels Machtbereich. So entstanden in der Nähe von Nordhausen unterirdische Produktionsanlagen für die so genannte Vergeltungswaffe V2. In der Nähe von Arnstadt wurden Messerschmitt Me 262 Düsenflugzeuge produziert. Die Haft- und Lebensbedingungen der zur Zwangsarbeit gepressten Häftlinge waren katastrophal, unzählige starben an Krankheiten und Hunger. Historiker schätzen die Gesamtzahl der Zwangsarbeiter allein im Land Thüringen und dem preußischen Regierungsbezirk Erfurt auf eine halbe Million.

GENERALGOUVERNEMENT

Das Deutsche Reich besetzte nach dem Überfall auf Polen zum einen die bei den Teilungen Polens 1772, 1793 und 1795 durch Preußen okkupierten Gebiete, die durch den Versailler Vertrag in den neu erstandenen polnischen Staat zurückgekehrt waren. Es etablierte dort das Wartheland (Reichsgau) und Westpreußen, aus denen die polnischen

Einwohner verdrängt wurden, um Deutsche anzusiedeln. Das darüber hinaus gehende Gebiet bis zum Bug wurde schon am 12. Oktober 1939 als Generalgouvernement mit den Distrikten Warschau, Lublin, Radom, Krakau und nach dem Überfall auf die Sowjetunion 1941 Galizien unter deutsche Verwaltung gestellt. In dieses Gebiet wurden Polen und Juden aus den anderen Landesteilen deportiert. Millionen Menschen wurden ermordet.

Aufstände gegen die Naziherrschaft unter dem in Krakau wie ein König residierenden Generalgouverneur Hans Frank wurden gewaltsam niedergeschlagen, und Einsatzgruppen der SS nahmen blutige Rache. Überall fanden Massaker und so genannte Sonderaktionen statt, denen hunderttausende Polen zum Opfer fielen. Der Aufstand im Warschauer Ghetto im Frühling 1943 sowie der Warschauer Aufstand vom August bis Oktober 1944 zeigten, dass sich das polnische Volk nicht mit der Rolle von Sklaven zufriedenzugeben bereit war.

Während der deutschen Besetzung Polens wurden rund drei Millionen polnische Juden in den deutschen Konzentrationslagern Auschwitz, Belzec, Majdanek, Sobibor, Treblinka und an anderen Orten ermordet. Eine ähnlich große Zahl nichtjüdischer Polen fiel dem NS-Terror zum Opfer. Frank zufolge sollte das Generalgouvernement „von Juden völlig befreit" werden, außerdem sei klar entschieden, dass das Land ein deutscher Lebensbereich wird. „Wo heute zwölf Millionen Polen wohnen, sollen einmal vier bis fünf Millionen Deutsche wohnen. Das Generalgouvernement muss ein so deutsches Land werden wie das Rheinland." Die Bewohner sollten jedwede Selbstständigkeit verlieren, eigenständiges Denken, ja auch der Rückblick auf die Landesgeschichte und Pflege der eigenen Kultur war ihnen verboten (s. Generalplan Ost). Reichsführer SS Heinrich Himmler beschrieb das bewusste Absenken des kulturellen Niveaus so: „Für die nicht-deutsche Bevölkerung des Ostens darf es keine höhere Schule geben, als die vierklassige Volksschule. Das Ziel dieser Volksschule hat lediglich zu sein: Einfaches Rechnen bis höchstens 500, Schreiben des Namens, eine Lehre, dass es ein göttliches Gebot ist, den Deutschen gehorsam zu sein, und ehrlich, fleißig und brav zu sein. Lesen halte ich nicht für erforderlich. Außer dieser Schule darf es im Osten überhaupt keine Schule geben. […] Diese Bevölkerung wird als führerloses Arbeitsvolk zur Verfügung stehen und Deutschland jährlich Wanderarbeiter und Arbeiter für besondere Arbeitsvorkommen (Straßen, Steinbrüche, Bauten) stellen." Absichtlich erhielten die polnischen Zwangsarbeiter minimale Nahrungsmittelrationen. Ihre Kinder ließen die Besatzer verwahrlosen und verhungern. Unbedingt wollten sie verhindern, dass sie sich eines Tages als Erwachsene gegen ihre Unterdrücker erheben.

Als Himmler im Juli 1941 den Distrikt Lublin besuchte, hatte er die Idee, die alte Festung Zamość und Umgebung in eine „germanische Siedlung" umzuwandeln, die seinen Namen bekommt. Die von deutschen und italienischen Baumeistern errichtete Stadt galt wegen ihrer Verbindung mit der Hanse in früheren Jahrhunderten als Trutzburg deutscher Kultur und besaß in den Augen des stark an germanischen und altdeutschen Mythen und Geschichte interessierten Himmler großen strategischen und symbolischen Wert. Am Kriegsbeginn lebten in Zamość rund 12 500 Juden, die meisten wurden während der deutschen Besatzungszeit in den Vernichtungslagern Bełżec und Sobibór ermordet. In der „Himmlerstadt" sollten mehrere tausend Deutsche eine neue Heimat bekommen. Bauern, Arbeiter, Beamte, Kaufleute und Handwerker sollten hier ein „lebendiges und dennoch am Boden festverwurzeltes Bollwerk deutscher Menschen als Schutzwall gegen fremde Eindringlinge" bilden. Folgerichtig wurde Zamość zum ersten deutschen Siedlungsbereich im besetzten Polen erklärt. Die polnische Bevölkerung sollte nach „rassisch wertvollen" Einheimischen zwecks Wiedereindeutschung beziehungsweise in arbeitsfähige Zwangsarbeiter unterteilt werden. Der große Rest kam in die Vernichtungslager. Da die polnische Bevölkerung Widerstand leistete, sich viele Menschen den Partisanen anschlossen und außerdem die landwirtschaftliche Produktion zu wünschen ließ, geriet das Projekt ins Stocken und wurde im August 1943 angesichts der Vormarschs der Roten Armee abgebrochen.

GENERALPLAN OST

Rasseforscher, Mediziner, Agrarwissenschaftler, Historiker, Demographen, Soziologen und andere Spezialisten waren nach 1933 an Planungen mit dem Ziel befasst, große Landstriche in Osteuropa durch Aus- und Umsiedlung sowie Ermordung der einheimischen Bevölkerung „frei" zu machen und an ihrer Stelle unzählige Deutsche und weitere ihnen ähnliche Völkerschaften aus Nord- und Westeuropa anzusiedeln. Die der NSDAP und der SS angehörenden oder ihnen nahe stehenden Verfasser sahen in den Planungen so etwas wie einen Jungbrunnen für das Deutschtum und zugleich eine Möglichkeit, die rassischen Eigenschaften des deutschen Volkes aufzuwerten und aufzunorden, so die damalige Diktion. Wie andere wissenschaftliche Einrichtungen ließ sich auch die Deutsche Forschungsgemeinschaft (DFG) in die Nazipläne einspannen, war ihnen durch Bereitstellung bedeutender finanzieller Mittel dienstbar (s. Deutsche Wissenschaft).

Von der DFG unterstützt wurde der in Auschwitz mit entsetzlichen Medizinverbrechen befasste SS-Arzt Josef Mengele, ein anderer war der an der Berliner Universität tätige Agrarwissenschaftler und SS-Offizier Konrad Meyer. Der von ihm sowie von Mitarbeitern des Reichskommissariats für die Festigung des deutschen Volkstums, des Reichssicherheitshauptamtes und weiterer Dienststellen für den Reichsführer SS Himmler ausgearbeitete Generalplan Ost sah die komplette Germanisierung Osteuropas und die Vertreibung und Ermordung von Millionen Juden, Polen und Russen vor. Innerhalb von 25 Jahren sollten fünf Millionen Deutsche in den besetzten Gebieten angesiedelt werden. Die okkupierten Länder sollten neue Namen erhalten, so Reichsgau Wartheland/Warthegau (Westpolen mit Posen als Hauptstadt), Ostland (ehemaliges Nordpolen), Waldaihöhen (Region Leningrad/Sankt Petersburg) und Moskowien (Moskau bis zum Ural). Nach damaligen Planungen sollten 31 Millionen „Fremdvölkische" nach Osten deportiert und/oder ermordet werden. Weitere 14 Millionen Menschen wollten die Nazis als Arbeitssklaven in der deutschen Rüstungsindustrie und

Landwirtschaft sowie beim Straßen- und Verkehrsbau einsetzen, wobei ihre Vernichtung durch Arbeit angestrebt wurde.

Die deutsche Besiedlung sollte nach dem Generalplan Ost in Musterdörfern und -städten erfolgen. Die zu errichtenden Wohn-, Wirtschafts- und Verwaltungsbauten sollten in altertümelndem „Heimatstil" ausgeführt werden, gute Arbeits- und Entfaltungsmöglichkeiten die im „Altreich" grassierende Landflucht eindämmen. Himmler und seinen Helfershelfern schwebte ein „führerloses" Heer von Wanderarbeitern vor, die nur zu groben Arbeiten im Straßenbau, in Steinbrüchen und im Bauwesen eingesetzt werden und keine Rechte besitzen. Kontakt zur deutschen Herrenrasse war diesen Sklavenarbeitern streng verboten. Zwischen beiden Gruppen durfte es Himmler zufolge ebenso wenig eine Verbindung geben „wie zwischen uns und Negern". Die Siedlungspläne wurden dank des Vormarschs der Roten Armee nur unzureichend verwirklicht.

Zwischen 1940 und 1944 wurden mehr als 7000 Deutsche in den Warthegau sowie nach Westpreußen und Oberschlesien umgesiedelt. Um für sie Platz zu schaffen, haben die Nazis etwa 800 000 nichtjüdische Polen vertrieben und 1,7 Millionen Zwangsarbeiter in das Reich verschleppt. Drei Millionen Juden wurden deportiert und in den Vernichtungslagern ermordet. Insgesamt rechnet man damit, dass von 1939 bis 1945 über 1,3 Millionen Deutsche aus dem Reich und den von Deutschen okkupierten sowjetischen Territorien auf polnischem Gebiet angesiedelt wurden. Hinzu kamen 1,2 Millionen Bewohner bombengefährdeter Gebiete in Deutschland.

Die unter strenger Geheimhaltung ausgearbeiteten Dossiers, Gutachten und Denkschriften wurden, solange das NS-Reich siegreich war, mit deutscher Gründlichkeit realisiert. Beabsichtigt war, dem deutschen Herrenvolk durch administrative Maßnahmen zu einer höheren Geburtenrate zu verhelfen. SS-Männer sollten zwei Ehefrauen haben dürfen und mit ihnen im Rahmen der von Himmler initiierten Aktion Lebensborn möglichst viele „reinrassige", das heißt SS-taugliche Kinder zeugen. Im Gegenzug war geplant, durch massenhafte Sterilisation und

Ausgabe von Verhütungsmitteln in den besetzten Ländern dafür zu sorgen, dass die einheimische Bevölkerung keinen Nachwuchs hat. Um die Tötungsanlagen noch effektiver arbeiten zu lassen, sollten die Häftlinge in den Vernichtungslagern wie am Fließband erst vergast und dann in „Hochöfen" verbrannt werden (s. Topf & Söhne).

Konrad Mayers „Ostforschungen" wurden in der Bundesrepublik Deutschland als so wichtig erachtet, dass man über ihre unmenschliche Stoßrichtung und die tiefbraune Vergangenheit des Blut-und-Boden-Gelehrten und seiner Helfer hinweg sah. Mayer durfte an der TH Hannover über unverfängliche Themen wie Regionalplanung und Naturschutz weiter lehren und forschen. Ähnlich erging es Publizisten und Ökonomen, die nach 1945 behaupteten, an Kriegsverbrechen nicht beteiligt gewesen zu sein, und als Fachleute versucht zu haben, den Nationalsozialismus zu verbessern und zu reformieren (s. Zweite Schuld).

GESTAPO, REICHSSICHERHEITSHAUPTAMT, MELDUNGEN AUS DEM REICH

Im April 1933 entstand in Preußen, dem größten Regionalstaat des Deutschen Reichs, das Geheime Staatspolizeiamt, aus dem später die im ganzen Reich agierende Gestapo wurde. Die Gestapo mit der Zentrale im Prinz-Albrecht-Palais an der Wilhelmstraße in Berlin-Kreuzberg ging im Verein mit weiteren Organisationen massiv und blutig gegen Regimegegner und andere Personen vor, die nicht ins ideologische und rassistische Schema der Nazis passten. Ausdrücklich wurden die Gestapo sowie zu Hilfspolizisten ernannte SA-Leute von Strafverfolgung ausgenommen. Bei Morden, Körperverletzung, Folter, Verschleppung und ähnlichen Verbrechen brauchten Polizisten, aber auch Angehörige der SA und SS keine Sanktionen zu befürchten, sondern waren per Gesetz vor ihnen geschützt. Deshalb nutzten Angehörige der Polizei und der anderen Sicherheitsorgane ihren Sonderstatus zur Terrorisierung und Ausspähung ihrer Landsleute ungezügelt und skrupellos aus.

Wann der auch heute verwendete Slogan „Die Polizei – dein Freund und Helfer" aufkam, ist nicht bekannt. In der NS-Zeit hat man ihn bei Werbemaßnahmen und zur Imagepflege verwendet. Die Polizei war untergliedert in die Ordnungspolizei, die für die öffentliche Sicherheit und Ordnung zu sorgen hatte, wobei die Schutzpolizei in den Städten und die Gendarmerie für den ländlichen Bereich zuständig waren. Darüber hinaus gab es die Gendarmerie zur Überwachung und Steuerung des Straßenverkehrs. Für die Verbrechensaufklärung war die Ordnungspolizei in begrenztem Umfang zuständig, schwerere Delikte und solche von politischer Relevanz wurden vom Reichskriminalamt, der Gestapo sowie dem Sicherheitsdienst SD bearbeitet, die unter dem Dach des Reichssicherheitshauptamtes tätig wurden.

Zu Beginn des Zweiten Weltkriegs gründete Reichsführer SS Heinrich Himmler das Reichssicherheitshauptamt (RSHA) durch Zusammenlegung der Sicherheitspolizei und des Sicherheitsdienstes. Mit zwölf SS-Hauptämtern und etwa 3000 Mitarbeitern war es für alle Sicherheitsbelange im Deutschen Reich und den besetzten Ländern zuständig. Das RSHA besaß jedwede Handlungsfreiheit, Juden, Sinti und Roma sowie andere zu Fremdvölkischen erklärte Menschen von der Straße weg zu verhaften und zu ermorden. Das RSHA war für alle sicherheitspolitischen und nachrichtendienstlichen Belange des NS-Staates zuständig. Das Amt ließ Widerstandskämpfer und andere Personen verhaften, die dem Regime gefährlich werden konnten. Es schürte in den besetzten Ländern Hass gegen Juden, Sinti und Roma sowie andere Bevölkerungsgruppen, die sich in Pogromen entluden. So genannten Säuberungsaktionen fielen in der besetzten Sowjetunion unzählige Kommunisten und Juden zum Opfer. Chef des RSHA war SS-Obergruppenführer Reinhard Heydrich und nach dessen Tod infolge eines Attentats in Prag Ernst Kaltenbrunner, der vom Nürnberger Kriegsverbrechertribunal zum Tod verurteilt und am 16. Oktober 1946 hingerichtet wurde.

Der Geheimdienst sammelte intensiv Informationen über Meinungen und Stimmungen der Deutschen und legte sie als „Meldungen aus dem Reich" der obersten Führung vor. Hitlers Untertanen registrierten durchaus den täglichen Terror gegenüber den durch die Nürnberger Rassegesetze ausgegrenzten jüdischen Mitbürgern, doch die wenigsten unternahmen etwas gegen ihn. Täglich lasen sie in den Zeitungen Hetzartikel gegen Juden und andere „Volksfremde". Wie die Geheimdienstinformationen beweisen, wurden Mitläufer schnell zu Mitmachern, wenn sie sich persönliche Vorteile versprachen und die Aussicht bestand, missliebige Konkurrenten aus dem Weg zu räumen (s. Arisierung, Reichspogromnacht). Selbstverständlich wussten viele Deutsche auch von der so genannten Verschickung in Richtung Osten und den Osttransporten, von der Umquartierung oder der Umverteilung, wie man die Deportation in die Vernichtungslager verharmlosend nannte, denn die von der Gestapo zusammengetriebenen Marschkolonnen liefen in langen Reihe an den Wohnhäusern derer vorbei, die einen Ariernachweis besaßen. Viele von diesen wurden, wenn sie ausgebombt waren, in die verlassenen Wohnungen jüdischer Mitbürger eingewiesen und fanden offenbar auch nichts dabei, die Habseligkeiten ihrer ins Gas geschickten Vorgänger zu übernehmen. Nach dem Krieg wollte keiner von den Verbrechen gewusst haben. Doch die Ahnungslosigkeit war nur vorgetäuscht, denn die Stimmungsberichte und von der Justiz verfolgte offene oder versteckte Kritik am Regime sprechen eine andere Sprache.

Nur selten spiegelt sich in den als geheim eingestuften Aufzeichnungen Nachdenklichkeit, gelegentlich ist gegenüber den Terrormaßnahmen von „Unverständnis" des einen oder anderen Volksgenossen die Rede. Als in der Reichspogromnacht am 9. November 1938 die Synagogen brannten und unzählige jüdische Wohnungen und Geschäfte zerstört wurden, registrierten Gestapo und Sicherheitsdienst lediglich Sorgen um die Vernichtung von Immobilien und deren Ausstattung, kaum aber um das Leben und die Gesundheit der jüdischen Opfer. Dass es auch Solidarität und praktische Hilfe für die Verfolgten gab und sich ein Teil der Geistlichkeit für diese einsetzte, wird in den Meldungen aus dem Reich mitunter angedeutet.

Obwohl die Vorgänge in den Konzentrationslagern strenger Geheimhaltung unterlagen, waren sie in der Öffentlichkeit nicht unbekannt. Manches drang nach außen und war, wie aus den Naziberichten hervorgeht, Gesprächsstoff im engsten Kreis. Über Feindsender, die abzuhören unter Todesstrafe stand, drangen ebenfalls Informationen über den Holocaust und Massenhinrichtungen ins Reich. Deutlich wird aus den Nazi-Dokumenten die Angst in der Bevölkerung vor dem, was der durchaus für möglich gehaltenen Niederlage folgen könnte. Da die Meldungen unerwünschte Einsichten in defätistische Stimmungen und Meinungen vermittelten, wurden sie im Juli 1944 eingestellt. Sie hatten unter anderem ergeben, dass der NS-Propaganda immer weniger geglaubt wird, was den dafür zuständigen Minister Goebbels schwer traf.

HITLERS ENDE

Unmittelbar vor seinem Selbstmord am 30. April 1945 im Bunker der Berliner Reichskanzlei diktierte Hitler seiner Sekretärin Traudl Junge sein Politisches und sein Persönliches Testament. Indem er Bitten seiner Entourage ablehnte, aus der Reichshauptstadt zu fliehen, war er fest entschlossen, sich und seiner langjährigen Geliebten und gerade erst angetrauten Ehefrau Eva Braun in aussichtsloser Lage das Leben zu nehmen. Auf keinen Fall wolle er nach eigenen Worten „Feinden in die Hände fallen, die zur Erlustigung ihrer verhetzten Massen ein neues, von Juden arrangiertes Schauspiel benötigen". Eva Braun nahm Gift, während sich der Diktator erschoss. Die Leichen wurden im Garten der Reichskanzlei verbrannt. Hitlers Ende wurde am 1. Mai 1945 durch den Rundfunk mit dieser Lüge mitgeteilt: „Aus dem Führerhauptquartier wird gemeldet, dass unser Führer Adolf Hitler heute nachmittag in seinem Befehlsstand in der Reichskanzlei, bis zum letzten Atemzug kämpfend, für Deutschland gefallen ist. Am 30. April hat der Führer den Großadmiral Dönitz zu seinem Nachfolger ernannt." Nach dem Krieg gab es Gerüchte, der Diktator habe sich heimlich ins Ausland abgesetzt. Vor allem Stalin argwöhnte, Hitler könne noch am Leben sein, weshalb er sich intensiv bei ehemaligen Bunkerbewohnern über dessen Ende erkundigte. In einem speziell für Stalin in sowjetischer Gefangenschaft verfassten Bericht „Das Buch Hitler" berichteten die SS-Offiziere Otto Günsche und Heinz Linge über den Zustand ihres Chefs kurz vor seinem Selbstmord. „Hitlers Augen, die einst Feuer gesprüht hatten, waren erloschen, das Gesicht erdfarben. Das Zittern seiner linken Hand schien bereits Kopf und Körper erfasst zu haben. Fast tonlos kam es aus seinem Mund: ‚Ich habe angeordnet, mich nach dem Tod zu verbrennen. Ich will nicht, dass man meinen Leichnam nach Moskau bringt und im Panoptikum zur Schau stellt'."

In seinem politischen Testament gab Hitler dem „Weltjudentum" die Schuld an der Katastrophe und forderte seine Nachfolger auf, „mit äußersten Mitteln den Widerstandsgeist unserer Soldaten im nationalsozialistischen Sinne zu verstärken unter dem besonderen Hinweis darauf, dass auch ich selbst, als der Gründer und Schöpfer dieser Bewegung, den Tod dem feigen Absetzen oder gar einer Kapitulation vorgezogen habe." Da Hitler zu Ohren gekommen war, Göring und Himmler hätten hinter seinem Rücken Verbindung zu den Westalliierten für einen Separatfrieden aufgenommen, schloss er sie aus ihren Staats- und Regierungsämtern sowie aus der NSDAP aus. Nach seinem Tod sollten der Oberbefehlshaber der Kriegsmarine Dönitz Reichspräsident, der bisherige Propagandaminister Goebbels Reichskanzler und Bormann Parteiminister werden (s. Regierung Dönitz). Seinen persönlichen Besitz, „sofern er überhaupt von Wert ist", übereignete der Diktator der NSDAP beziehungsweise dem Staat. In seinem Testament behauptete er, er habe seine Gemälde niemals für private Zwecke, sondern stets nur für seine Galerie in Linz gesammelt (s. Führermuseum Linz).

Von panischer Angst vor der Rache der Sieger und des eigenen Volkes erfüllt, brachten sich Goebbels und seine Frau Magda am 1. April 1945 durch Gift um und nahmen auch ihre sechs minderjährigen Kinder mit in den Tod. Auch andere Personen aus Hitlers Umgebung begingen Selbstmord beziehungsweise suchten das Weite. Martin

Bormann, als Leiter der Parteikanzlei im Range eines Reichsministers einer der brutalsten Erfüllungsgehilfen seines Führers, kam Anfang Mai 1945 in Berlin ums Leben. Über die so genannte Rattenlinie gelang es zahlreichen NS-Verbrechern, ins Ausland zu fliehen und sich eine neue Identität zuzulegen. Es dauerte Jahre, bis die Justiz ihrer habhaft wurde, und manche erlagen unerkannt weit weg von den Orten ihrer schrecklichen Taten einem friedlichen Tod.

HOLOCAUST

Der 27. Januar wird bei uns und in anderen Ländern als Gedenktag für die Opfer des NS-Massenmords begangen. Das Datum bezieht sich auf den 27. Januar 1945, als das Vernichtungslager Auschwitz-Birkenau unweit von Krakau von der Roten Armee befreit wurde. Dort hatten 1,5 Millionen Menschen den Tod im Gas erlitten (s. Zyklon B), waren erschossen worden beziehungsweise an Entkräftung, Hunger und Seuchen gestorben. Eingeschlossen in die Erinnerung sind die in allen Vernichtungslagern der Nazis ermordeten Juden sowie alle anderen Menschen, die nach NS-Definition Untermenschen, Volksfeinde und Lebensunwerte sind. Zur Proklamation des 27. Januar als Holocaust-Gedenktag erklärte der damalige Bundespräsident Roman Herzog am 3. Januar 1996: „Die Erinnerung darf nicht enden; sie muss auch künftige Generationen zur Wachsamkeit mahnen. Es ist deshalb wichtig, nun eine Form des Erinnerns zu finden, die in die Zukunft wirkt. Sie soll Trauer über Leid und Verlust ausdrücken, dem Gedenken an die Opfer gewidmet sein und jeder Gefahr der Wiederholung entgegenwirken."

Der Begriff Holocaust stammt aus dem Griechischen und Lateinischen und bedeutet „ganz und gar verbrannt". Über das Englische wurde das Wort auch bei uns zum Inbegriff für den planmäßigen Massenmord von sechs Millionen europäischen Juden durch das NS-Regime. Die amerikanische Fernsehserie „Holocaust – Die Geschichte der Familie

Weiss" erzählt die fiktive Geschichte einer jüdischen Arztfamilie in Berlin nach 1933 sowie das Schicksal der Opfer und Täter. Als die vierteilige Serie mit erschreckenden Einsichten in das Funktionieren der Mordmaschinerie unter Hitler und Himmler Anfang 1979 im Deutschen Fernsehen gezeigt wurde, kam es zu vielfältigen Diskussionen über die Verfolgung und Ermordung der Juden, die bis dahin so drastisch und hochemotional nicht dargestellt, sondern vielfach verdrängt wurde (s. Zweite Schuld, Kalte Amnestie). Erschüttert konnte man sehen, was Deutsche jüdischen Mitbürgern angetan haben und was so lange nicht für möglich gehalten wurde. Dass die Serie in manchem Details nicht stimmte, ändert nichts an der Tatsache, dass sie nach den Auschwitz-Prozessen einen weiteren wichtigen Anstoß gab, dass sich Millionen Menschen mit dem Holocaust auseinander setzten. Wenn Rechtsterroristen 1979 durch einen Sprengstoffanschlag die Ausstrahlung der Serie zu verhindern versuchten, dann unterstreicht das nur, wie sehr sie sich von der historischen Wahrheit getroffen fühlten. DEFA-Filme wie „Ehe im Schatten", „Professor Mamlock", „Die Mörder sind unter uns", „Sterne", „Nackt unter Wölfen" und andere machten auf hohem künstlerischem Niveau Schicksale in der faschistischen Zeit nacherlebbar.

HORST-WESSEL-LIED, KÄLBERMARSCH

Die Parteihymne der NSDAP war ab 1929 ein Kampflied der SA und ist nach dem SA-Mann und „Blutzeugen" der NS-Bewegung Horst Wessel benannt. Er schrieb den Text zu einer vermutlich aus dem 19. Jahrhundert stammenden Melodie. Nach der Errichtung der NS-Diktatur wurde das Lied mit der Anfangszeile „Die Fahne hoch, die Reihen fest geschlossen" anstelle beziehungsweise gemeinsam mit der Nationalhymne „Deutschland Deutschland über alles" gesungen. Nach dem Ende des NS-Staates verbot der Alliierte Kontrollrat das Horst-Wessel-Lied sowie das Zeigen von NS-Symbolen und das Absingen und Spielen von Liedern und Melodien aus der Nazizeit.

Es versteht sich, dass Antifaschisten dem Horst-Wessel-Lied neue Texte unterlegt haben. Eine dieser Umdichtungen lautet: „Die Preise hoch, die Läden dicht geschlossen / Die Not marschiert und wir marschieren mit / Frick, Joseph Goebbels, Schirach, Himmler und Genossen / Die hungern auch – doch nur im Geiste – mit." Wer mit solchen Persiflagen erwischt wurde, konnte wegen Feindbegünstigung und Volksverhetzung angezeigt, verurteilt und mit dem Tod bestraft werden. Bertolt Brecht hat in seinem Drama von 1943 „Schweyk im Zweiten Weltkrieg" aus dem Horst-Wessel-Lied den „Kälbermarsch" gemacht. In ihm heißt es: „Hinter der Trommel her / Trotten die Kälber / Das Fell für die Trommel / Liefern sie selber. / Der Metzger ruft. Die Augen fest geschlossen / Das Kalb marschiert mit ruhig festem Tritt. / Die Kälber, deren Blut im Schlachthof schon geflossen / Sie ziehn im Geist in seinen Reihen mit."

Der Faschismus ist ohne Marschlieder nicht denkbar. Sie waren auf den Straßen, bei Kundgebungen, bei Parteiveranstaltungen, im Radio und im Kino allgegenwärtig. Eines der bekanntesten Lieder dieser Art begann mit der Zeile „Siehst du im Osten das Morgenrot" und schloss mit dem Aufruf „Volk ans Gewehr", das nach 1933 als Pausenzeichen Hörer des Berliner Rundfunks aufforderte, sich zu bewaffnen und den Kampf gegen alle aufzunehmen, die das deutsche Volk in Knechtschaft halten, so die damalige Diktion. Das wohl beliebteste Soldatenlied „Lili Marleen" wurde von Lale Anderson gesungen. Nachdem Propagandaminister Goebbels erfuhr, dass die Sängerin illegale Kontakte zu Schweizer Juden unterhält, wurde das Symbol für Heimweh, Trennung und Hoffnung auf ein Wiedersehen verboten, was zu heftigen Protesten an den Fronten und der Heimat führte.

IG-FARBEN

Der offiziell I. G. Farbenindustrie AG genannte Konzern wurde 1925 nach amerikanischem Vorbild aus mehreren Chemiewerken gebildet und avancierte zeitweilig zum größten Chemieunternehmen der Welt.

Eine erste Interessen-Gemeinschaft (IG) der deutschen Teerfarbenindustrie wurde 1904 auf Initiative von Carl Duisberg, dem Vorstandsvorsitzenden des Unternehmens Friedrich Bayer & Co. gegründet. Duisberg hatte 1903 in den USA die Standard Oil kennen gelernt und schlug die Bildung eines deutschen Farben-Trusts vor. Das Grundkapital betrug 1926 rund 1,1 Milliarden Reichsmark. Die Zahl der Mitarbeiter stieg von 94 000 im Jahr 1926 auf 189 000 im Jahr 1944, wobei die vielen Zwangsarbeiter und KZ-Häftlinge eingerechnet sind. Das 1931 in Frankfurt am Main errichtete I. G.-Farben-Haus war eines der größten Bürogebäude im damaligen Europa und wird heute von der Frankfurter Goethe-Universität genutzt.

Vor 1933 von linken und rechten Parteien als Moloch und speziell von den Nazis als internationales kapitalistisches und jüdisches Unternehmen attackiert, kam es nach der Errichtung der NS-Diktatur zu einem Arrangement zwischen der neuen Staatsführung und der Leitung der IG Farben. Diese zahlte 1933 in Erwartung lukrativer Aufträge Geld in einen Wahlfonds der NSDAP ein und beteiligte sich mit namhaften Beträgen an der Adolf-Hitler-Spende der deutschen Wirtschaft. Die Reichsregierung vereinbarte mit dem Unternehmen eine Absatzund Mindestpreisgarantie für 350 000 Tonnen synthetisches Benzin. Nach und nach traten fast alle IG-Direktoren der NSDAP bei.

Die enge Verzahnung mit dem NS-Staat lohnte sich, denn es konnten mit seiner Hilfe Konkurrenten im Reich und den besetzten Ländern arisiert werden. Der überwiegende Teil der Produktion der IG diente der Rüstungsindustrie, aber auch dem Massenmord in den Vernichtungslagern. So wurde das von der Degesch, einer Tochtergesellschaft der Degussa AG und der IG Farben, hergestellte Zyklon B in den Gaskammern todbringend eingesetzt. Wegen des großen Bedarfs an synthetischem Kautschuk und Benzin sowie weiteren kriegswichtigen Rohstoffen wurde 1941 in Auschwitz eine große Bunafabrik errichtet.

Im Nürnberger IG-Farben-Prozess standen 1947 und 1948 leitende Angestellte der IG-Farben vor einem amerikanischen Militärgericht. Angeklagt waren sie wegen Verbrechen gegen den Frieden sowie

Planung und Verschwörung zu einem Angriffskrieg, Plünderung von privatem und öffentlichem Eigentum, Versklavung und Massenmord sowie Mitgliedschaft in einer verbrecherischen Organisation, der SS. Wegen ihrer Verantwortung für den Einsatz von KZ-Häftlingen wurden die Vorstandsmitglieder Otto Ambros, Heinrich Bütefisch, Fritz ter Meer und Carl Krauch sowie Betriebsführer Walter Dürrfeld zu Haftstrafen zwischen fünf und acht Jahren verurteilt. Vorzeitig aus der Haft entlassen, konnten sie alsbald einflussreiche Positionen in der westdeutschen Wirtschaft einnehmen (s. Zweite Schuld). Als der Chemiker und ehemalige Wehrwirtschaftsführer sowie Leiter von zwei Giftgasfabriken Ambros, später Berater von Bundeskanzler Konrad Adenauer sowie Inhaber von zahlreichen Aufsichtsratsposten, 1990 starb, lobte eine Todesanzeige ihn als ausdrucksstarke Unternehmerpersönlichkeit von großer Ausstrahlungskraft. Weitere acht Angeklagte im IG-Farben-Prozess wurden lediglich wegen „Plünderung" zu Haftstrafen zwischen eineinhalb und fünf Jahren verurteilt, zehn Angeklagte kamen frei. Nach 1945 wurde die IG Farben vom Alliierten Kontrollrat aufgelöst und in eigenständige Unternehmen aufgeteilt. Allerdings wurde die Entflechtung schneller verfügt als vollzogen, denn erst nach 60 Jahren konnte das Abwicklungsverfahren beendet werden.

JUDENBOYKOTT, „DEUTSCHE KAUFT NICHT BEI JUDEN"

Von langer Hand vorbereitet, fand am 1. April 1933 die Aktion „Deutsche, wehrt euch, kauft nicht bei Juden" statt. Propagandaminister Goebbels wählte das Motto für die Ächtung jüdischer Geschäfte, um den Gegensatz, ja die Unvereinbarkeit von Deutschen und Juden zu unterstreichen. Er ordnete in Übereinstimmung mit Hitler und der Reichsregierung den Boykott jüdischer Kaufhäuser, Läden und Waren sowie Praxen jüdischer Ärzte und Rechtsanwälte an. Überfallartig versperrten SA-Schläger die Zugänge zu Läden, Praxen und Wohnungen, klebten Hetzplakate an Wände und Scheiben, malten Davidsterne auf Fenster,

Türen und Namensschilder, jagten Besuchern und Kunden Angst und Schrecken ein und warnten davor, dass man sie fotografiert und anzeigt, wenn sie solche Orte betreten. Wer sich beschwerte oder zur Wehr setzte, wurde verprügelt oder in die Folterkeller der SA sowie die Konzentrationslager verschleppt.

Die Nazipresse begrüßte den Judenboykott als gerechten Ausdruck gesunden Volksempfindens und längst fällig. Der „Völkische Beobachter", das Zentralorgan der NSDAP, beschrieb den antisemitischen Terror als Generalprobe für weitere Maßnahmen dieser Art und lobte, dass die Aktion um 10 Uhr begann, diszipliniert verlief und am Abend pünktlich beendet wurde. In seinem Tagebuch wurde Joseph Goebbels deutlicher. Der Boykottaufruf vom 28. März 1933 habe „Panik unter den Juden" bewirkt. Der Boykott gegen die „Weltgräuelhetze" sei in Berlin und im ganzen Reich entbrannt, er sei ein großer moralischer Sieg für Deutschland. „Wir haben dem Ausland gezeigt, dass wir die ganze Nation aufrufen können, ohne dass es dabei im mindesten zu turbulenten Ausschreitungen kommt. Der Führer hat wieder das Richtige getroffen."

Den Juden riet Goebbels, Deutschland zu verlassen. Das haben viele getan, aber noch mehr harrten in der Hoffnung aus, die Lage werde sich beruhigen, und bezahlten ihr Zögern mit dem Leben. Der Literaturkritiker Marcel Reich-Ranicki beschrieb aus eigenem Erleben in seinem Buch „Aus meinem Leben" Ängste und Gefühle angesichts der wachsenden Bedrohung und Ausgrenzung der jüdischen Bevölkerung, aber auch Beschwichtigungsversuche mit diesen Worten: „Die Situation der Juden hatte sich im Laufe der Jahre gründlich verändert, also verschlechtert. 1933 und 1934 hörten sie bisweilen von Nichtjuden, von Nachbarn und Bekannten, freundliche und begütigende Worte, meist des Inhalts, es werde sich doch bald alles wieder ändern: ‚Sie müssen durchhalten.' Den Juden gefielen diese beruhigenden Sprüche sehr wohl, nur waren sie 1938 nicht mehr zu vernehmen, kein Jude konnte sich noch trösten, es werde nicht so heiß gegessen wie gekocht. Verhaftungen, Misshandlungen und Folterungen ließen die Zahl der unverbesserlichen Optimisten immer kleiner und die der Auswanderer immer größer werden."

Gedenktafeln im Bayerischen Viertel, einem Zentrum jüdischen Lebens im Berliner Bezirk Schöneberg, erinnern an Ausgrenzung, Verfolgung und Ermordung der Bewohner in der Nazizeit. In der als „gehoben" anzusprechenden Gegend rundum den Bayerischen Platz wohnten jüdische Rechtsanwälte, Ärzte, Künstler und Intellektuelle. Viele erkannten die Lebensgefahr erst dann, als es für die Auswanderung schon zu spät war. Mit Kriegsbeginn am 1. September 1939 wurden Berliner Juden zur Zwangsarbeit verpflichtet, und es begannen die ersten Todestransporte in die Gettos und Vernichtungslager. Von den 16 000 Juden, die vor 1933 in Schöneberg lebten, wurden tausende ermordet. An sie erinnert das vom Kunstamt Schöneberg initiierte Projekt „Mahnen und Gedenken im Bayerischen Viertel", das auf Bild- und Schrifttafeln an Laternenmasten und Häuserwänden die schrittweise Entrechtung der Juden im so genannten Dritten Reich dokumentiert. Sie betraf alle Lebensbereiche und erstreckten sich von der Entlassung jüdischer Beamter aus dem Staatsdienst über das Verbot des gemeinsamen Spiels von „arischen" mit „nichtarischen" Kindern und die Anordnung, wonach Juden ihre Wohnungen nach 8 Uhr abends („im Sommer 9 Uhr") nicht mehr verlassen dürfen bis zur Ablieferungspflicht von Rundfunkapparaten. Postbeamte, die mit Jüdinnen verheiratet sind, wurden in den Ruhestand versetzt, Juden wurden aus Gesangs- und Sportvereinen ausgeschlossen. Ihnen wurden Sitzplätze auf Parkbänken verweigert, sie durften Lebensmittel nur noch zu bestimmten Zeiten am Nachmittag einkaufen, und sie unterlagen ab Oktober 1941 einem Auswanderungsverbot. Auf einer Tafel ist ein Augenzeugenbericht von 1939 zu lesen, wonach Juden am Bayerischen Platz nur die gelb markierten Sitzbänke benutzen dürfen, eine andere Tafel erklärt: „Die Taufe von Juden und der Übertritt zum Christentum hat eine Bedeutung für die Rassenfrage", und eine dritte erwähnt das am 23. Oktober 1941 erlassene Auswanderungsverbot für Juden. „Nun ist es soweit, morgen muß ich fort u. das trifft mich natürlich schwer; (....) Ich werde Dir schreiben....", wird aus einem Brief zitiert, der vor der Deportation am 16. Januar 1942 geschrieben wurde. Über den Absender und den Empfänger ist nichts bekannt.

JUDENSTERN, JUDENHAUS,
SARA UND ISRAEL, STILLE HELFER

Bereits im Mittelalter mussten Juden bestimmte Zeichen tragen, um sie sofort als solche erkennen zu können. Am 23. Juni 1938 wurde im Deutschen Reich die Kennkarte mit dem diskriminierenden Aufdruck J für Juden eingeführt, vergleichbar mit dem Z für Zigeuner, also Sinti und Roma.

Ab 1. September 1941 hatten Juden einen gelben Stern gut sichtbar auf der Kleidung zu tragen. In Polen galt diese Vorschrift bereits seit dem Überfall am 1. September 1939. Mit dem Ziel, Städte und Regionen „judenrein" zu machen, durchkämmte die Gestapo während des Krieges Wohnhäuser und Betriebe. Wer gefasst wurde, kam „auf Transport", so die euphemistische Umschreibung für die Deportationen in die Vernichtungslager. Da und dort ist Juden geholfen worden unterzutauchen und mit Lebensnotwendigem versehen. Inmitten des Grauens war Humanität nicht ganz verloren gegangen.

Die Ausgrenzung und Stigmatisierung der jüdischen Bevölkerung im Deutschen Reich bekam drei Jahre nach dem Erlass der Nürnberger Rassengesetze 1935 durch eine Verordnung über Familiennamen und Vornamen vom 17. August 1938 eine neue Dimension. Juden wurden neue Vornamen zudiktiert – Sara für Frauen, Israel für Männer. Von jetzt an waren sie ohne weiteres auch in Pässen, auf Namensschildern, Briefköpfen und bei anderen Gelegenheiten als Angehörige einer aus der Volksgemeinschaft ausgestoßenen Bevölkerungsgruppe zu erkennen. Ziel war es, Juden bereits durch ihren zweiten Vornamen zu Fremden im eigenen Land zu machen. Mit der Ausarbeitung der Verordnung war der damalige Ministerialrat im Reichsinnenministerium für Judenangelegenheiten zuständige Hans Globke befasst. Der Jurist und Kommentator der Nürnberger Rassengesetze machte nach 1945 in der Regierung Adenauer Karriere und brachte es bis zum Staatssekretär und Chef des Bundeskanzleramts (s. Zweite Schuld). Zeitgleich mit der Namensverordnung von 1938 schlug Propagandaminister Goebbels vor, dass die Juden eine Armbinde oder ein anderes Kennzeichen anlegen sollen, woraus letztlich der Judenstern wurde.

Die Nazis verhängten 1938 über ausgewählte Orte in Berlin und anderswo den Judenbann. Das Verbot erstreckte sich auf das Regierungsviertel an der Wilhelmstraße, die Straße Unter den Linden und die dort befindliche und alas Reichsehrenmal genutzte Neue Wache, aber auch auf Badeanstalten, Museen, Bibliotheken und den Zoologischen Garten (s. Arisierung). Juden deutscher Staatsangehörigkeit und staatenlosen Juden war der Aufenthalt auf den mit dem Bann belegten Straßen, Plätzen und Gebäuden bei Geldstrafe oder Haft streng verboten. Wer sich über die Anordnung des Polizeipräsidenten vom 5. Dezember 1938 hinweg setzte, kam ins Konzentrationslager, wo viele ermordet wurden.

Um Wohnraum für „arische" Menschen zu schaffen, wurden Juden systematisch aus ihren Wohnungen und Häusern vertrieben und in so genannte Juden- oder Ghettohäuser eingewiesen. Die Nürnberger Gesetze von 1935 bestimmten, wer Jude ersten und zweiten Grades ist und was unter privilegierten Mischehen zu verstehen ist. Nach der Reichspogromnacht am 9. November 1938 wurden Hausbesitzer zum Verkauf ihrer Immobilien weit unter Wert verpflichtet. Durch die Einweisung der Bewohner in Judenhäuser bekam die Gestapo noch bessere Möglichkeiten, die dort zusammengepferchten Menschen zu kontrollieren und sie für die Abschiebung in die Ostgebiete, das heißt für die Ermordung in den Vernichtungs- und Konzentrationslagern, zu registrieren. Begründet wurden die Ausquartierung per Gesetz damit, dass es dem „Rechtsempfinden" nicht zuzumuten sei, wenn Deutsche im gleichen Haus mit Juden zusammenleben. Volkswirtschaftliche und baupolitische Bedeutung erhielt ab 1941 in Berlin die Ausquartierung von tausenden Juden. In mehr als 5 000 Wohnungen wurden „arische" Mieter eingewiesen, die entweder ausgebombt waren oder deren Häuser dem Umbau der Reichshauptstadt in die Welthauptstadt Germania geopfert worden waren.

Unweit des Hackeschen Markts in Berlin-Mitte erinnert ein kleines Museum an Otto Weidt, einen sehbehinderten Fabrikanten von Besen und Bürsten, einen Beschützer von verfolgten Juden. Der entschiedene Nazigegner versorgte sie mit Lebensmitteln, Arbeitserlaubnissen und falschen Papieren. Weidt versteckte in seiner weitläufigen Werkstatt in einem Seitenflügel des Hauses Rosenthaler Straße 39 von Verhaftung und Deportation bedrohte Menschen und riskierte damit sein Leben. Da die Untergetauchten wussten, wie sich die Kriegslage entwickelt, hielt sie die Hoffnung auf baldige Befreiung am Leben. Die Ausstellung ehrt mit Otto Weidt auch jene ungenannten stillen Helfer und mutigen Helden, die dem totalitären Anspruch des Naziregimes tätige Humanität entgegensetzten, und zeigt an vielen Beispielen, dass es in der Nazizeit couragierte Menschen gab, die widerstanden und ihr Leben aufs Spiel setzten, um anderes Leben zu retten. Dass es in einem totalen Überwachungsstaat mitten in Berlin möglich war, Juden quasi unter den Augen der Gestapo „verschwinden" zu lassen, verwundert, lässt sich aber wohl mit den Lücken im Geflecht des Überwachungsstaates erklären.

Otto Weidt wird manchmal mit Oskar Schindler, dem Helden des Films von Steven Spielberg „Schindlers Liste" aus dem Jahr 1993 verglichen, der auf ähnlich unerschrockene Weise todgeweihten Menschen half. Ohne dass ihm nach dem Ende des Nazireiches eine öffentliche Ehrung zuteil wurde, starb Otto Weidt 1947. Mitarbeiter seiner Bürstenfabrik bestätigen mit eidesstattlichen Erklärungen und warmherzigen Briefen, die in der Ausstellung gezeigt werden, dass sie ihr Leben ihm verdanken. Israel ernannte Weidt 1971 auf Initiative der Schriftstellerin Inge Deutschkron, die in der Weidt'schen Fabrik unter falschem Namen tätig war und so überlebte, posthum zum „Gerechten der Völker". Ihr ist es auch zu verdanken, dass 1999 die ehemaligen Werkstatträume eine Gedenk- und Dokumentationsstätte für Weidt und viele andere stillen Helfer wurden.

JÜDISCHE RUNDSCHAU, JÜDISCHE SELBSTHILFE

Die bis zum Verbot nach der Reichspogromnacht am 9. November 1938 erschienene Berliner Wochenzeitschrift „Jüdische Rundschau" (JR) war ein wichtiges Medium für die im Deutschen Reich lebenden Juden und ihre Gemeinden, ein Anker und Forum unter den Bedingungen wachsender Drangsalierung und Todesangst. Die Nazis verboten die 1896 gegründete Zeitung zunächst nicht, weil sie das von Robert Weitsch geleitete Journal brauchten, um der Welt vorzugaukeln, ihr Regime sei weltoffen und tolerant. Weitsch forderte seine Leser nach dem Judenboykott vom 1. April 1933 auf, den „gelben Fleck" mit Stolz zu tragen und sich selbstbewusst zu ihrem Judentum zu bekennen. 1943 stellte der Verfasser, der 1938 emigrieren konnte, fest, er würde es nicht mehr wagen, die Juden im gemarterten Europa aufzufordern, den gelben Fleck mit Stolz zu tragen. „Denn heute ist dieses als Schmach gedachte Brandmal nicht bloß äußeres Zeichen der Zugehörigkeit zum Judentum, sondern das Stigma, das seinen Träger als Freiwild maßlosen Martern freigibt."

Unter strenger Beobachtung der Gestapo und des Propagandaministeriums stehend, konnte die JR über kulturelle Aktivitäten der Gemeinden berichten und Hinweise geben, was zu tun wäre, um zu emigrieren. Nach dem Pogrom von 1938 wurden 65 jüdische Zeitungen und Gemeindeblätter verboten. Zugelassen war nur noch das neu gegründete „Jüdische Nachrichtenblatt", das nur noch amtliche Informationen verbreiten durfte. Sein Erscheinen wurde im Sommer 1943 eingestellt, als fast alle Juden deportiert und ermordet waren (s. Endlösung der Judenfrage).

Der systematischen Ausgrenzung und Verfolgung der jüdischen Bevölkerung nach 1933 versuchten jüdische Organisationen, Verbände und Ausschüsse mit eigenen Initiativen zu entgegnen. Diese Selbsthilfe wurde durch Spenden und Mitgliedsbeiträge sowie durch Zuwendungen aus dem Ausland finanziert. Zahlreiche kulturelle Veranstaltungen stärkten das Gemeinschaftsgefühl und den Selbstbehauptungswillen der Ausgegrenzten und Verfolgten, von denen viele erst spät, oft zu spät erkannten, in welch lebensgefährlicher Lage sie sich befanden. Zu den wichtigsten Vereinigungen dieser Art gehörten der Kulturbund der Deutschen Juden sowie jüdische Sportvereine. Der 1933 ins Leben gerufene Zentralausschuss für Hilfe und Aufbau unter Vorsitz des Rabbiners Leo Baeck half bei der finanziellen Unterstützung in Not geratener Gemeindemitglieder, von denen viele Arbeit und Lebensunterhalt verloren hatten. Im Zentralausschuss waren der Central-Verein deutscher Staatsbürger jüdischen Glaubens, die Zionistische Vereinigung für Deutschland, der preußische Landesverband jüdischer Gemeinden, die Jüdische Gemeinde Berlin oder der Jüdische Frauenbund vertreten. Hilfe kam durch die Vergabe von Darlehen, die Arbeitsvermittlung sowie Alten- und Krankenpflege und Kriegsopferfürsorge. Da Juden vom NS-Winterhilfswerk ausgeschlossen waren, gründeten sie 1935 ein eigenes. Die Reichsvertretung der deutschen Juden unterhielt ein eigenes Schulwesen, weil jungen Juden der Besuch von „arischen" Schulen verwehrt war.

Solange die Möglichkeit zur Auswanderung bestand, war die jüdische Selbsthilfe bei der Vorbereitung und Durchführung zur Stelle. Das Palästinaamt, der Hilfsverein der deutschen Juden, die Hauptstelle für jüdische Wanderfürsorge und weitere Organisationen besorgten, von der Gestapo streng kontrolliert, Ausreiseerlaubnisse und Visa. Außerdem unterstützten sie Menschen, die nicht das vom Staat geforderte Geld für die Genehmigung besaßen. Für Ausreisewillige wurden Beratungsstellen eingerichtet, Informationsblätter gedruckt sowie Aus- und Weiterbildungskurse angeboten, in denen man sich auf das Leben in Palästina und anderen Ländern vorbereiten konnte. Bis zum Verbot der jüdischen Auswanderung im Oktober 1941 halfen diese und weitere Organisationen, Juden vor dem sicheren Tod zu retten. Zur Vorbereitung der Deportationen in die Konzentrations- und Vernichtungslager mussten jüdische Gemeinden für die Gestapo Namenslisten anfertigen und beruhigend auf die zur „Abwanderung" vorgesehenen Männer, Frauen und Kinder einwirken. Überlebende des Holocausts haben eindrucksvoll die Qualen beschrieben, die sie beim Schreiben dieser Listen und bei weiteren Zwangsmaßnahmen erlitten haben.

KANONEN STATT BUTTER,
EINTOPFSONNTAG, KOHLENKLAU

Nach der Errichtung der NS-Diktatur wurde im Deutschen Reich die Volksernährung den Bedürfnissen der Aufrüstung und Kriegsvorbereitung untergeordnet. Jetzt galt die Parole „Kanonen statt Butter", denn dem Regime lag viel daran, dass seine Untertanen allezeit wehrbereit und sportlich gestählt, gesund und widerstandsfähig sind. Niemand sollte wie im Ersten Weltkrieg hungern. Da aber das Deutsche Reich nicht genug für die eigene Versorgung produzieren konnte und von Lebensmittelimporten abhängig war, wurde großer Wert darauf gelegt, das Vorhandene so gut wie möglich zu nutzen und Lebensmittel auf keinen Fall zu vernichten. Überall fehlten Arbeitskräfte, und die Landwirtschaft produzierte fast noch wie im 19. Jahrhundert. Um ihre Erträge zu steigern und den Lebensmittelverbrauch zu senken, auf der anderen Seite aber die Zufriedenheit der Bevölkerung zu sichern, setzte die Führung auf Sparsamkeit und Veränderung der Essgewohnheiten. Eine Vielzahl von Kochrezepten in Zeitungen und Büchern informierte darüber, wie man aus Wenigem mehr machen kann. Da Hitler Vegetarier war, galt fleischloses Essen als staatstragend und gesund. Blättert man in der NS-Presse, dann fallen die vielen Hinweise auf, wie man im Interesse der Volks- und der Kriegswirtschaft Energie einsparen kann.

Eintöpfe statt Braten und aufwändige Menüs galten nach 1933 als hohe Tugend und wurden von dem Vegetarier Hitler und seinen Leuten öffentlichkeitswirksam verspeist. Allerdings gab es weiter in Berlin und in anderen Städten teure Schlemmerlokale, in denen es sich die NS-Elite bis zum bitteren Ende gut gehen ließ. Mit Hilfe der genannten Eintopfsonntage sollte völkisches Gemeinschaftsgefühl gefördert werden. Einfache Gemüse-, Erbsen-, Linsen- und Nudelmahlzeiten mit ein paar Fleischbrocken darin galten als Mittel zur Förderung des Gemeinschaftsgefühls und dienlich für die Gesundheit. Am 1. Oktober 1933 mit großem Propagandageschrei eingeführt, sollten an jedem zweiten Sonntag zwischen Oktober und März nur schlichte Suppe gereicht werden. Für jede Mahlzeit wurden Kosten von 50 Reichspfennigen veranschlagt. Das gesparte Geld wurde zugunsten des Winterhilfswerks eingezogen. Es versteht sich, dass Spitzel mögliches Umgehen der Einschränkungen für Küche und Tisch an die Gestapo meldeten. Dass bei Nazibonzen zwar Wasser gepredigt, aber viel Wein getrunken wurde, war allgemein bekannt und Gegenstand von Flüsterwitzen. Man wusste, dass dieser Personenkreis dank Sonderzuteilungen aller Art wie die Made im Speck lebte (s. Korruption).

Mit Blick auf Importbeschränkungen in Kriegszeiten wurde die Binnenwirtschaft angekurbelt. Großer Aufmerksamkeit erfreuten sich die Bauern, die als „Blutquelle des Volkes" hofiert und bei Erntedankfesten gefeiert wurden. Da alles im NS-Staat dem Militär untergeordnet war, hat man so genannte Erzeugnisschlachten mit dem Ziel veranstaltet, um für das Reich die Nahrungsfreiheit zu gewinnen. Wenn die Deutschen bis zum Kriegsende weniger hungern mussten als im Ersten Weltkrieg und auch in einem besseren gesundheitlichen Zustand waren als nach 1914, dann war das nur möglich, weil aus den besetzten Ländern alles herausgeholt wurde, was herauszuholen war. Die Ausplünderung betraf nicht nur Gold- und Devisenreserven sowie Kunstschätze, sondern auch Erze, Kohle, Erdöl und Lebensmittel und natürlich die Arbeitskraft der unterjochten Völker. Die uniformierten und zivilen Räuber hatten keine Skrupel sich zu bereichern, sie wurden geradezu ermuntert, sich bedenkenlos zu bedienen und Lebens- und Genussmittel aller Art – von Speck und Würsten, Eiern und Honig, Butter und Kaffee und Tee bis hin zu Spirituosen und Tabakwaren – per Feldpost in die Heimat zu senden, um dort den Küchenzettel und damit auch die Stimmung aufzubessern. Im so genannten Altreich florierte ein schwunghafter Handel mit dieser Beute, und manche Familie bestritt damit einen Teil ihres Lebensunterhalts. Soldaten auf Urlaub traten ihre Heimreise mit geraubten oder billig erstandenen Lebensmitteln sowie Pelzen und Teppichen an. Damit nicht genug wurden zahllose Juden auch deshalb in die Todeslager verschleppt, weil man ihre Wohnungen brauchte, um ausgebombten Familien eine neue Bleibe sowie Möbel und Kleidung zu verschaffen. In unzähligen Eisenbahnwagen wurden ganze Wohnungseinrichtungen herbei gefahren, und kaum einer der Empfänger fragte danach, welche Schicksale hinter den als „Spenden des Führers" deklarierten Raubgütern standen.

Je knapper im Deutschen Reich die Vorräte an Energie, Lebensmitteln und anderen Dingen des täglichen Lebens wurden, umso stärker wurde die Trommel für bescheidene Lebensweise und das Sparen an allen Ecken und Ende gerührt. Das Bild eines finster dreinblickenden Diebes mit einem Sack Kohlen auf dem Rücken war allgegenwärtig. Gemeint waren Leute, die ohne nachzudenken heizen und das Fenster aufreißen, wenn es ihnen zu warm wird. Indem sie sich an das kriegsbedingte Spardiktat nicht halten, hindern sie nach damaliger Diktion das deutsche Volk, den Endsieg zu erringen und müssen bestraft werden. Die Ende 1942 ausgerufene Aktion „Kampf dem Kohlenklau" wurde durch ein mediales Trommelfeuer sowie Werbemaßnahmen in den Schulen begleitet. Wer sich nicht an die Vorgaben hielt und als Wasser- und Energieverschwender denunziert wurde, hatte nicht nur empfindliche Geld- und Freiheitsstrafen zu erwarten, sondern konnte auch wegen Feindbegünstigung ins Konzentrationslager eingeliefert oder noch härter bestraft werden. Zur Abschreckung berichtete die Presse, wie besonders krasse Fälle von „Kohlenklau" geahndet werden. Nicht der Rede wert war aber, dass sich NS-Würdenträger über alle Sparvorschriften hinweg setzten. Wenn der Propagandaminister dergleichen anprangerte, ohne Ross und Reiter zu nennen, war das nichts als populistische Rhetorik.

KIRCHENKAMPF, KLOSTERPROZESSE

Die Nazis hatten zu allem, was mit Religion und Kirche zu tun hat, ein zwiespältiges, zum Teil feindliches Verhältnis. Dennoch wurden nach 1933 Kirchen gebaut oder umgebaut, und manche von ihnen waren NS-Kultstätten. Bei der Grundsteinlegung der Martin-Luther-

Gedächtniskirche im Berliner Ortsteil Mariendorf im Oktober 1933 wurde Hitler als „von Gott geschenkter Führer" gefeiert. Der Name der Kirche war eine Reverenz an den Reformator, der in „völkischen" Kreisen als geistiger Führer der Deutschen lange vor Hitler verehrt und auch im Kampf gegen Juden instrumentalisiert. In der 1935 geweihten Gedächtniskirche gehen christliche Symbole und solche der NS-Zeit eine beklemmende, unheilige Allianz ein, die da und dort noch zu beobachten ist, von einem Hitlerporträt, Hakenkreuzen und anderen Zeichen abgesehen.

Das Regime brauchte die Kirche, um seine Herrschaft zu legitimieren und zu festigen. Auf der anderen Seite widerstanden mutige Protestanten und Katholiken dem Alleinvertretungsanspruch der Nazipartei und riskierten damit Freiheit und Leben. Noch im März 1945 sagte Hitlers zu seinem Propagandaminister Goebbels, er wolle an unbotmäßigen Pfarrern „ein Standgericht vollziehen, das ihnen unvergesslich bleiben wird". Mit Blick auf den Tag von Potsdam erklärte Hitler am 13. Dezember 1941 nach den von Henry Picker mitgeschriebenen „Tischgesprächen" seine Haltung zur Kirche so: „Es ist gut, dass ich die Pfaffen nicht hineingelassen habe in die Partei. Am 21. März 1933 – Potsdam – war die Frage: Kirche oder nicht Kirche? Ich hatte den Staat gegen den Fluch der Kirche erobert. Wenn ich damals angefangen hätte, mich der Kirche zu bedienen, [...] so würde ich heute das Schicksal des Duce teilen."

Willige Helfer des Regimes waren die Mitglieder der rassistisch und antisemitisch geprägten Bewegung der Deutschen Christen. Die zu ihnen in Opposition stehende Bekennende Kirche wandte sich gegen die Gleichschaltung und half vielen der Gemaßregelten, Entlassenen und Verfolgten. Wie Vertreter der Bekennenden Kirche, so haben auch unerschrockene Katholiken ihre Stimme gegen politische Einvernahme sowie Gewalt, Terror und Mord im Nazistaat erhoben. Das mit der Hitler-Regierung am 20. Juli 1933 abgeschlossene Reichskonkordat mit dem Vatikan garantierte die Freiheit des Bekenntnisses und seine öffentliche Verbreitung und ermöglichte das Fortbestehen der katholischen

Schulen und anderer Einrichtungen. Nachdem aber das Regime zum offenen Kampf gegen die Kirche übergegangen war, wuchs dort die Kritik an ihm. Ein vom Münsteraner Bischof August Kardinal Graf von Gahlen unterstütztes „Hirtenwort an die katholischen Arbeiterinnen und Arbeiter" nahm entschieden gegen Bestrebungen Stellung, nach denen die Deutsche Arbeitsfront (DAF) eine quasireligiöse Betreuung der Arbeiter übernimmt.

Vor allem Kirchenzeitungen und Gemeindeblätter, die nicht unter der Kontrolle des Propagandaministeriums standen, prangerten die Zwangssterilisierung und Ermordung von so genannten Erbkranken an (s. Euthanasie) und bestärkten die Gläubigen, sich nicht auf die Heilsverprechungen der Nazis einzulassen. Die Folge war ab 1935 eine sich immer mehr verstärkende Verleumdungskampagne, die katholische Geistliche und Institutionen ins Zwielicht zu bringen versuchte. In Gerichtsverfahren wurden hohe Zuchthausstrafen ausgesprochen, zahlreiche Geistliche kamen in Konzentrationslager, und manche starben dort den Märtyrertod.

Die so genannten Klosterprozesse waren für die NS-Presse ein gefundenes Fressen. Gemeint ist damit die Verfolgung von katholischen Priestern, Ordensbrüdern, Laien sowie von Mitgliedern der Bündischen Jugend unter dem Vorwurf der Homosexualität. Die ersten derartigen Prozesse begannen bereits 1935. Endlich konnte das Regime die „sittliche Verderbtheit" von Geistlichen und Laien unter dem Dach der Kirche sowie politische Unzuverlässigkeit anprangern. Die Gestapo ermittelte vor allem wegen des Paragraphen 175, der Homosexualität unter schwere Strafe stellte, aber auch wegen Devisenvergehen. Mit den Anschuldigungen konnte die Justiz als im Einklang mit dem „gesunden Volksempfinden" stehend Punkte sammeln und harte Strafen für Sittlichkeitsverbrecher fordern, wie man sagte. Ein Teil der Verurteilten, aber auch Freigesprochene wurden in die Konzentrationslager gebracht und unterlagen dort schlimmen Drangsalierungen. Auf dem Höhepunkt der Klosterprozesse forderte Propagandaminister Goebbels am 28. Mai 1937 in der Berliner Deutschlandhalle, der Geistlichen angelasteten

„planmäßigen sittlichen Vernichtung tausender Kinder und Kranker" durch „vertierte und skrupellose Jugendschänder" ein Ende zu setzen und „diese Sexualpest mit Stumpf und Stiel auszurotten". Die Rede wurde im Rundfunk übertragen und erhielt durch Abdruck unter der Überschrift „Letzte Warnung!" in allen Zeitungen größte Verbreitung.

Ihre kirchenfeindliche Haltung zwang die Nazis, nach anderen Begriffen für Gott, Jesus Christus, Christentum, Kirche, christliche Gebote usw. zu suchen. Alternativ zu Gott sprachen Hitler und seine Helfer von der Vorsehung oder göttlichen Vorsehung. Häufig versah der Diktator seine Reden mit gebetsartigen Floskeln, so am 1. Mai 1933, als deutschlandweit mit großem propagandistischem Aufwand der Tag der Arbeit gefeiert wurde: „Herr, Du siehst, wir haben uns geändert, das deutsche Volk ist nicht mehr das Volk der Ehrlosigkeit, der Schande, der Selbstzerfleischung, der Kleinmütigkeit und der Kleingläubigkeit, nein Herr, das deutsche Volk ist wieder stark geworden [...]. Herr, wir lassen nicht von Dir, nun segne unseren Kampf." Sich selber bezeichnete der Diktator als Werkzeug der Vorsehung. Nachdem er mehrere Anschläge überlebt hatte, sah er sich berechtigt zu sagen, die Vorsehung habe ihn beschützt und ihm den Auftrag erteilt, sein Werk unbeirrt fortzusetzen und zu Ende zu bringen (s. 20. Juli 1944).

Zahllose Nazis traten aus der Kirche aus und folgten dem antikirchlichen Kurs des Regimes. Auf der anderen Seite aber wollten sie nicht zu den Freidenkern oder Gottlosen gerechnet werden. Mit dem Begriff „gottgläubig" wurden sowohl die Distanz zur christlichen Religion und ihren Werten betont, als auch ideologische Nähe zur NS-Ideologie unterstrichen. In offiziellen Dokumenten galten „Gottgläubige" als diejenigen, „die sich zu einer artgemäßen Frömmigkeit und Sittlichkeit bekennen, ohne konfessionell-kirchlich gebunden zu sein, andererseits aber Religions- und Gottlosigkeit verwerfen". Da die Zugehörigkeit zur katholischen oder evangelischen Kirche und so genanntes Freidenkertum wenig karrierefördernd war, bot die amtliche Bezeichnung „gottgläubig" für konfessionslose Nazis einen Ausweg, um zu dokumentieren, dass sie trotz ihres Kirchenaustritts keineswegs ungläubig sind.

Ganz ohne christliche Riten etwa bei Hochzeiten, Taufen und Beerdigungen mussten fanatische Nazis auskommen, denn sie bedienten sich einer vor allem von der SS zelebrierten „germanischen Religion". Besonders viele „Deutschgläubige" gab es bei NS-Funktionären, SS-Leuten und Ministerialbeamten.

KOLONIALPLANUNGEN

Das Deutsche Reich verlor nach dem Ersten Weltkrieg alle seine Kolonien. Entgegen den Bestimmungen des Versailler Vertrags gab es während der Weimarer Republik Bestrebungen, sie eines Tages zurückzugewinnen und Glanz und Gloria des alten Reiches wiederherzustellen. Nach 1933 erhielten diese Pläne unter dem Motto „Volk ohne Raum" neue Nahrung. Die Kolonialbewegung unterlag wie andere Institutionen der Gleichschaltung. Sie schloss ihre jüdischen Mitglieder aus und übernahm nahtlos NS- Gedankengut. Nach Kriegsbeginn und insbesondere dem gewonnenen Blitzkrieg gegen Frankreich erlebten die braunen Kolonialisten einen kurzen Höhenrausch. In ihrem Visier befand sich unter anderem die rohstoffreiche Kolonie Belgisch Kongo, in der die deutschen Besatzer Führungs- und Herrschaftsfunktionen übernehmen wollten, während die indigene Bevölkerung die eigentliche Arbeit verrichten sollte. Da das Deutsche Reich unter Rohstoffarmut litt, sollten die aus den Kolonien importierten Lebensmittel, Öle und Fette, aber auch Erze, Holz und Kautschuk empfindliche Lücken schließen und die Versorgung und damit auch die Stimmung in der Heimat verbessern helfen. Weil Afrikaner den rassistischen Vorstellungen den Nazis nicht entsprachen, war ein strenges Apartheid-Regime geplant. Für Beziehungen zwischen Deutschen und Einheimischen waren Blutschutzgesetze analog zu den Nürnberger Rassengesetzen vorgesehen. Verboten und mit dem Tod beziehungsweise Zuchthausstrafen bedroht waren Geschlechtsverkehr zwischen Deutschen und Afrikanern sowie Mischehen. Hitler konnte mit afrikanischen Kolonien nicht viel anfangen, sein Blick ging in den europäischen Osten und nach Asien. Sein Sekretär, Reichsleiter Martin Bormann, behinderte die auf die Eroberung von Kolonialbesitz zielenden Absichten. Nach der Niederlage bei Stalingrad und der Landung der Westalliierten in der Normandie (s. D-Day) mussten Nazi-Kolonialisten alle Hoffnungen begraben, fremde Völker in Afrika zu unterdrücken und auszubeuten.

KONZENTRATIONS- UND VERNICHTUNGSLAGER

Mit seinen Schutzhaft-, Arbeits-, Konzentrations-- und Vernichtungslagern besaß das NS-Regime ein Mittel zur Anwendung blanker Gewalt und Willkür jenseits jeder rechtsstaatlichen Ordnung, aber auch Instrumente, die Kriegswirtschaft am Laufen zu halten und wirtschaftliche Probleme zu überwinden. Ohne Anklage und Gerichtsverfahren wurden Kommunisten, Sozialdemokraten, Juden und so genannte Zigeuner sowie Homosexuelle und Zeugen Jehovas, aber auch Asoziale und Arbeitsscheue und Kriminelle in die Konzentrationslager eingewiesen. Historiker gehen von rund eintausend Konzentrations- und Nebenlagern im Deutschen Reich und den besetzten Gebieten aus. Hinzu kamen die Vernichtungslager Auschwitz-Birkenau, Belzec, Chelmno, Majdanek, Sobibor und Treblinka im besetzten Polen sowie Bronnaja Gora und Maly Trostinez in Weißrussland. Alle diese Konzentrations- und Vernichtungslager hatten das einzige Ziel – die Ermordung von Millionen Menschen, die Beseitigung politischer Gegner, die Ausbeutung durch Zwangsarbeit und die Internierung von Kriegsgefangenen. Der Literaturkritiker und Holocaust-Überlebende Marcel Reich-Ranicki hat am 27. Januar 2012 in einer ergreifenden Gedenkrede im Deutschen Bundestag geschildert, wie er den Nazi-Terror überlebte. „Was die ‚Umsiedlung' der Juden genannt wurde, war bloß eine Aussiedlung – die Aussiedlung aus Warschau. Sie hatte nur ein Ziel, sie hatte nur einen Zweck: den Tod", sagte der 91-Jährige mit Blick auf die am 22. Juli 1942 begonnenen Deportation der Juden aus dem Warschauer Ghetto in das Vernichtungslager Treblinka. Das Lagersystem, diese Kombination von Massenmord und massenhafter Sklavenarbeit, stellte ein wesentliches Element der faschistischen Unrechtsherrschaft dar. Weite Zweige der Kriegsindustrie profitierten direkt oder indirekt von ihm. Ohne die Konzentrations- und Zwangsarbeiterlager wäre das Deutsche Reich im Zweiten Weltkrieg sicher schon früher zusammengebrochen.

Die Existenz der Konzentrationslager war weithin bekannt, ja das Regime schürte bewusst die Angst vor ihnen, um die „Volksgenossen" an der Kandare zu halten und jeden Keim des Widerstands zu unterdrücken. Es wird angenommen, dass etwa zwei Drittel der sechs Millionen Juden gleich nach der Einlieferung in den Gaskammern der Vernichtungslager ums Leben kamen oder dort an den Folgen von systematischer Unterernährung, Vernichtung durch Arbeit, Misshandlungen und Krankheiten starben (s. Zyklon B). Das verbleibende Drittel starb in den Ghettos, bei Massenerschießungen durch die Einsatzgruppen der Sicherheitspolizei und des SD sowie in den letzten Kriegswochen auf den so genannten Todesmärschen. Die genaue Zahl der ermordeten Juden, Sinti und Roma, Homosexuellen, Zeugen Jehovas, geistig und körperlich Behinderten und der „Asozialen" steht bis heute nicht fest, da die Mörder längst nicht über alle ihre Opfer Buch führten und viele Unterlagen durch Kriegsereignisse, aber auch systematische Vernichtung verloren gingen. Ebenso wurden Augenzeugen der Verbrechen bei Kriegsende gezielt ermordet. Zahlreiche Häftlinge, die von den alliierten Truppen befreit werden konnten, starben an den Folgen der Haft.

Ende Juli 1933 befanden sich im Deutschen Reich bereits mehr als 26 000 Menschen in Konzentrationslagern, von denen die NS-Propaganda glauben machte, dort gehe es zivilisiert zu und die Schutzhäftlinge würden „endlich" zu gemeinnütziger Arbeit herangezogen. Am 1. Januar 1945 befanden sich nach einer im SS-Wirtschafts-Verwaltungshauptamt geführten Statistik noch 706 648 Häftlinge in KZ-Haft. Mehr als 250 000 der zu diesem Zeitpunkt registrierten KZ-Häftlinge haben die Befreiung nicht mehr erlebt.

Eines der frühesten Konzentrationslager befand sich in Sonnenburg, dem heutigen Słońsk in Polen. Anfang April 1933 errichtet, war das KZ eine der schlimmsten Folter- und Terrorstätten im Deutschen Reich. Hier waren unter anderem Carl von Ossietzky, Erich Mühsam und Hans Litten sowie zahlreiche Kommunisten, Sozialdemokraten und Gewerkschafter inhaftiert. Seit April 1934 wieder als Zuchthaus genutzt, wurde es mit Beginn des Zweiten Weltkriegs 1939 bis 1945 erneut zum Konzentrations- und Arbeitslager für angeblich deutschfeindliche Personen aus dem besetzten Ausland. Seit 1942 wurden über 1 500 Freiheitskämpfer aus dem besetzten Westeuropa und Norwegen nach Sonnenburg verschleppt. Hunderte starben an Hunger, Kälte, Nässe, durch Zwangsarbeit oder unterlassene medizinische Hilfe. Als sich der Zweite Weltkrieg seinem Ende näherte, ereignete sich in Sonnenburg das größte Massaker an Inhaftierten in der Endphase des Zweiten Weltkriegs. Mit dem Näherrücken der Roten Armee wurde die Evakuierung der Haftanstalt angeordnet. In der Nacht vom 30. zum 31. Januar 1945 erschoss ein SS-Kommando 819 meist ausländische Häftlinge. Die Geschichte des nur hundert Kilometer von Berlin entfernten Konzentrationslagers und Zuchthauses ist weitgehend unbekannt und wird erst jetzt durch Forschungen in Polen und in Deutschland nach und nach ins öffentliche Bewusstsein gehoben. So wird Słońsk mit einem neu gestalteten Museum und einem Friedhof mit Massengräbern ein internationaler Gedenk-, Lern- und Mahnort.

Ein anderes frühes KZ befand sich in Dachau beim München, später wurden in Buchenwald bei Weimar und Sachsenhausen bei Oranienberg weitere KZ angelegt. Frauen und Mädchen wurden in Ravensbrück bei Fürstenberg unter unmenschlichen Bedingungen gefangen gehalten, nur um vier im „Altreich" befindliche Lager zu nennen (siehe jeweils dort). Es gab Durchgangslager wie Theresienstadt und Westerbork, in denen Juden gefangen gehalten wurden, um sie weiter nach Auschwitz und in die anderen Vernichtungslager zu bringen. Selbstverständlich waren die Wachmannschaften und diejenigen, die Exekutionen vornahmen und Zyklon B in die Gaskammern warfen, die

Leichen plünderten und sich bereicherten, zu strengstem Stillschweigen verpflichtet. Als man die Schergen nach 1945 wegen Kriegsverbrechen und Verbrechen gegen die Menschlichkeit vor Gericht stellte, redeten sie sich mit Befehlsnotstand heraus und kamen in der Bundesrepublik Deutschland oft mit vergleichsweise geringen Strafen davon (s. Auschwitz-Prozess, Zweite Schuld).

In der Endphase des Zweiten Weltkriegs hat die SS ihre Gefangenen angesichts der sich nähernden alliierten Streitkräfte auf Todesmärsche geschickt. Dabei nahm Himmlers Truppe in Kauf und strebte auch an, dass möglichst viele Menschen ums Leben kamen. Ziel war es, Beweise für die Massenmorde und die anderen Nazi-Verbrechen zu verwischen und lästige Zeugen loszuwerden. Viele auf den Todesmarsch geschickte Häftlinge waren völlig entkräftet. Wer sich nicht mehr vorwärts schleppen konnte, wurde ermordet. Jedes Zurückbleiben, gar jedes Aufbegehren wurde unweigerlich mit Erschießung bestraft. Eine andere Form der Verwischung der Spuren der Massenmorde war die so genannte Enterdung. Zwischen 1943 und 1945 wurden im Rahmen des „Sonderkommandos 1005" massenhaft ermordete und verscharrte KZ-Häftlinge und andere NS-Opfer exhumiert und zu Sammelstellen gebracht, wo man sie auf Rosten aus Eisenbahnschienen zu großen Haufen aufschichtete, mit Benzin übergoss und verbrannte. Die übrig gebliebenen Knochen wurden zermahlen sowie vergraben oder in Flüssen und Wäldern verstreut. Die zu dieser Arbeit gezwungenen Häftlinge, unter denen viele Juden waren, wurden als lästige Zeugen ermordet. Historiker vermuten, dass bei der Enterdungsaktion etwa eine Million Leichen wieder ausgegraben und verbrannt wurden. Der mit der Leitung der Maßnahme beauftragte SS-Standartenführer Paul Blobel wurde 1948 im Nürnberger Einsatzgruppenprozess zum Tode verurteilt und 1951 in Landsberg hingerichtet. Seine letzten Worte waren: „Nun haben mich Disziplin und Treue an den Galgen gebracht."

Die Häftlingsgesellschaft hatte viele Facetten und unterlag besonderen Bedingungen, die vor allem von Kampf ums Überleben bestimmt wurden. Um in den KZ kenntlich zu machen, wessen man die

Gefangenen beschuldigte, mussten diese unterschiedlich gefärbte Winkel auf ihrer blau-weiß gestreiften Kleidung tragen. So waren Juden am gelben, Kriminelle am schwarzen und Homosexuelle am rosa Winkel zu erkennen. Für das Regime waren sie nur dann nützlich, solange sie Zwangsarbeit in Steinbrüchen, beim Straßenbau oder den Rüstungsbetrieben leisten konnten. Wer dazu nicht in der Lage war, wurde „erledigt".

Im KZ-System spielten die so genannten Funktionshäftlinge oder Kapos eine besondere Rolle. Sie wurden von der Lagerleitung zur Kollaboration bewegt oder auch gezwungen und waren an speziellen Armbinden zu erkennen. Biographien von Funktionshäftlingen zeigen Verhaltenweisen, die von aufopfernder tiefmenschlicher Solidarität für einzelne Lagerinsassen über Mithilfe zum Überleben für Gefangene bis zur Teilnahme an Aktionen des Widerstandes reichten. Aber ebenso dokumentieren Zeugen auch eifrige Bütteldienste für die SS und äußerste Verkommenheit und Sadismus. Geschichtswissenschaftler haben sich seit geraumer Zeit auch mit dieser auf besondere Art dunklen Seite des Lebens in den Konzentrationslagern unter den extremen Bedingungen der tagtäglichen Konfrontation mit Hunger und Tod kontrovers befasst.

Die Inschrift „Arbeit macht frei" über dem Tor zum Vernichtungslager Auschwitz und am Eingang zum KZ Sachsenhausen und weiterer Toren dieser Art sollte bei den Häftlingen die Hoffnung nähren, eines Tages nach entbehrungsreicher Arbeit wieder die Freiheit erlangen zu können. Das Motto stammt aus dem Jahr 1849, als es in einer theologischen Zeitschrift hieß: „Das Evangelium und, auf seine ursprüngliche Wahrheit zurückgehend, die Reformation wollen freie Menschen erziehen, und nur die Arbeit macht frei". Zynisch wie diese Parole wurde von den Nazis auch der aus der römischen Antike übernommene Slogan „Jedem das Seine" gebraucht. Die Eingangstore von Buchenwald und weiterer Konzentrationslager tragen diese Inschrift. Die missbräuchliche oder nur unbedachte Verwendung des Slogans führte und führt auch heute zu strafrechtlichen oder zumindest disziplinarischen Konsequenzen.

KÖPENICKER BLUTWOCHE

Eine Orgie der Gewalt überzog im Juni 1933 den Berliner Bezirk Köpenick, der seit 1920 Teil von Groß-Berlin war. Schlagartig wurden Männer und Frauen aus ihren Wohnungen geholt und ins örtliche Gefängnis, aber auch in die Sturmlokale der SA gebracht. Zu Staatsfeinden erklärt, wurden sie gefoltert, um Namen von weiteren Oppositionellen preiszugeben, aber auch um in der Bevölkerung Angst und Schrecken zu verbreiten. Auch an vielen anderen Stellen in Berlin und weiteren Städten gab es solche Mordaktionen, bei denen sich die Täter meist in den braunen Uniformen der Sturmabteilungen des Schutzes durch das NS-Regime sicher sein durften. Namen und Zahl der Opfer der vom SA-Sturmbann 15 angezettelten Köpenicker Blutwoche stehen nicht genau fest, es wird von mindestens 24 Ermordeten und weiteren Vermissten gesprochen. Nach dem Ende der NS-Diktatur hat man den Mördern, so weit man ihrer habhaft wurde, im Ostteil Berlins den Prozess gemacht. Sechs von ihnen wurden 1951 in Frankfurt an der Oder hingerichtet, die anderen erhielten hohe Zuchthausstrafen.

Eine Ausstellung in dem früheren Zellengefängnis an der Puchanstraße dokumentiert den Verlauf und die Folgen des von den Nazis als Maßnahme zum Schutz von Volk und Reich deklarierten Massenmords und zeigt zugleich, dass sich mutige Köpenicker wenige Wochen nach der Errichtung der NS-Diktatur gegen Gleichschaltung und Rassenwahn zur Wehr setzten und dies vielfach mit ihrem Leben bezahlen mussten. Die in ehemaligen Gefängniszellen und einer kleinen Kapelle aufgebaute Ausstellung zeigt Bilder von den Mordopfern und Dokumente über die Terroraktion. Eine riesige Betonfaust erhebt sich auf dem Platz des 23. April in Köpenick, darunter stürzende beziehungsweise sich aufrichtende Gestalten als Sinnbilder für den Sieg der Geschichte über die Mächte der Finsternis und Gewalt. Die von dem Bildhauer Walter Sutkowski gestaltete Skulptur zur Erinnerung an die Köpenicker Blutwoche wurde 1970 enthüllt. Auf der Rückseite der Stele wird Karl Liebknecht, der Anfang 1919 ermordete Mitbegründer der Kommunistischen Partei

Deutschlands, mit den Worten „Und ob wir dann noch leben werden, wenn es erreicht wird – leben wird unser Programm. Es wird die Welt der erlösten Menschheit beherrschen. Trotz alledem!" zitiert.

KORRUPTION, DOTATIONEN

Das NS-System beruhte auf Lüge, Gunsterweisungen und Erpressungen und funktionierte durch eine Vielzahl von Zuwendungen materieller und ideeller Art an seine Parteigänger. Allerdings tat die Naziführung alles, um den Anschein zu vermeiden, als würden sich große und kleine Nazibonzen, Militärs, Wirtschaftsbosse, Künstler, Wissenschaftler und andere Personen, aber auch ganz gewöhnliche Leute auf Kosten der Allgemeinheit bereichern und aus ihren Tätigkeiten geldwerte und andere Vorteile ziehen. Bei erfolgreichen Heerführern und anderen Größen pflegte Hitler mit Steuergeldern sehr großzügig umzugehen. Er zahlte ihnen beträchtliche Summen in der Erwartung, dass sie sich voll und ganz für seine Kriegs- und Vernichtungsziele einsetzen, und wurde nicht enttäuscht. Mit der Gewährung von Vergünstigungen aller Art wurden Abhängigkeiten und Verpflichtungen geschaffen. Von den so „Begnadeten" wurde unbedingte Loyalität erwartet. Bereits 1933 hatte Reichspräsident Paul von Hindenburg, Hitlers Steigbügelhalter bei der Errichtung der NS-Diktatur, eine Dotation der Reichs- und preußischen Regierung in Höhe von einer Million Reichsmark (RM) erhalten. Ein Jahr später konnte sich der greise Generalfeldmarschall des Kaiserreiches August von Mackensen über eine Schenkung von 350 000 RM in bar und zehn Quadratkilometer Grundbesitz freuen. In den Genuss weiterer Gunsterweisungen kamen Reichsmarschall Hermann Göring (sechs Millionen RM), die Nachkommen des preußischen Generalobersten Erich Ludendorff, eines der Teilnehmer des Hitlerputsches 1923 in München, (Grundbesitz im Wert von 1 612 400 RM) sowie Generalfeldmarschall Wilhelm Keitel (Agrarland und Bargeld im Wert von 1 014 331 RM). Die Schenkungen an weitere hohe Militärs sowie den Reichsaußenminister Joachim von Ribbentrop, den Chef der Reichskanzlei Hans Heinrich Lammers und den Leiter der Deutschen Arbeitsfront Robert Ley, aber auch an den von Hitler sehr geschätzten Bildhauer Arno Breker, den SA-Führer Viktor Lutze und den Inspekteur der Konzentrationslager Theodor Eicke bewegten sich in Bereichen um eine Million RM. Auch der Staatsschauspieler Emil Jannings und der von Hitler geschätzte Bildhauer Josef Thorak konnten sich über namhafte Dotationen freuen. Geldwerte Vorteile verschafften sich große und kleine Nazibonzen, indem sie kraft ihrer Stellung Zwangsarbeiter zum Ausbau ihrer Häuser beschäftigten oder sich im Rahmen der Arisierung Immobilien, Geschäfte und Unternehmen, aber auch Kunstwerke, Hausrat und Möbel aneigneten, oft ohne einen Pfennig dafür zu bezahlen. Alle die Zuwendungen und Privilegien waren streng geheim, um nicht das Bild zu trüben, wonach dem NS-Staat Korruption wesensfremd ist.

KREISAUER KREIS

Auf dem Gut des Grafen Helmuth James Graf von Moltke im schlesischen Kreisau (heute Krzyżowa unweit von Świdnica/Schweidnitz, Polen) beziehungsweise in der Wohnung des Juristen in der Hortensienstraße 50 in Berlin-Lichterfelde trafen sich seit 1940 katholische und evangelische Christen, Gewerkschafter, Sozialdemokraten, Kommunisten, Offiziere, Adlige und Bürgerliche, kurzum ein breites Spektrum von Nazigegnern mit dem Ziel, den Krieg zu beenden und Deutschland auf die Zeit nach Hitler vorzubereiten. Neben Moltke gehörten Peter Yorck Graf von Wartenburg, Carlo Mierendorff, Theodor Haubach und Alfred Delp zum Kreisauer Kreis, der die grundlegende geistige, gesellschaftliche und politische Erneuerung des Deutschen Reiches anstrebte. Einige Teilnehmer waren in die Attentatspläne auf Hitler einbezogen, wurden nach dem 20. Juli 1944 vom Volksgerichtshof angeklagt und in Plötzensee hingerichtet.

Die Pläne der Gruppe gingen weit über die bloße Restauration vergangener Zustände hinaus. An die Wiederherstellung der Weimarer Republik oder gar der Monarchie wurde nicht gedacht. Vielmehr waren grundlegende geistige, gesellschaftliche und politische Reformen das Ziel. Der einzelne Mensch sollte im Mittelpunkt aller Bemühungen stehen und zur Selbstbestimmung und Wahrnehmung politischer Verantwortung befähigt werden. Das stand im krassen Gegensatz zu der Naziparole „Du bist nichts, dein Volk ist alles". Eine „Grundsätzliche Erklärung" vom Mai 1942 fordert die Neuordnung und die Neuorientierung von Staat und Gesellschaft nach der Überwindung des Nationalsozialismus. „Wir sehen im Christentum wertvollste Kräfte für die religiös-sittliche Erneuerung des Volkes, für die Überwindung von Hass und Lüge, für den Neuaufbau des Abendlandes, für das friedliche Zusammenarbeiten der Völker."

Zur Vorbereitung eines gewaltsamen Umsturzes oder zum Attentat auf Hitler fühlten sich die meisten Kreisauer nicht berufen. Diese Aufgabe sollte die Militäropposition übernehmen, zu der sie Verbindungen unterhielten. Moltke kam vor allem aufgrund der Massenmorde an den Juden, den Kriegsgefangenen und Zivilisten in den besetzten Gebieten zum Widerstand, doch lehnte er lange Zeit die gewaltsame Beseitigung Hitlers ab. Er hatte Bedenken gegen den Tyrannenmord, denn wie viele andere Gegner des Regimes fürchtete er, Hitlers gewaltsamer Sturz mitten im Krieg könnte zur Legendenbildung ähnlich wie nach dem Ersten Weltkrieg führen, als die so genannte Dolchstoßlegende die Sicht auf seine Ursachen, Verlauf und Ergebnisse versperrte und der „Heimatfront" die Schuld an der Niederlage des Deutschen Reiches zuschob. Claus Graf von Stauffenberg hielt von solchen Bedenken wenig. Sein Unglück war, dass das Attentat vom 20. Juli 1944 fehlschlug. Vermutlich aber hätte sich die NS-Elite die Macht nicht ohne weiteres Blutvergießen und einen Bürgerkrieg aus den Händen reißen lassen. Einige Überlebende des Kreisauer Kreises versuchten nach dem Krieg die von ihnen entwickelten Grundsätze einer freiheitlich-demokratischen Grundordnung in Westdeutschland in die Tat umzusetzen.

Die Widerstandsrezeption in West- und Ostdeutschland unterlag in der Zeit des Kalten Krieges weitgehend tagespolitischer Instrumentalisierung und diente zur ideologischen und politischen Abgrenzung des jeweils anderen deutschen Staates. In der Bundesrepublik dominierten bis in die 60er Jahre hinein die Behandlung des Widerstandes des 20. Juli 1944 sowie der kirchliche Widerstand und in der DDR der kommunistische Widerstand sowie Widerstandsgruppen wie das NKFD oder die Rote Kapelle. Diese Sicht hat sich jedoch in den siebziger und achtziger Jahren in Ost und West erweitert. Mit wachsender Souveränität ist die gesamte politische und soziale Breite des Widerstandes gegen den Faschismus in den Fokus gerückt. Unter diesen Bedingungen sind anfangs Verwerfungen nicht ausgeblieben. So erging es Ernst von Borsig jun., der auf seinem Gut Groß Behnitz bei Nauen im heutigen Land Brandenburg unter konspirativen Bedingungen mit Mitgliedern des Kreisauer Kreises agrarpolitische Pläne für die Zeit „nach Hitler" besprach. Der promovierte Land- und Volkswirt hatte Glück, seine Mitstreiter verrieten ihn nach dem gescheiterten Attentat vom 20. Juli 1944 nicht, und so entging er der Todesstrafe. Doch wenige Monate nach Kriegsende wurde er ungeachtet seiner Tätigkeit als Widerstandskämpfer von der Roten Armee interniert. Am 30. September 1945 kam er in einem sowjetischen Lager ums Leben. Bei der Enteignung des Gutes war es unerheblich, dass er Nazigegner war und zum Kreisauer Kreis gehörte, es zählte nur, dass er Industrieller und Gutsbesitzer war (s. Wiedergutmachung). Auf dem sorgfältig sanierten und heute als Hotel und Veranstaltungsort genutzten Landgut berichtet der neue Besitzer Michael Stober über Ernst von Borsig, der ein Leben zwischen Anpassung und Widerstand führte.

KRIEGSFINANZIERUNG, MEFO-WECHSEL

Die Finanzierung der deutschen Aufrüstung und des Zweiten Weltkriegs erfolgte im Wesentlichen durch Kredite, Staatsanleihen, stille Enteignung der Sparer sowie die Arisierung und die Ausbeutung der besetzten Länder. Mit dem Anhäufen von Schulden hatten Hitler und seine Leute keine Bedenken. „Schließlich lehre die Geschichte, dass an Schulden bisher kein Volk der Welt zugrunde gegangen sei", behauptete der Diktator in einem seiner Tischgespräche vom 4. Mai 1942. Die Bezahlung der durch den Krieg verursachten Reichsschulden sei kein Problem, denn die deutschen Landgewinne wögen die Kriegskosten um ein Vielfaches auf, und außerdem brächte die „Einschaltung" von 20 Millionen billiger ausländischer Arbeitskräfte der deutschen Wirtschaft einen Gewinn, „der die durch den Krieg entstandenen Reichsschulden bei weitem übertreffen" (s. Zwangsarbeit).

Die Statistiken zeigen, dass nach 1933 immer mehr Mittel in die Rüstung gesteckt wurden. 1934 erhielt die Kriegs- und Rüstungsindustrie 49 Prozent aller öffentlichen Investitionen, vier Jahre später waren es bereits 79 Prozent. Das Deutsche Reich eignete sich zum Ausgleich bedeutende Vermögenswerte der österreichischen Staatsbank, sowie der Tschechoslowakei, Polens und anderer okkupierter Staaten an. Bis heute fordert die griechische Regierung vergeblich Milliardenbeträge von der Bundesrepublik Deutschland als Nachfolgestaat des Deutschen Reiches mit dem Hinweis zurück, dass der Raubzug während des Zweiten Weltkriegs immer noch nicht abgegolten ist.

Bei der Finanzierung der Rüstung spielten Mefo-Wechsel eine große Rolle. Die Bezeichnung geht auf die im April 1933 gegründete Scheinfirma Metallurgische Forschungsgesellschaft (Mefo) zurück. Deren Kapital wurde von bekannten Firmen wie Krupp, Siemens oder Rheinmetall aufgebracht. Das Anfangskapital lag nur bei einer Million Reichsmark, aber die Leute vertrauten diesen Firmen und gaben sich mit den Wechseln zufrieden. Mit diesen Krediten konnten Ausgaben des Staates finanziert werden, ohne dass auf Bankkredite zurückgegriffen werden musste. Die durch das Reichsbankgesetz vorgesehene Begrenzung der Staatsverschuldung wurde durch die Mefo-Wechsel umgangen. Sie erreichten 1938 mit zwölf Milliarden RM ihren Höchststand. Da sie eine fünfjährige Laufzeit besaßen, hätten sie ab diesem Jahr zurückgezahlt werden müssen. Allerdings weigerte sich die Reichsregierung, dies zu tun. Als Reichsbankpräsident Hjalmar Schacht vor einer die deutsche Währung gefährdenden Umschuldung warnte, wurde er von Hitler entlassen, und die Reichsbank musste dem Deutschen Reich Kredite in jeder gewünschten Höhe gewähren. Eine Finanzierung der Ausgaben für Wehrmacht und Kriegführung durch Mefo-Wechsel war seither nicht mehr nötig.

Das Finanzministerium lieferte auch in anderer Hinsicht den finanziellen Schmierstoff, der das Regime bis zu seinem Untergang am Laufen hielt und einem Teil der Deutschen dank massiver Ausbeutung der besetzten Länder und ihrer Bewohner so etwas wie ein normales Leben ermöglichte. Die bis zum Ende der NS-Herrschaft von Reichsfinanzminister Lutz Graf Schwerin von Krosigk geleitete Behörde begann bald nach 1933, mit Hilfe der Finanzämter Juden, aber auch politisch unliebsame Personen und Emigranten zu enteignen und ihnen systematisch die Lebensgrundlage zu entziehen (s. Arisierung). Die Maßnahmen wurden in einem speziellen Judenreferat des Reichsfinanzministeriums koordiniert und überwacht. Ähnliche auf massenhaften Raub spezialisierte Dienststellen gab es auch in anderen Reichsbehörden. Von Krosigk war nach Hitlers Tod weiterhin Finanzminister in der Regierung Dönitz, de facto bis zu deren Verhaftung am 23. Mai 1945 in Flensburg. Der im Wilhelmstraßen-Prozess wegen der Plünderung des Eigentums deportierter Juden durch die Finanzämter und anderer Verbrechen zu zehn Jahren Haft verurteilte Schwerin von Krosigk, ein Mitunterzeichner des Ermächtigungsgesetzes vom 24. März 1933 und Träger des Goldenen Parteiabzeichens, trat nach seiner Haftentlassung 1951 als Autor seiner Memoiren, eines Buches über „Staatsbankrott. Die Geschichte der Finanzpolitik des Deutschen Reiches von 1920 bis 1945" und anderer Publikationen in Erscheinung. Des Ministers Staatssekretär Fritz Reinhardt, der unter anderem für die Kriegsfinanzierung und die Verwaltung der Vermögenswerte zuständig war, die die SS den in den Vernichtungslagern ermordeten Juden und anderen Menschen geraubt hatten, gelang nach dem Krieg, sich entnazifizieren zu lassen, wie andere Personen aus seinem Amt und weiterer Behörden auch.

Eine 2009 gegründete Historikerkommission befasst sich mit der Erforschung der Geschichte des Reichsfinanzministeriums in der NS-Zeit. Gegenstand ihrer Untersuchungen sind die Geschichte der Behörde, die deutsche Rüstungs- und Kriegsfinanzierung durch Steuern, Schulden und Ausplünderung sowie die Schuldenpolitik des Finanzministeriums. Weiter geht es um die so genannte fiskalische Judenverfolgung und die Einziehung des Vermögens von Emigranten, Ausgebürgerten, Sinti und Roma, politisch missliebigen Personen und Institutionen und weiterer „Reichsfeinden". Soweit noch möglich, wird die systematische Ausplünderung der okkupierten Länder erkundet und dargestellt. Alles in allem soll herausgefunden werden, welche Handlungsspielräume die Finanzverwaltung bei der Steuer sowie Kredit und Ausbeutungsfinanzierung, ja welche Stellung sie im faschistischen Herrschaftsgefüge innehatte, wo ihre Macht wuchs und wo sie an Einfluss verlor und mit welchen Institutionen und Organisationen sie konkurrierte. Die Wissenschaftler bauen auf bisherigen Untersuchungen zur Finanzverwaltung zwischen 1933 und 1945 auf und werten die heute noch verfügbaren Aktenbestände aus. Ähnliche Untersuchungen liegen bereits über das Auswärtige Amtes, das Reichsjustizministerium und weitere Behörden vor.

KRIEGSZIELE, LIEBMANN-PROTOKOLL, HOSSBACH-PROTOKOLL

Unmittelbar nach der Übernahme des Reichskanzleramtes ließ Hitler am 3. Februar 1933 in einer Ansprache vor den Befehlshabern des Heeres und der Marine die Maske eines Manns des Friedens fallen und beschrieb mit brutaler Offenheit die Hauptziele seiner Politik. Im Innern waren das nach einer Mitschrift des Generalleutnant Curt Liebmann die Ausrottung des Marxismus mit Stumpf und Stiel, straffste autoritäre Staatsführung und Beseitigung des Krebsschadens der Demokratie. Stürmischen Beifall hielt der Führer der NSDAP, als er sagte:

„So sehe ich denn das Mittel des deutschen Wiederaufstiegs im Unterschied zu unserer offiziellen Regierung nicht im Primat der deutschen Außenpolitik, sondern im Primat der Wiederherstellung eines gesunden, nationalen und schlagkräftigen deutschen Volkskörpers." Hitler forderte unduldsam gegen jeden zu sein, der sich an der Nation und ihren Interessen versündigt, der ihre Lebensinteressen nicht anerkennt oder sich gegen sie stellt, der diesen Volkskörper wieder zu zerstören oder zu zersetzen trachtet. Im „Aufbau der Wehrmacht als wichtigste Voraussetzung der Wiedergewinnung der politischen Macht" sah er den Schlüssel zur Eroberung neuer Macht und Größe des Deutschen Reichs. „Wie soll die politische Macht gebraucht werden? Vielleicht Erkämpfung neuer Exportmöglichkeiten, vielleicht – und wohl besser – Eroberung neuen Lebensraumes im Osten und dessen rücksichtslose Germanisierung." Diese stichpunktartige Zusammenfassung der zweieinhalbstündigen Rede wurden 1954 veröffentlicht und seither kontrovers diskutiert.

Hitlers Pläne standen den Bestimmungen des Versailler Vertrages von 1919 entgegen, die sowohl die Rüstungsindustrie im Deutschen Reich dezimierten als auch Heer, Marine und insbesondere der Luftwaffe enge Grenzen aufzeigten. Die Wehrpflicht wurde untersagt; die Reichswehr war nur noch eine aus 100 000 Mann bestehende Berufsarmee. Nach dem Austritt aus dem Völkerbund im Oktober 1933 war für Nazideutschlands der Weg frei, sich hemmungslos über die Sanktionen hinwegzusetzen. Am 16. März 1935 wurde die allgemeinen Wehrpflicht verkündet und die Reichswehr in Wehrmacht umbenannt. Das Reichsheer hieß ab 1. Juni 1935 Heer, während sich die Reichsmarine von da ab Kriegsmarine nannte. Vorgesehen war bis 1939 ein aus 36 Divisionen bestehendes Heer mit einer Stärke von 580 000 Mann. Der Weg war frei in den Krieg. Der einjährige Wehrdienst wurde am 24. August 1936 auf zwei Jahre verlängert. Ihm vorgeschaltet war der vormilitärische Reichsarbeitsdienst. Als Unterzeichnerstaaten des Versailler Vertrags unternahmen Großbritannien und Frankreich gegen die Einführung der Wehrpflicht im Reich nichts, sondern beließen es bei matten Protesten.

Oberst Friedrich Hoßbach, Wehrmachts-Adjutant von Hitler, war Teilnehmer einer Besprechung am 5. November 1937 in der Berliner Reichskanzlei, in der Hitler seine Kriegspläne vor den wichtigsten Vertretern der Wehrmacht in Anwesenheit des damaligen Außenministers Konstantin von Neurath, des Kriegsministers Werner von Blomberg sowie der Oberbefehlshaber von Heer, Marine und Luftwaffe vortrug. Die von Hoßbach an Hand von Stichpunkten angefertigte Niederschrift, auch Protokoll genannt, ist ebenfalls eine wichtige Quelle für die Vorgeschichte des Zweiten Weltkriegs. Die Aufzeichnungen lieferten beim Nürnberger Kriegsverbrecherprozess den Nachweis, dass die Angeklagten einen Angriffskrieg vorbereitet haben. Die Konferenz sollte eigentlich klären, wie Rüstungsmaterialien von Göring, dem Verantwortlichen für den Vierjahresplan, für die Luftwaffe und die Kriegsmarine besser zur Verfügung gestellt werden können. Allerdings hielt sich Hitler nicht bei diesem Thema auf, sondern entwickelte in einem mehrstündigen Monolog seine Kriegspläne, die die am 3. Februar 1933 skizzierten Pläne zu konkretisieren. Ziel der deutschen Politik müsse sein, die „Raumnot" Deutschlands zu überwinden Eine Erweiterung des deutschen Territoriums sei unumgänglich, erklärte der Diktator. Das Deutsche Reich müsse sich gegen den Bolschewismus ebenso wie gegen die „Hassgegner" England und Frankreich wappnen. „Zur Lösung der deutschen Frage könne es nur den Weg der Gewalt geben, dieser könne niemals risikolos sein." Die Frage sei nur noch, wann und wie. Die Notwendigkeit zur raschen Umsetzung dieser Pläne für die 1940-er Jahre begründete der Diktator mit dem schwindenden deutschen Rüstungsvorsprung sowie der kurzen Zeitspanne, die ihm aus Gesundheitsgründen für die Realisierung bleiben würde. Da sich der 48-jährige Hitler damals bester Gesundheit erfreute, war das wohl nur ein vorgeschobenes Argument, um die Anwesenden zur Eile anzutreiben.

Bei seiner Niederschrift nutzte Hoßbach stichwortartig angefertigten Notizen. Er tat das aus eigenem Antrieb, somit besitzt das Dokument nur inoffiziellen Charakter. Der Oberst gab Hitlers Gedankengänge wieder und ließ Bemerkungen anderer Teilnehmer beiseite. Der ehemalige Reichsmarschall Hermann Göring und der Oberbefehlshaber der Kriegsmarine Erich Raeder versuchten, im Nürnberger Kriegsverbrecherprozess den Aussagewert des Dokuments abzuschwächen. Hingegen erklärte der ehemalige Außenminister Konstantin von Neurath, Hitlers Pläne hätten ihn „aufs äußerste erschüttert". Da der bisher von ihm ausschließlich mit friedlichen Mitteln verfolgte Kurs der Außenpolitik verlassen werden sollte, sei er, Neurath, zurückgetreten. Seinen Posten nahm der am 16. Oktober 1946 in Nürnberg hingerichtete Joachim von Ribbentrop, einer der treuesten Gefolgsleute seines Führers.

Nach dem Sieg über Polen bestellte Hitler am 23. November 1939 erneut alle Oberbefehlshaber zu sich und ließ sie seine weiteren Kriegsziele wissen, die er brutal und unumstößlich und als von der Vorsehung gedeckt bezeichnete. „Ich werde Frankreich und England angreifen zum günstigsten und schnellsten Zeitpunkt. Verletzung der Neutralität Belgiens und Hollands ist bedeutungslos. Kein Mensch fragt danach, wenn wir gesiegt haben. Wir werden die Verletzung der Neutralität nicht so idiotisch begründen wie 1914. Wenn wir die Neutralität nicht verletzen, so tun es England und Frankreich. Ohne Angriff ist der Krieg nicht siegreich zu beenden. Ich halte es für allein möglich, den Kampf durch einen Angriff zu beenden." Hitler verlangte von seinen Zuhörern fanatische Entschlossenheit und beschwor den Geist der großen Männer der deutschen Geschichte, der alle beseelen müsse. Er werde vor nichts zurückschrecken und jeden vernichten, der ihm entgegen stellt. „Ich werde in diesem Kampf stehen oder fallen. Ich werde die Niederlage meines Volkes nicht überleben. Nach außen keine Kapitulation, nach innen keine Revolution", schloss der Diktator seine Rede.

LINGUA TERTII IMPERII, DRITTES REICH

Mit seinem 1947 und danach in weiteren Auflagen veröffentlichten Buch „LTI – Notizbuch eines Philologen" hat der Dresdner Sprachwissenschaftler und Literaturhistoriker Victor Klemperer ein Grundlagenwerk über die Sprache des Dritten Reichs und die „Verdummbarkeit" der Deutschen in der NS-Zeit geschaffen. Nach dem Verlust seiner Professur auf Grund der Rassengesetze begann der Philologe unter ständiger Bedrohung durch die Gestapo, Tagebuch zu schreiben und Materialien über die Sprache der Nazis zu sammeln und zu kommentieren. Seinen durch Auswertung von Zeitungsartikeln, Hitlerreden, Rundfunkkommentaren und anderen Quellen gewonnenen und in einer Art Loseblattsammlung aufgeschriebenen Erkenntnissen gab Klemperer das Kürzel LTI in Analogie zu den Abkürzungen, die zahlreiche Naziorganisationen benutzten.

In 36 Kapiteln befasst sich das „Notizbuch eines Philologen", so der Untertitel von LTI, mit der Volksverdummung durch die NS-Propaganda sowie mit einzelnen Wörtern und Wendungen wie Ariernachweis, Festung Europa, gesundes Volksempfinden, Gleichschaltung, Großdeutsches Reich, Menschenmaterial, Untermenschen, Vorsehung und Weltanschauung, aber auch mit braunem Gedankengut in Mitteilungen über Hochzeiten, Geburten und Todesfällen. Thema des Buches ist darüber hinaus die Art und Weise, wie den „Volksgenossen" mit Euphemismen und Tarnbezeichnungen militärische Rückzüge und Niederlagen vermittelt und die verzweifelte Lage des Deutschen Reiches verschleiert wurde. Eines der Kapitel in LTI ist dem Judenstern gewidmet, mit dem sich Klemperer und seine Leidensgenossen ab 1941 kenntlich machen mussten. Wie intensiv der Sprachforscher die Alltagssprache beobachtete, zeigt sich dort, wo er bemerkt, dass nach der Niederlage von Stalingrad im Lied „Es zittern die morschen Knochen" klammheimlich die Zeile „Denn heute gehört uns Deutschland, und morgen die ganze Welt" in „Denn heute, da hört uns Deutschland, und morgen die ganze Welt" umgedichtet und damit verharmlost wurde.

1937 erfuhren die Volksgenossen laut Klemperer, wenn man aus einer Tagesauflage der deutschen Presse übereinander legen würde, bekäme man einen 20 Kilometer hohen Turm zusammen. Diese Menge bedruckten Papiers wurde als Beweis dafür gelobt, dass das Ausland unrecht hat, wenn es vom Niedergang der Presse im Nazistaat berichtet.

Auch sonst war man dort mit Superlativen nicht gerade sparsam. Bei der Berichterstattung über einen Besuch des italienischen Duce Mussolini in Berlin sollen 40 Kilometer Fahnenstoff eingesetzt worden sein. In seinem Buch über die Sprache des Dritten Reichs zieht der Verfasser an solchen Beispielen einen Vergleich zwischen der Zahlenschwelgerei in den USA und in Hitlers Reich und stellt fest: „Der Zahlengebrauch der LTI mag von amerikanischen Gepflogenheiten gelernt haben, unterscheidet sich aber weit und doppelt von ihnen, nicht nur durch Übersteigerung des Superlativismus, sondern auch durch seine bewusste Böswilligkeit, denn er geht überall skrupellos auf Betrug und Betäubung aus." Als Beispiel zitiert Klemperer aus Wehrmachtsberichten, die von riesigen Mengen an Gefangenen sowie erbeuteten Waffen fabulieren, ohne dass es eine Möglichkeit gab, diese Zahlen zu überprüfen.

Je misslicher die Lage wurde, umso mehr sei die Sprache ins Maßlose und Märchenhafte gesteigert worden, berichtet Klemperer weiter. Selbstverständlich war von eigenen Verlusten niemals die Rede, vielmehr habe man in Filmen nur „Feindleichen" gezeigt. Statt bei Formulierungen vorsichtig zu sein, hätten Berichterstatter und Kommentatoren zu Übertreibungen gegriffen und ihre Leser und Hörer mit Zahlen, mal mit großen, mal mit kleinen zu beeindrucken versucht. Hitler habe am 26. April 1942, als es noch warm war, im Reichstag erklärt, Napoleon habe bei 25 Grad Frost gekämpft, doch er, der Führer und Feldherr, tue es bei 45 Grad und mehr, notierte der intensive Tagebuchschreiber und Zeitungsleser Klemperer einen waghalsigen Ausspruch des Diktators. Für die Wehrmachttruppen draußen an der Front war diese Ankündigung ein schwacher Trost. Sie waren schlecht gekleidet, weil Hitler der Meinung war, der im Sommer 1941 begonnene Russlandfeldzug werde in wenigen Monaten beendet sein, und man brauche keine spezielle Winterbekleidung, wie sie die Generalität forderte. Die Folge war, dass tausende Soldaten wenige Monate später in den Weiten der Sowjetunion den Kältetod starben, doch war eine Berichterstattung darüber nicht erlaubt. Wo es möglich war, wurden Briefe von den Fronten in die Heimat, die von den unzumutbaren Zuständen berichteten, nicht an die Empfänger weitergeleitet, sondern als negative Stimmungsbilder der Gestapo und dem Sicherheitsdienst der SS zur Auswertung übergeben. Jetzt war es auch nicht mehr erlaubt, an das Schicksal der Grande Armee 1812 im eisigen Russland und die schmachvolle Flucht von Kaiser Napoleon I. zu erinnern. Klemperer fand die schamlose Kurzbeinigkeit solcher Nazi-Lügen erstaunlich und betonte, zu ihrem Fundament habe die Überzeugung von der Gedankenlosigkeit und der absoluten Verdummbarkeit der Masse gehört.

Nach 1945 befasste sich Klemperer mit seinen „angeschwollenen Tagebüchern" politisch-literarisch, nachdem er mit einer Berlinerin gesprochen hatte, die „wejen Ausdrücken", das heißt wegen Beleidigung des Führers und von NS-Symbolen, im Gefängnis gesessen hatte. „Deswegen und daherum würde ich meine Arbeit am Tagebuch aufnehmen. Die Balancierstange würde ich aus der Masse des Übrigen herauslösen und nur eben die Hände mitskizzieren, die sie hielten. So ist dieses Buch zustande gekommen, aus Eitelkeit weniger, hoffe ich, als wejen Ausdrücken", fasst der Autor die Motive zusammen, sich auch fürderhin mit der Sprache des „Dritten Reiches" zu befassen.

Vielfach wird auch heute unbekümmert der Begriff „Drittes Reich" für das von den Faschisten beherrschte Deutsche Reich verwendet. Die Nazis nannten ihren Herrschaftsbereich nach der so genannten Heimführung von Österreich im Jahr 1938 Großdeutsches Reich oder Germanisches Reich deutscher Nation. Ganz und gar unangebracht ist es, analog zum Dritten Reich historisch belastete Begriffe wie Selektion oder Verschickung und Umsiedlung als Tarnnamen für die Deportation und Ermordung von Juden, Sinti und Roma und anderen Menschen zu verwenden. Wer kommentarlos auch die Errichtung der NS-Diktatur als Machtergreifung und den Novemberpogrom 1938 als Reichskristallnacht umschreibt, unterstreicht sein Unwissen darüber, was in der NS-Zeit wirklich geschehen ist.

LUFTKRIEG, MORAL BOMBING

Bei zahllosen Flächenbombardements wurden im Zweiten Weltkrieg quer durch Europa mehr als 600 000 Menschen getötet und viele Städte zerstört. Bei der Bewertung der Luftangriffe muss beachtet werden, wer sie begonnen hat. Im Sommer 1940 war Hitlers Versuch gescheitert, den britischen Premierminister Winston Churchill zu veranlassen, angesichts der deutschen Blitzkriegs-Erfolge sowie der Niederlage Frankreichs, das mit England verbündet war, die deutsche Hegemonie in Europa zu akzeptieren. Churchill lehnte die Friedensschalmeien aus Berlin ab und ging zum Gegenangriff über (s. Operation Seelöwe). Im Reichstag kündigte Hitler am 4. September 1940 großspurig an, er werde die englischen Städte ausradieren. Mitte November 1940 flogen deutsche Bomber auf die mittelenglische Industriestadt Coventry einen vernichtenden Angriff. Die Bilanz waren über 550 Tote und ein völlig zerstörtes Stadtzentrum. Propagandaminister Goebbels erfand dafür den zynischen Begriff coventrieren. Auf deutscher Seite wurde der Angriff als Vergeltung für britische Bombenwürfe auf München gerechtfertigt. Angeblich habe er nur der feindlichen Rüstungsindustrie gegolten.

Zwischen August 1940 und März 1941 ging die deutsche Luftschlacht gegen England gründlich verloren. Ausgehend von Erfahrungen im Ersten Weltkrieg und im Spanischen Bürgerkrieg, hatte die deutsche Seite gehofft, die Briten so schwer zu treffen, dass sie sich zu Verhandlungen bereit erklären, was aber für Churchill nicht infrage kam. Im Gegenteil, die Bombardierung von Coventry, London und anderen Städten hatte massive Gegenschläge durch die Royal Air Force zur Folge. Britische und amerikanische Flächenbombardements zerstörten bis Kriegsende Berlin, Dessau, Dresden, Frankfurt am Main, Hamburg, Köln, Lübeck, München, Münster, Nürnberg, Potsdam, Würzburg und viele andere Städte. Die Angriffe wurden forciert, als schon die Niederlage Nazideutschlands fest stand. Ihr militärischer Wert ist bis heute umstritten. Die von der Zerstörung deutscher Städte und Bereiche der Kriegsproduktion erhofften Wirkungen blieben aus. Im Gegenteil nutzte die Nazipropaganda sie, um den totalen Kriegseinsatz der Zivilbevölkerung weiter anzustacheln. Dessen ungeachtet gilt der britische Luftmarschall Arthur Harris im eigenen Land als Vater des Flächenbombardements als Kriegsheld und Retter der Nation.

Die Briten nannten ihre Luftangriffe Moral Bombing, weil sie auf die Untergrabung der Kriegsmoral der Deutschen abzielten. Eine englische Direktive vom 14. Mai 1943 legte fest: „Die ungeheure und immer noch stärker werdende Schlagkraft der RAF-Bombenangriffe soll die materiellen Grundlagen in Deutschland soweit zerstören, dass der deutsche Arbeiter den Willen aufgibt und die Fähigkeit verliert, weiter für den Krieg zu arbeiten." Berlin war das administrative Zentrum des Reiches, hier saßen die Reichsregierung und die Parteigremien, hier hatten die großen Banken und Konzerne ihren Sitz, hier wurde geforscht und experimentiert. In Berlin wollte man dies alles ausschalten, aber auch den bedeutsamsten Industriestandort des Reiches treffen, darunter die für die Kriegführung so wichtige Elektro- und Rüstungsindustrie. Jeder vierte Panzer, fast jedes zweite Geschütz und jeder zehnte Flugzeugmotor kam aus Berlin oder seiner Umgebung. Zudem war die Reichshauptstadt ein bedeutender Verkehrsknotenpunkt, dessen Zerstörung den Verlauf des Krieges beeinflusste. Allerdings wurden die Schäden schnell von unzähligen KZ-Häftlingen und Zwangsarbeitern behoben. Die ständigen Bombenangriffe und die vielen Toten verhinderten nicht, dass viele Deutsche fanatisch ihrer Führung „durch dick und dünn" folgten, wie Goebbels behauptete. Angesichts des Terrors der Sicherheitsdienste und der Angst vor Denunziation wurden Wünsche, der Krieg möge schnell beendet werden, nur hinter der vorgehaltenen Hand geäußert.

Die Bombardierung der mittelenglischen Industriestadt Coventry mit etwa 230 000 Einwohnern durch deutsche Flugzeuge in der Nacht vom 14. zum 15. November 1940 leitete die systematische Zerstörung von Städten und Industriebetrieben durch britische Bomber ein. Coventry wurde zum Symbol eines von beiden Seiten erbarmungslos geführten Luftkrieges, der keinen Unterschied zwischen Zivilisten und

Militärs macht und nur das eine Ziel kennt, den Gegner ins Mark zu treffen sowie Angst und Schrecken unter der Bevölkerung zu verbreiten und sie zum Aufgeben zu bewegen. Wie das geht, hatte 1937 die deutsche Legion Condor bereits im Spanischen Bürgerkrieg durch die Bombardierung der baskischen Stadt Guernica mit Hunderten Toten vorgeführt. Die Luftschlacht um England zwischen August 1940 und März 1941 ging verloren. Unzählige deutsche Flugzeuge wurden von den Briten abgeschossen, und wer von den Besatzungen überlebte, geriet in Kriegsgefangenschaft. In seinem 1947 veröffentlichten Buch Lingua tertii imperii erinnerte Victor Klemperer an den Bombenangriff auf Coventry und dem was ihm folgte. „‚Ausradieren' und ‚Meier heißen': knapper und vollständiger zugleich haben sich der Führer und sein Reichsmarschall nicmals charakterisiert, der eine in seinem Wesen als größenwahnsinniger Verbrecher, der andere in seiner Rolle als Volkskomiker. Man soll nicht prophezeien; aber ich glaube, ‚ausradieren' und ‚Meier' bleiben." Hitler, Goebbels und weitere Naziführer schoben der von Reichsmarschall Göring geführten deutschen Luftwaffe die Schuld oder mindestens die Mitschuld an den Bombenangriffen auf Berlin und weiteren Städten zu.

Zum Schutz der Bevölkerung wurden in Berlin zahlreiche ober- und unterirdischen Bunkeranlagen im Zoologischen Garten, im Friedrichshain, am Anhalter Bahnhof und am Bahnhof Gesundbrunnen und im Humboldthain sowie in anderen Stadtteilen errichtet. Wie sich aber schon bald zeigte, reichten die Kapazitäten dieser Schutzanlagen beziehungsweise durch Umbau und Verstärkung in Luftschutzbunker umgewandelten Gasometer bei Weitem nicht aus. Einige Bunker wurden nach dem Krieg gesprengt, andere stehen noch und können mit Resten der ursprünglichen Ausstattung besichtigt werden. 1941 und 1942 wurden unweit des S-Bahnhofs Gesundbrunnen ein Hochbunker mit vier Flaktürmen sowie ein Tiefbunker mit Schutzräumen für 15 000 Menschen gebaut. Bei der Verteidigung des Bunkers bis in die ersten Maitage 1945 hinein gab es viele sinnlose Opfer. Als man 1948 versuchte, ihn zu sprengen, hatte man nur bei den beiden südlichen Flaktürmen

Erfolg. Da anderen Türmen nicht beizukommen war, wurden sie mit Trümmer- und Industrieschutt zugeschüttet. Später hat man das Areal in einen Landschaftspark verwandelt. In den späten 1980-er Jahren erhielten die beiden Flakbunker Aussichtsplattformen, auf die man über eine steile Treppe gelangt. Einige Anlagen wie der Luftschutzbunker in der Kreuzberger Fichtestraße, der ursprünglich ein Gasometer war, dienten nach dem Krieg angesichts der großen Wohnungsnot als provisorische Unterkünfte für Familien, wurden aber auch als Depots der so genannten Senatsreserve mit Lebensmitteln und anderen wichtigen Gütern für Krisen- und Kriegszeiten genutzt. Der Verein Berliner Unterwelten e. V. veranstaltet Führungen und lädt am Gesundbrunnen in ein unterirdisches Museum ein, in dem man auch heute die bedrückende Atmosphäre in engen Räumen hinter meterdicken Betonwänden erleben kann.

Die Naziführung war überrascht und irritiert, als die Royal Air Force schon bald deutsche Städte, darunter als erste Mannheim, Lübeck, Rostock, Köln und Hamburg sowie mehrfach Berlin, bombardierte. Zu den letzten Städten, die von dem auf die Zermürbung der Deutschen und Zerstörung ihrer Kriegsindustrie abzielenden Luftkrieg betroffen waren, gehörten Dresden (13. Februar 1945), Berlin (3. Februar 1945 und davor), Bielefeld (14. März 1945), Würzburg (16. März 1945) und Potsdam (14. April 1945). Hitler versuchte der Bevölkerung zu suggerieren, dass diese Städte nach dem „Endsieg" schöner und großzügiger denn je aufgebaut werden, und schilderte die Zukunft der zerbombten Reichshauptstadt in rosigen Farben. Viele Altbauten hätten sowieso seinen Neubauplänen geopfert werden sollen, das würden jetzt britische und amerikanische Bomben erledigen, lautete der zynische Kommentar des Führers im internen Kreis. In Berlin und anderenorts hatte die NS-Führung im Vertrauen auf die eigenen Waffen mit massiven Luftangriffen nicht gerechnet. Unterkünfte in Bunkern, die überall aus dem Boden gestampft wurden, reichten nicht aus, um die vielen Zivilisten zu schützen. Die meisten Berliner und die vielen Menschen, die in der Hauptstadt Zuflucht fanden, waren bei Luftangriffen auf schlecht gesicherte Keller angewiesen. Von der NSDAP gestellte Block-warte, Aufpasser und Luftschutzhelfer hatten dafür zu sorgen, dass die Leute beim Alarm geordnet und ohne Hast in die ihnen zugewiesenen Schutzräume gehen und auf Entwarnung warten. Juden, Kriegsgefan-gene, Zwangsarbeiter und andere so genannte Fremdvölkische durften diese nicht betreten.

Während die Nazipropaganda so etwas wie Normalität vorzutäu-schen versuchte und auch das Radio sowie der staatspolitisch wertvolle Film mit preußisch-deutschen Sujets Patriotismus, Heldentum und Zu-versicht und andere Streifen Frohsinn verbreiteten, wurden die Museen und Sammlungen geschlossen. Museumsmitarbeiter und Bibliothekare gingen daran, die Bestände zu registrieren und an sichere Orte in der Provinz, z. B. abgelegene Schlösser und Bergwerksstollen, zu verlagern. Nach dem Krieg wurde ein Großteil der geretteten Schätze von den Sie-germächten auf die östliche und die westliche Stadthälfte Berlins bezie-hungsweise die ihnen unterstehenden Besatzungszonen verteilt, so dass sich zwei unterschiedliche Museumslandschaften herausbildeten. Nach der Wiedervereinigung 1990 wurden in Berlin die Sammlungen an ihre Ursprungsorte zurückgeführt.

MACHTERGREIFUNG

Formal war Hitlers Ernennung am 30. Januar 1933 durch den Reisprä-sidenten Paul von Hindenburg zum Reichskanzler ein legaler Akt. Der Führer der NSDAP leitete eine Koalitionsregierung mit zunächst nur zwei Ministern seiner Partei und mehrheitlich solchen aus dem erzkon-servativen Lager. Außer Hitler besaßen „nur" Reichsinnenminister Wil-helm Frick sowie der Reichsminister ohne Geschäftsbereich, Reichs-tagspräsident und preußische Ministerpräsident Hermann Göring das Parteibuch der NSDAP. Am 13. März wurde der Berliner Gauleiter und Reichspropagandaleiter der NSDAP Joseph Goebbels von Hitler mit der Leitung des neu errichteten Reichsministeriums für Volksaufklärung und Propaganda betraut. Stahlhelmführer und Reichsarbeitsminister Franz Seldte trat im April 1933 der Nazipartei bei.

Dass Hitler am 30. Januar 1933 nicht wie beim Münchner Putschversuch am 9. November 1923 die „Macht ergriff", so ein damals gängiger Ausdruck, der manchmal auch heute in Unkenntnis der wahren Hintergründe verwendet wird, sondern wie seine Vorgänger nach den Buchstaben der Verfassung vom Staatsoberhaupt zum Chef der Reichsregierung ernannt wurde, hat manche Kritiker im In- und im Ausland beruhigt, die die Zerfallserscheinungen in der Endphase der Weimarer Republik mit Sorge betrachteten. Viele Leute redeten sich ein, jetzt würden im Deutschen Reich wieder Ruhe, Zucht und Ordnung einkehren, das von der Weltwirtschaftskrise, Massenelend sowie Streiks und bürgerkriegsartigen Unruhen geschüttelt wurde. Außerdem hatte Hitler versprochen, sich an die internationalen Verträge zu halten, alle seine Maßnahmen seien von den Gesetzen gedeckt. Erleichternd wirkte bei der milden Sicht auf das NS-Regime dessen extreme antikommunistische Stoßrichtung. Dass unmittelbar nach dem von der Nazipropaganda als Geburt des „Dritten Reiches" gedeuteten und durch öffentliche Beflaggung gefeierten 30. Januar 1933 eine Terrorwelle sondergleichen über das Land hinweg ging, spielte in dieser Sichtweise eine untergeordnete Rolle. „Es ist fast wie ein Traum. Die Wilhelmstraße gehört uns", schrieb der Joseph Goebbels in sein Tagebuch. „Wir stehen oben am Fenster, und Hunderttausende und Hunderttausende von Menschen ziehen im lodernden Schein der Fackeln am greisen Reichspräsidenten und jungen Kanzler vorbei und rufen ihnen ihre Dankbarkeit und ihren Jubel zu." Einer, der den Fackelzug durch das Brandenburger Tor beobachtete, war der Maler Max Liebermann. Von ihm ist der Ausspruch überliefert „Ich kann gar nicht so viel essen, wie ich kotzen möchte".

Was sich ab 1933 im Deutschen Reich abspielte und im Ausland breit diskutiert und publiziert wurde, hat die NS-Propaganda als „nationale Revolution" verklärt. Hitler, Goebbels, Göring und die anderen Naziführer sprachen von der „Neuwerdung der Dinge" und vermochten es, ein nationalistisches Feuer zu entfachen, das in der deutschen

Geschichte seinesgleichen suchte. Sechs Millionen Arbeitslose und allgemeine Verelendung bis in die Mittelschichten hinein, die verheerenden Auswirkungen der Weltwirtsaftskrise, Unsicherheit auf den Straßen, Notverordnungen, politische Attentate, unfruchtbare Redeschlachten in dem als „Quatschbude" verteufelten Reichstag, das Trauma des Versailler Vertrag und nirgendwo Aussicht auf Besserung – viele Deutsche hatten die Verhältnisse am Ende der Weimarer Zeit gründlich satt und warteten auf Erlösung, die Hitler und seinesgleichen vollmundig versprachen und dann tatsächlich auf ihre Weise durch Arbeitsbeschaffungsmaßnahmen, massive Aufrüstung und auf andere Art zu realisieren begannen.

Die Meinungen über Hitlers so genannte Machtergreifung waren geteilt. Führende Vertreter der Großindustrie und der Banken, aber auch Militärs und Großagrarier sahen ihre Zeit gekommen und waren bereit, ihre Geldbörsen für das Regime zu öffnen (s. Adolf-Hitler-Spende). Bereits im November 1932 hatten Industrielle, Bankiers und Gutsbesitzer von Hindenburg gefordert, den gebürtigen Österreicher und erst Anfang 1932 eingebürgerten Adolf Hitler zum Reichskanzler zu ernennen. Der Naziführer hatte sich ihnen schon vorher als Mann empfohlen, der „Marx frisst" und der danieder liegenden Wirtschaft durch satte Aufträge und Eroberung neuen Lebensraums auf die Beine hilft. Vertreter der wirtschaftlichen, militärischen und geistigen Eliten des Deutschen Reichs kannten und unterstützten die Pläne der Nazis zur Überwindung der Fesseln des Versailler Vertrags sowie zur Wiedererlangung deutscher Größe und Stärke. Sie waren zur Stelle im Kampf gegen das parlamentarische System der Weimarer Republik sowie gegen Juden, Kommunisten, Sozialdemokraten und andere als Volksfeinde eingestufte Gruppen.

Was dem Deutschen Reich bevor stand, wenn erst einmal die Nazis an der Macht sind, konnte man in deren Parteiprogramm, in „Mein Kampf" und in vielen anderen Verlautbarungen nachlesen oder auf unzähligen Kundgebungen erfahren. Es störte sie auch nicht die Vorstellung, dass Hitler Köpfe rollen lassen werde, wenn er an die Macht gekommen sein wird. Fast auf den Tag genau ein Jahr vor der „Machtergreifung" trug Hitler am 26. Januar 1932 in Düsseldorf vor Vertretern der deutschen Wirtschaft seine Pläne für den „Wiederaufstieg" des Deutschen Reichs und die Rolle der Industrie dabei vor, wobei er sich seine üblichen antisemitische Ausfälle verkniff. Für ihn stand fest, dass Deutschland am Scheideweg steht und das parlamentarische System am Ende ist. „Nimmt die derzeitige Entwicklung ihren Fortgang, so wird Deutschland eines Tages zwangsläufig im bolschewistischen Chaos landen, wird diese Entwicklung aber abgebrochen, so muss unser Volk in eine Schule eiserner Disziplin genommen und langsam vom Vorurteil beider Lager geheilt werden. Eine schwere Erziehung, um die wir aber nicht herumkommen!", sagte Hitler. Einer der Teilnehmer, der Aufsichtsratsvorsitzende der Vereinigten Stahlwerke und Hitler-Financier Fritz Thyssen, bekannte später: „Diese Rede machte einen tiefen Eindruck auf die versammelten Industriellen, und als Ergebnis floss eine Zahl von bedeutenden Zuwendungen aus den Quellen der Schwerindustrie in die Kassen der NSDAP. In den letzten Jahren vor der Machtergreifung leisteten die großen industriellen Verbände laufend Kontributionen." Dass sich Thyssen, Hitlers Türöffner zur westdeutschen Schwerindustrie und Wehrwirtschaftsführer, 1939 von seinem einstigen Freund und Gönner abwandte und in die Schweiz emigrierte, ändert nichts an seiner Mitverantwortung an der Errichtung der NS-Diktatur.

Zwar waren rechte und konservative Gruppen über Hitlers Ernennung zum Regierungschef mit dem früheren Reichskanzler Franz von Papen als Vizekanzler und Korrektiv nicht unbedingt begeistert, waren ihnen doch der ewig schreiende Demagoge und seine braunen Schlägertruppen suspekt. Sie sahen aber in Hitler das kleinere Übel, und sie hofften, den Chef der NSDAP „zügeln" zu können. Wie sollten sich die Feinde der Republik um Thyssen, Papen und den Pressezar Alfred Hugenberg in ihrer Erwartung getäuscht haben, Hitler und Konsorten „umarmen" und ihnen dabei die Luft nehmen zu können!

Der Ernennung Hitlers zum Reichskanzler am 30. Januar 1933 folgten die Auflösung des Reichstags und die Festlegung von Neuwahlen am 5. März. Dann ging es Schlag auf Schlag: Einschränkung der

Versammlung- und Pressefreiheit, der Reichstagsbrand und das Ermächtigungsgesetz, mit dem die demokratischen Errungenschaften der Weimarer Republik aufgehoben wurden, Mord und Terror der SA-Schläger, der Boykott jüdischer Geschäfte, die Bücherverbrennung, Berufsverbot für jüdische Beamte und Angestellte, der Austritt des Deutschen Reiches aus dem Völkerbund und die Wiederbewaffnung, um die wichtigsten Maßnahmen von 1933 zu nennen. Ungeachtet perfider Propaganda für die Nazis und Verfolgung ihrer Gegner verfehlte die NSDAP bei der Wahl am 5. März 1933 die angestrebte absolute Mehrheit im Reichstag. „Was bedeuten jetzt noch Zahlen", notierte Goebbels aber in sein Tagebuch. „Wir sind die Herren im Reich und in Preußen, alle anderen sind zu Boden gesunken. Deutschland ist erwacht!" Die Nazipartei durfte sich als etabliert betrachten und hatte nach eigenen Worten die „nationale Revolution" vollendet. Dessen ungeachtet formierte sich Widerstand in nahezu allen Bevölkerungskreisen. Die bisher miteinander zerstrittenen Sozialdemokraten und Kommunisten vereinten im Untergrund ihre Kräfte zur Einheitsfront. Doch die allmächtige Gestapo schlug unbarmherzig zu. Massenhafte Opposition und gar ein Generalstreik gegen Hitler kamen nicht mehr zustande. Ein großer Teil der Deutschen hatte sich auf die Seite der Nazis geschlagen, die Folgen waren verheerend.

MEDIZINVERBRECHEN, MENSCHENVERSUCHE

Der hippokratische Eid, mit dem Ärzte schwören müssen, stets zum Wohle ihrer Patienten zu arbeiten und Schaden von ihnen abzuwenden, war in der Nazizeit außer Kraft. Was die Sadisten in weißen Kitteln und schwarzen SS-Uniformen taten, unterlag keiner Kontrolle. Da der Bedarf an Versuchspersonen für chirurgische, pharmazeutische und andere Experimente durch Freiwillige nicht gedeckt werden konnte, machten Ärzte KZ-Häftlinge sowie Straf- und Kriegsgefangene zu ihren Opfern. Die Grundlage für solche Menschenversuche war ein Führerbefehl vom

Mai 1942, der diese im Interesse des „Staatswohls" ausdrücklich zuließ. Bei der so genannten Zwillingsforschung des KZ-Arztes Josef Mengele sowie bei den Giftgas-, Fleckfieber-, Unterdruck- und Kälteversuche seiner Kollegen kamen in Auschwitz, Buchenwald, Dachau, Natzweiler, Ravensbrück und anderen Konzentrationslagern Häftlinge jeden Alters ums Leben. Sofern sie die Medizinverbrechen schwer geschädigt und traumatisiert überlebten, mussten sie nach 1945 um Renten und Wiedergutmachung kämpfen.

Reichsluftwaffe und Kriegsmarine ließen an Sinti und Roma das Überleben in Seenot und bei Wassermangel untersuchen. Zu bloßem Menschenmaterial degradiert, mussten sie stundenlang in eiskaltem Wasser stehen, um das Funktionieren von Schwimmwesten und Schutzanzügen zu testen. Luftwaffenärzte untersuchten im Rahmen der Höhenforschung in Dachau an 200 Häftlingen, wie sich langsamer Sauerstoffentzug auf deren Zustand auswirkt, und beobachteten deren qualvollen Erstickungstod. „Die Versuche, bei denen selbstverständlich die Versuchspersonen sterben können, [...] sind absolut wichtig für die Höhenflugforschung und lassen sich nicht, wie bisher, an Affen durchführen, da der Affe vollständig andere Versuchsverhältnisse bietet", beschrieb 1941 der zuständiger Arzt Sigmund Rascher in einem Brief an Reichsführer SS Himmler seine Arbeit, zu der auch die Obduktion lebender Versuchsopfer sowie Versuche zur Blutgerinnung gehörten. Nachdem Rascher wegen „Häftlingsbegünstigung" aus Gewinnsucht am 26. April 1945 in Dachau auf Himmlers Befehl erschossen worden war, schoben andere an Menschenversuchen beteiligte Ärzte alle Schuld auf ihn. Bei weiteren Experimenten wurde an Häftlingen die Wirksamkeit von Medikamenten durch Injektion von Giften oder Infizierung von Bakterien überprüft. Der Straßburger Anatom August Hirt nahm als Leiter eines „Instituts für wehrwissenschaftliche Zweckforschung" an Häftlingen Giftgasversuche vor und ließ deren Schädel und Skelette vermessen. Er sammelte Körper und „unverletzte" Köpfe von Juden, die durch Gas ums Leben gekommen waren, um sie später als Beweisstücke für „widerliches Untermenschentum" zur Schau stellen zu können.

In Ravensbrück ließ Himmlers Leibarzt Karl Gebhardt Frauen und Männern bei „terminalen Versuchen" Wunden in der Art von Kriegsverletzungen zufügen und dort Textilien, Glassplitter, Lehm, Zellstoff und ähnliche Substanzen einbringen. An den eiternden Stellen wurde die Wirkung von Sulfonamiden erprobt. Gebhardt unternahm außerdem Versuche mit Gasbrand-Erregern, die ebenfalls zu zahlreichen Todesfällen führten. Polnischen Häftlingen gelang es, Beweisstücke aus dem KZ zu schmuggeln, die diese Verbrechen im Namen der der Forschung belegen. Die Opfer nannten sich „Króliki", zu deutsch Kaninchen. Viele der als Versuchstiere missbrauchten Frauen und Männer haben die Torturen nicht überstanden. Gebhardt wurde 1947 im Nürnberger Ärzteprozess zum Tod verurteilt und 1948 in Landsberg hingerichtet. Sein Kollege August Hirt entging der Gefangennahme und einem Gerichtsverfahren, indem er sich im Sommer 1945 selber umbrachte. Andere KZ-Ärzte konnten untertauchen und sich unter falschem oder echtem Namen in der Bundesrepublik eine neue Existenz aufbauen. So praktizierte der ehemalige Professor für Psychiatrie und Neurologie an der Universität Würzburg und Leiter der medizinischen Abteilung der Euthanasie-Aktion T4 Werner Heyde nach dem Zweiten Weltkrieg unter dem Falschnamen Fritz Sawade als Sportarzt und Gutachter für das Landesentschädigungsamt. Obwohl Heyde-Sawades Vergangenheit in Ärztekreisen bekannt war, wurde er erst 1959 verhaftet. Er starb 1964, noch vor Prozessbeginn.

Dass Mediziner, Pharmakologen und andere Wissenschaftler wehrlose Menschen mordeten, um mit ihnen Waffen und Gifte zu testen, und sie für rassenkundliche Untersuchungen missbrauchten, war nach dem Ende des Nazireiches für viele Menschen unvorstellbar. Ebenso nicht, dass Ärzte und Pfleger Kinder absichtlich verhungern ließen und sich am Anblick der „wimmernden Gerippe" weideten. Im Nürnberger Ärzteprozess 1946/7 zeigte keiner der Angeklagten seinen Opfern gegenüber Mitleid und bereute auch nichts (s. Zweite Schuld). Im Gegenteil behaupteten sie, der Menschheit einen Dienst getan zu haben, indem sie „praxisnah" experimentiert hätten und so zu wertvollen

Erkenntnissen gekommen seien, die allen zu Gute kommen. Im deutschen Westen und zum Teil auch im Osten gelang es etlichen Medizinern und weiteren Wissenschaftlern, ihre Karrieren fast nahtlos fortzusetzen. Die Siegermächte sowie die Pharmaindustrie nutzten ihr Wissen bei der Herstellung neuer Waffen und Medikamente. Auf dem Gelände der Berliner Charité wird in den kommenden Jahren ein Mahnmal zum Gedenken an jene Menschen errichtet, die hier zwischen 1933 und 1945 grausamen Experimenten ausgesetzt waren und an ihren Folgen starben. Es ergänzt eine Gedenkstätte an der Tiergartenstraße, die an die als Euthanasie umschriebenen Krankenmorde erinnert.

„MEIN KAMPF"

Adolf Hitler hat „Mein Kampf" während seiner Haft in der Festung Landsberg geschrieben und das Buch ab 1925 und 1927 in zwei Teilen veröffentlicht. Auf fast 800 Seiten breitete der spätere Diktator seine kruden Gedanken über die Zukunft des Deutschen Reich und das Zusammenleben der Deutschen in der Volksgemeinschaft aus, und er begründete ausführlich seine hasserfüllte Haltung gegenüber Juden und anderen so genannten Fremdvölkischen. In fast zehn Millionen Exemplaren verbreitet und in 16 Sprachen übersetzt, machte das „Politische Buch der Deutschen", wie man in der NS-Zeit sagte, seinen Verfasser zu einem reichen Mann und sanierte den Münchner Franz-Eher-Verlag, der es als Zentralverlag der NSDAP bis Kriegsende in hohen Auflagen druckte. Mit wachsenden Wahlerfolgen und zunehmender Bekanntheit konnte sich Hitler schon vor 1933 über hohe Tantiemen freuen. 1932 verdiente er an jedem verkauften Exemplar 72 Pfennige, was 4000 Reichsmark im Monat ergab. Im Vergleich dazu bekam ein Metallarbeiter rund 44 RM pro Woche.

Allein 1933 konnte Hitler 1,3 Millionen Reichsmark einstreichen, und das steuerfrei, denn er hatte sich dieses Privileg selber verordnet. Unklar ist, wer in der NS-Zeit Hitlers Auslassungen wirklich gelesen und verstanden hat. Historiker vermuten, dass die vor allem jungen Ehepaaren, Soldaten, Polizisten, SA- und SS-Leuten sowie Parteigenossen zudiktierte Schrift überwiegend in Bücherschränken verstaubte. Nach dem Ende der NS-Diktatur kursierte der Spruch „Mein Kampf verbrannt, Hitler nicht gekannt", womit gemeint war, dass man mit der Nazizeit und ihrem Anführer nichts zu tun gehabt hatte.

Allzu wörtlich durfte man bestimmte Auslassungen des in Landsberg nach dem Hitlerputsch von 1923 einsitzenden Parteiführers nicht nehmen, etwa solche zum Widerstand und zu den Menschenrechten. „Staatsautorität als Selbstzweck kann es nicht geben, da in jedem Falle jede Tyrannei auf dieser Welt unangreifbar und geheiligt wäre. Wenn durch die Hilfsmittel der Regierungsgewalt ein Volkstum dem Untergang entgegen geführt wird, dann ist die Rebellion eines jeden Angehörigen eines solchen Volkes nicht nur Recht, sondern Pflicht. [...] Im allgemeinen soll aber nie vergessen werden, dass nicht die Erhaltung eines Staates oder gar die einer Regierung höchster Zweck des Daseins der Menschen ist, sondern die Bewahrung der Art. [...] Menschenrecht bricht Staatsrecht", schrieb Hitler. Wer es als Widerstandskämpfer, vor dem Volksgerichtshof stehend, wagte, sich auf diese Forderung zu berufen, wurde zum Schweigen gebracht und wegen Hochverrats verurteilt. In Kenntnis dieser Passage aus „Mein Kampf" soll sich Hitlers Lieblingsarchitekt und Rüstungsminister Albert Speer in den letzten Kriegswochen überlegt haben, seinen Chef mit Giftgas umzubringen. Das wenigstens hat der Planer der Welthauptstadt Germania in seinen 1969 veröffentlichten Erinnerungen behauptet.

Was Hitler über seine Herkunft und seinen Werdegang zum Politiker betrifft, so enthält das Buch viele beschönigende Legenden. Wenn man es genau liest, stellen sich gravierende Differenzen zwischen Anspruch und Wirklichkeit heraus, und es zeigt sich, dass der Verfasser seine Biographie in großen Teilen gefälscht hat. „Mein Kampf" ist angefüllt von Tiraden gegen das internationale Judentum sowie Bolschewismus und Parlamentarismus sowie den Versailler Vertrag und das Weimarer „System". Sich selber stellte Hitler als Retter Deutschlands aus tiefster Not und Schmach und als derjenige dar, der das Blut der Deutschen vor schädlichen Vermischungen rein halten will. Er widmete sein Elaborat den Toten des Marsches auf die Feldherrnhalle, also des Putschversuchs in München am 9. November 1923. Als ruchbar wurde, dass die „Nazi-Bibel" auf Trödelmärkten und im Altwarenhandel feilgeboten wird, schritt die Gestapo ein, um Hitlers „Ehre" zu wahren.

Der Freistaat Bayern hat als Inhaber der Rechte an „Mein Kampf" bisher Nachdrucke verhindert, soweit es in seiner Macht stand, denn es gibt zahlreiche im Ausland hergestellte Raubdrucke in verschiedenen Sprachen sowie Fassungen im Internet und viele antiquarische Angebote. Da 2015 die Urheberrechte 70 Jahre nach Hitlers Tod erloschen sind, erschien Anfang 2016 eine vom Institut für Zeitgeschichte München wissenschaftlich kommentierte Ausgabe, die mit knapp 2000 Seiten mehr als doppelt so stark wie das Original ist. Angesichts des hohen Symbolwerts, den das Buch noch immer hat, verstehen die Herausgeber die Edition als Beitrag zu Hitlers Entmystifizierung und zur historisch-politischen Aufklärung. Kritiker wenden allerdings ein, dass die mit großem Forscherfleiß erstellte Neuausgabe unter der Last der Anmerkungen geradezu erstickt und wichtige Fragen unerörtert lässt.

MENSCHENMATERIAL

Die Sprachkritische Aktion Unwort des Jahres wählte 2010 den Begriff Menschenmaterial zum Unwort des 20. Jahrhunderts. Er entstammt der Vorstellung, Menschen seien eine rohe Masse, die man nach Belieben kneten, formen und manipulieren sowie für alle möglichen Zwecke einsetzen und missbrauchen kann. Nach Angaben der Jury erfolgte die Wahl aufgrund der unangemessenen Koppelung von Lebendig-Menschlichem mit einer toten Sache. Das Wort wurde schon im 19. Jahrhundert von Karl Marx und anderen Autoren kritisch verwendet, bekam aber erst im 20. Jahrhundert seine zynische Bedeutung als Bezeichnung für Soldaten, die im Ersten und im Zweiten Weltkrieg

„verbraucht" oder „verheizt" wurden und als Kanonenfutter dienten. Das Unwort des 20. Jahrhunderts steht exemplarisch für die Tendenz, Menschen nur nach ihrem Markt- und Materialwert zu beurteilen. KZ-Häftlinge, die für die Zwangs- und Sklavenarbeit nicht mehr eingesetzt werden konnten, weil sie zu krank und zu schwach waren, wurden als „Ballastexistenzen" in die Gaskammern geschickt, andere dienten blutrünstigen Sadisten als Objekte für medizinische Versuche. Wenn Offiziere von „anständigem" oder gutem Menschenmaterial sprachen, meinten sie ihre eigenen Leute, die fanatisch und mit freudigem Herzen ihr Leben für Führer, Volk und Vaterland opfern.

In seinem Buch „Lingua Tertii Imperii" (LTI) erinnert Victor Klemperer daran, dass Offiziere und Militärärzte schon vor dem Ersten Weltkrieg bei den ihnen anvertrauten Rekruten verächtlich von gutem und von schlechtem Menschenmaterial gesprochen haben und damit Männer meinten, die sich für die militärische Ausbildung und den Kriegsdienst eignen oder nicht. „Nach dem Krieg war ich geneigter, in ‚Menschenmaterial' eine peinliche Verwandtschaft mit ‚Kanonenfutter' zu finden, den gleichen Zynismus hier in bewusster, dort in unbewusster Verkörperung zu sehen." In diesem Zusammenhang erwähnte der Dresdner Sprachforscher, KZ-Gefangene seien zu Nummern gemacht worden, wodurch sie nicht schlechthin als Menschen negiert, „sondern nur als Objekt der Verwaltung, nur listenmäßig als Ziffern betrachtet" wurden. Eine Wärterin des KZ Bergen-Belsen sprach laut Klemperer vor einem Kriegsgericht von „Stück Gefangenen".

MORGENTHAUPLAN, MARSHALLPLAN

Bei der Verkündung des Marshallplans zum Wiederaufbau der Wirtschaft in Westeuropa nach dem Zweiten Weltkrieg war eine Idee vom Tisch, aus dem faschistischen Deutschland, wenn es in nicht allzu ferner Zukunft erobert und besetzt sein wird, ein entmilitarisiertes Agrarland zu machen. Der US-Finanzminister Henry Morgenthau jr. forderte in dem nach ihm benannten Plan vom September 1944, dafür sorgen, dass Deutschland niemals mehr in der Lage sein wird, einen Krieg zu beginnen und zu führen. „Ich würde jedes Bergwerk, jede Fabrik zerstören. Ich bin dafür, dass das alles erst einmal vernichtet wird. Dann können wir uns über die Bevölkerung den Kopf zerbrechen", sagte der Finanzminister zu seinem Staatssekretär Harry Dexter White. Der Morgentauplan sah die Zerstückelung des Deutschen Reichs, die Demontage seiner Fabriken und die Unterwerfung seiner Bewohner unter das Diktat der Sieger vor. Da der Geheimplan in die amerikanische Presse gelangte und dort entrüstete Reaktionen hervor rief, sahen sich US-Präsident Franklin D. Roosevelt und der britische Premierminister Churchill gezwungen, sich von Morgenthaus Vorschlägen zu distanzieren. Churchill wollte vermeiden, dass sich England „an einen Leichnam kettet", das in Trümmern liegende, am Boden zerstörte Deutsche Reich. Die Deutschen auf ein vorindustrielles Niveau herabzudrücken, hätte über kurz oder lang zu neuen Konflikten geführt, war Churchill überzeugt, und die Wut der zur Armut, Elend und Unmündigkeit verdammten Menschen angestachelt. Wäre der Morgenthauplan verwirklicht worden, dann wäre auch zu befürchten gewesen, dass das untergegangene Dritte Reich von seinen Bewohnern verklärt würde und die Verbrechen der Hitler-Zeit über die aktuellen Ängste und Nöte schnell in Vergessenheit gerieten.

Für die NS-Propaganda waren die nicht unbekannt gebliebenen Ideen des US-Finanzministers, der jüdische Wurzeln in Deutschland hatte, ein gefundenes Fressen. Propagandaminister Goebbels schlug unter Hinweis auf die angebliche Versklavung der Deutschen die antijüdische Trommel und rief zu noch größeren Anstrengungen im Kampf für den Endsieg auf.

Nach dem Untergang des NS-Staates diente der Morgenthauplan Alt- und Neonazis zu antiamerikanischer und antisemitischer Hetze. Doch auch in der DDR wurde er im Zeichen des Kalten Kriegs für die Propaganda gegen die USA und ihre westdeutschen Verbündeten instrumentalisiert. Die Maßnahmen, die Roosevelt, Stalin und Churchill in

Jalta auf der Insel Krim am 4. Februar 1945 für die Zeit nach Hitler beschlossen haben, sprechen eine andere Sprache. Sie betonten ihren Willen, den deutschen Militarismus und Nationalsozialismus zu vernichten und dafür Sorge zu tragen, dass Deutschland nie wieder imstande ist, den Weltfrieden zu stören. Aber sie betonen auch: „Es ist nicht unsere Absicht, das deutsche Volk zu vernichten, aber nur dann, wenn der Nationalsozialismus und Militarismus ausgerottet sind, wird für die Deutschen Hoffnung auf ein würdiges Leben und einen Platz in der Völkergemeinschaft bestehen." Das Potsdamer Abkommen sanktionierte diese Absprachen.

Zwei Jahre nach dem Ende des Zweiten Weltkriegs wurde der Marshallplan zum Wiederaufbau Westeuropas gestartet, benannt nach dem US-Außenminister George C. Marshall. Am 4. Juni 1947 sprach sich der bisherige Chef des Generalstabs der US-Armee in einem Vortrag an der Harvard Universität für ein gigantisches Hilfsprogramm gegen Hunger, Armut und Verzweiflung in Europa aus. Dreizehn Milliarden Dollar sollten in sechzehn hilfsbedürftige Länder wie Großbritannien, Frankreich und Italien sowie das ehemalige Deutsche Reich investiert werden. Es ging um große Warenlieferungen, zum Teil um nicht rückzahlbare Kredite sowie um Aufträge an die Wirtschaft der betroffenen Länder. Dies geschah nicht uneigennützig, denn den USA fehlten leistungsfähige Handelspartner, zum anderen belasteten die hohen Besatzungskosten den amerikanischen Staatshaushalt. Daher galt: je schneller die Konsolidierung des Alten Kontinents, um so besser auch für die USA. Schließlich befürchteten die westliche Führungsmacht, die Sowjetunion könne die weitere Verelendung und Unzufriedenheit in Westeuropa dazu ausnutzen könnten, ihren Einfluss über ihren Machtbereich hinaus auszudehnen. Fast ein Viertel der Marshallplan-Hilfe wurde zum Wiederaufbau der deutschen Westzonen aufgewandt. Ziel war es, hier die „Lokomotive der europäischen Wirtschaft" unter Dampf zu setzen. Stalin lehnte das Hilfsangebot aus den USA als „Instrument des Dollarimperialismus" für die Sowjetunion und die Länder in seinem Machtbereich ab.

MÜNCHNER ABKOMMEN, SUDETENKRISE

Die Weltgemeinschaft sah tatenlos zu, als Österreich am 15. März 1938 unter dem Motto „Heim ins Reich" dem NS-Staat einverleibt wurde. Mit der Errichtung des aus dem bisherigen Deutschen Reichs plus Österreich bestehenden Großdeutschen Reiches wollte sich Hitler nicht zufrieden geben. So geriet alsbald das Sudetengebiet in seinen Blick. In der Region an der deutsch-tschechischen Grenze machten ortsansässige Nazis Stimmung für „ihren Führer" und nutzten vermeintliche oder wirkliche Übergriffe von Tschechen gegen Sudetendeutsche als Argument, sich so schnell wie möglich dem Deutschen Reich anzuschließen.

Die Westmächte erkannten die Gefahr eines weiteren Machtzuwachses Hitlerdeutschlands und des Bruchs des Völkerrechts. Auf einer Konferenz in München versuchten Vertreter Großbritanniens und Frankreichs, den Eroberungsdrang des deutschen Diktators zu stoppen. Mit dem am 30. September 1938 abgeschlossenen Münchner Abkommen zwischen Hitler und Mussolini sowie dem britischen Premierminister Neville Chamberlain und seinem französischen Kollegen Edouard Daladier schien der Friede auf Kosten der Tschechoslowakei gerettet. Chamberlain und Daladier gestanden Hitler, der mit dem Einmarsch der Wehrmacht in die Tschechoslowakei gedroht hatte, das Sudetenland mit 3,69 Millionen Einwohnern zu. Die Fortexistenz der restlichen Tschechoslowakei wurde von den Westmächten garantiert. Hitler gab sich zufrieden und versprach, keine Ansprüche auf Nachbarländer mehr zu haben. Das Münchner Abkommen hatte jedoch nicht lange Bestand. Chamberlain ließ sich in London als Retter der Welt feiern. „Ich glaube, es ist der Friede für unsere Zeit. […] Nun gehen Sie nach Hause und schlafen sie ruhig und gut." Im Unterhaus schlug dem Premierminister Protest entgegen. Beschwichtigend sagte er, sein wichtigstes Ziel sei es, „Europa echten Frieden zu bringen, die Verdächtigungen und Animositäten zu beseitigen, die so lange die Atmosphäre vergifteten. Der Pfad, der zu einer Beruhigung führt, ist lang und voller Hindernisse. Das Problem der Tschechoslowakei ist das jüngste und vielleicht das gefährlichste. Nun, da wir es überwunden haben, meine ich, dass es möglich sein sollte, weitere Fortschritte zu machen auf dem Weg der Gesundung und der Vernunft."

Durch den Einmarsch der Deutschen in die Tschechoslowakei und die Errichtung des Protektorats Böhmen und Mähren im März 1939 war das Abkommen außer Kraft gesetzt. Ein weiterer Schritt zum Zweiten Weltkrieg war getan, und Chamberlains Politik des Appeasements war gescheitert. Winston Churchill, Chamberlains Nachfolger, erkannte die Gefahr und schwor seine Landsleute auf Widerstand gegen Hitlerdeutschland und einen Kampf mit Blut, Mühsal, Tränen und Schweiß ein und hatte mit seinem harten Kurs des Widerstandes am Ende Recht (s. Unternehmen Seelöwe).

NATIONALKOMITEE FREIES DEUTSCHLAND

Mit dem Ziel, in der Sowjetunion gefangen genommene deutsche Soldaten und Offiziere sowie dorthin emigrierte Kommunisten im Kampf gegen den NS-Staat zu vereinen, wurde das Nationalkomitee Freies Deutschland (NKFD) gegründet. Am 3. April 1942 hatte das Politbüro der KPD in Moskau auf sowjetische Anregung ein Grundsatzpapier beschlossen, das zur Schaffung einer breiten Volksfront gegen Hitler und seinen Krieg aufrief. Nach und nach wurden in der Sowjetunion antifaschistische Offiziers- und Soldatengruppen gegründet. Bei einer Konferenz am 31. Mai 1942 unterschrieben 23 Offiziere einen Aufruf an ihre Kameraden, sich dem Kampf gegen Krieg und Nazityrannei anzuschließen. Um eine breite Grundlage für das Bündnis zu gewährleisten, ordnete Stalin an, in Verlautbarungen des NKFD kommunistische Parolen zu unterlassen und auch die KPD nicht zu erwähnen.

Sitz des Nationalkomitees war zunächst Krasnogorsk und später Lunjowo in der Umgebung von Moskau. Dem Geschäftsführenden Ausschuss gehörten der Kommunist Walter Ulbricht, der Dichter Erich Weinert sowie deutsche Kriegsgefangene an. Von der Sowjetunion unterstützt, gab das NKFD eine Wochenzeitung und eine Illustrierte heraus und verbreitete Flugblätter. Außerdem rief es im Radio und mit Lautsprechern an der Front Wehrmachtsangehörige auf, ihre Einheiten zu verlassen und sich freiwillig in Gefangenschaft zu begeben, was tatsächlich auch geschah. Alle Überläufer wurden in der Heimat als Verräter am deutschen Volk in Abwesenheit zum Tod verurteilt, und auch ihre Familien unterlagen der Sippenhaft.

Prominentestes Mitglied des NKFD war Generalfeldmarschall Friedrich Paulus, der die Kapitulation der 6. Armee in Stalingrad erklärt hatte. Sein Bruch mit Hitler wurde vom Nationalkomitee als beispielhaft für andere Wehrmachtsangehörige bezeichnet. Am 8. Dezember 1944 veröffentlichte das NKFD den „Aufruf der 50 Generäle" mit der Aufforderung an die deutsche Bevölkerung und die Wehrmacht, Hitler den Rücken zu kehren und den Krieg zu beenden. Nach 1945 lösten sich sowohl das Nationalkomitee als auch der mit ihm kooperierende Bund deutscher Offiziere auf. Die meisten Emigranten und später auch Kriegsgefangene kehrten in die Heimat zurück. Frühere Wehrmachtsoffiziere bauten in der Sowjetischen Besatzungszone und DDR die Kasernierte Volkspolizei als Vorläuferin der Nationalen Volksarmee auf.

NATIONALSOZIALISTISCHE
DEUTSCHE ARBEITERPARTEI (NSDAP)

Hitler, der Gründer und Führer der NSDAP, stilisierte sich als ein Mann, der als einziger die politischen, wirtschaftlichen und kulturellen Probleme des Deutschen Reichs zu lösen imstande ist und ihm zu alter Größe verhelfen kann (s. „Mein Kampf"). Die Gewöhnung an die autoritäre Ordnung der Kaiserzeit, die verheerende Niederlage des Kaiserreichs im Ersten Weltkrieg, die bedrückenden Bedingungen des Versailler Friedensvertrags, Inflation und Massenelend während der Weltwirtschaftskrise förderten bei vielen Deutschen die Sehnsucht nach neuen Leitbildern und einem starken Mann. Als dieser Hoffnungsträger bot sich der in Wien gescheiterte Kunstmaler und Gefreite des Ersten Weltkriegs Adolf Hitler an. Im Deutschen Reich geduldet, gab der Österreicher seinen Anhängern klare Feindbilder in Gestalt der Juden und Kommunisten und behauptete, Demokratie, Liberalismus und Pluralismus seien Gift für das Volk.

Die 1919 in München gegründete Deutsche Arbeiterpartei wurde mit der Verkündung des Parteiprogramms Anfang 1920 in Nationalsozialistische Deutsche Arbeiterpartei (NSDAP) umbenannt, und ihr Führer hieß von nun an Adolf Hitler. Nachdem der Putschist von 1923 vorzeitig aus der Haft in der Festung Landsberg entlassen wurde, gründete er die Partei Anfang 1925 neu und richtete sie ganz auf sich und sein Führerprinzip aus. Jetzt galt bei den Nazis nur, was Hitler dachte und befahl. War die NSDAP bis zu den Reichstagswahlen 1928 nur eine von mehreren Parteien mit antisemitischer, völkischer und nationalistischer Programmatik, so errang sie in der Endphase der Weimarer Republik und angesichts der katastrophalen Auswirkungen der Weltwirtschaftskrise von 1929 und danach immer mehr Anhänger und eine wachsende Zahl von Abgeordneten im Reichstag und den Landtagen. Nicht durch gewaltsamen Umsturz an die Macht zu kommen, sondern auf parlamentarischem Weg, war jetzt die Parole.

Langsam verging den etablierten Parteien angesichts des Aufstiegs der Nazis das Lachen, doch statt der faschistischen Gefahr durch gemeinsame Abwehrmaßnahmen zu begegnen, schwächten sich die beiden linken Parteien SPD und KPD gegenseitig und kamen erst zusammen, als die Diktatur schon errichtet war (s. Einheitsfront). So konnten sich die Nazis, von rechtsradikalen und erzkonservativen Kreisen sowie der Großindustrie und Großagrariern unterstützt und finanziert, erfolgreich dem Reichspräsidenten Paul von Hindenburg und seiner Kamarilla als Retter aus der Not andienen.

Die NSDAP war bis zur Weltwirtschaftskrise 1929 eine ebenso belächelte wie gefürchtete Splitterpartei, die durch spektakuläre Aktionen wie den Marsch auf die Feldherrnhalle in München (s. Hitlerputsch),

Straßenschlachten mit Kommunisten und Sozialdemokraten und paramilitärische Aufmärsche sowie stundenlang gebrüllte Hasstiraden ihres Parteiführers auf sich aufmerksam machte. Dass eine solche Chaotentruppe eines Tages ihre Ankündigungen wahr machen würde, stand außerhalb jeder Vernunft. Lediglich die Kommunisten hatten recht mit ihrer Parole „Wer Hindenburg wählt, wählt Hitler, wer Hitler wählt, wählt den Krieg".

Die NSDAP stellte 1932 in vier Ländern des Deutschen Reichs den Ministerpräsidenten. Die Reichstagswahl von 1932 bescherte den Nazis, wie sie sich selber nannten („Keine Arbeitsstelle ohne Nazizelle"), einen Stimmenanteil von 37,3 Prozent. Die 230 NS-Abgeordneten bildeten daraufhin die stärkste Fraktion, und so konnte der spätere Reichsmarschall Hermann Göring das Amt des Reichstagspräsidenten übernehmen. Als Hitler am 30. Januar 1933 vom Reichspräsidenten Paul von Hindenburg zum Reichskanzler ernannt wurde, konnten er und seine Anhänger daran gehen, ihre Ankündigungen mit blutiger Konsequenz Wirklichkeit werden zu lassen. Die Parteiprogramm strebte ein Großdeutsches Reich durch den Anschluss Österreichs an (s. Heim ins Reich), forderte die Annullierung des Versailler Vertrags sowie die Rückgabe der Kolonien und der abgetrennten deutschen Landesteile. Die Nazipartei lehnte die deutsche Staatsbürgerschaft für Juden ab und kündigte den Aufbau eines autoritären Staates an. Die angeblich durch und durch korrupten Juden sollten von der Gesetzgebung und von Regierungsämtern sowie aus dem Wirtschaftsleben entfernt werden. Viele Punkte des Parteiprogramms wurden nach 1933 mit tödlicher Konsequenz umgesetzt. Die NSDAP präsentierte sich auf ihren Reichsparteitagen in Nürnberg als Vollstrecker des Volkswillens. Als 1939 der Reichsparteitag des Friedens stattfinden sollte, standen das Deutsche Reich und die Welt an der Schwelle des Zweiten Weltkriegs.

NEROBEFEHL, VERBRANNTE ERDE

In dem Film „Der Untergang" (2004) über die letzten Tage in Hitlers Reichskanzlei im Frühjahr 1945 gibt es eine Szene, in der Albert Speer seinen obersten Befehlshaber inständig bittet, einen Befehl zur systematischen Zerstörung von militärisch und wirtschaftlich wichtigen Objekten zurückzunehmen. Ob dieses Gespräch so stattgefunden hat, ist nicht bekannt. Der Stararchitekt und Rüstungsminister bekam von Hitler eine schroffe Abfuhr. Der Führerbefehl vom 19. März 1945, dem Feind nur noch verbrannte Erde zu hinterlassen, beginnt mit der Behauptung, der Kampf um die Existenz des deutschen Volkes zwinge auch innerhalb des Reichsgebietes zur Ausnutzung aller Mittel, „die die Kampfkraft unseres Feindes schwächen und sein weiteres Vordringen behindern". Konkret ordnete Hitler an, alle militärischen Verkehrs-, Nachrichten-, Industrie- und Versorgungsanlagen sowie Sachwerte innerhalb des Reichsgebietes zu zerstören, die sich der Feind zur Fortsetzung seines Kampfes nutzbar machen kann. Das ist an verschiedenen Orten geschehen, doch haben regionale Befehlshaber, das Ende des Krieges vor Augen und ihr Leben riskierend, den Vernichtungsbefehl nicht oder nur teilweise befolgt.

Nach 1945 erhielt der von Hitler erlassene Zerstörungsbefehl den Namen des römischen Kaisers Nero nach dem vom Verfolgungswahn befallenen Kaiser, der angeblich Rom anzünden ließ, um die Hauptstadt seines Reiches prächtiger denn je zuvor wieder aufbauen zu können. Nero schob die Schuld an der Katastrophe den Christen in die Schuhe und ließ viele von ihnen hinrichten. Von seinen Gegnern in die Enge getrieben, sah sich der auch als Gott verehrte Möchtegernkünstler genötigt, sich in der Nähe von Rom selbst zu entleiben.

Ein berühmtes Beispiel für eine Befehlsverweigerung in der Endphase des Krieges ist die Brücke von Remagen. Als sie zerstört werden sollte, hat die Wehrmacht nur 300 statt 600 Kilogramm Sprengstoff verwendet. Daher wurde die Ludendorff-Brücke, so ihr damaliger Name, nicht vollkommen vernichtet, was alliierten Truppen erlaubte, das andere Rheinufer zu erreichen und weiter in das Innere des Reiches vorzubringen. Hitler ließ mehrere Offiziere, die er für die unvollständige Zerstörung verantwortlich machte, erschießen. Generalfeldmarschall Albert Kesselring bestimmte in einem Tagesbefehl, „dass jeder Versagensfall auf kürzestem Weg gerichtlich zu überprüfen und zu erledigen ist. Ich erwarte von den Standgerichten schärfstes Durchgreifen und größte Härte." Bis zum Kriegende haben Standgerichte zahlreiche Befehlsverweigerer, Deserteure sowie Personen, die sich den Alliierten ergeben wollten, unter Berufung auf entsprechende Befehle zur allgemeinen Abschreckung erschießen oder aufhängen lassen (s. Reichskriegsgericht, Zweite Schuld).

NOTVERORDNUNGEN, ERMÄCHTIGUNGSGESETZ

Hitlers Macht beruhte, formaljuristisch gesehen, auf einem einzigen Gesetz – dem am 24. März 1933 verkündeten Ermächtigungsgesetz „zur Behebung der Not von Volk und Reich". Mit ihm erteilte der Reichstag der Regierung das Recht, selbst Gesetze zu beschließen und ohne Mitwirkung des Reichspräsidenten zu vollziehen. Damit waren die Reichsverfassung und die demokratischen Grundrechte der Bürger bedeutungslos geworden. Der Reichstag hatte sich selber von der Gesetzgebung ausgeschlossen, freilich unter heftigen Drohungen und Einschüchterungen an die Adresse der Opposition. Zusammen mit der Notverordnung vom 28. Februar 1933 gilt das Ermächtigungsgesetz vom 24. März 1933 als wichtigste Grundlage der faschistischen Diktatur. Mit ihnen waren der Verfassungsstaat und das Prinzip der Gewaltenteilung mit einem Federstrich beseitigt.

Die Notverordnung wurden durch den Reichpräsidenten unmittelbar nach dem Reichstagsbrand vom 28. Februar 1933 mit der Begründung der „Abwehr kommunistischer staatsgefährdender Gewaltakte" zum Schutz von Volk und Staat erlassen. Sie öffnete dem Terror im NS-Staat Tür und Tor, mit ihr begannen die Entrechtung der Deutschen und die Diskriminierung all derer, die nicht ins „völkische" Bild der braunen Machthaber passten. Mit der Notverordnung besaß das NS-Regime alle Mittel, massiv gegen seine Gegner vorzugehen. Im Paragraphen 1 heißt es: „Es sind daher Beschränkungen der persönlichen Freiheit, des Rechts der freien Meinungsäußerung, einschließlich der Pressefreiheit, des Vereins- und Versammlungsrechts, Eingriffe in das Brief-, Post-, Telegraphen- und Fernsprechgeheimnis, Anordnungen von Haussuchungen und von Beschlagnahmen sowie Beschränkungen des Eigentums auch außerhalb der sonst hierfür bestimmten gesetzlichen Grenzen zulässig." Zuwiderhandlungen wurden mit Geldstrafe, Zuchthaustrafe und auch Todesstrafe geahndet. Wörtlich heißt es im Paragraphen 5 der vom Hindenburg, Hitler und Innenminister Frick unterzeichneten Notverordnung: „[1] Mit dem Tode sind die Verbrechen zu bestrafen, die das Strafgesetzbuch in den §§ 81 (Hochverrat), 229 (Giftbeibringung), 307 (Brandstiftung), 311 (Explosion), 312 (Überschwemmung), 315 Abs. 2 (Beschädigung von Eisenbahnanlagen), 324 (gemeingefährliche Vergiftung) mit lebenslangem Zuchthaus bedroht."

Während der nach der Wahl vom 5. März 1933 von den Nazis dominierte Reichstag dem Ermächtigungsgesetz jubelnd zustimmte, lehnten es die SPD-Fraktion und ihr Vorsitzender Otto Wels entschieden ab. „Wir deutschen Sozialdemokraten bekennen uns in dieser geschichtlichen Stunde feierlich zu den Grundsätzen der Menschlichkeit und Gerechtigkeit, der Freiheit und des Sozialismus. Kein Ermächtigungsgesetz gibt Ihnen die Macht, Ideen, die ewig und unzerstörbar sind, zu vernichten. […] Auch aus neuen Verfolgungen kann die deutsche Sozialdemokratie neue Kraft schöpfen. Wir grüßen die Verfolgten und Bedrängten. Wir grüßen unsere Freunde im Reich. Ihre Standhaftigkeit und Treue verdienen Bewunderung." Hitler und seine Anhänger quittierten Wels' Rede mit Hohn und gingen zur Gleichschaltung der Deutschen und blutigen Unterdrückung der Opposition über, allen voran der Kommunisten. Obwohl diese bei der Wahl 12,3 Prozent der Stimmen bekommen hatten, durften sie ihre Abgeordneten nicht in den Reichstag schicken. Vor dem Reichstagsgebäude erinnert eine Gedenkrätte an alle von den Nazis verfolgten und ermordeten Abgeordneten des Deutschen Reichstags. Das am 20. Dezember 1934 erlassene „Gesetz gegen heimtückische Angriffe auf Staat und Partei und zum Schutz der Parteiuniformen", auch Heimtückegesetz genannt, stellte nicht nur die missbräuchliche Benutzung von Abzeichen und Parteiuniformen unter Strafe, sondern schränkte auch das Recht der freien Meinungsäußerung weiter ein. Es ermunterte Denunzianten, Kollegen und Nachbarn bei der Gestapo wegen regimekritischer Äußerungen anzuzeigen. Tausende Ermittlungsverfahren und Strafen waren die Folge.

Das „Heimtückegesetz" und weiter NS-Bestimmungen wurden durch das Gesetz Nr. 1 des Alliierten Kontrollrates vom 20. September 1945 aufgehoben. Denunzianten und Gestapobeamte, die Vernehmungen vorgenommen und die Strafverfolgung eingeleitet hatten, wurden in den ersten Nachkriegsjahren oftmals zur Rechenschaft gezogen. Hingegen blieb die Mehrzahl der Richter und Staatsanwälte straffrei. Den Opfern des Heimtückegesetzes blieb eine Haftentschädigung in der Regel verwehrt (s. Zweite Schuld, Wiedergutmachung).

NÜRNBERGER GESETZE, RASSENSCHANDE

Die alte Reichsstadt Nürnberg ging durch die Reichsparteitage und die dort verkündeten Rassengesetze von 1935 sowie durch die Gerichtsverfahren gegen führende NS-Funktionäre, Regierungsmitglieder und Militärs in die Geschichte ein. In den am 15. September 1935 auf dem Reichsparteitag beschlossenen Rassegesetzen fand die Entrechtung der Juden ihren vorläufigen Höhepunkt. Das „Gesetz zum Schutze des deutschen Blutes und der deutschen Ehre" verbot Eheschließungen zwischen Juden und Staatsangehörigen deutschen oder artverwandten Blutes und legte fest, dass trotzdem geschlossene Ehen nichtig sind. Weiterhin wurde der außereheliche Verkehr mit Juden verboten. Zuwiderhandlungen galten als Rassenschande und wurden mit Zuchthaus- und Gefängnisstrafen sowie Geldstrafen geahndet. Unter dem Johlen hasserfüllter Nachbarn und Arbeitskollegen wurden Männer und Frauen als „Rassenschweine" an den Pranger gestellt und durch die Straßen getrieben. Der öffentlichen Brandmarkung folgten Gerichtsverfahren und/oder Einweisung in die Zuchthäuser und Konzentrationslager. Manche Paare ließen sich aufgrund der Rassegesetze scheiden, andere aber hielten zueinander und gingen gemeinsam in den Tod. Für viele dieser Unerschrockenen steht der in einer „Mischehe" lebende Theologe und Schriftsteller Jochen Klepper, der mit seiner jüdischen Frau Ende 1942 angesichts drohender Zwangsscheidung und Deportation den Freitod wählte. Die letzte Eintragung in seinem Tagebuch lautete:„Wir sterben nun – ach, auch das steht bei Gott – Wir gehen heute Nacht gemeinsam in den Tod. Über uns steht in den letzten Stunden das Bild des Segnenden Christus, der um uns ringt. In dessen Anblick endet unser Leben." Der Defa-Film „Ehe im Schatten" von 1947 ist dem Berliner Schauspieler Joachim Gottschalk gewidmet, dessen jüdische Frau mit Berufsverbot belegt war. Vor die Entscheidung gestellt, sich von ihr zu scheiden und sie einem ungewissen Schicksal zu überlassen, tötete das Paar sich und seinen Sohn im November 1941. Viktor Klemperer überlebte die Nazidiktatur auch dank seiner nichtjüdischen Frau, die alle Leiden mit ihm teilte.

Das ebenfalls in Nürnberg beschlossene Reichsbürgergesetz von 1935 teilte die Bevölkerung in Reichsbürger als Staatsangehörige deutschen oder artverwandten Blutes auf der einen Seite sowie in einfache Staatsangehörige und Angehörige „rassefremden Volkstums" auf der anderen Seite ein. In Verordnungen zum Reichsbürgergesetz wurde definiert, wer als Jude gilt und dass auch jene jüdischen Beamten entlassen werden, die bisher als ehemalige Frontkämpfer noch einen gewissen Schutz genossen. Weitere Erlasse schränkten die Bewegungsfreiheit der im Deutschen Reich lebenden Juden stark ein und verurteilten sie zu einem unwürdigen, elenden Außenseiterdasein. Mit der Einführung des sichtbar an der Kleidung zu tragenden Judensterns am 1. September 1941 waren sie in der Öffentlichkeit sofort zu erkennen und stigmatisiert. Ende September 1939 begann die Deportation in die besetzten

Ostgebiete. Zusätzlich zu den schon bestehenden Konzentrationslagern wurden in Auschwitz, Belzec, Chelmno, Majdanek, Sobibor, Theresienstadt, Treblinka und an anderen Orten weitere Konzentrations- und Vernichtungslager eingerichtet. Sechs Millionen Juden und weitere Gefangene aus ganz Europa verloren hier ihr Leben. Dass die Rassengesetze in Nürnberg während eines Nazi-Parteitags verabschiedet und verkündet wurden, kam nicht von ungefähr. Die alte Reichsstadt hatte sich binnen kurzer Zeit als Zentrum der antijüdischen Hetze einen besonders traurigen Ruf erworben, denn hier wurde das Naziblatt „Der Stürmer" herausgegeben.

Bei ihren hasserfüllten Maßnahmen einschließlich der Gewalt- und Mordorgie bei der Reichspogromnacht 1938 konnten sich die Nazis des Beifalls eines großen Teils der Deutschen sicher sein. Dokumente belegen, dass die antijüdischen Maßnahmen nicht nur von oben angeordnet und gelenkt wurden, sondern auch aus der Mitte der Bevölkerung kamen. Nach dem Ende der NS-Herrschaft wollte niemand davon etwas gewusst haben.

Nach und nach wurde alles verboten, was den unter die Rassegesetze fallenden Menschen das Leben noch einigermaßen erträglich machte. Sie mussten Radioapparate und Schreibmaschinen abgeben, durften keine Zeitungen kaufen, und auch die Mitgliedschaft in Sport- und Musikvereinen wurde ihnen verboten. Jüdische Kinder durften nicht mehr an deutschen Schulen lernen, und Erwachsenen war der Besuch von Restaurants, Kinos, Museen und Theatern untersagt. Sie durften weder Milch, Schokolade und Reis noch Schuhe und Kleidung kaufen und wurden verpflichtet, ihre nicht unmittelbar gebrauchten Kleidungsstücke bei den Behörden abzugeben. Nicht einmal das Halten von Haustieren war erlaubt. Wer sich widersetzte, kam ins KZ.

Jüdischen Ärzten, Künstlern, Schriftstellern und anderen zu „Fremdvölkischen" erklärten Personen wurde die Berufsausübung verboten. Rechtsanwälte, denen die Zulassung entzogen worden war, durften als so genannte Konsulenten andere Juden juristisch vertreten oder beraten. Jüdischen Ärzten wurde die Approbation entzogen, doch konnten auch sie noch eine Zeitlang Juden, und zwar nur diese, behandeln. Bald waren diesen Berufsgruppen die Lebens- und Arbeitsgrundlagen entzogen.

Die Nürnberger Rassegesetze hatten Vorläufer. Schon in der deutschen Kaiserzeit forderten Propagandisten der Herrenmenschenidee, die Deutschen müssten über die Welt oder wenigstens einen Teil davon herrschen. Hitler behauptete in „Mein Kampf", die NS-Bewegung habe die welthistorische Mission, ein germanisches Reich zu schaffen. Diese Aufgabe sei ihr vom Schöpfer des Universums übertragen. Die No-go-Areas, die die Nazis nach 1935 einführten, hatten Vorläufer in Erholungsgebieten an der Ost- und Nordsee, aber auch in den bayerischen Bergen. Was 1935 Gesetz wurde, gab es schon früher in deutschen Kurorten: gelbe Karten für Juden, besondere Sitzbänke und Badekabinen. Sportanlagen und Kinderspielplätze sowie Veranstaltungen wurden für „judenfrei" erklärt. Offiziell wurde der Judenbann am 28. November 1938 von Reinhard Heydrich für das ganze Reich erklärt; in manchen Bade- und Erholungsorten gab es ihn schon in der Kaiserzeit und der Weimarer Republik.

Ein besonders eifriger Trommler der Herrenmenschenidee war der NS-Ideologe Alfred Rosenberg, der die Germanen als Kulturschöpfer ansah und sie den Juden gegenüberstellte, die angeblich Kulturzerstörer sind und vernichtet werden müssen. Rosenberg, der Verfasser des Buches „Der Mythus des 20. Jahrhunderts", und seinesgleichen stellten die arische Herrenrasse den Untermenschen gegenüber. Zu ihnen wurden vor allem Juden gezählt, von denen sie behaupteten, von diesen „Volksverderbern" gehe alles Unglück der Welt aus (s. Einsatzstab Rosenberg). Den Juden gleichgestellt wurden so genannte Fremdrassige wie Slawen, Zigeuner und Schwarze. Als Untermenschen wurden ferner so genannte Gemeinschaftsfremde und Asoziale abgestempelt. Zahllose Publikationen, Filme und Radiobeiträge machten mal auf subtile Weise, mal ausgesprochen brutal und abstoßend Stimmung gegen die Fremdvölkischen, die in allerschwärzesten Farben verteufelt wurden.

NÜRNBERGER KRIEGSVERBRECHERPROZESSE

Hitler, Himmler, Goebbels, Bormann und andere hohe Naziführer und Militärs konnten nach der Befreiung nicht zur Rechenschaft gezogen werden, sie hatten sich ihren Richtern durch Selbstmord entzogen. Aber andere blutbefleckte Politiker, Militärs, Diplomaten und Ideologen wurden am 20. Oktober 1945 vor das Nürnberger Militärtribunal gestellt und nach einjähriger Verhandlung verurteilt. Fast wäre der Prozess geplatzt, denn dem Chefankläger der USA, Robert H. Jackson, war zu Ohren gekommen, dass die Siegermächte führende Mitglieder der NSDAP, der SA und SS, der Gestapo und weiterer Verbrecherorganisationen zur Zwangsarbeit deportieren und in Konzentrationslagern, die man natürlich anders genannt hätte, verschwinden lassen wollen. Jackson protestierte mit dem Hinweis, das würde dem Ansehen der USA und seiner Justiz schaden und könnten als bloße Rache der Sieger, als schnöde Siegerjustiz interpretiert werden, wo doch Gerechtigkeit und penible Aufarbeitung der Verbrechen vonnöten seien.

Der Prozess wurde am 18. Oktober 1945 mit einem symbolischen Akt im Berliner Kammergericht eröffnet, wo wenige Monate zuvor der Präsident des Volksgerichts, Roland Freisler, zahlreiche Beteiligte und Mitwisser des Attentats auf Hitler am 20. Juli 1944 aufs Rüdeste beleidigt und zum Tod verurteilt hatte. Das eigentliche Verfahren gegen 24 Hauptkriegsverbrecher wurde vor dem internationalen Militärtribunal im Nürnberger Justizpalast durchgeführt, doch behielt das Gericht gemäß Artikel 22 seiner Charta seinen ständigen Sitz in Berlin. Der Prozess wurde am 1. Oktober 1946 in Nürnberg mit der Urteilsverkündung abgeschlossen.

Grundlage des Verfahrens war die Moskauer „Erklärung über deutsche Gräueltaten im besetzten Europa" der Außenminister der Alliierten Staaten vom 30. Oktober 1943. Sie bekräftigten ihre Entschlossenheit, die Verbrechen Nazideutschlands zu verfolgen und die Verantwortlichen vor Gericht zu stellen. Deutsche, die in einem besetzten Land Verbrechen begangen hatten, sollten an dieses ausgeliefert und nach dem dort geltenden Recht verurteilt werden. Der im Oktober 1943 gegründete United Nations War Crimes Commission arbeitete Vorschläge für die strafrechtliche Verfolgung aus, die dem Londoner Viermächte-Abkommen vom 8. August 1945 als Grundlage dienten. Es legte fest, dass Frankreich, Großbritannien, die Sowjetunion und die USA einen Internationalen Militärgerichtshof „zwecks gerechter und schneller Aburteilung und Bestrafung der Hauptkriegsverbrecher der europäischen Achse" bilden.

Der Aufwand, der im Interesse eines fairen Verfahrens bei Übersetzungen der Verhandlungen und der Verlesung der Dokumente getrieben wurde, war enorm. Im Nürnberger Justizpalast schlug die Geburtsstunde des Simultandolmetschens. Richter, Verteidiger, Angeklagte und Zeugen standen zahlreiche Dolmetscher zur Seite, die sich einer von der Firma IBM speziell für den Prozess entwickelten Simultananlage bedienten und jedes gesprochene Wort und alle Dokumente gleichzeitig in die englische, russische, französische und deutsche Sprache übersetzen. Da manche Dolmetscher zu den Holocaust-Überlebenden gehörten, war es für sie oft unerträglich, das Gehörte zur Kenntnis zu nehmen und in andere Sprache zu übertragen.

Merkwürdigerweise spielte in dem Nürnberger Verfahren der Massenmord an den deutschen und europäischen Juden keine sonderliche Rolle, obwohl die Alliierten über die Verbrechen in den Konzentrations- und Vernichtungslagern genau Bescheid wussten und ihre Truppen die Leichenberge, Gaskammern und Krematorien gesehen hatten. Ein wichtiges Dokument, das von Adolf Eichmann verfasste Protokoll der Wannseekonferenz am 20. Januar 1942 mit Festlegungen über die Endlösung der Judenfrage, war noch nicht gefunden und kam erst in späteren Verfahren zur Sprache.

Nach intensiven Zeugenbefragungen, der Sichtung unzähliger Dokumente und Verhören der Angeklagten fällte das Gericht am 1. Oktober 1946 seine Urteile. Zum Tod durch den Strang verurteilt wurden Reichsleiter und Hitlers Sekretär Martin Bormann (in Abwesenheit), der Gouverneur des besetzten Polen Hans Frank, Reichsinnenminister

Wilhelm Frick, Reichsmarschall und Reichsluftfahrtminister Hermann Göring, der Chef des Wehrmachtführungsstabs Alfred Jodl, der Chef des Reichssicherheitshauptamtes der SS Ernst Kaltenbrunner, der Chef des Oberkommandos der Wehrmacht Wilhelm Keitel, Reichsaußenminister Joachim von Ribbentrop, der NS-Ideologe und Minister für die besetzten Ostgebiete Alfred Rosenberg, der Reichsbevollmächtigte für den Arbeitseinsatz Fritz Sauckel, der Reichskommissar der Niederlande Arthur Seyß-Inquart sowie der Nürnberger Gauleiter und Herausgeber des Hetzblattes „Der Stürmer" Julius Streicher. Zu Beginn des Prozesses hatte Robert Ley, der Chef der Deutschen Arbeitsfront, Selbstmord begangen. Hitlers 1941 nach England entwichener Stellvertreter Rudolf Heß erhielt eine lebenslange Zuchthausstrafe, und der Stararchitekt und Rüstungsminister Albert Speer kam mit 20 Jahren Zuchthaus davon und saß seine Strafe gemeinsam mit dem ehemaligen Reichsjugendführer und Gauleiter von Wien Baldur von Schirach bis zum letzten Tag im Spandauer Kriegsverbrechergefängnis ab. Speer war der einzige Angeklagte aus Hitlers Umgebung, der in Nürnberg die Richter durch eine Art Schuldbekenntnis beeindruckte, weshalb er dem Todesurteil entging. Er nutzte die Haftzeit in Spandau zum heimlichen Abfassen von Tagebüchern und Buchmanuskripten. Deren Veröffentlichung machte ihn nach 1966 zu einem wohlhabenden Mann. Sie trugen zur Legende bei, er habe als „guter Nazi" keinen Anteil an Hitlers Verbrechen gehabt und sogar in der Endphase des Krieges daran gedacht, seinen Chef und die anderen Bewohner des Bunkers unter der Reichskanzlei durch Giftgas zu töten.

Im Spandauer Kriegsverbrechergefängnis schied als letzter Gefangener der hochbetagte Heß am 17. August 1987 durch Selbstmord aus dem Leben. Die von den vier Siegermächten gemeinsam bewachte Haftanstalt wurde anschließend abgebrochen, um Neonazis nicht als Ort für Heldenverehrung zu dienen.

Einsicht und Reue waren von den Angeklagten nicht zu erwarten. Sie gebärdeten sich als verfolgte Unschuld, schwiegen, täuschten Geistesschwäche und Erinnerungslücken vor. Göring gebärdete sich, wie er selber sagte, als „Nazi Nummer 1" und wies alle Schuld von sich auf andere und hoffte, irgendwie davonzukommen. Der ehemalige Außenminister Joachim von Ribbentrop hatte die Chuzpe, das Gericht zu fragen: „Ich versichere Ihnen, uns alle empören diese ganzen Verfolgungen und Gräueltaten! Es ist einfach nicht typisch deutsch! Können Sie sich vorstellen, dass ich jemand töten könnte? [...] Sagen Sie mir ehrlich, sehen einige von uns wie Mörder aus?" Als Göring als erster Todeskandidat genannt wurde, sackte er in sich zusammen. Er schaffte es, in seiner Zelle eine Giftkapsel zu verbergen, und nahm sich kurz vor der Urteilsvollstreckung das Leben. Sein Leichnam wurde zu den Erhängten gelegt und später mit diesen verbrannt. Die Asche der Delinquenten wurde in einen Bach geschüttet. Leer ging der Wehrwirtschaftsführer Gustav Krupp aus, der aus gesundheitlichen Gründen nicht im Gerichtssaal erscheinen musste. Der Sohn des Essener Waffenfabrikanten wurde in einem anderen Verfahren zu einer Gefängnisstrafe verurteilt, kam aber bald frei. Verschiedene NS-Verbrecher wurden später aufgespürt und wie Adolf Eichmann hingerichtet, doch die meisten kamen ungeschoren oder mit geringen Strafen davon (s. Zweite Schuld).

Die vollständigen Verhandlungsprotokolle des Nürnberger Hauptkriegsverbrecherprozesses sowie die Statuten und die seinerzeit vorgelegten Dokumente wurden 1949 bis 1953 von der amerikanischen Regierung veröffentlicht. Die fünfzehnbändige Ausgabe in englischer Sprache ist bis heute eine der wichtigsten Quellensammlungen zur NS-Geschichte. Darüber hinaus gibt es zahlreiche weitere Editionen dieser Art sowie Einzeldarstellungen in deutscher Sprache, die den Prozess zu dem wohl am besten dokumentierten Verfahren dieser Art machen. Der Ort der Verhandlungen im Nürnberger Justizpalast kann im Rahmen einer Dauerausstellung besichtigt werden, wenn keine Gerichtsverhandlungen stattfinden. Vom Zellengefängnis Nürnberg sind ein originaler Zellentrakt sowie die Gefängniskirche erhalten.

Dem Nürnberger Jahrhundertprozess folgten weitere Gerichtsverfahren. Auch diese Nachfolgeprozesse endeten mit Todes- und Zuchthausstrafen, aber auch mit Freisprüchen. Sie richteten sich gegen Ärzte, die in den Konzentrationslagern mit Häftlingen experimentiert und sie ermordet hatten (s. Medizinverbrechen), sowie Juristen und Ministerialbeamte, die als Schreibtischtäter Schuld auf sich geladen hatten. Prozesse fanden ferner gegen das für die Konzentrationslager zuständige SS-Hauptamt und das Rasse- und Siedlungsamt der SS, aber auch gegen Wehrwirtschaftsführer sowie hohe Militärs und andere Naziverbrecher statt. Die letzten Todesurteile wurden am 7. Juni 1951 in Landsberg am Lech an sieben SS-Offizieren vollstreckt. Nach wenigen Jahren Haft konnten ehemalige NS-Größen wegen guter Führung und weil sich das politische Klima in der Bundesrepublik Deutschland zu ihren Gunsten gewandelt hatte das Gefängnis verlassen. Manche machten ungeachtet ihrer tiefbraunen Vergangenheit in der Wirtschaft, Politik sowie im Bildungswesen Karriere. Einer der Kommentatoren der berüchtigten Nürnberger Rassengesetze, der Jurist Hans Globke, brachte es als Staatssekretär zu einem engen Mitarbeiter von Bundeskanzler Adenauer. Andere Ex-Nazis erlangten in westdeutschen Bundesländern einflussreiche Posten, wurden als Juristen oder Ärzte weiter beschäftigt, saßen in akademischen und staatlichen Gremien. Kein einziger Blutrichter musste sich im deutschen Westen wegen seiner Urteile verantworten. Spät, sehr spät stellte das Bundesverfassungsgericht fest, dass Nazi-Juristen das Recht auf furchtbare Weise gebrochen haben. Konsequent wurden in der Sowjetischen Besatzungszone und später in der DDR Verfahren gegen Kriegsverbrecher geführt.

OLYMPISCHE SPIELE VON 1936

Olympische Spiele sollten bereits 1916 im Deutschen Stadion in Berlin veranstaltet werden. Doch machte der Erste Weltkrieg dem Plan einen Strich durch die Rechnung, denn niemand konnte und wollte in der Arena um sportlichen Lorbeer kämpfen. Als 1931 die Olympischen Spiele für 1936 nach Berlin vergeben wurden, geschah dies auch deshalb, weil in der deutschen Reichshauptstadt bereits weitläufige

Sportanlagen existierten. Das NS-Regime nutzte die Chance, die Austragung der XI. Olympischen Spiele in Berlin für seine Aufwertung und bediente sich alter Baupläne. Da sich Hitler als großer Künstler und Architekt empfand, war er persönlich daran interessiert, dass die Anlagen noch viel prächtiger und monumentaler gebaut werden als je zuvor. Bei der Ausführung der Pläne des Architekten Werner March spielte Geld keine Rolle. Die neuen Arenen wurden üppig von Bildhauern mit nordisch-muskulösen Athletenfiguren ausstaffiert. Auf dem Reichssportfeld entstanden ein riesiger Olympischer Platz, das Olympiastadion für 100 000 Zuschauer und ein als Aufmarschplatz und für Kundgebungen konzipiertes Maifeld mit dem alles überragenden Glockenturm. Hinzu kamen die nach einem „Helden" der NS-Bewegung benannte Dietrich-Eckart-Freilichtbühne, die heute als Waldbühne bekannt ist, sowie das Sportforum mit der Reichsakademie für Leibesübungen und das Haus des Deutschen Sports. Ergänzt wurde das Ensemble durch weitere Stadien und andere Bauten. Neben dem von Albert Speer konzipierten Nürnberger Reichsparteitagsgelände, der riesigen KdF-Ferienanlage in Prora und dem Zentralflughafen Berlin-Tempelhof verkörpert das 131 Hektar große Reichssportfeld und das Olympiastadion überdeutlich den Herrschafts- und Machtanspruch seiner Bauherren.

Das Regime wusste mit den Olympischen Spielen internationalen Eindruck zu schinden und das Deutsche Reich als ein Land darzustellen, in dem der Sport zu hoher Blüte kommt. Sport spielte im NS-Staat eine herausragende Rolle. Er war für ihn wichtig als Kitt für die Volksgemeinschaft und als Mittel der Disziplinierung der Volksgenossen von Kindesbeinen an. Mit Helden des Sports ließ sich im In- und Ausland punkten. Spitzensportler wie der Boxer Max Schmeling und der Rennfahrer Rudolf Caracciola genossen die besondere Gunst der Führung. In den Medien waren sie ständig präsent, und viele Menschen wollten so sein wie sie. Straff nach dem Führerprinzip in NS-Vereinen organisiert und überwacht, diente der Sport militaristischen Zielen und war Teil der Erziehung der Deutschen zu einem durch und durch gestählten Krieger- und Herrenvolk. Nach Hitlers Worten sollte „der deutsche

Junge der Zukunft schlank und rank sein, flink wie Windhunde, zäh wie Leder und hart wie Kruppstahl" sein. Diesem Ziel ordnete sich der Sport unter, dafür wandte der Staat viel Geld auf. Die Mittel strömten zurück in Form von Begeisterung für den Führer und unbedingter Gefolgschaft bis in den Tod.

Unbeachtet blieben im Vorfeld der Olympiade von 1936 Boykottaufrufe, die in den USA und im Internationalen Olympischen Komitee wegen der Ausgrenzung von jüdischen Sportlern erhoben wurden. Ungehört blieb auch der Appell des Schriftstellers Heinrich Mann auf der Konferenz zur Verteidigung des Olympischen Idee im Juni 1936 in Paris: „Ein Regime, das sich stützt auf Zwangsarbeit und Massenversklavung; ein Regime, das den Krieg vorbereitet und nur durch verlogene Propaganda existiert, wie soll ein solches Regime den friedlichen Sport und freiheitliche Sportler respektieren? Glauben Sie mir, diejenigen der internationalen Sportler, die nach Berlin gehen, werden dort nichts anderes sein als Gladiatoren, Gefangene und Spaßmacher eines Diktators, der sich bereits als Herr dieser Welt fühlt." In vielen Ländern gab man sich damit zufrieden, dass Nazideutschland für ein paar Wochen die antisemitische Hetze zurück stellte und Gastfreundschaft und Friedfertigkeit zelebrierte

Die Naziführung hat die Winterspiele von 1936 in Garmisch-Partenkirchen und die Sommerspiele in Berlin frenetisch als „Höhepunkt aller bisherigen Olympischen Spiele" gefeiert. Die Wettkämpfe und Siegerehrungen wurden im Rundfunk und zum Teil auch im Fernsehen, das damals noch in den Kinderschuhen steckte, sowie durch Korrespondentenberichte und Fotos in alle Welt übertragen. Kritische Kommentare außerhalb des Nazireiches über die Diskriminierung jüdischer oder schwarzer Sportler wurden von den Nazis als Hetze zurück gewiesen.

Während die sportliche Jugend der Welt im Olympiastadion um Siegeslorbeer kämpfte und die deutsche Mannschaft mit 33 Goldmedaillen die Athleten der USA mit 24 Goldmedaillen hinter sich ließ, wurde in Sachsenhausen bei Oranienburg ein neues Konzentrationslager eröffnet, in dem bis 1945 über 200 000 Menschen aus Deutschland und ab 1939 aus halb Europa gefangen gehalten wurden und viele starben. Kaum wahrgenommen wurde auch, dass die Gestapo im Sommer 1936 Sinti und Roma sowie so genannte Asoziale verhaftete und wegsperrte, weshalb das NS-Regime viel Lob für die „saubere" Reichshauptstadt einheimsen konnte Albert Speer, Hitlers rechte Hand in Sachen Architektur und Städtebau (s. Welthauptstadt Germania), hat eine charakteristische Äußerung von Hitler über die Zukunft des Olympiageländes überliefert. „Als wir über die Olympischen Spiele sprachen, wies ich ihn darauf hin, dass das Leichtathletiksportfeld nicht den vom Olympischen Komitee vorgeschriebenen Maßen entsprach. ‚Das ist mir egal', sagte Hitler. ‚1940 werden die Spiele in Tokio durchgeführt, aber danach werden sie für alle Zeiten in Deutschland stattfinden, in diesem Stadion. Und dann werden wir die notwendigen Abmessungen vorschreiben.'"

ORGANISATION TODT, WESTWALL, ATLANTIKWALL, ALPENFESTUNG

Benannt nach ihrem Chef Fritz Todt war die Organisation Todt (OT) eine militärisch organisierte Bautruppe, die ab 1940 dem Reichsminister für Bewaffnung und Munition unterstand. Nach Kriegsbeginn wurde die OT vor allem bei wichtigen Baumaßnahmen im Reich und den besetzten Ländern eingesetzt. Größte Projekte waren der Westwall und der Atlantikwall sowie U-Boot-Stützpunkte an der französischen Atlantikküste. Hinzu kamen Abschussrampen der V1 und V2-Raketen in Peenemünde (s. Vergeltungswaffen), aber auch Luftschutzbunker für die Zivilbevölkerung und die Anlage von unterirdischen Rüstungsbetrieben. Von der OT wurden die Führerhauptquartiere Wolfsschanze und Werwolf sowie zahlreiche Straßen, Eisenbahnlinien und Flugplätze im Reichsgebiet, im Frontbereich und in den besetzten Gebieten gebaut. Die Organisation Todt verfügte Ende 1944 über 1,36 Millionen Arbeitskräfte, wobei die meisten Zwangsarbeiter, Kriegsgefangene und

KZ-Häftlinge waren. Da die OT militärisch organisiert war, erreichte sie durch rücksichtslose Ausbeutung ihrer Arbeiter eine hohe Effizienz. Als Fritz Todt am 8. Februar 1942 bei einem Flugzeugabsturz ums Leben kam, wurde Hitlers Architekt Albert Speer sein Nachfolger als Reichsminister für Bewaffnung und Munition und neuer Chef der Organisation Todt.

Das größte Bauprojekt der Organisation Todt war der Westwall. Die von den Westalliierten nach einem Helden der germanischen Mythologie auch Siegfriedlinie genannte Befestigungsanlage erstreckte sich von Kleve bis an die Schweizer Grenze, hatte eine Länge von rund 630 Kilometern und bestand aus mehr als 18 000 Bunkern, Stollen, Gräben, Panzersperren und ähnlichen Anlagen. Hitler hatte 1938 Todt den Befehl zum Bau der gigantischen Befestigungsanlage gegeben, weil er befürchtete, die Okkupation der Tschechoslowakei durch die Wehrmacht könnte von Frankreich durch militärische Schläge beantwortet werden. Auf dem Höhepunkt der Bauarbeiten waren etwa 430 000 Mann im Einsatz, davon waren viele Zwangsarbeiter und KZ-Häftlinge.

Der Begriff Westwall setzte sich erst im Laufe der Jahre 1938 und 1939 durch und wurde offiziell benutzt, nachdem Hitler am 20. Mai 1939 einen Tagesbefehl an die Soldaten und Arbeiter des Westwalls erlassen hatte. Der Westwall hatte höchste Priorität, sein Bau wurde mit aller Macht ungeachtet der allgemeinen Material- und Arbeitskräfteknappheit vorangetrieben. Die ursprünglichen Limes-Planungen wurden 1938 drastisch verändert und auf einen kommenden Krieg zugeschnitten. Um Städte wie Aachen und Saarbrücken besser schützen zu können, forderte Hitler den Ausbau und Verstärkung der vorgelagerten Befestigungsanlagen.

Zu Gunsten des Westwalls wurden der Bau der als Straßen des Führers deklarierten Autobahn und sowie des Ostwalls unterbrochen. Außerdem mussten über 30 000 Bauern rund 5 600 landwirtschaftliche Betriebe aufgeben, was sich erheblich auf die ohnehin angespannte Lebensmittelversorgungslage auswirkte (s. Kanonen statt Butter). Als Kosten für den Westwall werden etwa 3,5 Milliarden Reichsmark beziffert.

Das war mehr als die Hälfte dessen, was dem Deutschen Reich 1933 für zivile Ausgaben zur Verfügung stand. Der Bau des Westwalls und weitere Rüstungsausgaben wurden durch staatliche Kreditaufnahme und die Mefo-Wechsel finanziert. Der militärische Wert der Befestigungen ist umstritten. Den Einmarsch der Westalliierten in der Endphase des Zweiten Weltkriegs konnten sie nicht aufhalten. Erhalten gebliebene Reste sind gut besuchte Touristenziele.

Im Falle der so genannten Alpenfestung saß die Anti-Hitler-Koalition einer Täuschung auf. Die NS-Propaganda gaukelte der Bevölkerung eine von dort kommende Hilfe vor, um den Glauben der Soldaten und Zivilisten an den Endsieg zu stärken. Als aber die Amerikaner in die betreffende Region kamen, konnten sie keine Stützpunkte dieser Art finden. Zwar war die so genannte Alpenfestung ein Phantom, dessen ungeachtet aber zogen sich in den letzten Kriegswochen Wehrmachts- und SS-Einheiten in die Berge und Höhlen zurück in der Hoffnung, das Ende des Hitlerreichs irgendwie zu überleben. Angeblich sollen in den unwegsamen Gebieten Goldbarren der Reichsbank und andere Schätze vergraben und/oder in den Bergseen versenkt worden sein. Was Ausgräber und Taucher fanden, waren nur der übliche Nazischrott und verrostete Waffen, aber auch massenhaft in Sachsenhausen gefälschte Pfundnoten, mit denen die britische Wirtschaft geschädigt werden sollte.

PARAGRAPH 175, HOMUSEXUALTÄT, ROSA WINKEL

Als Hitler 1933 an die Macht kam, brachen für Homosexuelle schwere Zeiten an. Angeblich aus Gründen der Volksgesundheit und wegen des Jugendschutzes wurden sie in Gefängnisse und Konzentrationslager geworfen, wo viele schreckliche Qualen erleiden mussten und elend zugrunde gingen. Schriften von Magnus Hirschfeld, dem Berliner Sexualkundler und Vorkämpfer für die Abschaffung des „Schwulenparagraphen 175" im Strafgesetzbuch, wurden nicht nur bei der Bücherverbrennung am 10. Mai 1933 in die Flammen geworfen, auch das von ihm geleitete und von Propagandaminister Goebbels als Giftküche denunzierte Institut wurde von SA-Leuten geplündert und zerstört. Hirschfeld stand bei seinen Bemühungen um die Abschaffung des Strafparagraphen in der Tradition der deutschen Arbeiterbewegung, die sich, geführt von August Bebel, das Ende der Diskriminierung gleichgeschlechtlicher Ausrichtung einsetzte, aber am Widerstand konservativer Kreise und der Kirchen scheiterte. Hirschfeld entging dem braunen Mob, weil er gerade im Ausland war und dort blieb. Um eine hohe Trefferquote bei der Verfolgung von Homosexuellen zu erzielen, versuchten Lockspitzel, diese in flagranti zu ertappen und sie der Gestapo ans Messer zu liefern. Manche Betroffene gingen Scheinehen ein und bekamen Kinder. Das soll geholfen haben, aus dem Blickfeld der Justiz zu kommen.

Seine Homophobie lebte Reichsführer SS Himmler bis zum Exzess aus. Er richtete ein spezielles Amt zur Verfolgung von Homosexuellen ein, das Listen von Verdächtigen anlegte. Auf ihrer Grundlage konnte die Gestapo jederzeit zuschlagen, Gerichtsverfahren einleiten und/oder Schwule in die Konzentrationslager einweisen, wo die als pervers und dekadent diskriminierten Männer mit dem rosa Winkeln auf der untersten Stufe standen. Sie mussten die schwersten Arbeiten erledigen und waren brutalen Drangsalierungen ausgesetzt, und viele von ihnen wurden zu Tode gequält. Alle Informationen liefen in der Reichszentrale zur Bekämpfung der Homosexualität und Abtreibung mit Sitz am Werderschen Markt in Berlin-Mitte zusammen.

Im Sommer 1934 ließ Hitler den seinem Machterhalt gefährlich gewordenen homosexuellen SA-Chef Ernst Röhm und einige seiner Kumpane ermorden. Mit dem Hinweis, das deutsche Volk müsse vor solchen Subjekten bewahrt werden, konnte sich als oberster Richter im Reich gerierende Hitler des Verständnisses vieler seiner Untertanen sicher sein. Unter dem haltlosen Verdacht der Homosexualität wurde 1938 der Oberbefehlshaber des Heeres, Generaloberst von Fritsch, aufgrund einer Intrige von Himmler und Göring abgesetzt.

Der in der NS-Zeit verschärfte § 175 galt nach 1945 in beiden deutschen Staaten noch einige Jahre weiter, auch wenn die hohen

Zuchthausstrafen nur noch selten und Todesstrafen nicht mehr ausgesprochen wurden. Die Homosexuellenverfolgung im Zeichen des Hakenkreuzes war offiziell kein Thema, den Denunzianten, Richtern und KZ-Schergen ist kaum etwas geschehen (s. Zweite Schuld). Der § 175 wurde noch 1957 vom Bundesverfassungsgericht in der Bundesrepublik Deutschland als „ordnungsgemäß zustande gekommen" eingestuft. Erst 1969 und 1973 wurde er abgemildert. Die DDR hat die Strafverfolgung nach § 175 Ende der fünfziger Jahre eingestellt und 1988 in der Strafgesetzgebung ersatzlos gestrichen. Nach der Wiedervereinigung wurde diese Rechtsprechung auch auf die alte Bundesrepublik ausgedehnt.

Beide deutschen Staaten erkannten lange Zeit Schwule, Sinti und Roma, Zeugen Jehovas und andere Gruppen als Verfolgte des Naziregimes nicht an und verweigerten ihnen Hilfe und Entschädigungen (s. Wiedergutmachung). Die Gedenkstätte im ehemaligen KZ Sachsenhausen dokumentiert, welche Qualen Träger des rosa Winkels ertragen mussten. Viele wurden ermordet, und wer 1945 frei kam, war als „175er" weiter stigmatisiert und hatte mit bleibenden körperlichen und psychischen Schäden zu kämpfen. An die von den Nazis verfolgten und ermordeten Homosexuellen erinnert am Rand des Berliner Tiergartens, unweit des Denkmals für die ermordeten Juden Europas, seit 2008 ein Mahnmal.

PLÖTZENSEE

In der Berliner Haftanstalt Plötzensee ließ das NS-Regime viele seiner Gegner hinrichten. Vor den Fenstern in dem alten Backsteingebäude sind Eisenträger angebracht mit Haken, an denen die zum Tode Verurteilten an dünnen Drahtseilen aufgeknüpft wurden. Hier verrichtete der Henker auch mit dem Fallbeil seine grausige Arbeit. Die Exekutionsprotokolle vermerken in nahezu gleichbleibender Bürokratensprache, dass sich die Verurteilten ruhig und gefasst unter das Fallbeilgerät legen ließen. „Die Vollstreckung dauerte von dem Zeitpunkt der Vorführung bis zur Übergabe an den Scharfrichter 18 Sekunden und von der Übergabe an diesen bis zur Meldung des Scharfrichters, dass das Urteil vollstreckt sei, 8 Sekunden."

In Plötzensee wurden 2 500 Menschen ermordet, die meisten, weil sie dem Widerstand angehörten oder wegen Anschuldigung des Hochverrats, aber auch wegen Feindbegünstigung und Wehrkraftzersetzung. Unter ihnen befanden sich Intellektuelle und Geistliche, Arbeiter, Studenten und Professoren, Angehörige Berliner Widerstandsgruppen und des Kreisauer Kreises.

Nach dem 20. Juli 1944 inszenierte das NS-Regime unter Leitung des berüchtigten Präsidenten des Volksgerichtshofs, Roland Freisler, im Kammergerichtsgebäude an der Potsdamer Straße eine Serie von Schauprozessen, in deren Ergebnis bis zum 9. April 1945 in Plötzensee mindestens 86 Menschen am Galgen und auf der Guillotine ermordet wurden. Die Scharfrichter erhielten zu ihrem Jahresgehalt von 3 000 Reichsmark (RM) eine Extrabelohnung pro Hingerichteten. Wie zum Hohn mussten die Hinterbliebenen für die Kosten für Haft und Exekution aufkommen.

Hitler ließ die in Plötzensee an Eisenträgern erhängten Widerstandskämpfer in Häftlingskleidung fotografieren und weidete sich an den Aufnahmen. Die Presse bezeichnete die Attentäter und ihre Helfer als „ehrgeizzerfressene, ehrlose und feige Verräter". „Statt mannhaft wie das ganze deutsche Volk, dem Führer folgend, unseren Sieg zu erkämpfen, verrieten sie – wie niemand je in unserer Geschichte – mitten im Daseinskampf das Opfer unserer Krieger, Volk, Führer und Reich; alles, wofür wir leben und kämpfen", heißt es in einer Urteilbegründung, die in der Ausstellung gezeigt wird.

Neben diesen Menschen, die für das „andere Deutschland" kämpften, wurden zahlreiche Kriegsgefangene in Plötzensee ermordet. Als die Haftanstalt im September 1943 bei einem Bombenangriff teilweise zerstört wurde, fand bei Kerzenlicht eine regelrechte Blutorgie statt, bei der 186 Gefangene in einer einzigen Nacht erhängt wurden. Damit wollte man ihr Entkommen aus der halb zerstörten Anstalt unterbinden. Der evangelische Gefängnispfarrer Harald Poelchau berichtete über den Massenmord: „Die Männer waren in mehreren Gliedern hintereinander angetreten. Sie standen da, zunächst ungewiss, was mit ihnen geschehen sollte. Dann begriffen sie. Immer je acht Mann wurden namentlich aufgerufen und abgeführt. Die Zurückbleibenden verharrten fast bewegungslos. […] Einmal unterbrachen die Henker ihre Arbeit, weil Bomben in der Nähe krachend niedersausten. Die schon angetretenen fünf mal acht Mann mussten für eine Weile wieder in ihre Zellen eingeschlossen werden. Dann ging das Morden weiter. Alle diese Männer wurden gehängt. […] Erst in der Morgenfrühe, um acht Uhr, stellten die erschöpften Henker ihre Tätigkeit ein, um sie am Abend mit frischen Kräften aufnehmen zu können."

In der ehemaligen Hinrichtungsstätte Plötzensee wird neben anderen Fällen auch der des Pianisten Karlrobert Kreiten geschildert, dem 1943 „niedrigste Verunglimpfung des Führers" zur Last gelegt wurde. Eine als „gläubige Nationalsozialistin" geschilderte Jugendfreundin seiner Mutter hatte ihn wegen der Voraussage denunziert, in wenigen Jahren würden Hitler und andere Naziführer „um einen Kopf kürzer gemacht". Der Volksgerichtshof verurteilte den Pianisten niederländischer Herkunft wegen so genannter Wehrkraftzersetzung zum Tode. Unter denen, die in Plötzensee starben, waren auch solche, die Juden versteckt hatten und angezeigt wurden.

Viele Zuchthausbauten wurden im Zweiten Weltkrieg zerstört und nach 1945 abgetragen. Darunter befand sich das Haus III, in dem die Verurteilten gefesselt ihre letzten Stunden verbringen mussten. Das Hinrichtungsgebäude blieb erhalten. 1951 wurde das Gelände von der übrigen Strafanstalt abgetrennt, um hier eine Gedenkstätte zu schaffen, die im September 1952 eingeweiht wurde. Eine Inschrift auf dem Jüdischen Friedhof an der Prenzlauer Allee in Berlin „Hier stehst du schweigend, doch wenn du dich wendest, schweige nicht" beschreibt auch die Empfindungen vieler, die diesen Ort des Grauens in Plötzensee besuchen.

POSENER REDEN

Am 4. und 6. Oktober 1943 hielt Reichsführer SS Heinrich Himmler im Rathaus von Posen/Poznań zwei Geheimreden, die zu den wichtigsten Dokumenten über den deutschen Vernichtungskrieg im Osten und den Massenmord an den Juden gehören. Himmler sprach zu hohen Sicherheitsoffizieren und Regierungsvertretern in einer Zeit, als die deutsche Kriegsführung bereits große Rückschläge hinnehmen musste und die Anti-Hitler-Koalition auf dem Vormarsch war. Zu dieser Zeit fanden Aufstände im Warschauer Ghetto, in Treblinka und in Sobibor statt, jüdische Bewohner von Bialystok widersetzten sich der Auflösung ihres Ghettos. In Dänemark verhalf die Bevölkerung den meisten zur Deportation vorgesehenen dänischen Juden zur Flucht, und im Inland riefen Hitlergegner zum Widerstand und zur Beendigung des Kriegs auf, und die die Kirche verurteilte die Ermordung von Kranken sowie von Juden, Sinti und Roma.

Von der dreistündigen Rede am 4. Oktober 1943 existiert in den SS-Akten eine maschinenschriftliche Endfassung von 115 Seiten (ein Blatt ging verloren), die als Dokument 1919-PS beim Nürnberger Prozess gegen die Hauptkriegsverbrecher vorlag. Himmler rechtfertigte die Verbrechen der SS und bereitete seine Zuhörer auf weitere vor. Die „Ausrottung des jüdischen Volkes" gehöre zu den Dingen, die man leicht ausspricht. „Das jüdische Volk wird ausgerottet', sagt ein jeder Parteigenosse, ‚ganz klar, steht in unserem Programm, Ausschaltung der Juden, Ausrottung, machen wir.' […] Von allen, die so reden, hat keiner zugesehen, keiner hat es durchgestanden. Von Euch werden die meisten wissen, was es heißt, wenn 100 Leichen beisammen liegen, wenn 500 daliegen oder wenn 1000 daliegen. Dies durchgehalten zu haben, und dabei – abgesehen von Ausnahmen menschlicher Schwächen – anständig geblieben zu sein, das hat uns hart gemacht und ist ein niemals geschriebenes und niemals zu schreibendes Ruhmesblatt unserer Geschichte."

Am 6. Oktober 1943 forderte Himmler, der das Wort „anständig" gern benutzte, ebenfalls in Posen seine Zuhörer zum Stillschweigen über das auf, was er zu sagen hat. „Es trat an uns die Frage heran: Wie ist es mit den Frauen und Kindern? – Ich habe mich entschlossen, auch hier eine ganz klare Lösung zu finden. Ich hielt mich nämlich nicht für berechtigt, die Männer auszurotten – sprich also, umzubringen oder umbringen zu lassen – und die Rächer in Gestalt der Kinder für unsere Söhne und Enkel groß werden zu lassen. Es musste der schwere Entschluss gefasst werden, dieses Volk von der Erde verschwinden zu lassen. Für die Organisation, die den Auftrag durchführen musste, war es der schwerste, den wir bisher hatten." Himmler kündigte an, die „Judenfrage" in den besetzten Ländern bis Ende 1943 erledigen zu wollen.

Es hat nicht an Versuchen gefehlt, beide Reden als Fälschungen abzuqualifizieren, doch steht außer Frage, dass sie gehalten wurden. Propagandaminister Goebbels war Zuhörer der zweiten Himmler-Rede und kommentierte sie am 9. Oktober 1943 in seinem Tagebuch so: „Was die Judenfrage anlangt, so gibt er darüber ein ganz ungeschminktes und freimütiges Bild. Er ist der Überzeugung, dass wir die Judenfrage bis Ende dieses Jahres lösen können. Er tritt für die radikalste und härteste Lösung ein, nämlich dafür, das Judentum mit Kind und Kegel auszurotten. Sicherlich ist das eine, wenn auch brutale, so doch konsequente Lösung. Denn wir müssen schon die Verantwortung dafür übernehmen, dass diese Frage zu unserer Zeit ganz gelöst wird. Spätere Geschlechter werden sich sicherlich nicht mehr mit dem Mut und der Besessenheit an dies Problem heranwagen, wie wir das heute noch tun können."

Ein anderer Zuhörer war der Architekt und Rüstungsminister Albert Speer. Obwohl er stets leugnete, während der NS-Zeit von der Judenvernichtung gewusst zu haben, belegen Dokumente das Gegenteil. In einem Schreiben vom 23. Dezember 1971 gesteht der gelegentlich von Sympathisanten als „guter Nazi" milde beurteilte Speer ein: „Es besteht kein Zweifel, ich war zugegen, als Himmler am 6. Oktober 1943 ankündigte, dass alle Juden umgebracht werden würden." Da es dem ehemaligen Rüstungsminister beim Kriegsverbrecherprozess gelang, sich als unpolitischer Technokrat und fehlgeleiteter Idealist darzustellen und seine Mitwirkung am Ausbau des KZ-System und der Vertreibung der Berliner Juden zu verschleiern vermochte, kam er ungerechtfertigt mit 20 Jahren Zuchthaus davon, die er im Spandauer Kriegsverbrechergefängnis bis 1966 absitzen musste (s. Welthauptstadt Germania).

POTSDAMER ABKOMMEN

Im Sommer 1945 tagten die Siegermächte Sowjetunion, USA und Großbritannien im Potsdamer Schloss Cecilienhof, weil sich in Berlin kein geeigneter Ort fand, an dem sie über die Nachkriegsordnung in Europa beraten konnten. Während der Zweite Weltkrieg noch in Asien tobte, ließen sich in der an der Havel gelegenen preußischen Kronprinzenresidenz die Differenzen in der Anti-Hitler-Koalition nur mühsam kaschieren. Dem Treffen in Potsdam voran gegangen waren vom 4. bis 11. Februar 1945 die noch von Harmonie geprägte Konferenz von Jalta auf der Halbinsel Krim und die bedingungslose Kapitulation der Wehrmacht am 8. Mai 1945 in Berlin-Karlshorst.

Als die Potsdamer Konferenz vom 17. Juli bis 2. August tagte, war die Zusammensetzung der Teilnehmer anders als in Jalta. Nach dem Tod des US-Präsidenten Roosevelt am 12. April 1945 saß Harry S. Truman als neuer Präsident am Tisch. Während der Tagung verlor Churchill die Unterhauswahlen und machte am 29. Juli 1945 seinem Nachfolger Clement Atlee Platz. Die personellen Veränderungen blieben nicht ohne Auswirkungen auf den Tagungsverlauf, weit mehr jedoch die im August 1945 auf Hiroshima und Nagasaki abgeworfenen Atombomben der USA.

Die Großen Drei legten im Potsdamer Abkommen fest, dass das deutsche Volk für die furchtbaren Verbrechen büßen soll, „die unter der Leitung derer, welche es zur Zeit ihrer Erfolge offen gebilligt hat und denen es blind gehorcht hat, begangen wurden. [...] Die Alliierten treffen nach gegenseitiger Vereinbarung in der Gegenwart und in der Zukunft auch andere Maßnahmen, die notwendig sind, damit

Deutschland niemals mehr seine Nachbarn oder die Erhaltung des Friedens in der ganzen Welt bedrohen kann." Es sei nicht Absicht der Alliierten, das deutsche Volk zu vernichten und zu versklaven. Sie wollen ihm die Möglichkeit geben, sich darauf vorzubereiten, ihr Leben auf einer demokratischen und friedlichen Grundlage wiederaufzubauen. Wenn die Anstrengungen des deutschen Volkes unablässig auf die Erreichung dieses Zieles gerichtet sein werden, werde es ihm möglich sein, zu gegebener Zeit seinen Platz unter den freien und friedlichen Völkern der Welt einzunehmen. Nach dem Willen der Siegermächte sollte das deutsche Volk überzeugt werden, „dass es eine totale militärische Niederlage erlitten hat und dass es sich nicht der Verantwortung entziehen kann für das, was es selbst dadurch auf sich geladen hat, dass seine eigene mitleidlose Kriegführung und der fanatische Widerstand der Nazis die deutsche Wirtschaft zerstört und Chaos und Elend unvermeidlich gemacht haben."

Stalin erklärte sich bereit, drei Monate nach Ende des Krieges in Europa in den Krieg gegen Japan einzutreten, und außerdem stimmte er der Gründung der Vereinten Nationen zu.

Offiziell hieß das Potsdamer Abkommen vom 2. August 1945 „Mitteilung über die Dreimächtekonferenz von Berlin". Die Siegermächte sprachen der Sowjetunion das Gebiet um Königsberg zu und gestatteten, ihre Grenze weiter nach Westen zu verschieben. Polen wurde für verloren gegangene Gebiete entschädigt, indem es seine westliche Grenze bis an die Oder und Neiße vorschob und Danzig unter polnische Verwaltung gestellt wurde. Die Ausweisung von Deutschen aus Polen, der Tschechoslowakei und Ungarn sollte laut Potsdamer Abkommen „in geregelter und humaner Form" geschehen.

Zu den wichtigsten Punkten des Abkommens gehörten die Ausrottung des Nationalsozialismus und Militarismus sowie die Schaffung demokratischer und friedlicher Verhältnisse in Deutschland. Außerdem enthielt das Dokument Festlegungen über die Beziehungen der Völker untereinander und für eine künftige Friedensordnung in Europa. Die deutsche Bevölkerung sollte entnazifiziert und Kriegsverbrecher und hohe NS-Funktionäre vor Gericht gestellt werden. Das Abkommen legte die Dezentralisierung der Wirtschaft sowie das Verbot der Kriegsproduktion fest. Reparationsansprüche der Sowjetunion, aber auch der Westalliierten sollten durch Entnahme von Industriegütern und Demontage von Fabriken befriedigt werden. Da die Sowjetunion die größten Kriegsschäden erlitten hatte, sollte sie Reparationen auch aus den anderen Zonen erhalten, was aber wegen Streitigkeiten zwischen den Siegerstaaten nur unzureichend erfolgte. Während der Alliierte Kontrollrat mit Sitz in der Viermächtestadt Berlin die Regierungsgewalt übernahm, unterstanden die vier Besatzungszonen den jeweiligen Siegermächten. In ihnen war eine Selbstverwaltung auf lokaler Ebene erlaubt. Die USA, Großbritannien und Frankreich einigten sich im März 1948 darauf, ihre Besatzungszonen zur so genannten Trizone zusammenzuschließen. Mit dem Beginn des Kalten Krieges schränkten zuerst die westlichen Alliierten die Demontagen in ihren Zonen ein und verschoben ihre Forderungen bis zum Abschluss eines Friedensvertrages, um bald ganz auf sie zu verzichten.

Durch den Befehl Nr. 1 des Obersten Befehlshabers der sowjetischen Besatzungstruppen in Deutschland vom 9. Juni 1945 wurde die Sowjetische Militäradministration in Deutschland (SMAD) ins Leben gerufen. Sie übte bis zur Übertragung der Verwaltungshoheit an die Regierung der DDR am 10. Oktober 1949 die Regierungsgewalt in Ostdeutschland aus und war dem Rat der Volkskommissare in Moskau und damit Stalin direkt unterstellt. Mit dem Befehl Nr. 2 gestattete der Oberste Chef der SMAD die Bildung und die Tätigkeit antifaschistisch-demokratischer Parteien sowie freier Gewerkschaften in der Sowjetischen Besatzungszone. Weitere SMAD-Befehle befassten sich mit der Rehabilitierung und Wiedereingliederung der Verfolgten des Naziregimes in das gesellschaftliche Leben. Mit dem Befehl Nr. 17 vom 27. Juli 1945 ordnete die SMAD den Aufbau Deutscher Zentralverwaltungen innerhalb der Sowjetischen Besatzungszone an. Ihr Ziel war die Entwicklung der Wirtschaft und Wiederherstellung des Verkehrs- und Nachrichtenwesens sowie der Gesundheitsfürsorge und Volkserziehung.

Zu nennen sind die Zentralverwaltungen für Verkehrswesen, Nachrichtenwesen, Brennstoffindustrie, Handel und Versorgung, Industrie, Landwirtschaft, Finanzen, Arbeit und Sozialfürsorge, Gesundheitswesen, Volksbildung und Justiz.

PRINZ-ALBRECHT-STRASSE, TOPOGRAPHIE DES TERRORS

Das Hotel Prinz Albrecht in der Berliner Prinz-Albrecht-Straße sowie das von Schinkel im frühen 19. Jahrhundert klassizistisch ausgestaltete Prinz-Albrecht-Palais Wilhelmstraße 102 gehörten als Sitz des Sichcrheitsdienstes der SS sowie des von Reinhard Heydrich beziehungsweise Ernst Kaltenbrunner geleiteten Reichssicherheitshauptamtes zu den schrecklichsten Adressen in Hitlers KZ-Staat. Unter Leitung des Reichsführers SS und obersten Polizeichefs, Heinrich Himmler, wurde hier generalstabsmäßig die Ermordung der europäischen Juden und aller anderen Menschen vorbereitet und gesteuert, die von den Nationalsozialisten wegen angeblicher rassischer Minderwertigkeit und wegen oppositioneller Tätigkeit zu Volksfeinden und Untermenschen erklärt wurden. Überdies wurden Hitlers Untertanen und die Bewohner der okkupierten Länder von hier durch ein umfangreiches System von Spitzeln überwacht. Die Massenmörder planten in der Prinz-Albrecht-Straße die Eroberung neuen Lebensraums, wie man im NS-Jargon sagte, und die Versklavung ganzer Völkerschaften (s. Generalplan Ost).

Im Westteil der Viersektorenstadt Berlins gelegen, gab es nach der Befreiung 1945 nur geringes Interesse, das durch Beschuss und Bombentreffer beschädigte, aber als Ruine erhaltene Hauptquartier des KZ-Staates zu erhalten. Abräumen und Gras drüber wachsen lassen, lautete die Parole. Das Gebiet geriet in Vergessenheit. Mit Bedauern stellte Franz von Hammerstein, ein Überlebender des KZ Buchenwald und bis 1986 Direktor der Evangelischen Akademie Berlin, 1989 fest: „Die steinernen Zeugen der NS-Gewaltherrschaft haben wir - nicht die anderen – nach 1945 abgerissen. Jedenfalls haben wir merkwürdigerweise nicht protestiert. Sie waren uns im Wege, weil wir sie aus dem Gedächtnis löschen wollten. Heute bedauern wir, dass die Zellen der Opfer, die Folterräume, die Bureaus der Täter fast vollkommen verschwunden sind. Die steinernen Beweise fehlen, die lebendigen Zeugen werden auch immer weniger."

Erst im Vorfeld der 750-Jahrfeier Berlins 1987 entsannen sich Westberliner Historiker und Bürgerinitiativen der Tatsache, dass auf dem von Gras und Büschen überwucherten Gelände nicht weit von Hitlers Reichskanzlei schreckliche Geschichte geschrieben wurde. Eine Gedenktafel vom September 1989 fordert: „Aus dem damaligen Ort der Täter muss heute ein Denkort werden, damit für die Zukunft gilt: Nie wieder Faschismus, nie wieder Krieg!". Viele Jahre legte eine provisorische Freiluft-Dauerausstellung auf dem Gelände der ehemaligen Prinz-Albrecht-Straße 8 (heute: Niederkirchnerstraße 8) Zeugnis von der Topographie des Terrors ab. Nach vielen Querelen und dem Austausch der Architekten wurde der Bau der Gedenkstätte und des Ausstellungshauses 2010 zum glücklichen Ende gebracht. Inzwischen gehört die Topographie des Terrors zu den am meisten besuchten Museen und Gedenkorten Berlins mit bisher mehr als zehn Millionen Besuchern.

PROPAGANDAKOMPANIE

Mit dem Ziel, die Bevölkerung und die Soldaten im Geiste des Nazismus zu beeinflussen und eine regimekonforme Berichterstattung zu gewährleisten, wurden mit Kriegsbeginn 1939 die Propagandakompanien (PK) gebildet. Sie unterstanden dem Oberkommando der Wehrmacht (OKW). Die PK waren zunächst den Nachrichtentruppen unterstellt, erhielten dann aber am 14. Oktober 1942 den Status einer eigenen Truppengattung. Unter ihrem Chef, dem Generalmajor und Buchautor Hasso von Wedel, wurde die Truppe Ende 1942 in die „Amtsgruppe für Wehrmachtpropaganda" umgewandelt und damit aufgewertet.

Reibereien zwischen den PK und dem Propagandaministerium blieben nicht aus. Ende 1942 waren in den PK etwa 15 000 Personen beschäftigt. Sie lieferten unzählige Meldungen und Reportagen für die NS-Medien, die auch von neutralen Staaten übernommen wurden. Wie diese Wortbeiträge unterlagen auch die von den uniformierten PK-Berichterstattern erstellten Fotos und Filmaufnahmen einer strengen Kontrolle, bevor sie für die Deutsche Wochenschau, „bunte Sendungen" im Radio sowie für die gedruckten Medien verwendet wurden.

Zu den Aufgaben der PK zählte, gefangene Juden und Soldaten in denkbar schlechtem Licht so vorzuführen, dass sie von der Bevölkerung als Kriminelle und Untermenschen wahrgenommen wurden, die zu vernichten ein heiliges Ziel aller Deutschen ist. Die in den Ghettos inszenierten Filmaufnahmen sowie Fotos von Horrorgestalten sind ebenfalls Produkte der Propagandakompanien. Als keine Siege mehr zu vermelden waren und auch Frontbegradigungen, Rückzüge und Verluste an Mannschaften und Waffen nicht mehr verheimlicht oder beschönigt werden konnten, mühten sich die PK, in Bild und Schrift Angst vor der Rache des Feindes zu schüren, sollte er weiter in das Reich vordringen.

Nach dem Ende des NS-Staates haben manche PK-Berichter im westdeutschen Medienbetrieb oder als Schriftsteller reüssiert, als sei nichts gewesen. Sie waren dabei in ihrem zweiten Leben zumindest in der Bundesrepublik Deutschland ebenso erfolgreich wie ehemaligen Richter, Wehrwirtschaftsführer, Hochschullehrer und Ärzte, denen dort bis auf Ausnahmen nichts Ernsthaftes passiert ist (s. Zweite Schuld). Einer der bekanntesten Drehbuchautoren der Nachkriegszeit war Herbert Reinecker. Im Zweiten Weltkrieg war er Kriegsberichterstatter sowie Autor propagandistischer Bühnenstücke, war aber auch als Hauptschriftleiter der HJ-Zeitschrift „Junge Welt" und als Leitartikler des SS-Organs „Das Schwarze Korps" tätig. Sein antisowjetisches Schauspiel „Das Dorf bei Odessa" zählte zu den am meisten gespielten Stücken der NS-Zeit. Sich nach 1945 zunächst mühsam als Journalist über Wasser haltend, heimste Reinecker seit den sechziger Jahren große Erfolge mit seinen Krimiserien „Der Kommissar" (1968-1975, 97

Folgen), „Derrick" (1974-1998, 281 Folgen) und weiteren Arbeiten für das bundesdeutsche Fernsehen ein, ohne dass jemand an seiner braunen Vergangenheit Anstoß genommen hätte. In der DDR wurden verschiedene Bücher von ihm aus der NS-Zeit auf den Index gesetzt. Andere bekannte Namen aus der früheren PK-Szene sind Lothar-Günther Buchheim, C. W. Ceram (eigentlich Kurt Wilhelm Marek), Ernst von Khuon, Henri Nannen, Percy Ernst Schramm und Peter von Zahn.

PROTEKTORAT BÖHMEN UND MÄHREN

Hitler vollzog die Annexion fremder Gebiete Schritt für Schritt nach einem festen Plan. In öffentlichen Äußerungen und geheimen Reden beschrieb er als Motiv den Drang der Deutschen nach neuem Lebensraum. Am 16. März 1939 proklamierter er das Reichsprotektorat Böhmen und Mähren mit Prag als Hauptstadt. Als er in den Hradschin einzog und die Hakenkreuzfahne über der Burg der böhmischen Könige wehte, konnte er zufrieden feststellen, dass ihm bei der Okkupation keiner der westlichen Großmächte in den Arm gefallen war. Massiven Drohungen ausgesetzt, hatten der tschechoslowakische Staatspräsident Emil Hacha und sein Außenminister Frantisek Hvalkovsky in Berlin eine Erklärung unterzeichnet, nach der sich das tschechische Volk unter den „Schutz" des Deutschen Reiches stellt. Unmittelbar danach rückte die Wehrmacht in das Nachbarland ein.

Zwar hatte Hitler am 30. September 1938 beim Abschluss des Münchner Abkommens beteuert, nach der Abtretung des Sudetengebiets keine weiteren Gebietsforderungen mehr stellen zu wollen. Doch hatte er schon damals die „Erledigung der Rest-Tschechei" fest im Blick. Damit nicht genug, stellte Hitler auch die zu einem Satellitenstaat degradierte Slowakei unter seinen „Schutz" und installierte dort eine ihm hörige Verwaltung. Unter der Führung von Staatspräsident Jozef Tiso und Premierminister Vojtech Tuka stehend, arbeitete die Slowakei eng mit den Nazis zusammen. Als Kriegsverbrecher und Landesverräter wurden Tiso, Tuka und ihre Helfer nach dem Ende des Zweiten Weltkriegs angeklagt und hingerichtet (s. Quisling).

Sofort nach dem deutschen Einmarsch wurden mehrere tausend Antifaschisten, Juden und andere auf schwarzen Listen verzeichnete Menschen, die nach 1933 in der Tschechoslowakei Zuflucht gefunden hatten, verhaftet und viele von ihnen ermordet. Vordringliches Ziel der Besetzung war die Ausbeutung der wirtschaftlichen Ressourcen des Landes und seine Germanisierung. Verwaltet wurde das Gebiet von Reichsprotektor Konstantin von Neurath, die Terrorpolitik aber war Sache von Staatssekretär Karl Hermann Frank und seit September 1941 von Reinhard Heydrich. Tschechische Widerstandskämpfer verübten auf ihn am 27. Mai 1942 ein Attentat, an dessen Folgen der „Schlächter von Prag", wie man Heydrich in Widerstandskreisen nannte, am 4. Juni 1942 starb. Nach dem Anschlag erlitten die Bewohner des Reichsprotektorats eine Terrorwelle ohnegleichen. Als Vergeltung für das Attentat auf Heydrich wurden 10 000 Tschechen festgenommen und mehr als 1 300 getötet. Beim Massaker von Lidice erschoss die SS 172 Männer, die älter als 15 Jahre waren, während die Frauen im KZ Ravensbrück ermordet wurden.

Das gut industrialisierte Land wurde gezwungen, einen bedeutenden Beitrag zur deutschen Kriegswirtschaft zu leisten, außerdem mussten zahllose Tschechen Zwangsarbeit verrichten. Die berühmten Škodawerke in Pilsen wurden arisiert, von den Vereinigten Stahlwerken und der Dresdner Bank erworben und an die Reichswerke Hermann Göring weiterverkauft. Allein im Skodawerk Pilsen arbeiteten 1944 45 000 Arbeiter, im ganzen Konzern waren es über 100 000. Nicht weit von Prag entfernt wurden in Theresienstadt Juden aus dem Reichsprotektorat, dem Deutschen Reich und anderen Ländern interniert und ermordet. Die aus dem 18. Jahrhundert stammende Anlage war Durchgangsstation für zahllose Juden auf dem Weg nach Auschwitz und die anderen Vernichtungslager.

Mitglieder der tschechoslowakischen Regierung waren ins Ausland geflüchtet und bildeten unter dem Präsidenten Edvard Beneš ab 1940 in London eine Exilregierung. Tschechen und Slowaken kämpften an der Seite der Westalliierten und der Roten Armee für die Befreiung ihres Landes. Im August 1944 begann der Slowakische Nationalaufstand von Teilen der slowakischen Armee und Partisanen gegen den Einmarsch der Wehrmacht in den vom Deutschen Reich abhängigen Slowakischen Staat und dessen Regierung. Nach zwei Monaten wurde diese Erhebung niedergeschlagen, und auch hier nahmen die deutschen Faschisten blutige Rache. Beneš rief 1943 seine Landsleute in einer von Großbritannien aus gesendeten Rundfunkansprache zum Widerstand auf. „In unserem Land wird das Ende dieses Krieges mit Blut geschrieben werden. Den Deutschen wird mitleidlos und vervielfacht all das heimgezahlt werden, was sie in unseren Ländern seit 1938 begangen haben. Die ganze Nation wird sich an diesem Kampf beteiligen, es wird keinen Tschechoslowaken geben, der sich dieser Aufgabe entzieht, und kein Patriot wird es versäumen, gerechte Rache für die Leiden der Nation zu nehmen." Nach Kriegsende wurden aufgrund der so genannten Beneš-Dekrete etwa drei Millionen Deutsche gezwungen, den nunmehr wiederhergestellten tschechoslowakischen Staat zu verlassen.

QUISLING, VICHY, WLASSOW-ARMEE

Der Name des wegen Hoch- und Landesverrats sowie Kollaboration mit den deutschen Besatzern hingerichteten Chefs der Nationalen Regierung in Norwegen, Vidkun Abraham Quisling, wurde nach 1945 zum Inbegriff für alle diejenigen, die bedenkenlos mit Besatzungsmächten zusammenarbeiten und damit schweren Landesverrat begehen. In den 1920-er Jahren politisch links stehend, war Quisling einer der Initiatoren von Hilfssendungen in das hungernde Russland und arbeitete in der norwegischen Botschaft in Moskau. Verbrechen der Stalinzeit ließen ihn zu einem fanatischen Antikommunisten werden, und so gründete der zeitweilige Verteidigungsminister 1933 die an faschistischen Vorbildern orientierte Partei „Nasjonal Samling" (Nationale Sammlung). Quisling schlug 1940 vor, dass die Wehrmacht sein Land „präventiv" besetzt. Als sie das tat, trat der Norweger dem deutschen Reichskommissar Josef Terboven an die Seite und beteiligte sich an Kriegsverbrechen. Die deutschen Besatzer belohnten Quisling mit dem Chefposten einer von ihnen abhängigen Regierung. Nach dem Krieg wurden viele Verräter in Norwegen zur Verantwortung gezogen, unter ihnen auch Quisling. Der Kollaborateur wurde am 24. Oktober 1945 in Oslo hingerichtet.

Quisling war nicht der Einzige, auf den die Verheißungen der italienischen und deutschen Faschisten eine Sogwirkung ausübten. Auch in anderen europäischen Ländern und den USA gab es ähnliche Bewegungen, die allzu gern mit den von Mussolini und Hitler geführten Parteien zusammengearbeitet hätten. Sogar im englischen Königshaus gab es Nazi-Sympathisanten, allen voran Edward VIII., der 1936 auf den Thron kam. Die Nazis fühlten sich geschmeichelt, von einem Royal verstanden zu werden. Allerdings kam der Monarch damit bei seinen Untertanen nicht gut an. Ende 1936 musste er nach nur elfmonatiger Regentschaft und im Ergebnis einer Verfassungskrise auf seine Krone verzichten und sich mit einem Herzogtitel zufriedengeben. Natürlich wurden Edward VIII. und weitere ausländische Nazifreunde von der Goebbels-Propaganda hofiert und manche sogar von Hitler empfangen.

Die Zusammenarbeit mit Besatzungsmächten lohnt sich am Ende nicht, das erfuhren auch Mitglieder der Vichy-Regierung, die von 1940 bis 1942 in noch unbesetzten Teilen Frankreichs amtierte. In dem von der Wehrmacht verschonten Teil des Landes errichtete der greise Marschall Philippe Pétain, der mit Deutschland und Italien einen Waffenstillstand abgeschlossen hatte, ein autoritäres Regime, das von den Deutschen abhängig war. Ministerpräsidenten der Vichy-Regierung waren Pierre Laval und François Darlan. Ihre Hoffnung, durch Kollaboration mit den Deutschen ein gewisses Maß an Eigenständigkeit bewahren zu können, erwies sich als Illusion. Das nach Vichy, einem Kurort in der Auvergne, benannte Marionettenregime wurde von General Charles de Gaulle und seiner in London sitzenden Gegenregierung bekämpft und verlor nach der Besetzung des restlichen Frankreich durch die Wehrmacht alle Wirkungsmöglichkeiten. Darlan, der im November 1942 in Nordafrika zu den Amerikanern übergelaufen war, wurde bald darauf ermordet. Nach dem Krieg hat man in Frankreich Laval erschossen. Der wegen Hoch- und Landesverrats ebenfalls zum Tod verurteilte Pétain wurde zu lebenslänglicher Haft begnadigt und starb 1951.

Auch andere Nazi-Kollaborateure in Mittel- und Osteuropa bezahlten ihre Servilität gegenüber den deutschen Besatzern mit dem Leben, so die in Ungarn herrschenden Pfeilkreuzler, deren Chef Ferenc Szálasi das Ausscheiden seines Landes aus dem Krieg verhinderte und mitverantwortlich war für die Deportation und Ermordung unzähliger Juden. Zu nennen sind auch die serbischen, kroatischen und bosniakischen Marionettenregimes und Milizen, die einen Teufelspakt mit den Nazis eingingen und später dafür zur Verantwortung gezogen wurden.

Die Waffen-SS stellte Anfang 1944 einen russischen Freiwilligenverband mit zehn Grenadier-Divisionen sowie einem Panzer-Verband und eigenen Luftstreitkräften auf. Rekrutiert wurden sowjetische Kriegsgefangene und so genannte Hilfswillige unter Führung des in deutsche Gefangenschaft geratenen ehemaligen Generalleutnants der Roten Armee Wlassow. Sie wurden im Frühjahr 1945 zum Kampf gegen die eigenen Landsleute eingesetzt. Am 11. April, unmittelbar vor der Befreiung des Konzentrationslagers Buchenwald, schossen bei Buchenwald stationierte Wlassow-Einheiten noch auf das Lager. Die Division focht am 13. April 1945 gegen einen sowjetischen Brückenkopf an der Oder-Front. Wlassow und neun seiner Generäle wurden am 1. August 1946 nach kurzem Prozess in Moskau hingerichtet. Andere des Verrats am Vaterland beschuldigte Wlassow-Leute kamen in Zwangsarbeitslager.

RATTENLINIE, KLOSTERROUTE

Zahlreichen blutbefleckten NS-Funktionären und Kriegsverbrecher gelang es nach dem Ende des Hitlerstaates, sich eine neue Identität zu verschaffen und sich durch Flucht ins Ausland der Bestrafung zu entziehen, andere begingen Selbstmord. Vergleichsweise wenige Verbrecher wurden angeklagt und zum Tod beziehungsweise zu Gefängnisstrafen verurteilt, die sie vielfach nur zum geringen Teil absitzen mussten, sofern sie im deutschen Westen lebten (s. Nürnberger Prozesse). Bei der Flucht über die so genannten Rattenlinien halfen sowohl ausländische Geheimdienste als auch hochrangige Vertreter der katholischen Kirche, weshalb auch der Begriff Klosterroute für die Ausschleusung von NS- und SS-Tätern, Kollaborateuren und anderen NS-Verbrechern – bevorzugt über Italien oder das faschistische Spanien – nach Argentinien und in andere südamerikanische Länder geprägt wurde. Religiöse, karitative und vaterländische Gründe vorgebend, beschafften der österreichische Bischof Alois Hudal und weitere Fluchthelfer für untergetauchte Nazis die zur Überfahrt notwendigen Papiere und nutzten dabei auch Dienststellen des Vatikans in Rom. Hudal sympathisierte mit dem NS-Regime. Er hatte sein Buch „Die Grundlagen des Nationalsozialismus" von 1936 Hitler gewidmet, „dem Führer der deutschen Erhebung und Siegfried deutscher Hoffnung und Größe". In einer, „Lebensbeichte eines alten Bischofs", genannten Autobiographie bekannte Hudal nicht ohne Stolz, nicht wenige „frühere Angehörige des NS und des Faschismus, besonders sog. ‚Kriegsverbrecher'" mit falschen Ausweispapieren ausgestattet zu haben, damit sie „ihren Peinigern durch die Flucht in glücklichere Länder" entkommen können.

In den westdeutschen Besatzungszonen und der jungen Bundesrepublik Deutschland gab es von beiden Kirchen protegierte Fluchthelfervereine. Besonders perfide war, dass sich NS-Verbrecher Papiere beschafften, die sie als KZ-Häftlinge oder Widerstandskämpfer auswiesen. Nutznießer der Rattenlinie waren auch kroatische Ustascha-Leute sowie weitere faschistische Quislinge, also Nazi-Kollaborateure, die befürchten mussten, vor Gericht gestellt und verurteilt zu werden.

Die USA hatten unter den Bedingungen des Kalten Kriegs kein Problem, die Erfahrungen ehemaliger NS-Funktionäre für eigene politische, militärische und wissenschaftliche Zwecke zu nutzen. Auch südamerikanische Regimes nahmen solche Personen unter ihre Fittiche und ließen sie für sich und ihre Geheimdienste, Armee und Polizei arbeiten. Einer der bekanntesten NS-Mörder, dem die Flucht gelang, war Adolf Eichmann (s. Endlösung der Judenfrage). Ihren Richtern entkamen auch der an unmenschlichen Medizin-Experimenten beteiligte Auschwitz-Arzt Josef Mengele sowie Erich Priebke, der Befehlshaber bei der Erschießung italienischer Geiseln 1944 in den Adreatinischen Höhlen bei Rom. Verschont blieb auch der ehemalige Gestapo-Chef und „Henker von Lyon" Klaus Barbie, der als Klaus Altmann vom amerikanischen Geheimdienst CIC angeworben wurde und zeitweilig dem bolivianisischen Diktator Hugo Banzer Suárez als Ausbilder und Sicherheitsberater zu Diensten war.

RAUBGOLD

In den Tiefkellern der Reichsbank, der Preußischen Staatsmünze und an anderen Orten der Reichshauptstadt hortete das NS-Regime bedeutende Vermögenswerte und während des Zweiten Weltkriegs auch Kunstschätze aus Berliner Museen. Eingelagert wurde in den Tresoren ferner das so genannte Raubgold der Nazis. Aus verschiedenen Quellen wie den Staatsbanken der okkupierten Länder oder konfisziertem Privatbesitz stammend, spielte das Edelmetall bei der Finanzierung der Kriegswirtschaft und den Planungen der Naziführung für eine Nachkriegs-Währungsordnung und den Wiederaufbau eine große Rolle.

Als die Tresore der Reichsbank Anfang 1945 geräumt und die Edelmetallbestände im thüringisches Kalibergwerk Merkers eingelagert wurden, zählte man 4173 Beutel mit Goldbarren und 207 Behälter mit Gold, Silber und Juwelen, allesamt zusammengeraubt von der SS. Viele Wertgegenstände stammten aus Konzentrations- und Vernichtungslagern, wo Sonderkommandos den eintreffenden Häftlingen Goldschmuck und Uhren abnahmen und nach ihrer Ermordung Goldzähne ausbrachen. Im Nürnberger Urteil über Mitarbeiter des Wirtschafts- und Verwaltungsamtes der SS vom 3. November 1947 wird die schaurige Dimension des Beutezuges sichtbar: „Die Gründlichkeit des Raubprogramms geht aus den aufgeführten Gegenständen hervor: Federbetten, Kissen, Decken, Wollstoffe, Schals, Regenschirme, Thermosflaschen, Kinderwagen, Kämme, Handtaschen, Gürtel, Pfeifen, Sonnenbrillen, Spiegel, Silberbestecke, Augengläser, Pelze, Uhren, Schmuckstücke. Der Angeklagte Frank vermerkte bis zum 30. April 1943 den Eingang von 94 000 Herrenarmbanduhren, 33 000 Damenarmbanduhren und 25 000 Füllfederhaltern." Behördenchef SS-Obergruppenführer Oswald Pohl übermittelte dem Reichsführer SS Himmler 1944 goldene Präzisionsarmbanduhren mit diesem Vorschlag: „Ich nehme an, dass Sie die Verteilung dieser wertvollen Geschenke für die Uhrenverteilung an die Kampftruppe vorbehalten wollen. Wegen der Spezialanzeigen sind die Uhren am besten für technische Einheiten geeignet." Die Beschenkten dürften gewusst haben, wer die Vorbesitzer waren, genauso wie die unzähligen „Volksgenossen", die mit Wäsche, Geschirr, Möbel, Kunstgegenstände, aber auch Wohnraum und Immobilien sowie weiteren Raubgütern beschenkt, korrumpiert und ruhig gestellt wurden.

Im Frühjahr 1945 stellte die 3. US-Armee unter George S. Patton wahrscheinlich den Großteil des Goldes der Reichsbank sicher – einige 100 Tonnen Gold zunächst in vermauerten Stollen der Kaligrube in Merkers/Thüringen. Der Verbleib der hier gefundenen Werte ist nicht zur Gänze geklärt. Es gibt Gerüchte darüber, dass die US-Armee das Gold beiseite geschafft hat, bevor sie das thüringische Territorium gemäß den Absprachen über die Aufteilung Deutschlands unter die Alliierten der Roten Armee überließ.

RAVENSBRÜCK

Ab November 1938 wurde in Ravensbrück bei Fürstenberg im heutigen Landkreis Oberhavel ein Konzentrationslager für Frauen eingerichtet. Im Frühjahr 1939 kamen die ersten tausend weiblichen Häftlinge, die bisher im Frauen-KZ Lichtenburg im heutigen Landkreis Torgau interniert waren, in das der SS unterstehende KZ. Im Zweiten Weltkrieg wurden zahllose weibliche, aber auch männliche Gefangene nach Ravensbrück verschleppt, wo sie in Rüstungsbetrieben unter unmenschlichen Bedingungen Zwangsarbeit verrichten mussten. Insgesamt waren 132 000 Frauen, Männer, Jugendliche und Kinder aus mehr als 40 Nationen in Ravensbrück und seinen Außenstellen inhaftiert. Unter ihnen befanden sich zahllose Juden sowie Sinti und Roma. Zehntausende starben an Hunger, Krankheiten und den Folgen der mörderischen Zwangsarbeit. Zahllose weibliche und männliche Häftlinge gingen bei sinnlosen, aber körperlich außerordentlich schweren Tätigkeiten im Sinne der von der NS- und SS-Führung befohlenen „Vernichtung durch Arbeit" zugrunde. SS-Ärzte vergingen sich ab 1942 mit medizinischen Experimenten an den Häftlingen. Als Gutachter waren sie auch an der systematischen Ermordung von so genannten Ballastexistenzen im Rahmen der Euthanasie beteiligt. Historiker gehen davon aus, dass etwa 6000 dieser „unnützen Esser" ausgemustert und ermordet wurden. Erst als gegen Ende des Krieges der Arbeitskräftemangel so groß war, dass auch kranke und schwache Häftlinge in den umliegenden Rüstungsbetrieben benötigt wurden, hat man diese Morde eingestellt.

Im April 1945 gelang es dem Schwedischen Roten Kreuz, 7500 Frauen aus Ravensbrück in die Schweiz und nach Schweden zu retten. Angesichts der sich nähernden Roten Armee wurde das KZ von der SS geräumt und die Insassen auf den Todesmarsch getrieben. Zurück blieben schwerkranke Häftlinge sowie Pflegepersonal, insgesamt rund 3000 Personen. Am 30. April 1945 erreichten sowjetische Truppen Fürstenberg und befreiten die verbliebenen Insassen des KZ Ravensbrück.

An die Leiden der weiblichen und männlichen Häftlinge und ihr qualvolles Sterben erinnert eine 1959 neben dem früheren Konzentrationslager eingeweihte Nationale Mahn- und Gedenkstätte. Sie bezieht ehemalige KZ-Anlagen wie das Krematorium, den Zellenbau und einen Teil der früheren vier Meter hohen Lagermauer ein. Im Eingangsbereich wird auf einer Inschriftenwand die Dichterin Anna Seghers mit diesen Worten zitiert: „Sie sind unser aller Mütter und Schwestern. Ihr könntet heute weder frei lernen noch spielen, ja, ihr wäret vielleicht gar nicht geboren, wenn solche Frauen nicht ihre zarten, schmächtigen Körper wie stählerne Schutzschilder durch die ganze Zeit des faschistischen Terrors vor euch und eure Zukunft gestellt hätten."

In der ehemaligen SS-Kommandantur, dem Zellenbau und weiteren Gebäuden wird die Geschichte des KZ Ravensbrück dokumentiert. Frühere Insassen kommen mit erschütternden Augenzeugenberichten zu Wort, Bilder und Dokumente schildern den durch Drangsalierung, Hunger, Krankheit und Tod gekennzeichneten Häftlingsalltag und die Verbrechen der SS-Bewacher. Zu erfahren ist auch, dass Überlebende ab Mitte der 1950-er Jahre Dokumente und Sachzeugen für ein Museum gesammelt haben, das 1959/60 im ehemaligen Zellenbau, auch Bunker genannt, eingerichtet wurde. Die Schaffung der Gedenkstätte verlief nicht einfach, denn nach der Befreiung zog die Rote Armee in die Lagerbauten ein und nutzte sie als Kaserne und Lazarett. Die Trennung von ehemaligem Lager und der Gedenkstätte wurde bis zum Abzug der sowjetischen Besatzungsmacht 1994 beibehalten. Außerhalb des Lagergeländes ist die ehemalige SS-Wohnsiedlung erhalten. Einige Häuser werden als Internationale Jugendbegegnungsstätte sowie als Jugendherberge, aber auch für Ausstellungen genutzt. An der Zufahrt zum ehemaligen Konzentrationslager ist vor einer Ziegelmauer ein sowjetischer Panzer aufgestellt, dahinter die Inschrift: „Ruhm und Ehre. Am 30. April 1945 wurde das KZ Ravensbrück von Soldaten und Offizieren der Roten Armee befreit." Die von Fritz Cremer gestaltete Müttergruppe wurde 1965 an der Straße der Nationen, dem Weg zur Gedenkstätte, aufgestellt. Zwei Frauen tragen auf einer Bahre eine dritte, tote Frau. Ein ausgemergeltes, greisenhaftes Kind verbirgt sich in den Rockfalten einer Trägerin und deutet damit an, dass auch Kinder und Jugendliche im Frauen-KZ Ravensbrück gelitten haben.

REGIERUNG DÖNITZ

Hitler bestimmte unmittelbar vor seinem Selbstmord am 30. April 1945 Karl Dönitz, Großadmiral und Befehlshaber der U-Boote, zu seinem Nachfolger als Reichspräsident und befahl ihm und dem von Joseph Goebbels geführten Kabinett, das Reich in seinem Geist weiter zu führen (s. Hitlers Ende). Dönitz war telegrafisch von seiner Ernennung informiert worden und versicherte auf dem gleichen Weg in der Nacht des 1. Mai 1945 seinem bereits toten Führer unabdingbare Treue und die Bereitschaft, den Krieg so zu Ende zu führen, „wie es der einmalige Heldenkampf des Deutschen Volkes verlangt". Der Großadmiral verkündete seinen Amtsantritt in einer Ansprache, die der Reichssender Flensburg in der Nacht vom 1. zum 2. Mai 1945 ausstrahlte. „Am Ende seines Kampfes und seines unbeirrbaren, geraden Lebensweges steht sein Heldentod in der Hauptstadt des Deutschen Reiches. Sein Leben war ein einziger Dienst für Deutschland. Sein Einsatz im Kampf gegen die bolschewistische Sturmflut galt darüber hinaus Europa und der gesamten Kulturwelt. [...] Wenn wir tun, was in unseren Kräften steht, wird auch der Herrgott nach so viel Leid und Opfern uns nicht verlassen." Am 8. Mai 1945 wandte sich Dönitz noch einmal über den Reichssender Flensburg an das Volk, um die Kapitulation der Wehrmacht mitzuteilen. Um das Leben deutscher Menschen zu retten, „habe ich in der Nacht vom 6. zum 7. Mai dem Oberkommando der Wehrmacht den Auftrag gegeben, die bedingungslose Kapitulation für alle kämpfenden Truppen auf allen Kriegsschauplätzen zu erklären. Am 8. Mai 23 Uhr schweigen die Waffen. Die in unzähligen Schlachten bewährten Soldaten der deutschen Wehrmacht treten den bitteren Weg in die Gefangenschaft an und bringen damit das letzte Opfer für das Leben von Frauen und Kindern und für die Zukunft unseres Volkes", erklärte Dönitz. Er forderte seine Landsleute auf, den Tatsachen klar ins Gesicht sehen. Die Grundlagen, auf denen sich das Deutsche Reich aufbaute, seien zerborsten, und die Einheit von Staat und Partei bestehe nicht mehr. „Die Partei ist vom Schauplatz ihrer Wirksamkeit abgetreten. Mit der Besetzung Deutschlands liegt die Macht bei den Besatzungsmächten. Es liegt in ihrer Hand, ob ich und die von mir bestellte Reichsregierung tätig sein kann oder nicht." Wie stark Dönitz die Zeichen der Zeit missverstand, zeigt sich unter anderem darin, dass er den Hitlergruß als Ehrenbezeugung beizubehalten befahl und Hitlerbilder nicht entfernen ließ. Außerdem waren Kriegsgerichte weiterhin aktiv und fällten Todesurteile, die auch vollstreckt wurden.

Die provisorische Regierung kam in Flensburg-Mürwik, dem letzten noch unbesetzten Teil des NS-Staates, nicht mehr zum Zug. Dönitz und die geschäftsführende Reichsregierung strebten einen Separatfrieden mit den Westalliierten an, um die Rote Armee aus Deutschland zurückzudrängen. Doch das war reine Illusion, denn auf den Konferenzen von Casablanca, Teheran und Jalta waren separate Abmachungen mit dem Deutschen Reich ausgeschlossen worden. Dönitz und seine Regierung wurden am 23. Mai von den Alliierten abgesetzt und verhaftet. Der Großadmiral gehörte zu den 24 Angeklagten im Nürnberger Kriegsverbrecherprozess. Wegen des Führens von Angriffskriegen, des Versenkens neutraler Schiffe in Sperrzonen und anderer Kriegsverbrechen wurde er schuldig gesprochen und am 1. Oktober 1946 jedoch nur zu zehn Jahren Haft verurteilt, die er bis zum 1. Oktober 1956 im Kriegsverbrechergefängnis Spandau vollständig verbüßte.

REICHSARBEITSDIENST

Ab Juni 1935 mussten junge Männer im Deutschen Reich den sechsmonatigen Arbeitsdienst absolvieren, doch erst nach Kriegsbeginn wurde diese Arbeitspflicht auch Mädchen und Frauen auferlegt. Der paramilitärische Reichsarbeitsdienst (RAD) war bei den Männern dem Wehrdienst vorgelagert. Ab Mitte 1944 mussten sie im Rahmen des RAD eine sechswöchige militärische Grundausbildung an Gewehren absolvieren. Bereits 1931, also noch in der Weimarer Republik, hatte die Regierung Brüning den Freiwilligen Arbeitsdienst eingeführt, dem aber angesichts der hohen Arbeitslosigkeit nur geringer Erfolg beschieden war. Die Aufgaben bestanden in der Kultivierung von Gartenland sowie der Verbesserung der Verkehrswege und ähnlichen gemeinnützigen Tätigkeiten, die meistens zehn Wochen dauerten.

Hitler erklärte am 1. Februar 1933 die Arbeitsdienstpflicht zu einem Grundpfeiler seiner Herrschaft. Sein Beauftragter Konstantin Hierl organisierte die Überführung des Freiwilligen Arbeitsdienstes in den staatlichen Arbeitsdienst mit einer Struktur, die der Reichswehr ähnelte. Damit versuchte das NS-Regime die militärischen Beschränkungen des Versailler Vertrags zu umgehen. In diesem Sinne wurden Nachrichten über militärische Ausbildung in den RAD-Lagern unterdrückt. Der von den Teilnehmern getragene Spaten war eine Art Ersatzgewehr, mit dem ähnlich wie in der Wehrmacht exerziert wurde. Ein am 26. Juni 1935 erlassenes Gesetz definierte den Reichsarbeitsdienst als Ehrendienst am deutschen Volk. „Alle jungen Deutschen beiderlei Geschlechts sind verpflichtet, ihrem Volke im Reichsarbeitsdienst zu dienen. Der Reichsarbeitsdienst soll die deutsche Jugend im Geiste des Nationalsozialismus zur Volksgemeinschaft und zur wahren Arbeitsauffassung, vor allem zur gebührenden Achtung der Handarbeit erziehen. Der Reichsarbeitsdienst ist zur Durchführung gemeinnütziger Arbeiten bestimmt." Ausgeschlossen wurden Jugendliche „nichtarischer" Abstammung und solche, die mit einer Person nichtarischer Abstammung verheiratet sind. Der RAD war am Aufbau des KZ Dachau, aber auch bei Aufforstungen sowie der Bodenkultivierung und am Deich- und Kanalbau beteiligt. Die Ableistung der Arbeitsdienstpflicht war Voraussetzung für die Zulassung zum Hochschulstudium. Wer aus gesundheitlichen Gründen nicht teilnehmen konnte, hatte eine Ausgleichstätigkeit abzuleisten. Ab 1938 rückten beim RAD Luftschutzanlagen, Flugplätzen sowie Stellungen am Westwall und dem Ostwall in den Vordergrund, was ihn quasi zu einer Bautruppe der Wehrmacht machte.

REICHSGAU WARTHELAND

Der nach dem Fluss Warthe benannte Reichsgau Wartheland, verkürzt Warthegau, war ein nach dem Krieg gegen Polen vom Deutschen Reich völkerrechtswidrig annektierte Territorium, das im Wesentlichen aus der bisher zur polnischen Republik gehörenden Landschaft Großpolen bestand. Im Reichsgau Wartheland wurde eine brutale Germanisierungspolitik nach der sogenannten Deutschen Volksliste durchgesetzt. Sie teilte die Bevölkerung in verschiedene Gruppen ein: Volksliste I: „Bekenntnisdeutsche", die sich vor dem Krieg für das „deutsche Volkstum" eingesetzt hatten (Volksdeutsche); Volksliste II: Deutschstämmige, deren Familien an deutscher Sprache und Kultur festgehalten hatten; Volksliste III: im Sinne der NS-Politik auf Widerruf „zur Eindeutschung fähige Menschen" (Eingedeutschte); Volksliste IV: gemäß „Rassegutachten" nach Umerziehung im „Alt-Reich" zur Eindeutschung fähige „Schutzangehörige" (Rückgedeutschte). Der Volksliste V wurden nicht eindeutschungsfähige eingestufte Personen und insbesondere solche jüdischer Herkunft zugeordnet. Diese wurden von der SS aus dem Warthegau ins Generalgouvernement in Ostpolen deportiert und zumeist ermordet (s. Auschwitz, Konzentrationslager, Zyklon B). Verantwortlich für die Umsetzung dieser Politik war der Leiter des Reichssicherheitshauptamts Heinrich Himmler, der am 7. Oktober 1939 durch Hitler zum Reichskommissar für die Festigung deutschen Volkstums ernannt wurde. Bereits am 30. Oktober 1939 ordnete Himmler die Germanisierung des Gebiets an. Insgesamt wurden 280 606 Personen deportiert. Einige Historiker gehen sogar von höheren Deportiertenzahlen aus, bis zu einem Maximum von 650 000 Personen.

Zusätzlich zur Deportation polnischer und jüdischer Menschen aus dem Wartheland wurden hier im Rahmen des Holocaust mehrere jüdische Ghettos errichtet. Das größte bildete das im Februar 1940 eingerichtete Ghetto Łódź/Litzmannstadt. Dort mussten insgesamt 160 000 Juden unter menschenunwürdigen Bedingungen leben. Das Ghetto wurde 1944 aufgelöst, die meisten Insassen wurden zur Zwangsarbeit im Reich oder in Vernichtungslager deportiert. Ab 1941 konzentrierte sich die NS-Politik zunehmend auf die Ansiedlung deutscher Bevölkerung im Wartheland. Unter den Schlagworten „Volk ohne Raum – Raum ohne Volk" wurden Menschen aus Deutschland auf Besitztümer vertriebener Polen gelockt. Des Weiteren wurde eine Vielzahl Volksdeutscher aus dem Gebiet der Sowjetunion und Deutschstämmiger aus den baltischen Staaten und Südosteuropa (Bessarabien-, Bukowina- und Dobrudschadeutsche) in das Wartheland umgesiedelt.

Nach der Zerschlagung des Hitlerfaschismus wurde der Warthegau durch die Festlegungen des Potsdamer Abkommens Bestandteil des polnischen Staates. Die deutsche Bevölkerung, soweit sie nicht vor dem Kriegsgeschehen geflüchtet war, wurde in die vier Besatzungszonen westlich von Oder und Neiße ausgesiedelt, während die so genannten Volksdeutschen aus dem Osten, die von den Nazis im Warthegau angesiedelt worden waren, in ihre angestammte Heimat zurück geführt wurden.

REICHSKONKORDAT, MIT BRENNENDER SORGE

Nach der Novemberrevolution 1918 und der Umwandlung des deutschen Kaiserreiches in die Weimarer Republik bemühte sich der Vatikan um den Abschluss eines Konkordats mit der Reichsregierung. Auf Länderebene konnte der Apostolische Nuntius Eugenio Pacelli, ab 1939 Papst Pius XII., solche Staatskirchenverträge mit Bayern, Preußen und Baden abschließen, während die Verhandlungen auf der Reichsebene nicht vorankamen. Das dann am 20. Juli 1933 nach langen Verhandlungen in Rom unterzeichnete Reichskonkordat legte unter anderem die Freiheit des Bekenntnisses und der öffentlichen Ausübung der katholischen Religion sowie die Sorge des Staates für die Geistlichen analog zu den Staatsbeamten fest. Geschützt wurden ferner das Beichtgeheimnis, aber auch Kirchengemeinden und andere Kirchenorganisationen als Körperschaften des öffentlichen Rechts. Das Reichskonkordat legte den Schutz von kirchlichem Eigentum, Vermögen, Rechten und gottesdienstlichen Gebäuden fest und bestimmte, dass staatliche Leistungen nur „im freundschaftlichen Einvernehmen" abgeschafft werden können. Weitere Bestimmungen betrafen die Arbeit der theologischen Fakultäten sowie den Religionsunterricht als ordentliches Lehrfach.

Die kirchenfeindlichen Vorgänge im Deutschen Reich blieben dem Vatikan nicht verborgen. In seiner Enzyklika „Mit brennender Sorge" prangerte Papst Pius XI. die Verstöße gegen das Reichskonkordat von 1933 und die Verfolgung von Geistlichen an. Das päpstliche Sendschreiben wurde insgeheim vervielfältigt und am 21. März 1937 zur gleichen Zeit in allen katholischen Kirchen verlesen, eine Unbotmäßigkeit, die Hitler und seine Leute zur Weißglut reizte. „Mit brennender Sorge und steigendem Befremden beobachten Wir seit geraumer Zeit den Leidensweg der Kirche, die wachsende Bedrängnis der ihr in Gesinnung und Tat treubleibenden Bekenner und Bekennerinnen inmitten des Landes und des Volkes, dem St. Bonifatius einst die Licht- und Frohbotschaft von Christus und dem Reiche Gottes gebracht hat", heißt es in der Enzyklika. Die Anklage aus Rom richtete sich gegen den Germanen- und Herrenmenschenkult. Er wurde vor allem von der SS gepflegt, die ihre Angehörigen zum Austritt aus der Kirche drängte.

Nach Kriegsbeginn mühte sich das NS-Regime um eine Art Burgfrieden mit den Kirchen, weshalb Hetze und Verfolgung von Geistlichen zurückgingen, aber nicht eingestellt wurden. 1939 wurde Eugenio Pacelli als Pius XII. zum Papst gewählt. Er unterließ es, Hitlers Agressionspolitik zu verurteilen. Analog zu Benedikt XV. im Ersten Weltkrieg, so veröffentlichte Pius XII. im Zweiten Weltkrieg allgemeine Friedensappelle, in denen er klare Schuldzuweisungen vermied.

Nach dem deutschen Einmarsch in die Sowjetunion 1941 hob Pius XII. das Verbot seines Vorgänger Pius XI. auf, dass Katholiken mit Kommunisten zusammenarbeiten. Der Papst unterrichtete amerikanische Bischöfe von seinem Meinungswechsel, die ihrerseits von der so lange abgelehnten Hilfe der USA für die Sowjetunion abrückten und von nun an amerikanische Waffen- und Ausrüstungslieferungen unterstützten.

Es bleibt festzuhalten, dass Pius XII. Ende 1943 versuchte, von Deportation in die Vernichtungslager bedrohte jüdische Bewohner Roms zu retten. Das gelang nur unzureichend, aber wenigstens erhielten über 4500 untergetauchte Juden Asyl in Klöstern und Kirchen und erlebten die Befreiung am 4. Juni 1944 durch amerikanische Truppen.

In seinem 1963 uraufgeführten Schauspiel „Der Stellvertreter" hat Rolf Hochhuth die Haltung des Vatikan zum Holocaust einer kritischen Sicht unterzogen. Das seinerzeit stark umstrittene Stück wirft dem Oberhaupt der katholischen Kirche vor, sich nicht genug für die in Rom lebenden und vom Tod bedrohten Juden eingesetzt zu haben, was von diesem und seinen Nachfolgern auf dem Stuhl Petri aber zurück gewiesen wurde.

Dass der Papst in seiner Eigenschaft als Botschafter des Vatikans im Deutschen Reich und nach seiner Wahl 1939 zum Papst verabsäumte, unleugbaren Hinweisen auf die Judenverfolgung und den alltäglichen Terror im NS-Staat nachzugehen und dagegen seine Stimme zu erheben, wirft einen schweren Schatten auf seine Biographie. Wenn er davon sprach, dass „Hunderttausende ohne eigenes Verschulden, bisweilen nur aufgrund ihrer Nationalität oder Rasse dem Tod oder fortschreitender Vernichtung preisgegeben sind", vermied er es, Ross und Reiter zu nennen.

REICHSKRIEGSGERICHT

1936 gegründet und in Berlin in der Witzlebenstraße ansässig, war das Reichskriegsgericht für militärische Strafverfahren zuständig. Es urteilte über Hochverrat, Landesverrat, Wehrkraftzersetzung, Kriegsdienstverweigerung und Desertion. Im Zweiten Weltkrieg waren bei den Kriegsgerichten rund drei Millionen Strafverfahren anhängig. Mindestens 40 000mal, wahrscheinlich aber viel mehr, sprachen Militärrichter die Todesstrafe über Soldaten aus, und fast alle wurden vollstreckt. Der Präsident des Reichskriegsgerichts konnte Urteile bestätigen oder aufheben, sofern Hitler als Oberster Gerichtsherr der Wehrmacht, wie er sich nannte, sich dies nicht selber vorbehielt.

Einer der Erschießungsplätze war die Murellenschlucht nordwestlich des Berliner Olympiageländes gleich hinter der Waldbühne, die in NS-Zeiten nach einem „Helden" der Nazibewegung Dietrich-Eckart-Bühne hieß. In dem Waldgebiet wurden zahlreiche vom Reichskriegsgericht verurteilte Wehrdienst- und Befehlsverweigerer sowie Deserteure erschossen. Unter hohen Bäumen erinnern Inschriften an die hier und in Plötzensee ermordeten Opfer der faschistischen Militärjustiz. Da das Gelände von der Berliner Polizei genutzt wird und nicht zugänglich ist, sprechen Kritiker von einem Gedenken zweiter Klasse und fordern ein sichtbares Zeichen auf dem Weg zur Waldbühne oder zum Glockenturm des Olympiastadions. Gedenktafeln vor dem ehemaligen Reichskriegsgericht ehren die Opfer der NS-Militärjustiz und halten die Erinnerung an dieses grausige Kapitel unserer jüngeren Vergangenheit wach.

Wie den Richtern des Volksgerichtshofs und anderen „furchtbaren Juristen" ist auch den Mitarbeitern des Reichskriegsgerichts nach dem Ende der NS-Diktatur in der BRD kaum etwas geschehen (s. Zweite Schuld). So galt lange das Buch des NS-Juristen Erich Schwinge „Die deutsche Militärjustiz in der Zeit des Nationalsozialismus" von 1977 als Standardwerk. Er hatte gefordert, dass die Aburteilung eines Fahnenflüchtigen straff und schnell erfolgen und der Urteilsspruch sofort vollstreckt werden soll. Der Autor des ab 1936 in mehreren Auflagen verlegten Kommentars zum Militärstrafgesetzbuch war nach dem Krieg an der Universität Marburg als Professor tätig. Ein anderer Militärrichter war Hans Filbinger, der im besetzten Norwegen an Todesurteilen gegen Wehrmachtsangehörige beteiligt war. Seine Enttarnung als Blutrichter durch den Schriftsteller Rolf Hochhuth (s. Reichskonkordat) löste 1978 die Filbinger-Affäre aus, in deren Verlauf der als Ministerpräsident von Baden-Württemberg amtierende Jurist zurücktreten musste. Er tat dies mit der Behauptung, durch ihn sei niemand zu Tode gekommen und er sei sogar Gegner des NS-Regimes gewesen.

REICHSKULTURKAMMER

Um das kulturelle Leben kontrollieren und gängeln zu können, gründete Propagandaminister Goebbels 1933 die Reichskulturkammer. Für die Bildung der in Berlin ansässigen und dem Propagandaministerium unterstellten Behördewurde am 22. September 1933 ein spezielles Gesetz erlassen. Ihr waren danach die Reichsschrifttumskammer, die Reichsfilmkammer, die Reichsmusikkammer, die Reichstheaterkammer, die Reichspressekammer und die Reichsrundfunkkammer unterstellt. Die Behörde diente der staatlichen Organisation und Überwachung all dessen, was mit Kultur und Kunst im weitesten Sinne zu tun hatte. Wer im Kulturbereich tätig sein wollte, musste Mitglied einer der Kammern sein. Alle anderen durften weder publizieren noch ausstellen oder sich sonst wie künstlerisch betätigen, was natürlich viele nicht davon abhielt, die Verbote zu umgehen. Voraussetzung für eine Mitgliedschaft in der Reichskulturkammer und seinen Unterorganisationen waren der Ariernachweis und politische Unbedenklichkeit. Mit Berufsverbot belegt wurden Maler und Bildhauer, aber auch Schriftsteller, Musiker und andere Personen, die für „entartet" gehalten wurden oder weil man sie „linker" Einstellungen verdächtigte. Den Kammern angeschlossen waren weitere berufsständische Organisationen, für die ähnlich unerbittliche Aufnahmekriterien bestanden.

In Ausnahmefällen konnten Künstler ihren Beruf ausüben, ohne einer Organisation der Reichskulturkammer anzugehören. Ein bekanntes Beispiel dafür ist der Dresdner Schriftsteller und Publizist Erich Kästner, der 1933 in Deutschland blieb. Mit dem Epigramm „Notwendige Antwort auf überflüssige Fragen" erklärte er seine Haltung so: „Ich bin ein Deutscher aus Dresden in Sachsen. / Mich lässt die Heimat nicht fort. / Ich bin wie ein Baum, der – in Deutschland gewachsen – wenn's sein muss, in Deutschland verdorrt." Kästner musste zusehen, wie seine Werke bei der Bücherverbrennung am 10. Mai 1933 in Flammen aufgingen. Seine Aufnahme in die Reichsschrifttumskammer wurde abgelehnt, weil man ihn für einen „Kulturbolschewisten" hielt. Die Folge war, dass der Autor nur noch in der Schweiz veröffentlichen konnte. Dessen ungeachtet war er weiter im Deutschen Reich unter einem Pseudonym tätig und schrieb aufgrund einer Ausnahmegenehmigung unter dem Namen Berthold Bürger sogar das Drehbuch für den erfolgreichen Ufa-Farbfilm „Münchhausen" aus dem Jahr 1943 mit Hans Albers in der Titelrolle.

Neben den vielen Emigranten, denen das Regime keine Träne nachweinte, gab es auch solche, um deren Rückkehr es sich vergeblich bemühte. An der Spitze der Liste stand die Filmschauspielerin Marlene Dietrich, die bereits 1930 nach ihrem sensationellen Erfolg in dem Streifen „Der blaue Engel" in die USA gegangen war. Lockangebote von Goebbels, nach Deutschland zurückzukommen und dort allerbeste Arbeitsmöglichkeiten wahrzunehmen, lehnte sie ab. Stattdessen nahm die Diva 1939 die US-amerikanische Staatsbürgerschaft an, half Emigranten, die aus Nazideutschland geflohen waren, und engagierte sich im Krieg bei der Betreuung der US-Truppen.

REICHSMARSCHALL

Speziell für Hermann Göring wurde am 19. Juli 1940 der Titel Reichsmarschall geschaffen. Mit diesem stand der zweite Mann in Hitlers Staat nominell über den Generalfeldmarschällen, von denen am gleichen Tag ein ganzes Dutzend ernannt wurde. Der Dienstgrad Reichsmarschall des Großdeutschen Reiches war mit keiner besonderen Kommandofunktion und auch keiner herausragenden Machtfülle verbunden, sondern diente nur der Befriedigung der Eitelkeit des Mannes, der einen geradezu barocken Lebensstil pflegte und sich von oben bis unten mit Orden behängte. Wenn über den dicken Hermann gewitzelt wurde, er trage über seiner Ordensschalle einen Pfeil mit dem Hinweis „Fortsetzung auf dem Rücken", dann war damit seine Vorliebe für blitzende Sterne gemeint. Ein von der Berliner Chansonette Claire Waldoff gesungener Gassenhauer wurde vom Volksmund um diese Zeilen „Rechts

Lametta, links Lametta und der Bauch wird immer fetta / und in Preußen ist er Meesta - Hermann heeßta!" ergänzt. Als sich Göring am Beginn des Zweiten Weltkriegs zu der Äußerung hinreißen ließ, er wolle „Meier" heißen, wenn sich nur ein britisches Flugzeug über Deutschland blicken lasse, und alsbald eine Stadt nach der anderen von Briten und Amerikanern bombardiert wurde, hat man ihn insgeheim „Hermann Meier" genannt, weil er die Deutschen „angemeiert" hat (s. Luftkrieg, Flüsterwitze).

Im Ersten Weltkrieg mit dem Orden Pour le mérite ausgezeichnet und daher von Hitler als besonders vorzeigbar gefördert, stieg der Hauptmann der Luftwaffe und Führer eines Jagdgeschwaders in der NS-Hierarchie steil nach oben. 1932 wurde Göring Präsident des Reichstages, 1933 preußischer Ministerpräsident und Reichsminister für Luftfahrt, 1934 Reichsforstmeister und Reichsjägermeister, 1935 Oberbefehlshaber der Luftwaffe, 1936 Beauftragter für den Vierjahresplan sowie 1937 Gründer und Namensgeber der Reichswerke Hermann-Göring. 1941 erteilte er im Auftrag von Hitler an Reinhard Heydrich den Auftrag, Vorbereitungen zur Endlösung der Judenfrage zu treffen. Göring gab sich wie ein Renaissancefürst als Mäzen und Beschützer der Künste aus. Glashart in Machtfragen und eiskalt, wenn es darum ging, politische Gegner und „rassisch Minderwertige" auszuschalten, umgab er sich gern mit klingenden Namen, förderte Schauspieler, Dichter und Maler, sofern sie ins Weltbild der Nazis passten.

Während Hitler und Goebbels Ende April 1945 im Bunker unter der Reichskanzlei noch auf den Endsieg hofften, setzten sich andere NS-Führer aus dem zerstörten Berlin ab. Göring schaffte es mit seinem Sonderzug bis nach Berchtesgaden. Zwar überlebte der Reichsmarschall das Kriegsende am 8. Mai 1945 in Bayern, doch nach seiner Gefangennahme durch die Amerikaner schrumpfte er ziemlich schnell auf normale Größe. Die Fracht in seinem Sonderzug – Kunstschätze, Juwelen, Gold, Pelze, Möbel, Dokumente – fiel erst den Franzosen in die Hände und ging dann an die Amerikaner. Görings Residenz Carinhall in der Schorfheide nördlich von Berlin, in der früher Tagen rauschende Feste gefeiert wurden und sich der Reichsmarschall in abenteuerlichen Verkleidungen und mit kostbaren Juwelen behängt spreizte, wurde vor der Ankunft der Roten Armee dem Erdboden gleich gemacht.

Der auch in den eigenen Reihen als Prasser und Parasit verachtete Göring gab sich während des Nürnberger Kriegsverbrecherprozesses als Mann aus, der nur das Beste für sein Volk wollte. Er genoss seine Rolle als „Nazi Nummer 1" und wies, das Gericht ab und zu belehrend und korrigierend, jede Schuld an den NS-Verbrechen von sich auf andere und vor allem auf seinen toten Führer. Der ehemalige Reichsmarschall wurde in den vier Anklagepunkten – Verschwörung gegen den Weltfrieden, Planung, Entfesselung und Durchführung eines Angriffskrieges, Verbrechen gegen das Kriegsrecht und Verbrechen gegen die Menschlichkeit – schuldig gesprochen und zum Tod durch den Strang verurteilt. Als das Urteil am 16. Oktober 1946 vollstreckt werden sollte, brachte sich der ehemalige Reichsmarschall mit Zyankali um, das der Wachmannschaft verborgen geblieben war. Seine Leiche wurde zu den Erhängten gelegt und mit diesen verbrannt; die Asche aller Gehenkten spülte ein kleiner Bach fort.

REICHSPARTEITAG

Im Festkalender der NSDAP und des NS-Staates standen die alljährlich in Nürnberg veranstalteten Reichsparteitage ganz oben. Jedesmal mussten große Menschenmassen bei den Reichsparteitagen antreten. Die mit mächtigen Fahnenreihen und nachts in den Himmel strahlenden Lichtdomen immer Anfang September in Nürnberg veranstalteten Reichsparteitage hatten jeweils ein besonderes Motto, und zwar Sieg des Glaubens (1933), Triumph des Willens (1934), Reichsparteitag der Freiheit (1935), Reichsparteitag der Ehre (1936), Reichsparteitag der Arbeit (1937) und Reichsparteitag Großdeutschlands (1938). Der Reichsparteitag des Friedens 1939 fiel wegen des Kriegsbeginns ins Wasser. Die Aufmärsche, Paraden, Appelle und das Totengedenken erreichten durch Presse, Rundfunk und Wochenschau größte Verbreitung. Die Filmaufnahmen unter der Regie von Leni Riefenstahl zeigen, wie das Regime den gemeinsamen Willen über das Individuum stellte und die Volksgenossen ganz und gar seiner Ideologie unterwarf.

Die ersten beiden Reichsparteitage fanden Anfang 1923 in München und im Juli 1926 in Weimar statt. Weitere Treffen dieser Art standen bis zur Errichtung der NS-Diktatur unter dem Eindruck erbitterter Auseinandersetzungen zwischen Nazis und Kommunisten. Die ab 1933 veranstalteten Reichsparteitage dauerten etwa eine Woche und hatten das Ziel, die Verbundenheit zwischen Führung und Volk zu festigen. Besonders gravierende Folgen hatte der Reichsparteitag 1935, bei dem die Wiedereinführung der Wehrpflicht und die Befreiung von den Fesseln der Versailler Vertrags, so die damalige Diktion, gefeiert wurden. Der Parteitag bot zugleich den Rahmen für die Verkündung der Nürnberger Rassengesetze, die der Verfolgung und Ausgrenzung der jüdischen Bevölkerung Tür und Tor öffneten. Da der Reichstag diesen Gesetzen formal zustimmen musste, wurden die Abgeordneten extra nach Nürnberg beordert, um das Verfahren als Wille des Volkes ausgeben zu können.

Nürnberg erhielt 1935 den Titel „Stadt der Reichsparteitage" und gehörte außerdem zu den besonders durch hohe Bauzuschüsse geförderten Führerstädten. Das von Albert Speer, dem Gestalter der Welthauptstadt Germania und späteren Rüstungsminister, für eine halbe Million Teilnehmer konzipierte Gelände war elf Quadratkilometer groß, doch wurden die Baupläne nur zur Hälfte verwirklicht, wie andere Nazi-Großbauten auch. Die Luitpoldarena war der damals größte Aufmarschplatz der Welt und bot Platz für 150 000 Teilnehmer. Ein Torso blieb die für 50 000 Besucher bestimmte Kongresshalle, die heute ein Dokumentationszentrum beherbergt. Das Zeppelinfeld war für 250 000 Teilnehmer und 70 000 Zuschauer bestimmt. Außerdem sollte noch ein riesiges Teilnehmerlager gebaut werden. Der Reichsadler mit Hakenkreuz über der Rednertribüne und weitere Naziembleme wurden gleich nach dem Ende der Diktatur gesprengt.

Die Stadt Nürnberg informiert auf dem heute für Rockkonzerte,

Volksfeste und andere Veranstaltungen genutzten Reichsparteitagsgelände mit großen Bild- und Schrifttafeln über Geschichte und Ablauf der Inszenierungen während der NS-Zeit. Weitere Tafeln schildern die Nutzung des 380 Hektar großen Areals und seiner Monumentalbauten nach 1945. Bei den Diskussionen über das ehemalige Reichsparteitagsgelände geht es um die Frage, was saniert werden soll beziehungsweise was „kontrolliertem Verfall" zu überlassen wäre. Grundsätzlich hat sich die Stadt Nürnberg für den Erhalt entschieden, doch sind die Einzelheiten noch nicht festgelegt. Ergebnisse der gegenwärtig laufenden Untersuchungen werden 2016 erwartet. Die Kosten liegen bei 70 Millionen Euro, die vom Bund, dem Freistaat Bayern und der Stadt Nürnberg aufgewendet werden sollen. Das Baukonzept wird durch ein Bildungskonzept ergänzt, das das Gelände zu einem historischen Lernort machen soll.

REICHSPOGROMNACHT, REICHSKRISTALLNACHT

In Berlin und dem ganzen Deutschen Reich brannten am 9. November 1938 die Synagogen. Nach damaligen Statistiken sollen bei dem Novemberpogrom 1938 etwa 400 Menschen ums Leben gekommen sein, weitere begingen Selbstmord. Die wirkliche Opferzahl dürfte viel höher gewesen sein. Fast alle der etwa 1 400 Synagogen lagen in Schutt und Asche, rund 7 500 Geschäfte waren ausgeraubt und niedergebrannt, etwa 30 000 männliche Juden wurden als „Vergeltung" für das Attentat in die KZ eingeliefert, aus denen viele lebend nicht mehr heraus kamen. Eine von Hermann Göring, dem späteren Reichsmarschall, unterzeichnete Verordnung verpflichtete die Juden zu einer „Sühneleistung". Sie erlegte Juden deutscher Staatsangehörigkeit eine Kontribution von einer Milliarde Reichsmark an das Deutsche Reich auf.

Offizieller Auslöser für den antijüdischen Gewaltakt war das Attentat des aus Hannover stammenden Herschel Grynszpan am 7. November 1938 auf Ernst vom Rath, Legationsrat an der deutschen Botschaft in Paris. Grynszpan war 1935 als Vierzehnjähriger nach Frankreich emigriert, weil es als Jude für ihn in Deutschland keine Zukunft gab. Anfang November 1938 erfuhr er in Paris durch eine Postkarte seiner Schwester aus Polen, dass seine Eltern, die noch polnische Staatsbürger waren, obwohl die Familie schon seit 27 Jahren in Deutschland lebte, am 28./29. Oktober 1938 in einer reichsweiten gewaltsamen „Polenaktion", verhaftet und nach Polen deportiert worden waren. Von dieser Massenabschiebung waren etwa 17 000 Juden betroffen. Unter ihnen war der spätere Literaturkritiker Marcel Reich-Ranicki, der in seinem Erinnerungsbuch „Aus meinem Leben" eingehend das jüdische Leben in Berlin während der Nazizeit, seinen Zwangsaufenthalt im Warschauer Ghetto, und sein Leben im Untergrund und die Flucht mit seiner Frau vor drohender Deportation in das Vernichtungslager Treblinka geschildert hat.

Die deutsche Justiz versuchte, auf den 1939 in Frankreich eröffneten Prozess gegen Grynszpan Einfluss zu nehmen und den Attentäter als Werkzeug des internationalen Judentums zu dämonisieren. Nach dem gewonnenen Krieg gegen Frankreich fiel Grynszpan in deutsche Hände, und so wurde gegen ihn ein Schauprozess vor dem Volksgerichtshof mit dem Ziel vorbereitet, die Tat als Argument für den Massenmord an den europäischen Juden auszuschlachten und ausländische Hilfe für Juden in Deutschland zu blockieren. Das Interesse an dem Gerichtsverfahren schwand, als Grynszpan auszusagen drohte, sein Opfer aus der Pariser Homosexuellenszene zu kennen. Damit durchkreuzte er die Strategie der Nationalsozialisten. Die Ankläger mussten befürchten, dass Grynszpan im geplanten Prozess die wahrscheinliche Homosexualität vom Raths und eventuell anderer Nationalsozialisten in Paris zur Sprache bringen würde (s. Paragraph 175). Der Prozess platzte, der Attentäter kam in das KZ Sachsenhausen, später in ein Magdeburger Zuchthaus, wo er wohl den Tod fand.

Der Tod des deutschen Diplomaten wurde von den Nazis als Beweis für eine jüdische Weltverschwörung ausgeschlachtet und weitete sich zu einem von ganz oben, mit Hitlers Billigung, angestachelten Gewaltakt aus, wie es ihn in Deutschland so noch nie gegeben hatte. In seinem

Tagebuch hielt Goebbels triumphierend fest, die Juden sollten einmal den Volkszorn zu spüren bekommen. „Ich gebe die entsprechenden Anweisungen an Polizei und Partei. Dann rede ich kurz dementsprechend mit der Parteiführerschaft. Stürmischer Beifall. Alles saust an die Telefone. Nun wird das Volk handeln. Einige Laumänner machen schlapp. Aber ich reiße immer wieder alle hoch. Diesen feigen Mord dürfen wir nicht unbeantwortet lassen."

In der Pogromnacht drangen Partei- und SA-Schläger mit Äxten, Brechstangen, Hämmern, Messern, Schusswaffen, Fackeln und anderen Gegenständen in Synagogen und andere jüdische Einrichtungen ein, steckten Gebäude in Brand, zerschlugen Türen und Fenster und raubten, was ihnen in die Finger kam. Das gleiche geschah mit jüdischen Geschäften sowie mit Wohnungen, wobei die Nazipresse behauptete, es seien nur solche reicher Juden betroffen gewesen.

Unter der scheinheiligen Überschrift „Ist die Judenfrage gelöst?" zog das Hetzblatt „Der Stürmer" diese von Lügen und Heuchelei strotzende Bilanz: „Des deutschen Volkes bemächtigte sich eine ungeheure Erregung. Noch in der Nacht vom 9. auf 10. November demonstrierten die Massen vor jüdischen Geschäften und den Prunkwohnungen jüdischer Volksaussauger. Es war unvermeidlich, dass dabei etliche Schaufensterscheiben zerbrochen wurden und die eine oder andere jüdische Herrschaftswohnung an ihrem strahlenden Glanze Einbuße erleiden musste." Dass die Auslandspresse das Geschehen als die „grauenhaftesten Judenverfolgungen" anprangerte, wurde als Gräuelmärchen abgetan.

Die Herkunft der euphemistischen Bezeichnung Kristallnacht oder Reichskristallnacht für die Gewalt- und Mordaktion ist unklar. Anscheinend wurde der Begriff erst nach dem Ende des Nazistaates erfunden. Bis heute wird er von manchen gedanken- und geschichtslos verwendet, vergleichbar wie Drittes Reich, Sonderbehandlung, Gleichschaltung, innerer Parteitag oder Selektion. In der damaligen Presse war von spontaner Demonstration, Antwort im Sinne des gesunden Volksempfindens oder Vergeltung auf den jüdischen Anschlag in Paris die Rede.

REICHSTAGSBRAND, BRAUNBUCH

In der Nacht vom 27. auf den 28. Februar 1933 brannte das Reichstagsgebäude in Berlin. Der Brand beruhte auf Brandstiftung. Am Tatort festgenommen wurde der Holländer Marinus van der Lubbe. Allerdings konnten die Umstände und vor allem seine Täterschaft nicht einwandfrei geklärt werden; sie sind auch heute noch Gegenstand kontroverser Debatten. Unbestritten sind die politischen Folgen. Bereits am 28. Februar 1933 wurde die Verordnung des Reichspräsidenten zum Schutz von Volk und Staat (Reichstagsbrandverordnung) erlassen. Damit wurden die Grundrechte der Weimarer Verfassung praktisch außer Kraft gesetzt und der Weg freigeräumt für die legalisierte Verfolgung der politischen Gegner der NSDAP durch Polizei und SA. Eine der ersten Maßnahmen war das Verbot der KPD. Die Reichstagsbrandverordnung war eine entscheidende Etappe in der Errichtung der faschistischen Diktatur.

Der preußische Ministerpräsident und spätere Reichsmarschall Göring gab noch in der Brandnacht die Parole aus, der Anschlag sei Ergebnis einer kommunistischen Verschwörung gegen das „neue Deutschland". Das Nazi-Blatt „Völkischer Beobachter" sah in ihm ein „Zeichen zur Entfesselung des kommunistischen Aufstandes" und kündigte „schärfste Maßnahmen gegen die Terroristen" an. Abgeordnete sowie Funktionäre der KPD, der SPD und der Gewerkschaften wurden verhaftet und in die gerade erst errichteten Schutzhaft- und Konzentrationslager gebracht. Am 23. März 1933 stimmte der Reichstag gegen die Stimmen der SPD dem Ermächtigungsgesetz zu, das die bürgerlichen Rechte und Freiheiten außer Kraft setzte und Hitler unbeschränkte Machtbefugnisse erteilte. Das in der Krolloper gegenüber dem Reichstagsgebäude tagende Parlament hatte sich damit selbst entmachtet.

Das beschädigte Reichstagsgebäude wurde in der Nazizeit nur noch notdürftig für Ausstellungen genutzt, das ohnehin NS-hörige Parlament kam hier nie wieder zusammen. Die Rote Fahne, die Ende des

Zweiten Weltkriegs auf der Ruine des Reichstagsgebäudes von Rotarmisten gehisst wurde, bedeutete auch das Ende der Hitlerdiktatur. Der Wiederaufbau des Gebäudes erfolgte in mehreren Etappen und großen Unterbrechungen. Seit 1999 tagt im Reichstag der Deutsche Bundestag. Die nach Plänen von Norman Foster konstruierte gläserne Kuppel auf dem Haus ist ein beliebtes Wahrzeichen Berlins.

Die polizeilichen Ermittlungen und gerichtlichen Voruntersuchungen richteten sich gegen den holländischen Kommunisten Marinus van der Lubbe sowie gegen den deutschen Kommunisten Ernst Torgler und die drei bulgarische Kommunisten Georgi Dimitrow, Blagoi Popow und Wassil Tanew. Am 21. September 1933 wurde der Prozess vor dem IV. Strafsenat des Reichsgerichts in Leipzig eröffnet. Die Verhandlungen waren in weiten Teilen geprägt von politischen Auseinandersetzungen. Der damalige Reichstagspräsident und preußische Ministerpräsident Hermann Göring griff die Kommunisten scharf an, ließ sich aber von Dimitrow mit einer den Faschismus entlarvenden Verteidigungsrede aus der Fassung bringen. Auch Propagandaminister Joseph Goebbels machte keine gute Figur, denn es gelang ihm nicht, den Eindruck eines nationalsozialistischen Schauprozesses zu entkräften. Das Urteil, zu dem keine Revision möglich war, erging am 23. Dezember 1933. Danach wurde zwar die These einer kommunistischen Verschwörung aufrechterhalten, die Angeklagten Torgler, Dimitrow, Popow und Tanew aber wurden aus Mangel an Beweisen freigesprochen. Van der Lubbe wurde zum Tode verurteilt und Anfang 1934 hingerichtet. Hitler war über die Freisprüche so erbost, dass er die Gründung des Volksgerichtshofs als ein von ihm abhängiges politisches Tribunal verfügte. Das rechtwidrige Urteil gegen Marinus van der Lubbe wurde erst 2007 vom Bundesgerichtshof aufgehoben.

Der Reichstagsbrand am 28. Februar 1933, das Verfahren vor dem Reichsgericht sowie die Woge des Terrors und der Gewalt im Land fanden große internationale Aufmerksamkeit. Antifaschisten trugen die erschreckenden Fakten zusammen und veröffentlichten sie 1933 in Bern das „Braunbuch über Reichstagsbrand und Hitlerterror". Diese und andere außerhalb des Deutschen Reichs publizierte Dokumentationen erklärten, dass die Nazis den Brand selber gelegt haben, um ihn dem politischen Gegner in die Schuhe schieben zu können. Das Braunbuch mit einem Vorwort des prominenten britischen Politikers Lord Marley lässt zahlreiche Naziopfer mit erschütternden Berichten zu Wort kommen und zitiert aus Stellungsnahmen von antifaschistischen Organisationen rund um den Globus. Die Dokumentation schildert die ganze Brutalität, die bei der Umgestaltung der parlamentarischen Demokratie in eine faschistische Diktatur an den Tag gelegt wurde, und mit welchem Tempo alle Errungenschaften des, wie die Nazis sagten, Weimarer Systems abgeschafft wurden.

Das Braunbuch wurde zum Vorbild für weitere Darstellungen über politische Verbrechen und kriminelle Machenschaften der Nazis. Die Enthüllungsliteratur wird unter dem Begriff Farbbücher zusammengefasst. Nach der Art der Umschläge nennt man die von Regierungen auch zur Selbstdarstellung benutzten Publikationen Weiß-, Schwarz-, Rot- oder Blaubücher. In England berichten die Blue books seit 1624 über diplomatischen Aktivitäten und die Korrespondenzen zwischen dem Außenministerium und der Regierung. Da die amtlichen Veröffentlichungen zur auswärtigen Politik in Deutschland weiße Umschläge haben, nennt man sie Weißbücher.

REICHSWEHR, WEHRMACHT, ERSATZHEER

Der Versailler Friedensvertrag von 1919 stutzte die Stärke des deutschen Heers auf 100 000 Berufssoldaten zurück, und auch der Marine sprach er nur noch 15 000 Mann zu. Die stark geschrumpften Streitkräfte der Weimarer Republik sollten nur noch Aufgaben zur Aufrechterhaltung der öffentlichen Ordnung und die Grenzsicherung wahrnehmen. Ein Generalstab, aber auch schwere Waffen wie Geschütze mit großem Kaliber sowie Panzerfahrzeuge, U-Boote und Großkampfschiffe waren ihr verwehrt, ebenso Luftstreitkräfte. Die Reichswehrsoldaten wurden auf die Weimarer Verfassung vereidigt. Nach ihr waren Reichspräsident Friedrich Ebert bis 1925 sowie Paul von Hindenburg von 1925 bis zu seinem Tod 1934 Oberbefehlshaber der Reichswehr. Zur Überwachung der militärischen Bestimmungen richteten die Siegermächte des Ersten Weltkriegs eine bis 1927 tätige internationale Militärkontrollkommission ein. Der Versailler Vertrag sah für 15 Jahre die Besetzung des linken Rheinufers und von Brückenköpfen durch alliierte Truppen sowie die Entmilitarisierung des Rheinlands vor.

Die Reichswehr umging während der Weimarer Republik die Rüstungsbeschränkungen durch Übungen mit Artillerie, Flugzeugen und Panzern in der Sowjetunion, während Generalstabsoffiziere in getarnten Führerschulen unterrichtet wurden. Soldaten wurden an Panzerattrappen und weiteren Geräten ausgebildet, deren Gebrauch durch den Versailler Vertrag verboten war. Neben der regulären Reichswehr gab es eine „schwarze Reichswehr", deren Existenz den Siegermächten verborgen blieb. In der Endphase der Weimarer Republik gewann die Reichswehr größeren Einfluss auf die Politik, weil sich der ehemalige Generalfeldmarschall Paul von Hindenburg als Reichspräsident bevorzugt mit Generalen und Offizieren umgab. Während überall gespart wurde, bekam die Reichswehr jene Mittel, die sie zur Modernisierung ihrer Waffen und zur Ausbildung von Heer und Marine brauchte.

Hitler benötigte die Reichswehr als Gegengewicht zur Terrortruppe SA seiner eigenen Partei, aber auch um sein Ansehen als starke Ordnungskraft im In- und Ausland zu heben. Am 3. Februar 1933 stellte er den Reichswehrgenerälen sein Regierungsprogramm vor und versprach ihnen, dass die Armee der alleinige Waffenträger im Deutschen Reich sei und bleibe. Die regulären Streitkräfte unterstützten die Entmachtung der SA beim Röhm-Putsch im Sommer 1934. Als Reichspräsident Paul von Hindenburg am 2. August 1934 starb, ließ Reichswehrminister Werner von Blomberg die Truppe auf Hitler schwören. Diese Eidesleistung sollte später bei den Debatten im militärischen Widerstand eine Rolle spielen, ob der Diktator getötet werden soll oder nicht (s. 20. Juli 1944).

Die allgemeine Wehrpflicht wurde am 16. März 1935 verkündet, die Reichswehr hieß ab diesem Zeitpunkt Wehrmacht. Das Reichsheer wurde ab 1. Juni 1935 als Heer bezeichnet, während sich die Reichsmarine von da ab Kriegsmarine nannte. Vorgesehen war bis 1939 ein aus 36 Divisionen bestehendes Heer mit einer Stärke von 580 000 Mann. Der Weg war frei zur Aufrüstung und in den Krieg, über dessen Notwendigkeit und Vorbereitung Hitler mehrfach vor den Spitzen von Heer, Kriegsmarine und Luftwaffe sprach. Der bisher einjährige Wehrdienst wurde am 24. August 1936 auf zwei Jahre verlängert. Diesem vorgeschaltet war der vormilitärische Reichsarbeitsdienst. Als Unterzeichnerstaaten des Versailler Vertrags unternahmen Großbritannien und Frankreich nichts gegen die Einführung der Wehrpflicht im Deutschen Reich, sondern beließen es bei matten Protesten. Für die Ausbildung von Offizieren und Soldaten sowie die Erprobung militärischer Neuerungen war das Ersatzheer zuständig. Ihm unterstanden alle Militärangehörigen, die sich im Urlaub sowie in Lazaretten, zur Rekonvaleszenz oder in der Ausbildung befanden. Solange ein Soldat nicht an der Front war, unterlag er der Befehlsgewalt des Ersatzheeres. Am 1. September 1939 wurde Generaloberst Friedrich Fromm, einer der Mitwisser des Attentats auf Hitler vom 20. Juli 1944, Befehlshaber des Ersatzheeres.

Im Zweiten Weltkrieg umfasste das Ersatzheer zeitweilig mehr als zwei Millionen Soldaten, war also ein wichtiger Faktor in den militärischen Planungen der NS-Führung. Da gegen Ende des Krieges immer mehr Soldaten an die Front geschickt wurden, schrumpfte seine Personalstärke. Im Zusammenhang mit dem Attentat vom 20. Juli 1944 sollte das Ersatzheer nach den Planungen von Stauffenberg und seinen Mitstreitern neuralgische Punkte in Berlin und quer durch das Reich besetzen und kontrollieren. Nach dem Scheitern des Anschlags ernannte Hitler Reichsführer SS Himmler zum Chef des Ersatzheers und übertrug ihm weitere Kompetenzen für die Ausweitung des Terrors gegenüber Militär- und Zivilpersonen. Da auch die Organisation, Ausbildung und Bewaffnung des Volkssturms Sache des Ersatzheeres war, konzentrierte Himmler in seinen Händen eine ungeheure Machtfülle.

REICHSWERKE HERMANN GÖRING

Neben der I. G. Farben mit Sitz in Frankfurt am Main und den in Düsseldorf ansässigen Vereinigten Stahlwerken gehörten die Reichswerke AG für Erzbergbau und Eisenhütten Hermann Göring sowie die Reichswerke AG für Waffen- und Maschinenbau Hermann Göring und die Reichswerke AG für Binnenschifffahrt Hermann Göring zu den bedeutendsten Unternehmen im NS-Reich. 1941 wurden sie unter dem Namen Reichswerke Hermann Göring zusammengefasst. Unweit von Salzgitter konnten Eisenerze bis zu einer Tiefe von 1000 Metern abgebaut werden. Mit Blick auf einen kommenden Krieg und die Ankurbelung der Rüstungsproduktion ließ die Reichsregierung ein Werk mit 32 Hochöfen in Salzgitter bauen. Das Unternehmen gehörte zu 90 Prozent dem Staat und wurde am 15. Juli 1937 mit einem Kapitaleinsatz von fünf Millionen Reichsmark (RM) zum Abbau der in Deutschland lagernden Eisenerze gegründet. 1941 wurde der Sitz der Reichswerke von Berlin nach Salzgitter verlegt.

Obwohl der Abbau der Eisenerze unrentabel war, hielt die NS-Führung ihn für notwendig, um im Falle eines Krieges von Lieferungen aus dem Ausland unabhängig zu sein. Nach dem Anschluss Österreichs im März 1938 wurde die Österreichisch-Alpine Montangesellschaft als Reichswerke AG für Erzbergbau und Eisenhütten Hermann Göring den Hermann-Göring-Werken angeschlossen. Damit nicht genug kamen nach der Besetzung der Tschechoslowakei (s. Reichsprotektorat) die Škoda-Werke an den deutschen Mammutkonzern. Das gleiche geschah nach der Besetzung Polens mit den dort befindlichen Rüstungsbetrieben. Zu den Reichswerken gehörten überdies weitere in anderen überfallenen Ländern enteignete und arisierte Unternehmen. So wuchs der Konzern nahezu ins Unermessliche. In seinen besten Zeiten beschäftigte er mehr als 600 000 Arbeiter, von denen ab 1943 über die Hälfte Zwangsarbeiter waren.

Macht und Ansehen von Reichsmarschall Hermann Göring standen auf tönernen Füßen, weil die von ihm befehligte Luftwaffe nicht verhindern konnte, dass beinahe täglich deutsche Städte bombardiert wurden (Luftkrieg). Im April 1945 befreiten alliierte Truppen ungefähr 40 000 Kriegsgefangene, KZ-Häftlinge, Zwangsarbeiter und ausländische Arbeitskräfte, die in den Reichswerken beschäftigt waren. Zu den aus allen besetzten Ländern herbei geholten Zwangsarbeitern kamen noch KZ-Häftlinge, denn die SS unterhielt speziell zur Unterstützung des Unternehmens im Raum Braunschweig/Salzgitter ein Netz von Konzentrationslagern und Arbeitserziehungslagern, die am 7. April 1945 vor den anrückenden alliierten Soldaten geräumt wurden. Hier mussten bis zu 28 000 Männer sowie 7 000 Frauen unter unmenschlichen Bedingungen schuften. Wer dazu nicht mehr in der Lage war oder wer gegen den SS-Terror aufbegehrte, wurde ermordet. Nach dem Krieg gingen die Hermann-Göring-Werke in der Salzgitter AG auf. Sie befand sich bis Ende der 1980-er Jahre in staatlichem Besitz der Bundesrepublik und wurde danach durch Verkauf an die Preussag AG privatisiert.

ROTE KAPELLE

In der Berliner Widerstandsgruppegruppe „Neu Beginnen" bauten Kommunisten und Sozialdemokraten ein bis 500 Mitglieder umfassendes Netzwerk mit Verbindungen zu anderen Widerstandsgruppen auf, so zum Bund der religiösen Sozialisten in Deutschland und zu antifaschistischen Exilkreisen. Erst 1941 gelang es der Gestapo, die Gruppe „Neu Beginnen", die im Nazijargon „Rote Kapelle" hieß und unter diesem Namen bis heute bekannt ist, zu zerschlagen. Prominente Mitglieder mit guten Kontakten zur Sowjetunion waren Hans Coppi, Adam Kuckhoff, Rudolf von Scheliha und Kurt Schumacher. Der im Reichsluftfahrtministerium tätige Oberleutnant Harro Schulze-Boysen, der ebenfalls zu der Gruppe gehörte, verfasste Anfang 1942 einen Aufruf zum Widerstand. Er prangerte die Lügen der NS-Propaganda und die Kriegverbrechen an, gegen die sich das Gewissen aller wahren Patrioten aufbäumt. „Alle, die sich den Sinn für echte Werte bewahrten, sehen schaudernd, wie der deutsche Name im Zeichen des Hakenkreuzes immer mehr in Verruf gerät. In allen Ländern werden heute täglich Hunderte, oft Tausende von Menschen standrechtlich und willkürlich erschossen oder gehenkt, Menschen, denen man nichts anderes vorzuwerfen hat, als dass sie ihrem Land die Treue halten." Im Namen des Reiches würden die scheußlichsten Quälereien und Grausamkeiten an Zivilpersonen und Gefangenen begangen. Noch nie in der Geschichte werde ein Mann so gehasst wie Adolf Hitler. Der Hass der gequälten Menschheit belaste das ganze deutsche Volk.

Unter dem Vorwurf, sie seien sowjetische Spione und Volksverräter, wurden Schulze-Boysen und seine Mitstreiter vor das Reichskriegsgericht gestellt, zum Tod verurteilt und in Plötzensee hingerichtet. 65 Widerstandskämpfer aus dieser Gruppe wurden ermordet, weitere entzogen sich durch Suizid dem Henker. In seinem letzten Brief an seine Eltern schrieb Schulze-Boysen aus der Haftanstalt Plötzensee am 22. Dezember 1942 wenige Stunden vor seiner Hinrichtung: „Euch trifft Verlust und Schande zugleich, und das habt Ihr nicht verdient. Ich hoffe nicht nur, ich glaube, dass die Zeit Euer Leid lindern wird. Ich bin nur ein Vorläufiger gewesen in meinem teilw. noch unklaren Drängen und Wollen." Hilde Coppi durfte im Berliner Frauengefängnis Barnimstraße so lange leben, bis ihr Kind zur Welt kam, nach dem Vater Hans genannt. Dr. Hans Coppi ist Zeit seines Lebens unermüdlich tätig, das Andenken und das Vermächtnis des antifaschistischen Widerstands wach zu halten und neuen Gefahren zu wehren. Seit 2003 ist er freier Mitarbeiter an der Gedenkstätte Deutscher Widerstand.

In beiden deutschen Staaten wurde die „Rote Kapelle" unterschiedlich gesehen. Im deutschen Westen sah man in ihr analog zur NS-Propaganda eine Gruppe von Spionen, die für Stalin gearbeitet hat. Der frühere Kriegsrichter Manfred Roeder, der die Mitglieder der „Roten Kapelle" zum Tod verurteilt hatte, trat bei den Nürnberger Prozessen nur als Zeuge auf und durfte in der Zeit des Kalten Kriegs seine Sicht auf den „Spionagering" zum Besten geben. Der 1947 von dem Schriftsteller und Widerstandskämpfer Günther Weisenborn und anderen gegen Roeder angestrengte Prozess wurde von der Staatsanwaltschaft Lüneburg bis Ende der sechziger Jahre verschleppt und dann eingestellt. Erst 2009 hob der Deutsche Bundestag die Todesurteile gegen die Mitglieder der Widerstandsorganisation auf, die in der DDR als Symbol für antifaschistisches Heldentum in hohem Ansehen stand.

SACHSENHAUSEN

In Sachsenhausen, einem Vorort von Oranienburg bei Berlin, nahm am 12. Juli 1936 das Konzentrationslager für männliche Häftlinge den Betrieb auf, zwei Wochen vor Beginn der Olympischen Spiele in Berlin. Neben dem eigentlichen KZ Sachsenhausen war hier ab 1938 die von Theodor Eicke geleitete Inspektion der Konzentrationslager tätig. Die dem Reichsführer SS und Chef der deutschen Polizei Heinrich Himmler unterstellte Behörde war bis dahin in Berlin untergebracht. In der Stadt Oranienburg gab es bereits 1933 in einer ehemaligen Brauerei ein so genanntes Schutzhaftlager, in dem zahlreiche Regimegegner von SA-Leuten bestialisch gefoltert und ermordet wurden. Unter ihnen war auch der bekannte Schriftsteller Erich Mühsam.

Die Anlage des KZ Sachsenhausen hinter dem Eingangstor mit der Parole „Arbeit macht frei" orientierte sich an Stadtplanungen der Barockzeit. Der dreieckige Grundriss innerhalb der hohen Lagermauer, der symmetrische Aufbau, die fächerförmig um den Appellplatz gruppierten Baracken, Sonderbereiche, Tötungsanlagen und Krematorien ließen sich von den Bewachern gut überblicken und waren zugleich Ausdruck absoluter Kontrolle über die Häftlinge. Die aus den Gefangenen gebildeten, in SS-eigenen Betrieben tätigen Arbeitskommandos wurden von den Wächtern so geschunden, so dass viele starben. Dahinter stand die Absicht, die Häftlinge durch Arbeit zu „vernichten". Wer ausscherte und nicht mehr mitkam, wurde zur allgemeinen Abschreckung erschossen oder öffentlich hingerichtet. In das „Musterlager Sachsenhausen" wurden Regimegegner, Juden, Sinti und Roma sowie

Homosexuelle, aber auch gewöhnliche Kriminelle eingeliefert. Besonders gefürchtet waren vom Lager abgetrennte Baracken, in denen Kommunisten und andere politisch gefährliche und „rückfällige" Gefangene sadistischen Misshandlungen ausgesetzt waren. Nach der Besetzung der Tschechoslowakei und nach Kriegsbeginn stieg die Zahl der Häftlinge drastisch an. Unter ihnen waren nach 1941 tausende Kriegsgefangene aus der Sowjetunion. Alles in allem waren in Sachsenhausen 200 000 Menschen aus 40 Nationen inhaftiert. Als die Rote Armee das KZ am 22. April 1945 befreite, traf sie auf 3000 völlig geschwächte Häftlinge. Die meisten ihrer Kameraden waren zuvor auf den Todesmarsch in Richtung Ostsee geschickt worden, bei dem viele an Entkräftung starben oder von ihren Bewachern ermordet wurden. Im Museum des Todesmarsches im Belower Wald bei Wittstock wird ihrer gedacht. Die Überlebenden trafen Anfang Mai bei Schwerin auf amerikanische und sowjetische Truppen und kamen in Freiheit. Die SS-Wachmannschaften hatten sich zuvor abgesetzt. Todesmärsche fanden bei der Auflösung auch anderer Konzentrationslager wie Buchenwald und Dachau statt. Durch Gedenksteine und -tafeln sind Ereignisse und Verlauf der Todesmärsche dokumentiert.

Eine 2015 zum 70. Jahrestag der Befreiung des Lagers eröffnete Ausstellung bezeugt das ganze Ausmaß der Willkür und Grausamkeit, die im KZ Sachsenhausen herrschten. Im Mittelpunkt der Ausstellung stehen die zahllosen und oft von unvorstellbarer Grausamkeit gekennzeichneten Morde und Quälereien durch die Wachmannschaften. Als Gedenkort gestaltet ist das ehemalige Außenlager Klinkerwerk des KZ Sachsenhausen. Hier mussten die Häftlinge härteste Zwangsarbeit unter unmenschlichen Bedingungen leisten. Die SS hatte das Außenlager 1938 am Oder-Havel-Kanal errichtet, wo Ziegel für die monumentalen Bauvorhaben der Welthauptstadt Germania und ab 1943 Rüstungsgüter hergestellt wurden. Das Außenlager, in dem die SS auch gezielte Mordaktionen durchführte, war bei den Häftlingen besonders gefürchtet. Bei einem Bombenangriff am 10. April 1945 wurden die Anlagen fast vollständig zerstört. Die Leichen der dabei ums Leben gekommenen Häftlinge hat man in Bombentrichtern oder auf dem Gelände verscharrt.

Nach der Befreiung des KZ Sachsenhausen wurden dort deutsche Kriegsgefangene sowie Personen eingeliefert, die wegen Kriegsverbrechen und Verbrechen gegen die Menschlichkeit angeklagt wurden. Diese neue Nutzung war auch bei anderen Konzentrationslagern wie Buchenwald und Dachau üblich. Die meisten Lagerbauten in Sachsenhausen wurden 1952/53 von der Kasernierten Volkspolizei der DDR gesprengt. Reste der Fundamente hat man 1961 in die Nationale Mahn- und Gedenkstätte integriert und durch ein Betondach geschützt. Eine Figurengruppe zeigt zwei befreite Häftlinge und einen Soldaten der Roten Armee. Auf dem Denkmalsockel sind die Namen jener Länder einschließlich Deutschlands vermerkt, aus denen Häftlinge nach Sachsenhausen verschleppt worden waren. Nach der Wiedervereinigung 1990 wurde die Gedenkstätte Sachsenhausen umgestaltet. Einbezogen in die Erinnerung sind auch Personen, die der sowjetische Geheimdienstes in Sachsenhausen inhaftierte, ob sie Kriegsverbrechen und solche gegen die Menschlichkeit verübt haben oder nicht. Zentraler Ort der Gedenkstätte ist die 1942 errichtete Station Z, die für die KZ-Insassen vorgesehene „Endstation" mit Resten von vier Verbrennungsöfen, einer Genickschussanlage und einer Gaskammer. Hier wurden im Frühjahr 2005 die Gebeine von Gefangenen neu beigesetzt, die über das ganze Lagergelände verstreut vergraben waren.

Seit Herbst 1942 wurden im KZ Sachsenhausen unter strenger Geheimhaltung in einem vom übrigen Lager abgetrennten Bereich britische Banknoten gefälscht. Das nach seinem Leiter SS-Hauptsturmführer Bernhard Krüger benannte „Unternehmen Bernhard" bestand aus einem Arbeitskommando mit jüdischen Häftlingen. Aus grafischen Berufen stammend, erhielten die Geldfälscher bessere Verpflegung als die anderen Leidensgenossen, doch stand ihnen jeden Tag vor Augen, dass sie als unbequeme Mitwisser der SS-Verbrechen ermordet werden können. Die falschen Pfundnoten waren so gut gelungen, dass sich sogar britische Finanzfachleute täuschen ließen. Mit ihnen stattete das

Deutsche Reich seine Agenten im Ausland aus und bezahlte auch Rüstungsgüter. Bis Februar 1945 sollen falsche Banknoten im Gesamtwert von mehr als 134 Millionen Pfund gedruckt worden sein. Am 20. Februar 1945 erging angesichts der herannahenden Roten Armee der Befehl, die Werkstatt aufzulösen. Maschinen, Werkzeuge und Druckpapier wurden nach Österreich in das Lager Schlier transportiert, einem Außenlager des KZ Mauthausen, das 1938 nach dem so genannten Anschluss Österreichs in der Nähe von Linz errichtet wurde. Dort sollte die Falschgeldproduktion wieder aufgenommen werden, doch kam es nicht mehr dazu. Am 6. Mai 1945 wurden 134 Angehörige des Fälscherkommandos im KZ Ebensee, das ebenfalls ein Außenlager von Mauthausen war, von den Amerikanern befreit.

Der 2008 mit einem Oscar und weiteren Preisen ausgezeichnete deutsch-österreichische Spielfilm „Die Fälscher" basiert auf den Erinnerungen von Adolf Burger, der seinerzeit zur Mitarbeit an dem Fälschungsunternehmen gezwungen worden war. „Ich habe überlebt, damit ich als Zeuge vor allem der jungen Generation die unzähligen Verbrechen der Nazis erklären und erläutern kann. Das war der Antrieb für das Buch, und deshalb begrüße ich es auch, dass nach ihm dieser Film gedreht wurde", kommentierte er die Motive, sich mit diesem wenig bekannten Kapitel der NS-Geschichte zu befassen. Zu den Fälschern wider Willen gehörte auch der Grafiker Peter Edel, der seinen Leidensweg in der Autobiographie „Wenn es ans Leben geht" beschreibt.

Die Blüten aus Sachsenhausen taten nach dem Ende des NS-Reichs noch „gute" Dienste, weil mit ihrer Hilfe Naziverbrecher über die Rattenlinie ausgeschleust beziehungsweise ihnen eine neue bürgerliche Existenz ermöglicht wurde. Experten der Bank von England erklärten, das Falschgeld hätte großen wirtschaftlichen Schaden angerichtet, hätte man es in großen Mengen in Großbritannien in Umlauf gebracht.

SCHLACHT UM BERLIN

Die bis zum 2. Mai 1945 tobende Schlacht um Berlin gilt als eine der größten und verlustreichsten des Zweiten Weltkriegs. Die Rote Armee zählte 200 000 Gefallene, Verwundet und Vermisste, während die militärischen und zivilen Opfer auf deutscher Seite mit etwa 100 000 Menschen angegeben wird. Allein in der Schlacht um die Seelower Höhen östlich von Berlin am 16. und 17. April 1945 sollen 33 000 Rotarmisten und 12 000 Deutsche gefallen sein, und auch in der Schlacht von Halbe südöstlich der Reichshauptstadt zählte man auf deutscher Seite 30 000 gefallene Soldaten sowie 10 000 deutsche Zivilisten und eine unbekannte Zahl sowjetische Zwangsarbeiter. Die Verluste der Roten Armee betrugen allein bei dieser vom 25. bis 28. April tobenden Schlacht 20 000 Mann.

Die Überlegenheit der Roten Armee gegenüber der Wehrmacht betrug Anfang 1945 etwa 10 zu 1, und hinsichtlich der Artillerie belief sich das Verhältnis bei den Geschützen sogar 20 zu 1. Hinzu kam, dass die Alliierten die Lufthoheit über dem Deutschen Reich und seiner Hauptstadt besaßen, was sich ausgesprochen demoralisierend auf die Bevölkerung auswirkte (s. Luftkrieg). Dessen ungeachtet waren Hitler und die NS-Führung nicht bereit, die Waffen zu strecken, hingegen galten bis zum bitteren Ende die Parolen „Unsere Mauern brechen, unsere Herzen aber nicht" und „Kampf bis zur letzten Patrone". In einem „Grundsätzlichen Befehl zur Verteidigung der Reichshauptstadt" erklärte Kampfkommandant Hellmuth Reymann am 9. März 1945, die Verteidigung Berlins erfolge im Wesentlichen als Straßen- und Häuserkampf. „Er muss mit Fantasie, mit allen Mitteln der Täuschung, der List und Hinterlist, mit vorbereiteten und aus der Not des Augenblicks geborenen Aushilfen aller Art auf, über und unter der Erde geführt werden." Es komme nicht darauf an, ließ der General seine Untergebenen wissen, dass jeder Verteidiger der Reichshauptstadt die Technik des Waffenhandwerks bis ins einzelne gut beherrscht, sondern „dass jeder Kämpfer vom fanatischen Willen zum KÄMPFEN-WOLLEN beseelt und durchdrungen ist, dass er weiß, dass die Welt mit angehaltenem Atem diesem Kampf zusieht und dass der Kampf um Berlin die Kriegsentscheidung bringen kann".

Die regulären Wehrmachttruppen und die SS-Regimenter, Volkssturm und Hitlerjugend konnten nichts ausrichten, und das wussten Reymann, sein Nachfolger General Helmuth Weidling und ihre Leute genau. Berlin war nicht zu halten, es fehlte überall an Verteidigern, an Waffen, Munition und Verpflegung, und es fehlte vor allem an der Bereitschaft, diesen sinnlosen Kampf fortzusetzen. Wohin die Rotarmisten auch kamen, sahen sie weiße Fahnen aus den Fenstern hängen. Dem erlahmenden Verteidigungswillen versuchte die NS-Propaganda mit Durchhalteparolen und Erzählungen von Wunder- und Vergeltungswaffen zu begegnen, aber auch mit der Drohung, dass jeder, der sich ergibt, standrechtlich hingerichtet wird.

An den Kämpfen um und in Berlin waren, was oft übersehen wird, polnische Einheiten, die Seite an Seite mit der Roten Armee kämpfte, entscheidend beteiligt und haben hohe Opfer erbracht. Ende April stand die Rote Armee im Stadtzentrum und konnte am 30. April die rote Fahne auf dem Reichstagsgebäude hissen. Die Bilder von diesem historischen Akt gingen um die Welt. Am gleichen Tag nahmen sich Hitler und seine eben angetraute Frau Eva Braun das Leben und ließen sich im Garten der Reichskanzlei verbrennen (s. Hitlers Ende). General Weidling teilte am 2. Mai 1945 seinen Truppen mit, der Führer habe sich „selbst entleibt und damit uns, die wir ihm die Treue geschworen hatten, im Stich gelassen. Auf Befehl des Führers glaubt Ihr noch immer um Berlin kämpfen zu müssen, obwohl der Mangel an schweren Waffen, an Munition und die Gesamtlage den Kampf als sinnlos erscheinen lassen. Jede Stunde, die Ihr weiterkämpft, verlängert die entsetzlichen Leiden der Zivilbevölkerung Berlins und unserer Verwundeten. Jeder, der jetzt noch im Kampf um Berlin fällt, bringt sein Opfer umsonst". Knapp eine Woche später erfolgte die bedingungslose Kapitulation der Wehrmacht.

SCHUTZSTAFFEL, REICHSFÜHRER SS

Die von Hitler ursprünglich als Leibwache und zum Schutz seiner Versammlungen gegründete, aus ehemaligen Freikorps-Leuten sowie jungen Nazis mit einwandfreiem „arischen" Stammbaum gebildete Schutzstaffel (SS) war ein Staat im Staate und eine Art zweite Wehrmacht. Die anfangs aus etwa 280 Mann bestehende SS war zunächst der Sturmabteilung (SA) unterstellt, konnte sich aber aus dieser Zuteilung lösen und ihre Position ausbauen. Zählte Ende 1932 die wie ein Geheimorden strukturierte Eliteformation rund 52 000 Angehörige, so waren es ein Jahr später bereits 209 000 SS-Männer. Die seit 1929 vom Reichsführer SS Heinrich Himmler geleitete Terrortruppe schottete sich nach außen ab, umgab sich mit der Aura des Undurchschaubaren. Die Schwarzuniformierten fühlten sich als Spitze der Nation, als Auserwählte und als Geheimgesellschaft, in die nicht jeder eintreten durfte. Reinhard Heydrich, der Chef der Sicherheitspolizei, des Sicherheitsdienstes und 1940 des Reichssicherheitshauptamtes, war stolz darauf, dass die SS „umwoben vom raunenden und flüsternden Geheimnis des politischen Kriminalromans" ist. Sein okkulten Ideen anhängenden und von der Wiederherstellung eines Germanischen Reiches besessener Chef Himmler räumte ein, manchen Leuten werde es beim Anblick des schwarzen Rocks schlecht, aber es sei verständlich, „dass wir von allzu vielen nicht geliebt werden".

Dass die SS Angst und Schrecken verbreitete, war gewollt. Sie hatte das ganze Deutsche Reich und die von ihm okkupierten und besetzten Länder fest im Griff. Durch Führerbefehle und Gesetze vor Kontrollen und Sanktionen geschützt, schlug die Gestapo mit 45 000 Mitarbeitern und Agenten unbarmherzig zu, wo immer sie Widerstand und Widerworte witterten. Die aus 65 000 Mann bestehende Sicherheitspolizei und 2,8 Millionen Ordnungspolizisten sorgten für Friedhofsruhe in Hitlers Staat und waren zur Stelle, um Juden, Sinti und Roma, Widerstandskämpfer und andere als fremdvölkisch eingestufte Personen der Justiz ans Messer zu liefern oder gleich selber umzubringen.

Unzählige SS-Männer bewachten, drangsalierten und ermordeten Millionen KZ-Häftlinge und Kriegsgefangene. Bevor sie sich in den letzten Kriegstagen absetzten, schickten sie ihre Opfer noch auf die Todesmärsche. Die SS verstand sich als „Bewahrer der Blutreinheit", als Keimzelle einer nordischen „Sippengemeinschaft", die sich bewusst an mittelalterliche Ritterorden anlehnte und an ihre Besten Totenkopfringe und Ehrendolche verlieh.

Nachdem die SA-Führung von der SS im Röhm-Putsch von 1934 ausgelöscht worden war, wurde die SS von Hitler zur selbständigen, ihm direkt unterstellten Gliederung der NSDAP erhoben. Die Totenkopfverbände, eine Gruppierung der SS, übernahmen unter der Leitung von Theodor Eicke, SS-Obergruppenführer und General der Waffen-SS, Kommandant des KZ Dachau und Inspekteur der Konzentrationslager, die Kontrolle der Konzentrationslager. Ab Herbst 1934 wurde die SS-Verfügungstruppe gebildet. Der mehrere tausend Mann umfassende kasernierte Verband bildete mit den Totenkopfverbänden den Grundstock der späteren Waffen-SS. Nach Himmlers Ernennung zum Reichsführer SS und Chef der deutschen Polizei im Jahr 1936 war die Einheit von SS und Polizei auch institutionell vollzogen.

Mit der doppelten Siegrune und dem Totenkopf gekennzeichnet, unterhielt die Reichsführung SS zwölf Hauptämter. Sie bildeten einen Staat im Staate, unterlagen keiner gesetzlichen Kontrolle und waren quasi unangreifbar. Das SS-Wirtschafts- und Verwaltungshauptamt (WVHA) residierte Unter den Eichen 126-135 im Berliner Bezirk Steglitz. 1942 von SS-Obergruppenführer Oswald Pohl gegründet, unterstanden dem WVHA eigenen Industrie- und Gewerbebetriebe in den Konzentrationslagern. Am Ende eines in Nürnberg durchgeführten Prozesses gegen führende Mitarbeiter des SS-Amtes wurden deren Schuld an Kriegsverbrechen und Verbrechen gegen die Menschlichkeit eindeutig festgestellt und Todes- und Gefängnisstrafen ausgesprochen. Das Rasse- und Siedlungshauptamt der SS (RuSHA) war für so genannte Rassenuntersuchungen zuständig und musste Ehen von SS-Angehörigen genehmigen. Bei der so genannten Entvölkerung und Neubesiedlung Osteuropas (s.

Generalplan Ost) spielte das Hauptamt eine wichtige Rolle. Es sorgte für die „Selektion" angeblich rassisch minderwertiger Völkerschaften und wählte SS-Angehörige aus, die sich an ihrer Stelle in den besetzten Gebieten ansiedeln sollten. Der Kriegsverlauf sorgte dafür, dass die menschenfeindlichen Pläne nur unvollständig realisiert wurden.

Führende Männer der SS, der Gestapo, der KZ-Wachmannschaften und weiterer Mordorganisationen entzogen sich am Kriegsende und danach durch Selbstmord oder Flucht ihrer Strafe. Da sie ihre Blutgruppe eintätowiert hatten, konnte man Gefangene als SS Angehörige identifizieren. Himmler geriet in britische Gefangenschaft, doch gelang ihm die Einnahme des todbringenden Zyankalis. Auch andere SS-Männer mit schrecklichem Blutkonto legten Hand an sich. Lediglich konnten, um nur einige Namen zu nennen, der Auschwitz-Kommandant Rudolf Höß, der Chef des Reichssicherheitshauptamtes Ernst Kaltenbrunner und weitere Leiter von SS-Hauptämtern, die Kommandeure der Einsatzgruppen Otto Ohlendorf und Erich Naumann und andere SS-Offiziere vor Gericht gestellt und hingerichtet werden. Einige SS-Mörder wie der Auschwitz-Arzt Josef Mengele sowie der Schreibtischtäter Adolf Eichmann konnten sich in den Wirren der Nachkriegszeit über die Rattenlinie in Sicherheit bringen. Hingegen verschwanden Heinrich Müller, genannt Gestapo-Müller, und weitere Kumpane spurlos. Vielen SS-Leuten ist nach 1945 wenig geschehen. Manche kamen nach wenigen Jahren Gefängnishaft frei und schrieben Rechtfertigungsbücher, betätigten sich in Hilfsorganisationen und bekundeten bei Aufmärschen ihre Verbundenheit mit Alt- und Neonazis (s. Zweite Schuld, Kalte Amnestie).

SELEKTION, SONDERBEHANDLUNG

Der eigentlich wertneutrale Wissenschaftsbegriff Selektion erhielt in der NS-Zeit eine schreckliche Bedeutung durch die Art und Weise, wie zur Zwangsarbeit ungeeignete, kranke und entkräftete KZ-Häftlinge ausgemustert wurden, um sie zu ermorden. Das hat den Begriff Selektion zu einem Unwort gemacht. Das gleiche gilt für die Rampe, an der deportierte Juden und andere Menschen gleich bei ihrer Ankunft nach quälend langer Eisenbahnfahrt auf den Bahnhöfen der Vernichtungslager durch Handbewegungen in solche aufgeteilt wurden, die gleich ins Gas mussten, und jene, denen noch eine kurze Frist eingeräumt wurde, weil sie den SS-Mannschaften gesünder und kräftiger erschienen und daher als arbeitsfähig eingestuft wurden. Kranke, alte und schwache Häftlinge sowie Kinder wurden in abgelegenen Tötungsanstalten gemeinsam mit weiteren zu „Ballastexistenzen" herabgestuften Menschen ermordet (s. Euthanasie).

In der Sprache der NS-Mörder gab es verschiedene Tarnbegriffe für die Mordaktionen an Juden, Partisanen und anderen zu Reichsfeinden und Gemeinschaftsfremden erklärten Menschen. Wie die Sonderbehandlung, so waren auch Begriffe wie Abtransport, Abwanderung, Ausmerzung, Aussiedlung, Bereinigung der Mischlings- und Mischehenfrage, Erledigung, Evakuierung, natürliche Verminderung durch straßenbauende Arbeit, Verschickung, Zurückdrängung und schließlich Endlösung der Judenfrage euphemistische Umschreibungen für den Holocaust. In der SS-Sprache waren auch Desinfektion für Vergasung und Schutzhaft für Konzentrationslager üblich. In einem Runderlass vom 20. September 1939 schrieb der Chef des Reichssicherheitshauptamtes Heydrich, bei Fällen der Zersetzung der Kampfkraft des Deutschen Volkes sei zu unterscheiden zwischen solchen, die auf dem bisher üblichen Wege „erledigt" werden können, und solchen, welche einer Sonderbehandlung zugeführt werden müssen. „Im letzteren Falle handelt es sich um solche Sachverhalte, die hinsichtlich ihrer Verwerflichkeit, ihrer Gefährlichkeit oder ihrer propagandistischen Auswirkung geeignet sind, ohne Ansehung der Personen (nämlich durch Exekution) ausgemerzt zu werden." Heydrichs Chef Reichsführer SS Himmler forderte die Sonderbehandlung durch den Strang bei „fremdländischen Zivilarbeitern", die sich Widersetzlichkeiten zuschulden kommen lassen.

SIPPENHAFT, AKTION GEWITTER

Nach dem misslungenen Attentat auf Hitler vom 20. Juli 1944 nahmen Hitler und seine Schergen in einer „Aktion Gewitter" genannten Verhaftungswelle blutige Rache an allen, die direkt oder indirekt in die Verschwörung verwickelt waren. Zahllose Mitwisser und solche, die man dafür hielt, wurden verhaftet, und viele von ihnen endeten in Plötzensee am Galgen oder auf dem Schafott. Einbezogen in den mörderischen Feldzug waren auch Ehepartner, Geschwister, Eltern, Großeltern und andere Personen, die unter dem Vorwurf der Mitwisserschaft vor Gericht gestellt wurden. Viele kamen in Konzentrationslager und mussten noch kurz vor dem Ende der NS-Herrschaft ihr Leben lassen. Es wurden aber auch Menschen verhaftet, deren Angehörige in der Sowjetunion das Gründungsmanifest des Nationalkomitees Freies Deutschland unterzeichnet hatten. Betroffen von der Aktion waren außerdem Mitglieder und Sympathisanten der bürgerlichen Parteien der Weimarer Republik und insbesondere solche der KPD. Himmler erhielt am 14. August 1944 den Auftrag zur Inhaftierung und Liquidierung von ehemaligen KPD- und SPD-Funktionären sowie von Politikern aus der Weimarer Zeit. Am 18. August 1944 wurden im KZ Buchenwald der seit 1933 ohne Gerichtsverfahren inhaftierte frühere KPD-Vorsitzende Ernst Thälmann und weitere seiner Genossen ermordet.

Die so genannte Sippenhaft war im Deutschen Reich seit 1933 üblich. Um Oppositionelle zusätzlich unter Druck zu setzen, wurden ihnen nahestehende, aber unbeteiligte Personen bestraft. Reichsführer SS Himmler erklärte am 3. August 1944 vor Gauleitern, das Vorgehen sei sehr alt und bei unseren Vorfahren gebräuchlich gewesen. „Sie brauchen bloß die germanischen Sagas nachzulesen. Wenn sie eine Familie in Acht taten und für vogelfrei erklärten oder wenn eine Blutrache in einer Familie war, dann war man maßlos konsequent. Wenn die Familie vogelfrei erklärt wird und in Acht und Bann getan wird, sagten sie: Dieser Mann hat Verrat geübt, das Blut ist schlecht, es ist Verräterblut drin, das wird ausgerottet. Und bei der Blutrache wurde ausgerottet bis zum letzten Glied in der ganzen Sippe. Die Familie Graf Stauffenberg wird ausgelöscht werden bis ins letzte Glied".

Tatsächlich wurden alle greifbaren Mitglieder der weitverzweigten Familie des Grafen – vom 85 Jahre alten Vater eines Vetters bis zu Kleinkindern verhaftet. Nina Schenk von Stauffenberg, die Witwe des Attentäters, gab sich bei den Verhören unwissend, überstand als „Sondergefangene" wie durch ein Wunder die Lagerhaft und starb 2006 mit 92 Jahren. Andere Familienmitglieder wurden umgebracht. Stauffenbergs Kinder und die anderer Widerstandskämpfer kamen zur „Umerziehung" nach Bad Sachsa in ein NS-Heim. Sie wurden voneinander getrennt, erhielten neue Namen und Identitäten und sollten bei Adoptiv-Eltern mit strammer NS-Gesinnung aufwachsen. Erst nach dem Ende des Nazireichs konnten sie zu ihren Angehörigen zurückkehren.

Das Unrecht nahm nach der Zerschlagung des Hitlerfaschismus kein Ende. Angehörige der Widerstandskämpfer mussten in der jungen Bundesrepublik Deutschland um ihre gesellschaftliche Anerkennung, ja auch um Renten und Wiedergutmachung kämpfen, während Blutrichter und weitere Helfer des NS-Regimes blendende Pensionen erhielten und ihre Karrieren nahezu ungestört fortsetzten konnten (s. Zweite Schuld). Viele so genannte Verräterkinder erfuhren erst spät, wer ihre Eltern sind und was sie für ihr Land getan haben. Und sie erlebten hautnah den Widerspruch zwischen offiziellen Ehrungen und der klammheimlichen, manchmal auch offenen Ablehnung durch die bundesdeutsche Gesellschaft, die die braune Vergangenheit oft genug durch die „Brille" der Täter von damals sah und zu sehen bekam. Selbst ein Mann wie der Hitler-Attentäter Georg Elser wurde lange als Agent ausländischer Geheimdienste verteufelt, und es dauerte 70 Jahre, bis man ihm auch öffentlich Ehre widerfahren ließ (s. Elser-Attentat 1939).

STALINGRAD

Hitlers Plan, die Sowjetunion blitzschnell in die Knie zu zwingen, scheiterte, obwohl es zunächst so aussah, als träfe die Wehrmacht auf keinen nennenswerten Widerstand. Nachdem aber Stalin seine Truppen weiter im Osten neu aufgestellt und auch die Rüstungsindustrie in Schwung gebracht hatte, konnte die Gegenoffensive gestartet werden. Im strengen Winter 1942/43 erlebte die in Stalingrad eingeschlossene Wehrmacht ihr Fiasko, von dem sie sich nicht mehr erholte. Damit war die Wende des Zweiten Weltkriegs vollzogen. Von nun an befanden sich die Deutschen auf dem Rückzug. Der Vormarsch der Roten Armee auf das Deutsche Reich war nicht mehr aufzuhalten.

Der von beiden Seiten mit allen zur Verfügung stehenden Mitteln geführte Kampf um „Stalins Stadt" wurde unzähligen deutschen Soldaten zum Verhängnis, weil Hitler aus Prestigegründen und gegen den Rat seiner Generalität jeden Rückzug seiner Soldaten verbot. Auf der anderen Seite kosteten Belagerung und Einnahme der Stadt an der Wolga einer halben Million Soldaten der Roten Armee und einer großen Zahl von Zivilisten das Leben.

Als der Untergang der bei grimmiger Kälte eingekesselten 6. Armee nicht mehr zu verheimlichen war, wurde den deutschen Medien von Propagandaminister Goebbels befohlen, das Ereignis als Beispiel höchster heldischer Haltung zu würdigen, von dem man noch in Jahrhunderten sprechen wird. Das Wort Kapitulation zu verwenden, war streng verboten. Der kommandierende Generalfeldmarschall Friedrich Paulus, der sich nach langem Zögern mit seinen Truppen ergeben hatte, wurde als Verräter am Führer und am deutschen Volk angeprangert.

Für die Behandlung des Themas Stalingrad gab Propagandaminister Goebbels klare Anweisungen heraus. „Nicht in Frage kommen Trauer, Sentimentalität, erst recht nicht Nassforschheit" wies er die Medien an und bestimmte, die gesamte Propaganda müsse aus Stalingrad einen Mythos entstehen lassen, der einen kostbaren Besitz der deutschen Geschichte bilden werde. Unangebracht seien eine übertriebene

Verwendung des Wortes Heldentum, außerdem waren Flaggen auf Halbmast und Trauerränder in den Zeitungen verboten. Der „Völkische Beobachter" stellte die Meldung des Oberkommandos der Wehrmacht über den Untergang der 6. Armee unter die Überschrift „Sie starben, damit Deutschland lebe" und erinnerte an griechische Tragödien. Über die deutschen Verluste in der Schlacht wurde nichts gesagt, lediglich meldeten die Medien die Rettung von 47 000 Verwundeten. Eigene Schuld am Untergang der 6. Armee sah Hitler nicht. Paulus hätte sich erschießen müssen wie jene antiken Heerführer, die sich angesichts ihrer Niederlage selber töteten, erklärte er wütend.

Friedrich Paulus rief späterhin als Mitglied des Nationalkomitees Freies Deutschland und des Bundes deutscher Offiziere zum schnellen Ende des Kampfes auf und sagte als Zeuge im Nürnberger Kriegsverbrechertribunal aus. Zahlreiche Briefe deutscher Soldaten aus Stalingrad wurden abgefangen und einbehalten. In ihnen machten sich die Eingeschlossenen in drastischen Worten darüber Luft, was sie erleiden müssen und wie sie sich fühlen. „Ob wir das aber solange aushalten bei der Verpflegung ist eine Frage für sich. Die Kälte und der Hunger zermürbt den besten Soldaten. Genau wie im vorigen Jahr häufen sich Fälle von Fuß- und Fingererfrierungen. [...] Ich möchte bloß wissen, was wir verbrochen haben, dass wir dieses ganze Elend so grausam durchkosten müssen", schrieb ein Soldat an seine Eltern.

Da der Untergang der 6. Armee mit dem zehnten Jahrestag der Machtergreifung zusammenfiel, schickte Hitler, der stets am 30. Januar eine flammende Gedenkrede zu halten pflegte, Reichsmarschall Hermann Göring und seinen Propagandaminister Goebbels vor, dem Massensterben an der Wolga einen „höheren Sinn" zu verleihen. Angeblich würden sich die in Stalingrad eingeschlossenen Männer mit dem Gedanken trösten, Teilnehmer eines Ereignisses von welthistorischer Bedeutung zu sein. „Noch in tausend Jahren wird jeder Deutsche mit heiligem Schauer von diesem Kampf in Ehrfurcht sprechen und sich erinnern, dass dort trotz allem Deutschlands Sieg entschieden worden ist", behauptete Göring. Als Goebbels am 18. Februar 1943 im

Berliner Sportpalast vor ausgesuchtem Publikum in einer flammenden Rede fragte „Wollt ihr den totalen Krieg?", war von Stalingrad nicht mehr die Rede.

STAMMLAGER, STALAG

Durch eine Heeres-Vorschrift vom 16. Februar 1939 von der Wehrmacht errichtet, wurden in Stammlagern oder abgekürzt Stalag Millionen Kriegsgefangene festgehalten. Im Unterschied zu den Lagern für Gefangene der westlichen Alliierten, in denen einigermaßen kriegsrechtliche Prinzipien beachtet wurden, haben Wehrmacht und SS diese bei der Behandlung der als „Untermenschen" verunglimpften sowjetischen Kriegsgefangenen auf das Gröblichste verletzt.

Von den über 5,3 Millionen Rotarmisten kam über die Hälfte in den wie Konzentrationslager organisierten Stalag durch Hunger, Krankheiten und Exekutionen um. Die Stammlager dienten als Durchgangsstationen für Zwangsarbeit in der Kriegswirtschaft. Waren diese Kriegsgefangenen infolge schlechter Behandlung, Überarbeitung und Hunger arbeitsunfähig geworden, wurden sie wieder in das Stammlager zurück geschickt, wenn sie nicht gleich ermordet wurden. Insgesamt gab es im Deutschen Reich und den besetzten Gebieten 222 Stammlager, wobei die Belegungsstärke zwischen 7 000 und über 70 000 Kriegsgefangenen betrug. Ursprünglich waren sie als Lager für Mannschaften und Unteroffiziere vorgesehen, doch kamen im Lauf des Krieges auch Offiziere hinzu. Für die Kriegsgefangenen und die Stammlager war das Allgemeine Wehrmachtamt (AWA) im Oberkommando der Wehrmacht zuständig, für die Front-Stammlager in den besetzten Gebieten das Oberkommando des Heeres. Am 25. September 1944 wurde das Kriegsgefangenenwesen dem Reichsführer SS Heinrich Himmler als Befehlshaber des Ersatzheeres der Wehrmacht unterstellt.

STOLPERSTEINE

In Deutschland und verschiedenen ehemals von der Wehrmacht besetzten Ländern erinnern Stolpersteine im Straßenpflaster an Menschen, die von den Nationalsozialisten ermordet wurden, weil sie nicht in deren rassistisches, politisches und ideologisches Weltbild passten oder/ und weil sie Widerstand geleistet hatten. Dass die Messingplatten in einer Metallwerkstatt auf dem Künstlerhof im Ortsteil Buch hergestellt werden, ist außerhalb Berlins kaum bekannt. Mehr als 50 000 dieser Messingplatten sind bereits quer durch Europa verlegt worden, so in Belgien, Deutschland, Frankreich, Italien, Niederlande, Norwegen, Österreich, Polen, Slowenien und Tschechien. Sie geben den Ermordeten einen Namen und den Hinterbliebenen einen Ort, ihrer zu gedenken.

Der Verlegung der Stolpersteine gehen sorgfältige Recherchen über Namen und Schicksale von Menschen voran, die dem Rassenwahn und dem Vernichtungskrieg der Nationalsozialisten zwischen 1933 und 1945 zum Opfer fielen. Die Angaben über die NS-Opfer werden von Bürgerinitiativen, Schulen, Universitäten und Familienangehörigen dem Kölner Künstler Gunter Demnig zur Verfügung gestellt. Er hatte die Aktion vor 20 Jahren gestartet, als in Köln die Deportation von Sinti und Roma bestritten wurde (s. Zigeunererlass). Auf vielen Messingplatten werden Konzentrations- und Vernichtungslager aber auch Tötungsanstalten genannt, in die so genannte Erbkranke ermordet wurden. Da und dort liest man auf den Platten Angaben über Selbsttötungen, genannt Flucht in den Tod, angesichts bevorstehender Deportationen in die Vernichtungslager. In Berlin findet man besonders viele Stolpersteine im Bezirk Charlottenburg-Wilmersdorf und speziell in der Stierstraße im Ortsteil Friedenau, aber auch im Scheunenviertel sowie in Zehlendorf, Prenzlauer Berg, Friedrichshain, Kreuzberg und Spandau. Das große Interesse der Berliner an der Verlegung von Stolpersteinen erfordert einen institutionellen Rahmen, weshalb 2005 die Bezirksmuseen Mitte und Friedrichshain-Kreuzberg die Koordinierungsstelle Stolpersteine Berlin ins Leben rief. Seit 2012 ist sie dem Aktiven Museum

Faschismus und Widerstand in Berlin e.V. angegliedert, das auch Ausstellungen gestaltet und Bücher publiziert, darunter auch eines über die Berliner Stolpersteine.

SUDETENKRISE, MEMELKRISE

Die Auseinandersetzungen zwischen dem Deutschen Reich und der Tschechoslowakei um das Sudetenland waren Vorboten des Zweiten Weltkriegs. Bis zum Ende der Donaumonarchie 1918 unter österreichischer Herrschaft stehend, lebten in der Sachsen, Bayern und Schlesien benachbarten Grenzregion viele Deutsche. Der Wunsch vieler Sudetendeutscher, sich dem Deutschen Reich anzuschließen, wurde nach 1933 von der als Nazi-Ableger agierenden Sudetendeutschen Partei (SdP) unter Konrad Henlein geschürt und von Berlin aus unterstützt. Bei einer Wahl im Mai 1935 stieg die als fünfte Kolonne agierende SdP zur stärksten Partei des Landes auf.

Nach dem von den Westmächten tolerierten Anschluss Österreichs weitete sich die Sudetenfrage zu einer veritablen Krise aus. Am Ende des Reichsparteitages vom 12. September 1938 griff Hitler die tschechoslowakische Regierung frontal an. Unter keinen Umständen werde er, Hitler, der weiteren Unterdrückung der deutschen Volksgenossen zusehen. Nach dieser Rede brach im Sudetengebiet ein von Nazis angezettelter Aufstand mit zahlreichen Opfern aus. Hitler ordnete am 17. September 1938 die Bildung des von Henlein geführten Sudetendeutschen Freikorps an, das die Heim-ins-Reich-Stimmung weiter anheizte.

Am 5. November 1937 hatte Hitler gegenüber führenden Vertretern der Wehrmacht sowie Ministern seinen unabänderlichen Willen bekundet, die Tschechoslowakei zu „erledigen" (s. Kriegsziele). Gegenüber dem britischen Premierminister Chamberlain verlangte er unter zynischer Berufung auf das Selbstbestimmungsrecht der Völker die Angliederung des Sudetenlandes an das Deutsche Reich. Untermauert wurde die Forderung durch Berichte in der NS-Presse über angebliche tschechische Gräueltaten an Deutschen. Das Münchner Abkommen vom 30. September 1938 verpflichtete die Regierung in Prag, das 29 000 Quadratkilometer große Sudetengebiet mit 3,69 Millionen Bewohnern dem Deutschen Reich zu überlassen sowie auf ungarische und polnische Gebietsansprüche einzugehen. Die „Heimführung" des Sudetenlandes erfolgte daraufhin offiziell durch den Einmarsch deutscher Truppen. Henlein wurde zum Gauleiter und Reichskommissar für die besetzten Gebiete ernannt.

Während der Großteil der deutschen Bevölkerung die Besatzer begrüßte, flohen Juden und Oppositionelle in die Tschechoslowakei. Kurze Zeit darauf ließ Hitler die „Zerschlagung" der Rest-Tschechei vorbereiten, die dann Mitte März 1939 durch Proklamation des Reichsprotektorats Böhmen und Mähren erfolgte. Nach deutschen Drohungen riefen slowakische Politiker einen eigenen, unter der Führung von Präsident Jozef Tiso und Premierminister Vojtech Tuka stehenden Staat aus, der vom NS-Reich abhängig war und mit ihm kollaborierte (Quisling). Tschechien und die Slowakei wurden im April 1945 von der Roten Armee befreit und als Tschechoslowakei neu gegründet.

Im März 1939 richtete Hitler ein Ultimatum an Litauen und forderte die Abtretung des Memellandes, das durch den Versailler Vertrag dem Völkerbund unterstellt und 1923 von Litauen besetzt worden war. Hitler drohte mit dem Einmarsch der Wehrmacht in Litauen, falls es das Ultimatum ablehnen sollte, das fünf Tage nach der endgültigen Zerschlagung der Tschechoslowakei gestellt worden war. Die Unterzeichnerstaaten der Memelkonvention aus dem Jahr 1924, mit der der Status quo in der Gebietsfrage festgeschrieben wurde, verweigerten dem bedrängten Litauen Hilfe. Da Frankreich und Großbritannien keinen Krieg wegen des Memelgebiets riskieren wollten, sah sich Litauen genötigt, seinen Seehafen Memel (heute Klaipeda) und das Umland an das Deutsche Reich abzutreten, was von der Goebbels-Propaganda als Sieg auf dem Weg zur Wiederherstellung alter deutscher Größe und einen weiteren Schlag gegen Versailles gefeiert wurde. Ein am 23. März

1939 unterzeichneter Vertrag legte die Inbesitznahme des Memellandes durch das Deutsche Reich fest. Hitler konnte einen weiteren Triumph über die Völkergemeinschaft verbuchen.

THERESIENSTADT

Nach der Besetzung der Tschechischen Republik durch die Wehrmacht und der Errichtung des Reichsprotektorats Böhmen und Mähren wurden in der zum Ghetto und Konzentrationslager umgewandelten ehemaligen Festung Theresienstadt die ersten von über 100 000 Juden interniert. Eingeliefert wurden politische Gefangene, und zwar jüdische und nichtjüdische Tschechen, aber auch solche aus dem Deutschen Reich sowie später aus Westeuropa. Unter der Aufsicht des Reichssicherheitshauptamtes wurde das Ghetto von der SS verwaltet. Das Wachpersonal bestand zum Teil aus tschechischen Polizisten, mit deren Hilfe die Insassen, wenn sie Glück hatten, Verbindung nach draußen aufrecht hielten. Insgesamt wurden mehr als 140 000 Männer und Frauen in die nach der Kaiserin Maria Theresia benannten Siedlung deportiert, annähernd 120 000 Häftlinge kamen ums Leben. Die Rote Armee konnte am 8. Mai 1945 23 000 Menschen befreien. Für viele Juden war Theresienstadt nur eine Durchgangsstation auf dem Weg in die eigentlichen Vernichtungslager im besetzten Polen und anderen okkupierten Ländern (s. Endlösung, Zyklon B).

Theresienstadt wurde von der SS missbraucht, um der Weltöffentlichkeit vorzugaukeln, hier befinde sich eine Art jüdischer Mustersiedlung und das Leben der Bewohner verlaufe dort friedlich und fröhlich. Die NS-Schergen bedienten sich als Spielleiter des in der Weimarer Republik gefeierten Berliner Schauspielers, Regisseurs und Kabarettisten Kurt Gerron. Weil er Jude war, seine Arbeit verloren hatte und um sein Leben fürchten musste, war er ins niederländische Exil gegangen, wo er weiter als Filmemacher erfolgreich war. Nach Kriegsbeginn geriet Gerron in die Fänge der Gestapo und wurde erst nach Westerbork gebracht, das Konzentrations- und Durchgangslager auf dem Weg nach Auschwitz, und dann nach Theresienstadt. Dort zwang die SS den Regisseur, mit jüdischen Mitgefangenen den pseudo-dokumentarischen Film „Theresienstadt - Ein Dokumentarfilm aus dem jüdischen Siedlungsgebiet" zu drehen. Später unter dem Namen „Der Führer schenkt den Juden eine Stadt" bekannt geworden, spiegelt der öffentlich nie aufgeführte, nur in Fragmenten überlieferte Streifen friedliches Zusammenleben der Gefangenen bei Sport und Spiel, gemütlichem Kaffeetrinken und Gartenarbeit vor, doch war jede Szene gestellt und eine einzige Lüge. Nach dem Ende der von der SS streng überwachten und beeinflussten Dreharbeiten wurden der Regisseur und weitere Mitwirkende in Auschwitz ermordet. Mehrere hundert Statisten, darunter auch prominente Juden, treten in dem Film auf, die entsprechenden Sequenzen sind die letzten, in denen man sie lebend sieht. Die Filmmusik wurde im August und September 1944 in Anwesenheit von Gerron und des Komponisten Peter Deutsch aufgenommen. Beteiligt waren das von Karel Ančerl dirigierte Orchester sowie ein aus Kindern bestehender Gefangenenchor und die Jazzband „Ghetto Swingers". Überlebende berichteten später, dass ihnen die Arbeit an dem zur Täuschung von Delegationen des Roten Kreuzes und der Weltöffentlichkeit gedrehten, am Ende dann aber für die SS nutzlosen Film, aber auch Aufführungen des Ghettokabaretts „Karussell" sowie von klassischer Musik, Operetten und sogar von Jazz geholfen habe, die Angst vor den Todestransporten für kurze Zeit zu nehmen.

UNTERNEHMEN BARBAROSSA, KOMMISSARBEFEHL

Am 22. Juni 1941 überfiel die Wehrmacht die Sowjetunion. Damit war der am 22. August 1939 in Moskau zu allgemeiner Überraschung abgeschlossene Deutsch-Sowjetische Nichtangriffsvertrag Makulatur. Hitler hatte unter strengster Geheimhaltung ab Mitte Dezember 1940 den Angriffs auf die UdSSR vorbereiten lassen, wobei sich der Codename auf den römisch-deutschen Kaiser Friedrich I., genannt Barbarossa, bezog. Hitler wollte die Sowjetunion zwar in einem Blitzkrieg besiegen, um das unter deutscher Besatzung stehende Kontinentaleuropa gegen britische und amerikanische Vorstöße abzusichern. Doch misslang dieser Plan ungeachtet schneller Vorstöße bis weit in den Osten, nachdem Stalin seine Truppen neu aufgestellt und die Kriegsproduktion stark angekurbelt hatte und sich das ganze Land, die totale Unterjochung und Ausblutung durch die deutschen Faschisten vor Augen, im Großen Vaterländischen Krieg vereinigt hatte. Weder gelang es der Wehrmacht, Moskau zu erobern und dort eine Siegesparade zu veranstalten, noch die Bewohner von Leningrad durch die nahezu zweieinhalb Jahre während Blockade in die Knie zu zwingen oder sich in anderen Regionen dauerhaft festzusetzen (s. Belagerung von Leningrad, Stalingrad).

Von Beginn an war der Feldzug im Osten als Vernichtungs- und Ausrottungskrieg gegen Juden, „Bolschewisten" und andere „Untermenschen" geplant, wie es in der Nazisprache hieß. Gemäß der von Hitler ausgegebenen Parole, das Reich führe keinen Krieg mit „Heilsarmeemethoden", gingen seine Soldaten mit äußerster Brutalität in enger Kooperation mit den ihnen folgenden Einsatzgruppen der SS und weiteren Mordkommandos gegen die Rote Armee und die Zivilbevölkerung vor. Befehlshaber und einzelne Soldaten beriefen sich auf Führerbefehle, nach denen sowjetische Soldaten niemals Kameraden sind, sondern den Tod verdienen. Die Sowjetunion erlitt bedeutende Verluste an Blut und Gut. Zahlreiche Städte und Dörfer wurden zerstört, Millionen Soldaten und Zivilisten kamen ums Leben, wurden zur Zwangsarbeit nach Deutschland deportiert oder gerieten in Gefangenschaft, wo es weitere Todesopfer durch Erschießungen, Hunger und Krankheiten gab. Von den über fünf Millionen sowjetischen Kriegsgefangenen hat mehr als die Hälfte die Lagerhaft nicht überstanden (s. Stammlager).

Die deutsche Aggression gegen die Sowjetunion war von vorn herein als Vernichtungskrieg geplant. Unmittelbar nach dem Überfall trat die SS in Aktion, um als feindlich, fremdvölkisch und politisch gefährlich eingestufte Menschen zu erschießen oder in den Vernichtungslager zu ermorden. Gleichzeitig lief die Mordmaschine in Polen und anderen okkupierten Ländern auf vollen Touren. Für die Endlösung der Judenfrage wurden in der Wannseekonferenz am 20. Januar 1942 Einzelheiten festgelegt.

Ein spezieller Befehl vom 6. Juni 1941 legte die „Behandlung" von Politkommissaren der Roten Armee fest. Gegen alles Kriegs- und Völkerrecht sollten die für die politische Ausrichtung der Roten Armee eingesetzten Funktionäre und weitere Personen nicht als Kriegsgefangene angesehen, sondern sofort erschossen werden. Der Mordfeldzug erstreckte sich auf politische Funktionäre, aktive Kommunisten, politische Ideenträger, unerwünschte Elemente, sowie alle Personen, die die Sicherheit gefährden könnten, so die damalige Diktion.

Der Chef des Oberkommandos der Wehrmacht, Wilhelm Keitel, gab vor dem Nürnberger Kriegsverbrecherprozess zu, dass Hitler fünf Wochen vor dem Krieg gegen die Sowjetunion das OKW gedrängt habe, die politischen Kommissare „durch das Heer zu erledigen". Einwände von seinen Militärs, das würde „soldatischen Auffassungen vom ritterlichen Krieg" widersprechen, wischte Keitel in Übereinstimmung mit Hitler mit dem Hinweis vom Tisch, es gehe um die Vernichtung einer Weltanschauung. Den Kommissaren sollte jedwede Möglichkeit genommen werden, Einfluss auf ihre Mitgefangenen zu nehmen. „Diese Kommissare werden nicht als Soldaten anerkannt; der für die Kriegsgefangenen völkerrechtlich geltende Schutz findet auf sie keine Anwendung. Sie sind nach durchgeführter Absonderung zu erledigen." Die Morde sollten, um Aufsehen zu vermeiden, in Konzentrations- und Vernichtungslagern geschehen. Zu den der so genannten Sonderbehandlung zugeführten Personen wurden außer den Politkommissaren auch Funktionäre der Kommunistischen Internationale sowie Parteifunktionäre, Angehörige der sowjetischen Intelligenz, Juden und ganz allgemein fanatische Kommunisten sowie unheilbar Kranke gerechnet. Grundlage der „verfahrenslosen Hinrichtungen" war Hitlers Kriegsgerichtsbarkeitserlass im „Gebiet Barbarossa" vom 13. Mai 1941, der Vergehen deutscher Soldaten an der Zivilbevölkerung außer Verfolgung stellte. Wehrmachtsangehörige versuchten zwar nach dem Krieg, ihre Mitschuld an den Massakern abzustreiten, doch sprechen die Tatsachen eine andere, sehr deutliche Sprache.

Zwei 1995 bis 1999 und 2001 bis 2004 vom Hamburger Institut für Sozialforschung veranstalteten Wanderausstellungen sorgten dafür, dass die deutsche Wehrmacht ihren Nimbus verlor, einen militärisch „sauberen" Krieg geführt und mit Kriegsverbrechen nichts zu tun gehabt zu haben. Die Bild-Text-Dokumentationen schilderten, dass die Wehrmacht sehr wohl nach dem Überfall auf die Sowjetunion an der Seite der SS und ihrer Einsatzgruppen unzählige Kriegsverbrechen, Massenerschießungen und Massaker verübt hat. Deutlich wurde in den Dokumentationen die aktive Beteiligung der Wehrmacht am Holocaust, an der Plünderung der besetzten Gebiete sowie an Massenmorden an der Zivilbevölkerung und Kriegsgefangenen unter der Regie der Wehrmacht.

Die durch Bilder und Dokumente sowie Zeitzeugenberichte und andere Unterlagen belegte Entzauberung der Wehrmacht wurde nicht widerspruchslos hingenommen. Gegen die Ausstellungen begehrten Politiker, ehemalige Wehrmachtsangehörige sowie deren Interessenvertretungen auf, und es gab sogar Morddrohungen. Da einige Unstimmigkeiten bei der Zuordnung und Beschriftung von Bildern festgestellt wurden, wurde die erste Ausstellung überarbeitet und eine zweite geschaffen, die sich mehr auf die Mitwirkung der Wehrmachtführung an den Kriegsverbrechen orientierte, jedoch nichts von ihrer Grundaussage zurücknahm. Deutlich wurde, dass sowohl die Wehrmachtsführung als auch viele einfache Soldaten ihren jahrelang eingehämmerten Antisemitismus und Antibolschewismus seelen- und gefühllos in Blutorgien auslebten, und nur wenige es wagten, sich den Verbrechen zu entziehen. Das hätte als Befehlsverweigerung und Defätismus ausgelegt und mit einem Verfahren vor dem Reichskriegsgericht geahndet werden können.

Die Ausstellungen zeigten, wie belastende Akten vernichtet, Urkunden gefälscht und neue Mythen in die Welt gesetzt wurden. Damit wollten Täter in Wehrmachtuniform die Erinnerung an ihre Verbrechen vernebeln und gleichzeitig jenen Kriegsdienstgegnern den Wind aus den

Segeln nehmen, die mit der von dem Pazifisten Kurt Tucholsky bereits 1931 getroffenen Aussage „Soldaten sind Mörder" auf die Straßen gingen und gegen die Teilnahme der Bundeswehr an Auslandseinsätzen protestierten und denen ganz allgemein alles Militärische gegen den Strich ging. Im Ergebnis der Ausstellungen, der Debatten über sie und einer Reihe von Publikationen büßte Hitlers Wehrmacht ihr sorgfältig gepflegtes Sauberkeitsimage ein. Das führte auch dazu, dass Bundeswehrkasernen ihre an Wehrmachtsgenerale erinnernde Namen verloren und sich auch Traditionspflege bei der Truppe den neuen Erkenntnissen anpassen musste.

Das Deutsch-Russische Museum in Berlin-Karlshorst ist wie kaum ein anderer Ort geeignet, den deutsch-sowjetischen Krieg von 1941 bis 1945 zu dokumentieren. In den authentisch erhaltenen Räumen, in denen am 8. Mai 1945 die bedingungslose Kapitulation der Wehrmacht und damit das Ende des Zweiten Weltkriegs in Europa besiegelt wurden, wird gezeigt, wie der Vernichtungskrieg verlief und wer die Opfer waren. Die DDR richtete hier in Zusammenarbeit mit der Sowjetunion das Museum der bedingungslosen Kapitulation des faschistischen Deutschland im Großen Vaterländischen Krieg ein. Das Museum wurde 1967 eröffnet und war eine Außenstelle des Zentralen Streitkräftemuseum in Moskau. Die 2013 eröffnete neue Dauerausstellung „Deutschland und die Sowjetunion im Zweiten Weltkrieg 1941-1945" ist eine grundlegende Neubearbeitung. Sie wurde an den aktuellen wissenschaftlichen Forschungsstand angepasst. Die Präsentation wurde im Trägerverein und im Wissenschaftlichen Beirat des Museums mit Fachleuten aus der Russischen Föderation, der Republik Belarus, der Ukraine und Deutschland erarbeitet.

UNTERNEHMEN SEELÖWE

Nach dem Sieg über Frankreich hoffte Hitler vergeblich, sich mit England verständigen zu können. Nach dem Rücktritt von Neville Chamberlain hatte Winston Churchill als Premierminister den Vorsitz eines parteiübergreifenden Kriegskabinetts übernommen und jedwede Avancen aus Berlin zurück gewiesen, was von der Nazipresse mit wütendem Geheul quittiert wurde. In seiner Antrittsrede stimmte Churchill seine Landsleute am 13. Mai 1940 in drastischen Worten auf kommende Belastungen ein. Im Unterhaus erklärte der Premierminister: „Ich habe nichts zu bieten als Blut, Mühsal, Tränen und Schweiß. Wir haben eine Prüfung der allerschwersten Art vor uns. Wir haben viele, viele lange Monate des Kampfes und des Leidens vor uns." Der Premier war ein entschiedener Gegner von Absprachen mit dem Nazireich, dessen menschenfeindlichen Charakter er klarer erkannte als andere Landsleute. In seiner berühmten Ansprache betonte er, Englands Politik sei es, Krieg zu führen zu Wasser, zu Land und in der Luft „mit unserer aller Macht und mit aller Kraft, die Gott uns verleihen kann; Krieg zu führen gegen eine ungeheuerliche Tyrannei, die in dem finsteren trübseligen Katalog des menschlichen Verbrechens unübertroffen bleibt". Ziel sei der „Sieg um jeden Preis, Sieg trotz allem Schrecken, Sieg, wie lang und beschwerlich der Weg dahin auch sein mag; denn ohne Sieg gibt es kein Weiterleben". Für Churchill stand dieser Sieg außer Frage, ohne ihn sah er keine Möglichkeit mehr weiterzuleben.

Die Regierung in London war von den Unternehmen Seelöwe genannten deutschen Invasionsplänen informiert. Hitler hatte am 16. Juli 1940 die Weisung Nr. 16 ausgegeben, die die Landung in England vorsah, ein Plan, an dem bereits der spanische König Philipp II. und der französische Kaiser Napoleon I. gescheitert waren. In dem Geheimdokument legte der deutsche Oberbefehlshaber fest: „Da England, trotz seiner militärisch aussichtslosen Lage, noch keine Anzeichen einer Verständigungsbereitschaft zu erkennen gibt, habe ich mich entschlossen, eine Landungsoperation gegen England vorzubereiten und, wenn nötig, durchzuführen." Der Angriff auf breiter Front sollte mit Unterstützung aus der Luft überraschend und an vielen Stellen gleichzeitig erfolgen. Mit dem „Landungsunternehmen großen Stils über die Nordsee" sollte die Friedensbereitschaft des Feindes erzwungen werden. Der Plan war reine Utopie, denn weder gelang es den Deutschen, die britische Luftwaffe auszuschalten, noch die Landung unzähliger Wehrmachtsoldaten zu ermöglichen. Deshalb wurde der Beginn des Unternehmens Seelöwe vom August 1940 erst auf den 21. September verschoben und dann am 12. Oktober abgebrochen. Die Jahreszeit war schon zu weit fortgeschritten, und die Kriegsmarine sah sich außerstande, die vom Heer verlangte Bewegungsfreiheit an der englischen Küste abzusichern. Um sein Gesicht zu wahren, verschob Hitler das Unternehmen Seelöwe auf das Frühjahr 1941 und sprach nicht mehr davon, denn insgeheim wurde der Überfall auf die Sowjetunion vorbereitet. Erfolgreicher war die Wehrmacht mit der Offensive, die am 10. Mai 1940 gegen Belgien, Niederlande und Luxemburg sowie Frankreich geführt wurde (s. Blitzkrieg).

VERGELTUNGSWAFFEN, WUNDERWAFFEN

Zum Lügenrepertoire der deutschen Propaganda am Ende des Krieges gehörte das Märchen von den Vergeltungswaffen V 1 und V 2, von denen die militärische Wende erwartet wurde, sowie von weiteren Wunderwaffen. Es war auch von geheimen Wehrmachtseinheiten die Rede, die bisher noch nicht im Einsatz waren, und es wurde von der Alpenfestung und ungeahnten Kräften fabuliert, die das Volk, seine „Versklavung durch bolschewistische Horden" vor Augen, zu entwickeln imstande sei. Dass die aus alten Männern und Jugendlichen gebildeten Volkssturmverbände nichts bewirkten, ist unbestreitbar, aber auch, dass die Angst vor den als Barbaren verteufelten sowjetischen Truppen oder auch vor der Rache der Sieger viele Leute noch bei der Stange hielt und manche in den Selbstmord trieb. Hitler ließ keine Gelegenheit aus zu erklären, er würde niemals kapitulieren, dieses Wort kenne er nicht. Zu seinem bevorzugten Architekten und Rüstungsminister Albert Speer sagte er: „Wenn der Krieg verloren geht, wird auch das Volk verloren sein. Dieses Schicksal ist unabwendbar. Es ist nicht notwendig, auf die Grundlagen, die das Volk zu seinem primitivsten Weiterleben braucht, Rücksicht zu nehmen. Im Gegenteil, es ist besser, selbst diese Dinge zu zerstören."

Ende 1942 forderte Goebbels, durch Flüsterpropaganda Informationen über neue, unerhört wirksame Waffen nach dem Motto „mit den besten Waffen siegen" zu verbreiten. Die Gerüchte sprachen von sagenhaften Panzern, die ganze Häuserzeilen in Brand setzen können, von Maschinengewehren mit ungeheurer Zerstörungskraft, von so genannten Gefrierbomben, die Temperaturen im Umkreis von fünf Kilometern auf minus 100 Grad Celsius sinken lassen, von angeblich unbesiegbaren und unsinkbaren Schiffen und U-Booten sowie superschnellen Flugzeugen. Es war auch von geheimen Wehrmachtseinheiten die Rede, die ungeduldig auf ihren Einsatz warten. Angeblich würden die Vergeltungswaffen des Typs V 1 und V 2 die militärische Wende herbeiführen und den Feind besiegen helfen. Überdies wurden ungeahnte psychische Kräfte beschworen, die angeblich das deutsche Volk, seine Versklavung durch „bolschewistische Horden" vor Augen, entwickelt.

Eine steile Karriere machte in Nazideutschland und nach dessen Untergang in den USA der deutsche Raketeningenieur Wernher von Braun. Als technischer Direktor der Heeresversuchsanstalt Peenemünde war der SS-Sturmbannführer maßgeblich am Bau der Vergeltungswaffe 2 beteiligt, die bei Angriffen auf London und andere Städte großen Schaden anrichtete und viele Todesopfer forderte. Die Raketen wurden unter unmenschlichen Zuständen in der geheimen Rüstungsfabrik Mittelbau Dora bei Nordhausen gebaut, wo tausende Häftlinge ums Leben kamen. Von Braun bestritt, je einen einzigen Gefangenen zu Gesicht bekommen zu haben. Nach dem Ende des Nazireiches wurde er mit seinem Vorgesetzten General Walter Dornberger und weiteren Raketenspezialisten in die USA gebracht. Dort stellte er sein Wissen dem amerikanischen Raketenprogramm zur Verfügung und war bei deren Mondlandungsprogramm zur Stelle. Gern übersah man die braune Vergangenheit des an führender Stelle in der NASA tätigen Wernher von Braun. Wo es opportun war, kniffen auch die USA beim Einsatz von NS-belasteten Funktionären ein Auge zu. Ähnlich war man auch in der Sowjetunion bereit, das Wissen von deutschen Spezialisten zu nutzen, die den Nazis zu Diensten gewesen waren. Durch den Zweiten

Weltkrieg wurde eine Verderben bringende Spirale nuklearer Hochrüstung in Gang gesetzt, die bis heute die Erde bedroht.

VERSAILLER VERTRAG, VÖLKERBUND

Der am 28. Juni 1919 von einer deutschen Delegation im Siegelsaal des Schlosses von Versailles unterzeichnete Friedensvertrag besaß in den politischen Auseinandersetzungen nach dem Ersten Weltkrieg und insbesondere in der Agitation von Hitler und seiner NSDAP eine herausragende Bedeutung. Er hatte die militärische Niederlage des Reiches im Ersten Weltkrieg besiegelt. Der Friedensvertrag war hart und keineswegs an den Erfordernissen eines friedlichen Zusammenlebens der Völker orientiert. Obgleich ein wirtschaftliches und militärisches Wiedererstarken Deutschlands verhindert oder zumindest erschwert werden sollte, stand dessen Fortbestehen keineswegs zur Disposition: Das Reich bestand – zwar in neu gezogenen Grenzen – weiter, auch die gesellschaftlichen Verhältnisse blieben unangetastet.

Die deutschen Unterzeichner des Versailler Vertrags wurden als Novemberverbrecher und Erfüllungspolitiker beschimpft und mit dem Tod bedroht. In allen politischen Lagern der Weimarer Republik stieß der im Januar 1920 in Kraft getretene Friedensvertrag auf lautstarke Ablehnung. Er wurde als Raubfrieden bezeichnet. Die destruktive Sprengkraft des Friedensschlusses von 1919 lag jedoch weniger in ihm selbst, als in der Art und Weise des Umgangs mit ihm, in seiner Nutzung für Zwecke, die erneut alles andere als friedlich waren. Zahlreiche konservative, völkische und nationalsozialistische Organisationen versuchten, nationalistische Hysterie gegen die „Ketten von Versailles" zu erzeugen, selbst zu Zeiten, als bereits wesentliche Bestimmungen des Vertrages aufgehoben waren. Letztlich förderte das „Diktat von Versailles" den Aufstieg der NS-Bewegung und enthielt einen Keim für den Zweiten Weltkrieg.

Die NS-Diktatur verstieß systematisch gegen die Bestimmungen des Versailler Vertrags vor allem durch die Einführung der Wehrpflicht, die

Militarisierung des öffentlichen Lebens und die Aufrüstung. Die Propaganda feierte den Austritt des Deutschen Reiches am 14. Oktober 1933 aus dem Völkerbund, dem es erst 1926 beigetreten war, als mutige Tat auf dem Weg zu neuer Kraft und Größe. Die von Propagandaminister Goebbels verkündete und von der Weltgemeinschaft mit schwachen Protesten quittierte Maßnahme wurde als Reaktion auf eine angebliche Demütigung der Deutschen durch Frankreich, England und weitere Staaten und als Befreiungsschlag von den Restriktionen des Versailler Vertrags von 1919 ausgegeben. Nunmehr sei Deutschland völlig frei und könne sich ohne Einflussnahme und Aufsicht von außen entwickeln, hieß es. Zuvor hatte Japan die Mitgliedschaft im Völkerbund aufgekündigt und damit den Weg für seine aggressive Kriegs- und Eroberungspolitik in Asien frei gemacht. 1937 erklärte Hitler feierlich, er würde die Unterschrift unter den Versailler Vertrag zurückziehen. Seither kennzeichneten nicht mehr allein Auseinandersetzungen um den Vertrag den weiteren Weg zum Zweiten Weltkrieg, sondern expansionistische und rassistisch-mörderische Aktionen, die weit über die Rückgewinnung verlorener Gebiete hinausgingen, sondern die Weltherrschaft anstrebten.

VIERJAHRESPLAN

Unmittelbar nach seiner Ernennung zum Reichskanzler erklärte Hitler, binnen vier Jahren müsse die Arbeitslosigkeit beseitigt sein. Ziel des vom späteren Reichsmarschall Hermann Göring geleiteten Vierjahresplans war es, die Autarkie des Deutschen Reichs herzustellen und seine Wirtschaft kriegsbereit zu machen. Hitlers Forderung vom 10. Februar 1933 „Deutsches Volk! Gib uns vier Jahre Zeit, dann richte und urteile über uns. Deutsches Volk, gib uns vier Jahre, und ich schwöre dir: So wie wir, und so wie ich in dieses Amt eintrat, so will ich dann gehen. Ich tat es nicht um Gehalt und nicht um Lohn, ich tat es um deiner selbst wegen" war die Grundlage einer Vierjahres-Planung, die 1937 und 1940 vier weitere Jahre verlängert wurde. In einer Denkschrift legte

Hitler 1936 fest, Wehrmacht und Wirtschaft müssten in vier Jahren einsatzfähig sein. „Wir sind übervölkert und können uns auf der eigenen Grundlage nicht ernähren […] Die endgültige Lösung liegt in einer Erweiterung des Lebensraumes bzw. der Rohstoff- und Ernährungsbasis unseres Volkes. Es ist die Aufgabe der politischen Führung, diese Frage dereinst zu lösen", heißt es in dem Dokument. Gefordert wurden die Herstellung von synthetischem Benzin und Kautschuk, die verstärkte Förderung von einheimischen Eisenerzen und weiteren Bodenschätzen, die die Reichswerke Hermann Göring übernehmen sollte, sowie die Produktion von synthetischem Fett aus Kohle. Die Denkschrift ging, Göring zufolge, von dem Grundgedanken aus, „dass die Auseinandersetzung mit Russland unvermeidbar ist. [...] Alle Maßnahmen haben so zu erfolgen, als ob wir im Stadium der drohenden Kriegsgefahr uns befänden." Um den eigentlichen Zweck des Vierjahresplans zu verschleiern, log Göring, es gehe um die Sicherung der Ernährung des deutschen Volkes. Gegenüber Industriellen erklärte er hingegen: „Die Auseinandersetzung, der wir entgegengehen, verlangt ein riesiges Ausmaß von Leistungsfähigkeit. Es ist kein Ende der Aufrüstung abzusehen. Allein entscheidend ist hier der Sieg oder Untergang. […] Wir stehen bereits in der Mobilmachung und im Krieg, es wird nur noch nicht geschossen."

VOLKSGERICHTSHOF

Nachdem am 23. Dezember 1933 im Reichstagsbrandprozess vor dem Reichsgericht der mutmaßliche Täter Marinus van der Lubbe zum Tode verurteilt, drei mitangeklagte Funktionäre der Kommunistischen Partei aber freigesprochen worden waren, beschloss Hitler, mit dem Urteil höchst unzufrieden, politische Straftaten der unabhängigen Justiz zu entziehen und ordnete die Bildung des von ihm so benannten Volksgerichtshof an, der am 1. August 1934 in Berlin seine Arbeit aufnahm. Aufgabe des Tribunals war zunächst die Aburteilung von Hochverrat und Landesverrat, später kamen weitere Strafvtaten hinzu. Das Gericht hatte bis zu sechs Senate, wobei sich ein Senat aus zwei Berufsrichtern und drei sogenannten Volksrichtern zusammensetzte. Diese waren in der Regel Parteifunktionäre, Offiziere und/oder hohe Beamte. Die Richter wurden von Hitler ernannt und mussten zuverlässig im Sinne des NS-Regimes sein. Die Gerichtsverfahren waren unter Missachtung rechtsstaatlicher Grundsätze auf kurze Prozesse ausgerichtet, gegen die Urteile Rechtsmittel einzulegen, war nicht möglich.

Der Volksgerichtshof tagte zunächst im Preußischen Landtag, dem heutigen Abgeordnetenhaus von Berlin, ab 1935 im ehemaligen Königlichen Wilhelms-Gymnasium Bellevuestraße 15 sowie im Kammergericht am Kleistpark im Bezirk Schöneberg, nach 1945 Sitz des Alliierten Kontrollrats. In diesem Gebäude aus der Kaiserzeit fanden die Schauprozesse gegen Mitwirkende und Unterstützer des Attentats vom 20. Juli 1944 statt.

Seit seiner Gründung führte der Volksgerichtshof mehr als 16 000 Prozesse durch. Vom ihm erwartete Hitler, dass er rigoros und brutal gegen Landesverräter und andere Staatsfeinde vorgeht, wer immer darunter verstanden wurde. Vor allem unter der Gerichtspräsidentschaft von Roland Freisler (1942 bis 1945) häuften sich die Todesurteile. Insgesamt verhängte das Tribunal in mehr als 5 600 Fällen die Todesstrafe, die in der Regel in Plötzensee und an anderen Orten vollstreckt wurden. Nachdem Hitler zu Ohren gekommen war, dass 900 zum Tod verurteilte Häftlinge länger als zwei Monate auf die Vollstreckung warten, wies er an, die Verfahren zu beschleunigen, da diese insbesondere in Großstädten bei den Luftangriffen eine Gefahr darstellen würden und sogar fliehen könnten.

Mit den Jahren entwickelte sich das in Berlin ansässige Gericht zu einem besonders brutalem Rache- und Abschreckungsinstrument des NS-Regimes. Wie bei den vor den Volksgerichtshof gezerrten Verschwörern des 20. Juli 1944 standen auch bei anderen Verfahren die Ergebnisse von vorn herein fest. Die Zahl der exekutierten Angeklagten stieg nach der Errichtung der Hitlerdiktatur im Vergleich zur Weimarer Republik sprunghaft an. Bis dahin stand im Deutschen Reich nur auf Mord und schwere Sprengstoffverbrechen der Tod, fünf Jahre später wurde diese Höchststrafe bereits für 25 Delikte ausgesprochen. Nach Kriegsbeginn am 1. September 1939 war sie für nahezu alle Anklagepunkte vorgesehen, selbst für kleine Diebstähle sowie politische Witze oder das Abhören feindlicher Rundfunksender. Hitler ließ nach dem 20. Juli 1944 Verfahren sowie Exekutionen heimlich filmen. Aus Angst vor unerwünschten Reaktionen in der Bevölkerung hielt man die Aufnahmen mit dem Titel „Verräter vor dem Volksgericht" aber unter Verschluss und zeigte sie nur einem kleinen Kreis von NS-Funktionären mit der Auflage, darüber strengstes Stillschweigen zu bewahren.

Die letzten Hinrichtungen fanden am 18. April 1945 statt. Dabei verloren 28 Menschen ihr Leben, wenige Tage später waren Berlin befreit und der Krieg beendet. Roland Freisler blieb es erspart, für seine Verbrechen zur Verantwortung gezogen zu werden. Er kam am 3. Februar 1945 bei einem Luftangriff auf Berlin ums Leben. Wäre er vor das Nürnberger Kriegsverbrechertribunal gestellt worden, hätten die Richter sicher auf Tod durch den Strang erkannt.

Teilnehmer von Demonstrationen der „Patriotischen Europäer gegen die Islamisierung des Abendlandes" (Pegida) schwenken in diesen Tagen eine eigene Fahne. Sie müsste eigentlich Wirmer-Flagge nach ihrem Gestalter Josef Wirmer heißen. Er war katholischer Jurist und Zentrumspolitiker und gehörte zum Unterstützerkreis des Attentats auf Hitler durch Claus Graf Schenk von Stauffenberg. Wenn der Anschlag gelungen wäre, sollte Wirmer Reichsjustizminister werden. Er hatte ein neues, skandinavischen Fahnen nachempfundenes Nationalsymbol entworfen, das ein schwarzes, golden gefasstes Kreuz auf rotem Grund zeigt. Die Fahne ist auch als Widerstandsflagge oder Stauffenberg-Flagge bekannt. Wirmer wurde am 8. September 1944 vom Volksgerichtshof zum Tod verurteilt und hingerichtet. Indem Pegida-Leute seine Fahne schwenken, tun sie so, als seien sie die wahren Demokraten, und ihr Widerstand gegen das ihnen so verhasste parlamentarische „System" in diesem Land sei die legitime Fortsetzung dessen, was Stauffenberg, Wirmer und ihre Freunde einst erreichen wollten.

Nach dem Ende des NS-Regimes konnten in der Bundesrepublik Deutschland ehemalige Richter und Staatsanwälte ihre Karrieren nahezu nahtlos fortsetzen (s. Zweite Schuld). Nicht einer wurde rechtskräftig verurteilt. Joachim Rehse etwa, ein 1967 wegen seiner Mitwirkung an 237 Todesurteilen zunächst zu lächerlichen fünf Jahren Haft verurteilter Beisitzer am Volksgerichtshof, wurde 1968 in einem Revisionsverfahren mit der Behauptung frei gesprochen, NS-Recht sei damals geltendes Recht gewesen. Erst 1984 stufte der Deutsche Bundestag den Volksgerichtshof als Terrorinstrument ein und stellte fest, seine Urteile hätten keine Rechtswirkung. Das Thema ist Gegenstand umfangreicher Recherchen, die das Bundesjustizministerium im Rahmen eines Rosenburg-Projekt genannten Forschungsprogramms zur Aufarbeitung der deutschen Justizgeschichte in der NS-Zeit vornimmt.

VOLKSSTURM

Der aus alten Männern und jungen Burschen, die eigentlich noch Kinder waren, bestehende Volkssturm war Hitlers letztes Aufgebot. Aufstellung und Führung der Bataillone lagen in den Händen der Gauleiter, die von lokalen Organisationen der NSDAP, der SA, SS, des Nationalsozialistischen Kraftfahrerkorps und der Hitlerjugend unterstützt wurden. Dass die Truppe am 18. Oktober 1944 gegründet wurde, hatte symbolische Bedeutung, denn es handelte sich um den 131. Jahrestag der Völkerschlacht bei Leipzig 1813. Damit wurde unterstrichen, dass die deutsche Volksgemeinschaft angetreten ist, einen Volkskrieg gegen den jüdisch-bolschewistischen Weltfeind zu führen, so die damalige Diktion. Alle waffenfähigen Männer im Alter von 16 bis 60 Jahren waren aufgerufen, fanatisch bis zur letzten Patrone den Heimatboden zu verteidigen, „bis ein die Zukunft Deutschlands und seiner Verbündeten und damit Europas sichernder Frieden gewährleistet ist", ein Friede selbstverständlich, wie ihn sich die von Weltherrschaft träumende Naziführung vorstellte.

Der Volkssturm war kein Teil der Wehrmacht, seine Angehörigen wurden aber auf Hitler vereidigt. Sie trugen keine Uniformen sondern nur eine Armbinde mit der Aufschrift „Deutscher Volkssturm – Wehrmacht". Schlecht ausgebildet, notdürftig bewaffnet und oft auch wenig motiviert, standen die Zivilisten den heranstürmenden Gegnern hilflos gegenüber. In Schnellkursen mussten sie den Umgang mit Karabinern und Maschinengewehren erlernen und üben, wie man Handgranaten und Panzerfäuste bedient. Bis zum bitteren Ende waren Volkssturmmänner und HJ-Angehörige gezwungen, unhaltbare Stellungen halten, und viele starben bei sinnlosen Einsätzen. Wer nicht mitmachte, wurde als Deserteur vor die Standgerichte gezerrt und exekutiert.

WEHRWIRTSCHAFTSFÜHRER, GEFOLGSCHAFT

Das Führerprinzip verlangte unbedingten Gehorsam derer, die in der politischen und sozialen Hierarchie unten angesiedelt waren, gegenüber denjenigen, die weiter oben standen. Ein Unternehmen wurde nicht mehr von einem Direktor, sondern vom Betriebsführer geleitet. Arbeiter und Angestellte waren nur noch „Gefolgschaft" und hatten ohne Wenn und Aber zu tun, was man ihnen anwies. Nach der Ausschaltung der Gewerkschaften war jede Form von Mitbestimmung abgeschafft. Die Deutsche Arbeitsfront gerierte sich als alleinige und beste Interessenvertretung der Arbeiter der Stirn und der Faust, wie man sagte, war aber nichts anderes als der verlängerte Arm der NSDAP. Das Gesetz zur Ordnung der nationalen Arbeit vom 20. Januar 1934 legte im Sinne der Gleichschaltung fest, dass der Betriebsführung unbedingter Gehorsam zu leisten ist. Damit war die Möglichkeit zur Beschwerde eingeschränkt. Das Gesetz stärkte den Einfluss des Staates auf die Belange der Betriebe und degradierte deren „Führer" zu bloßen Befehlsempfängern.

Wer in der NS-Zeit ein großes, für die Rüstungsindustrie wichtiges Unternehmen leitete, konnte seinen Namen mit dem Zusatz Wehrwirtschaftsführer schmücken. Etwa 400 Personen, darunter auch solche aus Bereichen außerhalb der Rüstung, erhielten ab 1935 diesen begehrten Titel. Mit seiner Verleihung versuchte das NS-Regime, rüstungswirtschaftlich wichtige Betriebe und deren Leiter an sich zu binden und sie zu besonderen Anstrengungen anzuspornen, sie aber auch zu veranlassen, ihre zivile Produktion auf militärische Erzeugnisse umzustellen. Für die Belegschaft war es durchaus von Nutzen, wenn an der Spitze ein Wehrwirtschaftsführer stand, weil dieser wegen des Renommees strenger auf Arbeitsrecht und Arbeitsschutz sehen musste als das in gewöhnlichen Unternehmen üblich war. Wo Zwangsarbeiter oder KZ-Häftlinge eingesetzt wurden, nutzten schöne Titel nichts, da zählte nur rücksichtslose Ausbeutung der Arbeitskraft.

WEIMARER REPUBLIK, PREUSSENSCHLAG

Die Weimarer Republik wird nach dem Nachkriegsparlament benannt, das am 11. Februar 1919 in der thüringischen Klassikerstadt Weimar zusammentrat, weit weg von der von revolutionären Unruhen geschüttelten Reichshauptstadt Berlin. Die von der Nationalversammlung angenommene und am 11. August 1919 vom neu gewählten ersten Reichspräsidenten Friedrich Ebert unterzeichnete Verfassung definierte das Deutsche Reich erstmals als parlamentarisch-demokratische Republik und knüpfte an Forderungen an, die schon in der Revolution von 1848/49 erhoben, aber nicht verwirklicht wurden. Die Weimarer Verfassung fixierte zahlreiche demokratische Errungenschaften, wies aber auch gravierende Mängel auf, vor allem was die starke Stellung des für jeweils sieben Jahre direkt vom Volk gewählten Reichspräsidenten betrifft. Er konnte den Reichstag unter bestimmten Umständen auflösen, Neuwahlen ansetzen und mit Notverordnungen regieren. In der Spätphase der Republik erwies sich diese Bestimmung als verhängnisvoll, weil sie den Reichstag entmachtete und das ohnehin geringe Vertrauen der Bevölkerung in die parlamentarische Demokratie weiter untergrub.

Die Nazis bekämpften von Anfang an das „Weimarer System" und den Vertrag von Versailles, der dem Deutschen Reich die alleinige Schuld am Ersten Weltkrieg zuschob und ihm harte Friedensbedingungen auferlegte. Sie nannten die Zeit zwischen 1918 und 1933 verächtlich nur Systemzeit sowie ihre Repräsentanten Novemberverbrecher und Erfüllungsgehilfen der Sieger. Damit gaben sie eine weit verbreitete Meinung wieder, denn vielen noch ganz im Geiste der Kaiserzeit und gottergebener Untertänigkeit erzogenen Deutschen war die republikanische Staatsform zuwider. Eine ehrliche Aufarbeitung der Frage, wie es zum Ersten Weltkrieg kam, wer für diesen schlimmsten aller bisherigen Kriege verantwortlich war und welchen Anteil die beiden Militärblöcke an der Eskalation der Gewalt hatten, fand nach dem Ende des Kaiserreichs nicht statt.

Die innenpolitische und wirtschaftliche Lage des Deutschen Reiches wurde nach dem Ersten Weltkrieg durch eine massive Geldentwertung sowie den Einmarsch französischer und belgischer Truppen Anfang 1923 in das Ruhrgebiet verschärft. Vorgeschobener Grund waren Verzögerungen bei den deutschen Reparationszahlungen. Brutale Übergriffe der Besatzer lösten einen Sturm der Entrüstung aus. Die Hetze gegen sie heizte nationalistische Emotionen weiter an. Mit der Ruhrbesetzung verschärften sich die Wirtschaftsprobleme der jungen Republik, und die Inflation geriet außer Kontrolle. Als sie im November 1923 überwunden war, hatten Millionen Menschen ihre Ersparnisse verloren und standen vor dem blanken Elend. Der Schriftsteller Stefan Zweig nannte in seinen „Erinnerungen eines Europäers" (1942) rückblickend die im November 1923 mit einem großen Kraftakt beendete Geldentwertung einen „Hexensabbat der phantastischen Irrsinnszahlen" und stellte fest, nichts habe das deutsche Volk „so erbittert, so hasswütig, so hitlerreif gemacht wie die Inflation". Zehn Jahre später war Hitler an der Macht.

Ein Markstein auf dem Weg in die NS-Diktatur war der „Preußenschlag" genannte Staatsstreich vom 20. Juli 1932 auf dem Höhepunkt der Weltwirtschaftskrise, die dem Deutschen Reich sechs Millionen Arbeitslose bescherte. Die putschartige Absetzung der preußischen Landesregierung durch eine Notverordnung des Reichspräsidenten am 20. Juli 1932 bedeutete das Ende des demokratischen Bollwerks Preußen. Der Freistaat Preußen hatte ab 1919 in Umkehrung seiner konservativen Rolle im Kaiserreich eine Stütze von Demokratie und Republik gebildet. Durch den so genannten Preußenschlag suchte die Reichsregierung gegenüber den Nationalsozialisten, die von Wahl zu Wahl stärker wurden, Handlungsstärke zu beweisen. Durch die Übernahme der Regierungsgewalt durch das Reich im größten deutschen Einzelstaat schwächte die Regierung den Föderalismus entscheidend und bereitete den Boden für Machtergreifung durch die Nationalsozialisten.

WEISSE ROSE

Ende Juni 1942 verschickten die Münchner Studenten Alexander Schmorell und Hans Scholl mit der Post mit „Weiße Rose" unterzeichnete Flugblätter an Mitbürger in München und Umgebung mit der Aufforderung, sich für die Beendigung des Krieges einzusetzen. Die Erfahrungen der Verfasser und ihrer Freunde an der Ostfront und der gesamte Kriegsverlauf ließen sie am Sinn und dem Ausgang des Krieges zweifeln. In ihrem ersten Flugblatt betonten die Mitglieder der „Weißen Rose", nichts sei eines Kulturvolkes unwürdiger, als sich ohne Widerstand von einer verantwortungslosen und dunklen Trieben ergebenen Clique beherrschen zu lassen. „Ist es nicht so, dass sich jeder ehrliche Deutsche heute seiner Regierung schämt, und wer von uns ahnt das Ausmaß der Schmach, die über uns und unsere Kinder kommen wird, wenn einst der Schleier von unseren Augen gefallen ist und die grauenvollsten und jegliches Maß unendlich überschreitenden Verbrechen ans Tageslicht treten? Wenn das deutsche Volk schon so in seinem tiefsten Wesen korrumpiert und zerfallen ist, dass es, ohne eine Hand zu regen, im leichtsinnigen Vertrauen auf eine fragwürdige Gesetzmäßigkeit der

Geschichte, das Höchste, das ein Mensch besitzt und das ihn über jede andere Kreatur erhöht, nämlich den freien Willen, preisgibt, die Freiheit des Menschen preisgibt, selbst mit einzugreifen in das Rad der Geschichte und es seiner vernünftigen Entscheidung unterzuordnen, wenn die Deutschen, so jeder Individualität bar, schon so sehr zur geistlosen und feigen Masse geworden sind, dann, ja dann verdienen sie den Untergang." Hitler könne den Krieg nicht gewinnen sondern nur noch verlängern. Seine Schuld und die seiner Helfer hätten jedes Maß unendlich überschritten. Die gerechte Strafe rücke näher und näher, heißt es in einem anderen Flugblatt. „Was aber tut das deutsche Volk? Es sieht nicht und es hört nicht. Blindlings folgt es seinen Verführern ins Verderben. Sieg um jeden Preis, haben sie auf ihre Fahne geschrieben. Ich kämpfe bis zum letzten Mann, sagt Hitler - indes ist der Krieg bereits verloren."

Die Aufrufe und weitere in der Münchner Universität verbreitete Flugblätter blieben der Gestapo nicht verborgen. Die auf tausenden hektographierten Blättern erhobene Forderung, die nationalsozialistischen Gräuel nicht mehr mitzumachen, und der Appell an die Bevölkerung, das Regime zu stürzen und den Krieg zu beenden, versetzten die NS-Führung in Alarmbereitschaft. Hitlers Geheimpolizei suchte fieberhaft nach den Verfassern und Verteilern der Flugschriften. Die Gruppe, der sich auch Sophie, die Schwester von Hans Scholl, und weitere Regimekritiker angeschlossen hatte, wurde bei der Verteilung von Aufrufen zur Beseitigung der Tyrannei im Lichthof der Münchner Universität beobachtet und verraten. Am 18. Februar 1943 verhaftet, wurden die Geschwister Scholl vier Tage später vor den Volksgerichtshof gestellt und von dessen Präsidenten Roland Freisler wegen so genannter Wehrkraftzersetzung, Feindbegünstigung und Vorbereitung zum Hochverrat zum Tod verurteilt. Die Vollstreckung durch das Fallbeil fand unmittelbar darauf statt, Sophie wurde 21 und ihr Bruder 24 Jahre alt. Neben Claus Schenk Graf von Stauffenberg ist Sophie Scholl eine der bekanntesten Gestalten des deutschen Widerstands. Die Studentin, ihr Bruder und ihre Freunde zeigten sich in den Verhören und vor Freislers Volksgericht unerschrocken, so wie es auch der deutsche Spielfilm von 2004 „Sophie Scholl – Die letzten Tage" nachzeichnet. Ihre Forderung „Zerreißt den Mantel der Gleichgültigkeit, den ihr um euer Herz gelegt", hat an Aktualität bis heute nichts verloren.

Bundespräsident Joachim Gauck würdigte Sophie Scholl und ihre Freunde in einer Gedenkrede am 30. Januar 2013 anlässlich des 70. Jahrestages ihrer Hinrichtung so: „Ermordet, weil sie hingeschaut, sich empört und gehandelt haben, weil sie Verbrecher Verbrecher nannten, Morde – Morde und Feigheit – Feigheit. Sie machten das Unrecht öffentlich – mit ihren bescheidenen Mitteln. Weil sie auch andere dazu bewegen wollten, hinzusehen und nicht mehr zu schweigen. ‚Einer muss ja doch mal schließlich damit anfangen': In diesen Worten stecken die ganze Verzweiflung und Einsamkeit, aber auch die ganze Hoffnung und der Mut der jungen Frau und ihrer Mitstreiter. Und darin steckt zugleich so viel, was uns heute noch anspricht, was uns anspornen kann, wohl auch beunruhigen muss."

WELTHAUPTSTADT GERMANIA

Abriss alter Wohn- und Geschäftsviertel und großzügige Neubebauung in Berlin und anderen Städten waren schon immer ein Traum von Architekten und Stadtplanern, doch blieben die Entwürfe während der Weimarer Republik aus Geldmangel liegen. Hitlers Pläne für die radikale Neu- und Umgestaltung der Reichshauptstadt kamen diesen Wünschen entgegen. Doch der Krieg machte einen dicken Strich durch den Versuch des Diktators und seines Architekten Albert Speer, Berlin bis 1950 in die Welthauptstadt Germania zu verwandeln, zum Zentrum eines von der deutschen Herrenrasse regierten Weltreichs. Ähnlich wie Berlin sollten die anderen so genannten Führerstädte München, Nürnberg, Hamburg und Linz um- und neugestaltet werden.

Macht und Größe des NS-Staates, der sie tragenden Partei und des Militärs sollten sich in Berlin durch Bauten in ganz neuen Dimensionen zeigen. Statt „Klein Klein" in ehemaligen Adelspalästen wurden jetzt Monumentalbauten geplant, die noch in tausend Jahren stehen und nachfolgende Generationen erschauern lassen sollten. Zwei ungewohnt breite Magistralen sollten die Reichshauptstadt durchschneiden, an den Seiten riesige Bauten der obersten Reichsbehörden, der SS und der Gestapo. An der sich stadtauswärts erstreckenden Heerstraße wollte Hitler, der oberste Baumeister des Reiches, eine neue, in Stil und Dimensionen den anderen Germania-Bauten angepasste Hochschulstadt errichten. Die meisten dieser von der NS-Presse bejubelten Bauten kamen nicht zur Ausführung. Das in der Nähe des Landwehrkanals erbaute Haus des Reisens hat den Krieg nur als Ruine überstanden. Es wurde 1962/63 abgerissen und machte dem Kulturforum Platz. Auch von der prunkvoll ausgestalteten Neuen Reichskanzlei ist nichts mehr erhalten, und die im Hof des Regierungssitzes tief im Erdreich verborgenen Bunker sind verschwunden. Abgerissen wurde das aus dem 19. Jahrhundert stammende Hauptquartier der SS und Gestapo. Auf dem Gelände des ehemaligen Prinz-Albrecht-Palais dokumentiert die Topographie des Terrors die Verbrechen der Faschisten im eigenen Land und in den besetzten Staaten. Lediglich der Flughafen Tempelhof, das ehemalige Reichsluftfahrtministerium, das Propagandaministerium, die Reichsmünze und weitere Staatsbauten haben es bis in die Gegenwart geschafft, nachdem man die NS-Embleme entfernt und sie im Inneren den Bedürfnissen der Gegenwart angepasst hat.

Mit einem riesigen Triumphbogen, gegen den das Brandenburger Tor und das Reichstagsgebäude wie Streichholzschachteln gewirkt hätten, einem monumentalen Führerpalast, einem Reichsmarschallamt und weiteren Regierungs- und Parteibauten, einer Ehrenhalle für gefallene Kriegshelden, einem überdimensionalen Bahnhofsgebäude und anderen „Bauten für die Ewigkeit" wollte sich der NS-Staat in Berlin vor der Welt als Tausendjähriges Reich präsentieren, vor dem die anderen Völker in Ehrfurcht versinken. Auf der Spitze einer Kuppelhalle, die das siebzehnfache Volumen des Petersdoms in Rom gehabt hätte und gegen die das Reichstagsgebäude ausgesehen hätte wie eine

Hundehütte, sollte ein riesiger Reichsadler mit der Weltkugel in den Klauen sitzen.

Als Berlin in Schutt und Asche lag, überging Hitler bei seiner Neujahrsansprache für 1945 das Unglück der Opfer und versuchte seine Untertanen mit diesen Worten zu trösten: „Der Bombenkrieg gegen deutsche Städte greift uns alle tief ans Herz. Es sind weniger die Städte selbst, ihre Häuser und öffentlichen Bauten. Denn sicher, wir beklagen unsere verlorenen Kunstdenkmäler, aber wir werden unsere Städte schöner errichten, als sie vorher waren. Unser organisierter nationalsozialistischer Volksstaat wird in wenigen Jahren die Spuren dieses Krieges beseitigt haben."

Die Berliner Wilhelmstraße war das Machtzentrum der preußischen Monarchie, des 1871 gegründeten Kaiserreichs, der Weimarer Republik und des NS-Staates. Da das dort gelegene Reichskanzlerpalais nicht mehr den Anforderungen als Sitz des Regierungschefs entsprach, erhielt es 1928 bis 1931 einen Ergänzungsbau. Allerdings genügte der Amtssitz den Ansprüchen Hitlers nicht. Er wünschte einen repräsentativen Neubau, mit dessen Planung er Albert Speer beauftragte. Der Architekt entwarf in Zusammenarbeit mit Hitler einen monumentalen Bau, der an der Ecke Wilhelmstraße begann und sich im rechten Winkel über 400 Meter entlang der Voßstraße hinzog. Die kalte Pracht einer 300 Meter langen Saalfolge sollten Staatsgäste und andere Besucher erschauern lassen. Hitlers Arbeitszimmer war 27 Meter lang, 14,5 Meter breit und 9,75 Meter und wirkte auf die Gäste einschüchternd. Offenbar reichten dem Diktator die Dimensionen der Neuen Reichskanzlei nicht aus, denn er plante mit Speer für die Zeit nach dem so genannten Endsieg einen noch viel größeren Regierungssitz. Vor dem Krieg ließ Hitler zu seinen Bunker unter der Reichskanzlei noch einen weiteren im Garten seines Amtssitzes bauen, in dem er sich am 30. April 1945 erschoss (s. Hitlers Ende). Hinzu kamen unterirdische Räume der SS-Wachmannschaften und Kraftfahrer. Bis auf den so genannten Fahrerbunker ist davon nichts mehr erhalten, denn nach dem Kriegsende wurden die Neue Reichskanzlei, das SS- und Gestapo-Hauptquartier (s. Topographie des Terrors) und weitere NS-Bauten gesprengt und abgerissen. Im Fahrerbunker haben Archäologen stümperhafte Wandbilder entdeckt, die SS-Leute als Krone der germanischen Herrenrasse verherrlichen. Nachdem die Malereien fotografiert wurden, hat man die Zugänge zu dem Verlies zubetoniert um zu verhindern, dass es eine Wallfahrtstätte von Neonazis wird.

Um die irrwitzigen Utopien des Diktators zu verwirklichen, begann Albert Speer als Generalbauinspektor für die Neugestaltung der Reichshauptstadt damit, zahlreiche Wohn-, Geschäfts- und Verwaltungsbauten abzureißen. Die aus ihren Wohnungen vor allem am Kurfürstendamm und seinen Seitenstraßen vertriebenen Juden wurden deportiert und ermordet, was jedoch 1945/46 bei der Beurteilung des ab 1942 als Rüstungsminister tätigen Speer im Nürnberger Kriegsverbrecherprozess keine Rolle spielte, denn es handelte sich nicht ausdrücklich um Kriegverbrechen. Zahllose Stolpersteine vor den Wohnhäusern erinnern an den auch durch wahnwitzige Bauplanungen beförderten Massenmord an den Berliner Juden.

Dass Bomben in deutschen Städten unendliches Leid anrichteten, hat die NS-Führung billigend in Kauf genommen, ja die Zerstörungen galten Speers Planungsunterlagen zufolge als „wertvolle Vorarbeit für Zwecke der Neugestaltung". Leider hätten die Engländer in Berlin nicht dort getroffen, wo Abrisse geplant waren, „aber immerhin ist ein Anfang gemacht", bedauerte Hitler. Sein Versuch, durch eine fingierte Leserbriefkampagne Stimmung gegen das Rote (Berliner) Rathaus zu entfachen, dessen schon von weitem sichtbarer Turm nach seinem Empfinden die Sicht von außen in die Innenstadt störte, schlug fehl, weil Gauleiter und Propagandaminister Goebbels zahlreiche Leserzuschriften bekam, die sich für den Erhalt des aus dem 19. Jahrhunderts stammenden Bauwerks aus rotem Klinker einsetzten. An seinem Plan hielt Hitler trotzdem fest. Nach dem „Endsieg" hätte er das Rote Rathaus und andere unliebsame Zeugnisse der Vergangenheit dem Erdboden gleichgemacht.

Im Nachhinein befand Speer, Hitlers Leidenschaft für riesige Bauten habe völliges Desinteresse an Verkehrsstrukturen, Wohngebieten und Grünflächen gegenüber gestanden, die soziale Dimension sei ihm völlig gleichgültig gewesen. Speer plante, die Berliner Hochbunker aus dicken Betonmauern und -decken mit „heldischen" Reliefs zu verzieren und aus ihnen Ehrenmale für Soldaten der Luftwaffe zu machen. Die mit Schwertern, Adlern und Eichenkränzen geschmückten Platten werden im Rahmen der Ausstellung „Mythos Germania – Vision und Verbrechen" in den Katakomben des S-Bahnhofs Gesundbrunnen als Dokumente gezeigt, wie simple Bunker in Heldensäle verwandelt werden sollten.

WERWOLF

Als Hitler, Himmler, Goebbels und den anderen Naziführern das Wasser bis zum Halse stand, griffen sie zu allen Strohhalmen, die sich ihnen in letzter Stunde noch boten. Sie verbreiteten das Märchen vom Einsatz von Vergeltungs- und Wunderwaffen, die dem Feind große Schäden zufügen und das Schicksal wenden werden, und sie setzten ihre Hoffnung auf geisterhafte Divisionen, die für den „Endkampf" bereit stehen und den Feind zurück werfen werden. Überdies gab es Pläne, die Partisanenorganisation Werwolf aufzubauen und sie in den von den Mitgliedern der Anti-Hitler-Koalition besetzten Gebieten Anschläge und Überfälle ausführen zu lassen. Die Freischärlerorganisation war im September 1944 vom Reichsführer SS Heinrich Himmler gegründet worden. Nach der altgermanischen Figur eines Menschen, der sich in einen Wolf verwandeln kann und als Gehilfe des Teufels aus dem Hintergrund und dem Dunkeln überfallartig Tod, Angst und Schrecken verbreitet, sollten sich Angehörige der NSDAP, der SS, der Wehrmacht und der Hitlerjugend dem Werwolf anschließen. Sein Auftrag war es, Attentate in den besetzten Gebieten auszuführen, die Zusammenarbeit der Bevölkerung mit den Besatzungstruppen zu torpedieren und Überläufer, Deserteure und Kapitulanten zu ermorden.

Das Interesse an dem Freikorps hielt sich in Grenzen, denn es meldeten sich nur wenige tausend Männer, und auch die Erfolge des Kampfes im Untergrund ließen auf sich warten. Um die Rekrutierungszahlen zu erhöhen, sollte die Wehrmacht nach geeigneten Personen suchen und der Terrortruppe zur Verfügung zu stellen. „Ich beschäftige mich jetzt mit der sogenannten Aktion Werwolf. Die Aktion Werwolf soll unsere Partisanentätigkeit in den feindbesetzten Gebieten aktivieren. Die Partisanentätigkeit ist noch in keiner Weise angelaufen", notierte Goebbels am 30. März 1945 in seinem Tagebuch, genau einen Monat vor Hitlers Selbstmord (s. Hitlers Ende). Nur hier und da seien einzelne Racheakte zu verzeichnen, so die Erschießung des von den Amerikanern eingesetzten Bürgermeisters von Aachen. Er, Goebbels, würde gern die Führung dieser Partisanentätigkeit übernehmen und werde eventuell von Hitler dazu die nötigen Vollmachten erbitten. „Für die Aktion Werwolf werde ich sowohl eine Zeitung gründen wie auch einen Rundfunksender mit starken Strahlungsanlagen zur Verfügung stellen, die beide denselben Namen tragen. In Zeitung und Sender werde ich eine ausgesprochene revolutionäre Sprache führen lassen, ohne Rücksicht auf innen- und außenpolitische Hemmungen. Die Werwolf-Aktion soll für die gegenwärtige Kriegslage das werden, was der ‚Angriff‘ in unserer Kampfzeit nicht nur für den Kampf um Berlin, sondern für den Kampf um das Reich gewesen ist, nämlich eine Sammlungsstätte für alle Aktivisten, die mit dem kompromisslerischen Kurs nicht einverstanden sind."

Der Propagandaminister träumte nicht nur von der Übernahme des Werwolf-Kommandos, sondern auch vom Einsatz eines imaginären „Freikorps Adolf Hitler", das ebenfalls in den besetzten Gebieten agieren sollte. Von den deutschen Medien verlangte der Minister, die gesamte Propaganda- und Nachrichtenpolitik habe ausschließlich dem Zweck zu dienen, die Widerstandskraft, die Kriegsanstrengungen und die Kampfmoral von Front und Heimat zu heben und zu steigern. „Um dieses Ziel zu erreichen, sind alle Mittel direkter und indirekter Einwirkung auf Leser- und Hörerschaft einzuspannen. Alles, was diesem Zweck schädlich sein kann oder ihm gegenüber sich auch nur passiv verhält, darf in diesen entscheidenden Tagen unseres Schicksalskampfes in Presse und Rundfunk keinen Platz mehr haben", befahl der Minister am 4. April 1945 der Presse. Tatsächlich nahm ein Werwolf-Sender seine Arbeit unter dem Motto „Hass ist unser Gebet und Rache ist unser Feldgeschrei" auf, doch stellte er sie bereits am 24. April 1945 wieder ein. Stalins Rote Armee und sein Geheimdienst richteten große Anstrengungen auf die Zerschlagung der Nazi-Terrortruppe und unterließen nichts, ihrer Mitglieder habhaft zu werden und zu bestrafen.

WIDERSTAND

Solange die Nazis an der Macht waren, pflegten sie den Mythos von der Volksgemeinschaft und behaupteten, die Deutschen stünden „wie ein Mann" hinter ihrem Führer. Das traf für große Teile der Bevölkerung zu, aber im Untergrund gab es auf vielen Ebenen antifaschistischen Widerstand. Um ihn zu brechen, erließ das Regime zahlreiche Gesetze und Verordnungen, richteten den Volksgerichtshof als politisches Tribunal ein und bauten einen weit verzweigten Terror- und Spitzelapparat auf. In der Topographie des Terrors, der Gedenkstätte Deutscher Widerstand, am Denkmal für die ermordeten Juden Europas in Berlin sowie an vielen anderen Orten quer durch unser Land wird der Menschen ehrend gedacht, die sich nicht von den Nazis einvernehmen ließen und gegen sie kämpften.

Erst nach und nach kam 1933 und den folgenden Jahren die Aktionseinheit der Hitlergegner zustande, doch war es für den Sturz des NS-Regimes aus dem Untergrund heraus zu spät. Zu den ersten Opfern des Naziterrors gehörten Kommunisten, Sozialdemokraten, Gewerkschafter, Juden sowie Künstler, Wissenschaftler, Schriftsteller, Journalisten und andere Personen, die sich schon vor 1933 verdächtig gemacht hatten und nun ungeschützt massivem Terror ausgesetzt waren. Geistliche, die gegen die neue Gottlosigkeit wetterten, wurden ebenfalls drangsaliert, mit Predigtverbot belegt, angeklagt, verurteilt und in vielen Fällen auch ermordet. Zwar wurden Widerstandsgruppen von der Gestapo systematisch aufgespürt und zerschlagen, doch bildeten sich immer wieder neue (s. Berliner Arbeiterwiderstand, Rote Kapelle, Kreisauer Kreis, Weiße Rose). Dass einzelne mutige und unerschrockene Menschen zum Widerstand fähig waren und sich nicht von der NS-Ideologie vereinnahmen ließen, zeigt das Beispiel von Johann Georg Elser, der am 8. November 1939 einen Sprengstoffanschlag auf Hitler im Münchner Bürgerbräukeller verübte (s. Elser-Attentat). Es gehört zur Tragik der Geschichte, dass der Bombenanschlag Hitler verfehlte, so wie auch das Attentat vom 20. Juli 1944 und frühere Versuche dieser Art nicht zur Überwindung des NS-Regimes führten.

Manche Widerstandskämpfer waren Hitler zunächst begeistert gefolgt und erkannten erst spät den wahren Charakter seiner auf Eroberungs- und Vernichtungskriege ausgerichteten Diktatur. Andere, weniger bekannte Männer, Frauen und Jugendliche waren weitsichtiger und ließen sich nicht vor den Karren der NS-Propaganda spannen. Es gab auch Menschen, die Verfolgte bei sich aufnahmen und/oder ihnen die Flucht ins rettende Ausland ermöglichten. Da es dieses „andere Deutschland" gab, ist es unhistorisch, von der Kollektivschuld „der" Deutschen zu sprechen, wie es nach dem Ende des NS-Reiches vielfach getan wurde.

Diejenigen, die dem NS-Regime widerstanden, waren sich bewusst, dass viele ihrer Landsleute sie für ehrlose Verräter halten und ihnen tiefste Verachtung entgegen bringen. In Briefen und anderen Dokumenten hielten sie dagegen, dass sie sich zum Widerstand verpflichtet fühlen. So erklärte Hans Oster, der als Stabschef im Amt Ausland/Abwehr des Oberkommandos der Wehrmacht (OKW) Widerstandsaktivitäten innerhalb der Wehrmacht koordinierte und Verfolgten des NS-Regimes half, 1940: „Man kann nun sagen, dass ich Landesverräter bin, aber das bin ich in Wirklichkeit nicht, ich halte mich für einen besseren Deutschen als alle die, die hinter Hitler herlaufen. Mein Plan und meine Pflicht ist es, Deutschland und die Welt von dieser Pest zu befreien." Generalmajor Henning von Tresckow, einer der führenden Köpfe des militärischen Widerstands, erklärte einen Monat vor dem gescheiterten Anschlag in der Wolfsschanze, das Attentat müsse um jeden Preis erfolgen. „Sollte es nicht gelingen, so muss trotzdem der Staatsstreich versucht werden. Denn es kommt nicht mehr auf den praktischen Zweck an, sondern darauf, dass die deutsche Widerstandsbewegung vor der Welt und vor der Geschichte unter Einsatz des Lebens den entscheidenden Wurf gewagt hat. Alles andere ist daneben gleichgültig."

Der Oberbürgermeister von Leipzig, Carl Goerdeler, lehnte es nach der Errichtung der Hitlerdiktatur ab, in die NSDAP einzutreten, wurde aber im Amt belassen, bis er 1937 aus Protest gegen die Nazi-Politik selber zurücktrat. In dieser Zeit beklagte er, die NSDAP „lebt in dem Wahne, sie könne jeden Menschen, und wenn auch mit Zwang, dazu bringen, etwas Bestimmtes zu glauben und das Leben nach einer bestimmten Fasson zu führen". Sie habe den Fehler aller Diktatoren gemacht, nämlich Macht verlangt, Macht zusammengerafft und Macht missbraucht. „Es ist unsere Aufgabe zu verhindern, dass dieser Missbrauch zum Schaden des deutschen Volkes führt." Der Politiker war überzeugt und machte daraus keinen Hehl, dass das größte Problem die „Wiederherstellung des einfachen menschlichen Anstands" ist. Mit Henning von Tresckow und Generaloberst a. D. Ludwig Beck entwarf Goerdeler Pläne für die Zeit nach dem Sturz des NS-Regimes, in der er das Amt des Regierungschefs übernehmen und Beck Staatsoberhaupt werden sollten. Im Prozess vor dem Volksgerichtshof wurde Goerdeler zum Tode verurteilt und am 2. Februar 1945 in Plötzensee hingerichtet. Als Vermächtnis hinterließ er diese Zeilen: „Jeder Staat richtet seine (Kriegs)Verbrecher selbst. Anschließend gilt: Nie wieder Krieg in Europa."

Claus Graf Schenk von Stauffenberg war mit seinen Gefährten davon überzeugt, dass es Zeit sei, etwas gegen Hitler zu unternehmen, und er war sich über die Konsequenzen für sich und seine Familie im Klaren. „Derjenige allerdings, der etwas zu tun wagt, muss sich bewusst sein, dass er wohl als Verräter in die deutsche Geschichte eingehen wird. Unterlässt er jedoch die Tat, dann wäre er ein Verräter vor seinem Gewissen. Ich könnte den Frauen und Kindern der Gefallenen nicht in die Augen sehen, wenn ich nicht alles täte, dieses sinnlose Menschenopfer zu verhindern", erklärte er einem Vertrauten.

Blutig rechnete das NS-Regime mit zahlreichen Widerstandsgruppen ab. Unter ihnen befand sich eine von Herbert Baum geführte Gruppe von etwa einhundert Berliner Jugendlichen. Da Baum Kommunist und Jude war, musste er 1933 sein Maschinenbau-Studium an der Technischen Hochschule abbrechen und arbeitete als Maschinenbauer bei der Firma Siemens. Nach Kriegsbeginn riefen er und seine Freunde mit Flugblättern zum Kampf gegen Hitlerfaschismus, Krieg und Völkermord auf und halfen Berliner Juden unterzutauchen und vor der Deportation in die Todeslager zu bewahren. Auf dem Jüdischen Friedhof in Weißensee erinnert ein Grabstein an Herbert Baum, den vorbildlichen Kämpfer gegen Krieg und Faschismus, so die Inschrift. Als Mitglieder der Gruppe in der Nacht vom 17. zum 18. Mai 1942 die antisowjetische Ausstellung „Das Sowjetparadies" auf dem Berliner Lustgarten anzündeten, wurde sie von der Gestapo entdeckt. Mit der Propagandaschau wollten die Nazis den Überfall auf die UdSSR rechtfertigen und Kriegsbegeisterung anfachen. Sie war gespickt mit falschen Behauptungen und Bildern. Vor dem Brandanschlag auf die Ausstellung hatte eine Gruppe um Harro Schulze-Boysen und Fritz Thiel Zettel mit der ironischen Aufschrift „Ständige Ausstellung / Das NAZI-PA-RADIES / Krieg Hunger Lüge Gestapo / Wie lange noch?" an Berliner Hauswände geklebt (s. Rote Kapelle).

Ein weiteres Opfer der NS-Blutjustiz war Georg Groscurth. Er war mit Robert Havemann führender Kopf der Widerstandsgruppe „Europäische Union", wurde Ende 1943 verhaftet und vom Volksgerichtshof zum Tode verurteilt und im Mai 1944 in Brandenburg-Görden mit dem Fallbeil hingerichtet. Ab 1933 hatte Groscurth als Internist am Berliner Krankenhaus Moabit und später auch als Mitarbeiter des Kaiser-Wilhelm-Instituts für Physikalische Chemie in Berlin gearbeitet. Da man ihn und seinen Freund, den Chemiker und späteren DDR-Dissidenten Robert Havemann, kommunistischer Haltung verdächtigte, wurden sie der Stellen an dem Institut enthoben. Groscurth war im Krankenhaus Moabit 1939 Oberarzt und übernahm bei Kriegsbeginn seine Leitung. Nachdem er miterlebt hatte, wie seine jüdischen Kollegen ihrer Ämter enthoben wurden, brach er seine ärztliche Schweigepflicht, als Rudolf Heß sein Patient wurde, der Stellvertreter des Führers. Er gab alles, was der hypochondrische Heß ihm erzählte, an Widerstandsgruppen weiter, darunter Pläne für neue Konzentrationslager sowie solche zum Krieg gegen die Sowjetunion. Die Widerstandsgruppe „Europäische Union" wurde 1943 verraten. Groscurth wurde wegen Hochverrats hingerichtet (s. Wiedergutmachung)..

Die Zeugen Jehovas beziehungsweise Ernsten Bibelforscher standen während der NS-Zeit unter scharfer Beobachtung durch die Gestapo und wurden verfolgt, weil sie den Hitlergruß und den Führerkult ablehnten und aus Gewissensgründen den Kriegsdienst verweigerten. Die etwa 25 000 Mitglieder zählende Gemeinde war die einzige Glaubensgemeinschaft, die sich total dem NS-Staat verweigerte, weshalb sie schon 1933 verboten wurde. Dessen ungeachtet setzte etwa die Hälfte der zu so genannten Gemeinschaftsfremden abgestempelten Zeugen Jehovas im Untergrund ihren Verkündigungsdienst fort. Die Gestapo ging unbarmherzig gegen die Bibelforscher vor, die in den Konzentrationslagern an grauen Winkeln auf der Häftlingskleidung zu erkennen waren. Von etwa 10 000 dort gefangen gehaltenen Zeugen Jehovas verloren etwa 1 200 ihr Leben. Sie waren ein besonderes Hassobjekt der Nazis, weil sie es 1936/37 gewagt hatten, in einer Flugblattaktion die deutschen Volksgenossen über den wahren Charakter der NS-Diktatur aufzuklären. Das wurde ihnen als volksfeindlich und todeswürdig vorgeworfen und trug ihnen schwerste Strafen, vielfältige Verbote und Einschüchterungsversuche ein. Da sie sich in einer vom Militarismus geprägten Umgebung missionarisch und pazifistisch betätigten, hat man viele von ihnen wegen Feindbegünstigung und Wehrkraftzersetzung angeklagt und hingerichtet. Eine Wiedergutmachung wurde den Überlebenden nach dem Ende des NS-Regimes in beiden deutschen Staaten nicht zuteil.

WIEDERGUTMACHUNG

Während sich nach 1945 blutbesudelte Nazifunktionäre, Richter, Gestapoleute, KZ-Schergen und ähnliche Personen im deutschen Westen nach kurzer Gefängnishaft, wenn überhaupt, oder auch Freisprüchen nach Spruchkammerverfahren eine neue Existenz aufbauen konnten und zu geachteten Mitgliedern der Nachkriegsgesellschaft avancierten, ist es zahlreichen Opfern des Faschismus nicht gut ergangen. Oft wurden ihnen aus formaljuristischen und/oder politischen Gründen Entschädigung und Wiedergutmachung verweigert. Häufig mussten solche Kompensationen in langwierigen, über mehrere Instanzen laufenden Gerichtsverfahren erstritten werden, und nicht selten fielen die zugesprochenen Beträge mager aus. Im Zeichen des Kalten Krieges konnte es geschehen, dass diesbezügliche Anträge nicht danach beurteilt wurden, was eine Person erlitten hat und was man ihr geraubt oder, wie im Fall von Kunstgegenständen abgepresst hatte, sondern wie sie sich nach dem Ende der NS-Diktatur verhielten und ob auf sie noch die alten repressiven Gesetze der NS-Zeit angewendet werden können. So wurden Sinti und Roma, Opfer medizinischer Versuche, Homosexuelle, Zeugen Jehovas, Deserteure, Kriegsgefangene, Zwangsarbeiter und andere Gruppen weiterhin stigmatisiert. Ihnen wurden lange Anerkennung und Gerechtigkeit und oft genug auch Entschädigungen verweigert.

Überlebende Zwangsarbeiterinnen und Zwangsarbeiter kamen sehr spät in den Genuss kleiner Entschädigungen, und das auch nur, weil der Druck durch die Öffentlichkeit auf die Politik und Wirtschaft so stark war, dass sie reagieren musste. Die „vergessenen Opfer" wurden vom westdeutschen Entschädigungsrecht der Nachkriegszeit nicht berücksichtigt. Das 1953 in Kraft getretene Bundesentschädigungsgesetz schloss im Ausland lebende sowie nicht rassistisch oder politisch Verfolgte weitgehend von Leistungen aus. Das war das ganze Gegenteil der Zuwendungen, die ehemalige Beamte des NS-Regimes für sich beanspruchten und in diversen Gerichtsverfahren erstritten. Im Londoner Schuldenabkommen gelang es der Bundesrepublik, die Entschädigung von ausländischen Zwangsarbeiterinnen und Zwangsarbeitern als Reparationsansprüche zu definieren und damit auf die Verhandlungen um einen endgültigen Friedensvertrag zu verschieben.

In der DDR wurden NS-Opfern Renten und Einmalzahlungen verweigert oder entzogen, wenn man glaubte, dass sie mit dem „Klassenfeind" kollaborieren, und in der Bundesrepublik bestrafte man solche Personen, die im Ruf standen, Kommunisten zu sein und mit dem SED-Regime gemeinsame Sache zu machen. Unterschiedlich gingen beide politischen Systeme bei Enteignungen während der NS-Zeit vor. Im Westen gab es Entschädigungen und Rückgaben von Betrieben, Landwirtschaften und Immobilien. Im Osten wurde Grund und Boden unter dem Motto „Junkerland in Bauernhand" Bestandteil der Bodenreform. Mit der Begründung, diese seien für die Kriegsindustrie tätig gewesen, wurden zahlreiche Industriebetriebe verstaatlicht. Bei den Maßnahmen war es unerheblich, ob man den Besitzern Verstrickung in Nazi- und Kriegsverbrechen vorwerfen konnte oder nicht.

Die Verbitterung der in Westdeutschland und Westberlin um Anerkennung und Wiedergutmachung kämpfenden Naziopfer war groß. Einer von ihnen, der Widerstandskämpfer und Sachsenhausen-Häftling Wilhelm Bonnemann, schrieb in einem Antrag: „Ich habe für die Demokratie gelitten gekämpft und heute soll das der Dank sein. Die Leute die mich verurteilt verachtet und in Dreck getreten haben, die ruhen sich Heute auf meinen Lorbeeren aus." Ein anderer, der antifaschistische Künstler Jack Bilbo (eigentlich Hugo Baruch), sah sich ungerecht behandelt und wandte sich mit dieser Feststellung an die Öffentlichkeit: „Die Nazis haben die Juden ermordet und beraubt, aber waren wenigstens anständig genug, sich als Feinde zu bekennen. Das Entschädigungsamt behält die Gelder der ermordeten Juden, und unter der Maske der Hilfsbereitschaft foltern sie die überlebenden Juden durch Versprechungen, Hinhaltungen und Verweigerung, ihnen das zukommen zu lassen, was ihnen gehört. Ich kenne nichts Schmutzigeres und Widerlicheres, deshalb fühle ich es als meine Pflicht zu kämpfen." Bilbo hatte Glück, er bekam eine Rente und zwei Zahlungen in Höhe von

12 000 und 10 000 DM. Als der KPD- beziehungsweise SED-Funktionär Paul Merker und seine Frau Margarete Merker bei der SED-Führung in Ungnade gefallen waren und beiden vorgeworfen wurde, Agenten des US-Gemeindienstes zu sein, entzog die DDR-Regierung ihnen 1953 die Anerkennung als Verfolgte des Naziregimes, die ihnen einige Jahre später nach überstandener Haft einschließlich einer Verdienstmedaille wieder zugesprochen wurde.

Die Witwe des wegen Hochverrats und Feindbegünstigung hingerichtet Mediziners und Widerstandskämpfers, die Berliner Ärztin Anneliese Groscurth, stellte nach dem Ende des NS-Staates im damaligen Westberlin einen Entschädigungsantrag. Doch weil sie sich 1951 an der Gründung eines nach ihrem Mann benannten „Ausschusses zum Schutz demokratischer Rechte" beteiligt hatte, der auch von der SED unterstützt wurde, lehnte das Westberliner Kammergericht eine Zahlung ab. Erst 1972 wurde ihr eine Hinterbliebenenrente zugebilligt. Der Fall wurde 2015 in der Ausstellung des Aktiven Museums und der Gedenkstätte Deutscher Widerstand „VERFAHREN. ‚Wiedergutmachung' im geteilten Berlin" dokumentiert. Sie erzählt, wie in beiden Stadthälften Berlins bei der Wiedergutmachung für NS-Verfolgte gegen Recht und Gerechtigkeit „verfahren" wurde.

WILHELMSTRASSENPROZESS

Nach der so genannten Machtergreifung der NSDAP Anfang 1933 richteten sich die Schaltzentralen des NS-Regimes an der Berliner Wilhelmstraße ein. Die Straße wurde Synonym für das faschistische Regime. Sie selbst hat sich bis zum Ende des NS-Staats im Wesentlichen nicht verändert, wohl aber ihr Charakter. Viele aus der königlich-preußischen und der Kaiserzeit stammenden Palais, in denen Ministerien untergebracht waren, blieben ungeachtet des Bauwahns von Hitler und seinem Architekten Speer stehen und fielen erst den Bombenangriffen im Zweiten Weltkrieg zum Opfer. Nach 1945 wurde die Ruine der an der Wilhelmstraße/Voßstraße erbauten Neuen Reichskanzlei samt Bunkeranlagen im Garten abgerissen und eingeebnet. Das gleiche geschah mit dem SS- und Gestapogelände, auf dem heute die Topographie des Terrors über die NS-Verbrechen informiert. Der vorletzte, umfangreichste und zeitlich längste der zwölf Nürnberger Nachfolgeprozesse gegen leitende Persönlichkeiten des NS-Staates in den Jahren 1947 bis 1949 ist als Wilhelmstraßenprozess in die Geschichte eingegangen. Angeklagt waren führende Beamte des Auswärtigen Amtes sowie weiterer Ministerien und von Dienststellen des NS-Staates und seiner Partei. Ihnen wurden Planung, Vorbereitung, Einleitung und Führung von Angriffskriegen, Ermordung und Misshandlung von Kriegsteilnehmern und Kriegsgefangenen sowie weitere Kriegsverbrechen, Gräueltaten politischen, rassischen und religiösen Gründen sowie Verbrechen gegen die Menschlichkeit, ferner Raub und Plünderung von Zivilpersonen im Deutschen Reich und in fremden Ländern, Mithilfe bei der Rekrutierung und Ausbeutung von Zwangsarbeitern und nicht zuletzt Mitgliedschaft in verbrecherischen Organisationen vorgeworfen. In 169 Verhandlungstagen wurden das inzwischen aufgefundene Protokoll der Wannseekonferenz über die Endlösung der Judenfrage und weitere brisante Dokumente vorgelegt. Ungeachtet ihrer Beweiskraft bestritten die ehemaligen Diplomaten, etwas von Vernichtungslagern und Massenexekutionen gewusst zu haben.

Im Verlauf der Verhandlung stellte sich der ehemalige Staatssekretär im Auswärtigen Amt, Ernst von Weizsäcker, als Mann des Widerstands dar. Doch wurde ihm nachgewiesen, dass er und sein Amt gegen die Deportation von Juden und damit gegen ihren sicheren Tod nichts eingewendet haben. 1938 habe er versucht, den Frieden zu bewahren, behauptete der ehemalige Diplomat, der beim Wilhelmstraßenprozess von seinem Sohn, dem späteren Bundespräsidenten Richard von Weizsäcker, verteidigt wurde. Angeblich habe er von den Vernichtungslagern erst nach dem Krieg erfahren, und er habe auch nicht begriffen, was sich hinter „Endlösung der Judenfrage" sowie „Arbeitseinsatz im Osten" verbirgt. „Im Interesse des Widerstands behielt ich mein Amt, und indem ich im Amt blieb, konnte ich nicht vermeiden, dass solche Dokumente über meinen Schreibtisch gingen. Ich meine Dokumente, die Deportationen, Arbeitslager, Festnahmen usw. beinhalteten", gab der Chefdiplomat zu seiner Verteidigung an. Das Gericht befand Ernst von Weizsäcker für schuldig und verurteilte ihn zu sieben Jahren Haft, aus der er bereits 1950 entlassen wurde. Im gleichen Jahr veröffentlichte er seine im Gefängnis verfassten Erinnerungen, in denen er seine Rolle während der NS-Zeit zu rechtfertigen suchte und sich als Mann des Widerstands darstellte (s. Zweite Schuld).

Des weiteren wurden im Wilhelmstraßenprozess Vertreter für Bankwesen, Industrie und Vierjahresplanbehörde angeklagt und einzelne Beamte und Mitarbeiter der Reichskanzlei, des Reichsministeriums für Ernährung und Landwirtschaft, des Reichsfinanzministeriums, des Reichsministeriums für Rüstung und Kriegsproduktion, des Reichsministeriums für Volksaufklärung und Propaganda, des Reichsinnenministeriums sowie des Reichssicherheitshauptamts beziehungsweise des SS-Hauptamts. Sie erhielten Haftstrafen zwischen fünf und 25 Jahren, kamen jedoch meist nach drei bis fünf Jahren wieder frei. Wie hatten sich die Zeiten geändert!

Nach den Enthüllungen über die Verstrickung von deutschen Diplomaten in Nazi-Verbrechen sind weitere Publikationen dieser Art erschienen und zu erwarten. Der damalige Bundesfinanzminister Peer Steinbrück (SPD) hat 2009 eine aus sieben Historikern bestehende Kommission eingesetzt, um die Beteiligung des Reichsfinanzministeriums an der Aufrüstung, der Kriegsfinanzierung sowie der Verfolgung und Ausplünderung von Juden und anderen Menschen zwischen 1933 und 1945 klären zu lassen. In einem Zwischenbericht wird festgestellt, dass die oberste Finanzverwaltung des Deutschen Reiches keineswegs eine unpolitische Fachbehörde ohne ideologische Ausrichtung war, wie es seine Mitarbeiter nach 1945 glauben machen wollten, sondern eine ihrer wichtigsten Säulen.

Manchen Tätern gelang in der jungen Bundesrepublik wegen ihres „Fachwissens" ein Neustart, vergleichbar mit jenen Schreibtischtätern im Auswärtigen Amt, die sich das Mäntelchen der Unschuld umhängten und als Ministerialbeamte und Botschafter weitermachten und, als sie die Altersgrenze erreichten, ehrenvoll verabschiedet wurden. Erst als sich Proteste gegen diese Praxis und auch im Todesfall gegen Nachrufe mehrten, setzte der damalige Bundesaußenminister Joseph Fischer (Bündnis 90/Die Grünen) gegen erhebliche Widerstände im eigenen Haus jene Historikerkommission ein, die 2010 die Dokumentation „Das Amt und die Vergangenheit" vorlegte. Fischers Nachfolger Guido Westerwelle (FDP) erklärte das Buch zur Pflichtlektüre im Auswärtigen Amt.

WINTERHILFSWERK, METALLSPENDE DES DEUTSCHEN VOLKES

Im Rahmen des 1933 gegründeten Winterhilfswerks des Deutschen Volkes (WHW) wurden Sach- und Geldspenden gesammelt, um mit ihnen bedürftige Menschen oder weitere NS-Organisationen wie die NS-Volkswohlfahrt (NSV) zu unterstützen. Ausgeschlossen wurden alle diejenigen, die unter die Rassengesetze fielen und keinen Ariernachweis beibringen konnten, weshalb die unter der Beobachtung durch die Gestapo stehenden jüdischen Gemeinden eigene Hilfsorganisationen ins Leben riefen (s. Jüdische Selbsthilfe). Mit dem WHW wurde ein doppelter Effekt erzielt, denn einmal konnte sich das Regime in die Pose desjenigen werfen, der sich um die „kleinen Leute" kümmert und niemanden allein lässt. Zum anderen aber entlasteten die Straßensammlungen den Staatshaushalt. Sich der durch die NS-Propaganda befeuerten Sammelwut auf der Straße sowie von Wohnung zu Wohnung und an den Arbeitsstellen zu entziehen, war gefährlich, denn es konnte geschehen, dass man bei der Gestapo denunziert wurde. Regimekritiker sahen in den ewigen Straßensammlungen der Hitlerjugend sowie der SA, der SS und weiterer Organisationen pure Wegelagerei und Erpressung. Es kam vor, dass die Erteilung von Arbeitsaufträgen an Betriebe von hohen WHW-Spenden abhängig gemacht wurde. Hinter vorgehaltener Hand wurde die Abkürzung WHW mit den Worten „Wir hungern weiter" oder „Waffenhilfswerk" umgedeutet (s. Flüsterwitze), und es wurde nicht zu Unrecht gemutmaßt, dass mit den Sammlungen die Aufrüstung und der bevorstehende Krieg finanziert werden. Stimuliert wurden sie durch den Verkauf von Anstecknadeln und Sonderbriefmarken, außerdem wurden Beiträge von Löhnen und Renten zugunsten des WHW automatisch abgezweigt.

Bereits im Ersten Weltkrieg wurden massenhaft Gegenstände auf Eisen, Bronze, Kupfer und anderen Metallen eingesammelt, um sie nach ihrer Einschmelzung der Rüstungsindustrie zur Verfügung zu stellen. Betroffen waren nicht nur überflüssige Gegenstände aus dem Alltag und normaler Schrott, sondern auch historische Denkmäler und sogar wertvolle Kirchenglocken. Begründet wurde eine ähnliche Aktion zu Beginn des Zweiten Weltkriegs mit dem bevorstehenden 52. Geburtstag von Adolf Hitler. Ziel eines Aufrufs von Reichsmarschall Hermann Göring war die Beschaffung kriegswichtiger Buntmetalle wie Messing, Kupfer, Bronze, Eisen und Zinn und weiterer Rohstoffe. Als Dank erhielten die Spender eine Urkunde. Nicht nur Privatleute, sondern auch Kommunen, Betriebe, Kirchgemeinden und Vereine mussten sich an der Aktion beteiligen. Von der Sammelwut der Nazis waren nicht einmal Kirchenglocken, bronzener Grabschmuck sowie eiserne Grabkreuze ausgenommen. Auf dem Hamburger Glockenfriedhof lagen rund 90 000 aus dem Deutschen Reich und den besetzten Gebieten stammende Glocken zum Einschmelzen bereit. Die etwa 15 000 erhalten gebliebenen Glocken konnten nach Kriegsende weitgehend an ihre Gemeinden zurückgegeben werden.

Die befohlene Opferbereitschaft der Volksgenossen für den Krieg und Sieg sowie für Notleidende erstreckte sich nicht nur auf Metalle aller Art einschließlich Gold und Silber, sondern auch auf Textilien, Flaschen und sogar Knochen. Schrottsammler fuhren durch die Straßen und forderten die Bewohner zur Abgabe von Schrott und anderen Wertstoffen, wie wir heute sagen würden Überliefert sind Spottlieder wie „Lumpen, Knochen, Eisen und Papier, / Ausgeschlagne Zähne sammeln wir. / Onkel Hermann braucht den Kram / für den Vierjahresplan", womit Reichsmarschall Hermann Göring, der Beauftragte für den Vierjahresplan, gemeint war. Wer erwischt wurde, wenn er sich über die Sammelwut der Nazis lustig machte, konnte wegen Volksverhetzung und Feindbegünstigung schwer bestraft werden. Die Sammlung von Altkleidern war wichtig, weil man sie angesichts des Fehlens von ausländischen Importen zu neuen Textilien verarbeiten konnte. Da die Soldaten an den deutschen Fronten schlecht bekleidet waren und im Winter furchtbar froren, besaß die Herstellung warmer Uniformen allerhöchste Priorität. In den Konzentrations- und Vernichtungslagern türmten sich Mäntel, Schuhe und andere Kleidungsstücke, die die SS den zum Tod im Gas bestimmten Häftlingen abgenommen hatte.

„WOLLT IHR DEN TOTALEN KRIEG?"

Als am 2. Februar 1943 in Stalingrad die 6. Armee der deutschen Wehrmacht unter der Führung von Generalfeldmarschall Friedrich Paulus kapitulierte, waren Hitler und seine Gefolgsleute außer sich vor Wut und übten blutige Rache an Familienangehörigen derer, die sich ergeben hatten (s. Sippenhaft). Stalingrad bedeutete die Wende im Zweiten Weltkrieg. Von nun ging es mit dem NS-Staat bergab. Die Nachricht über die Katastrophe an der Wolga wurde in den Zeitungen und der Wochenschau als Trauerbotschaft verkündet und im Radio verbreitet, untermalt von klassischer Musik. Dies geschah mit der Aufforderung, alle Reserven für den „Endsieg" zu mobilisieren und jeder Art von Kriegsmüdigkeit strikt zu begegnen. In diesem Sinne hielt Goebbels am 18. Februar 1943 im Berliner Sportpalast vor ausgesuchtem Publikum eine Rede, in der er den totalen Krieg verkündete und die Volksgenossen auf die unbedingte Gefolgschaft für Hitler einschwor und sie zum letzten Gefecht aufrief. Höhepunkt der im Rundfunk übertragenen und ausgiebig in der Presse zitierten Sportpalast-Rede unter dem Motto „Totaler Krieg – kürzester Krieg" war Goebbels' Frage an seine sorgfältig ausgesuchten Zuhörer „Wollt ihr den totalen Krieg". Die Antwort war ein vielstimmiges „Ja", das von der Nazi-Propaganda als eine Art Volksabstimmung für die Verschärfung des Kriegskurses und als Bekenntnis für Hitlers Vorgehen gewertet wurde. Der Minister behauptete, das im Nationalsozialismus erzogene, geschulte und disziplinierte deutsche Volk könne die volle Wahrheit vertragen. Es wisse, wie schwierig es um das Reich bestellt ist, und deshalb könne das Volk seine Führung auffordern, aus der Bedrängtheit der Situation die nötigen Folgerungen zu ziehen. „Wir Deutschen sind gewappnet gegen Schwäche und Anfälligkeit, und Schläge und Unglücksfälle des Krieges verleihen uns nur zusätzliche Kraft, feste Entschlossenheit und eine seelische und kämpferische Aktivität, die bereit ist, alle Schwierigkeiten und Hindernisse mit revolutionärem Elan zu überwinden", rief der Propagandaminister und erhielt tosenden Beifall. Mit Blick auf die sowjetischen Armeen erklärte er, „der Ansturm der Steppe gegen unseren ehrwürdigen Kontinent" stelle alle menschlichen und geschichtlichen Vorstellungen in den Schatten. Die deutsche Wehrmacht bilde mit ihren Verbündeten dagegen den einzigen überhaupt in Frage kommenden Schutzwall.

Goebbels gab auf seine Fragen gleich die Antworten. „Die Engländer behaupten, das deutsche Volk habe den Glauben an den Sieg verloren. Ich frage euch: Glaubt ihr mit dem Führer und mit uns an den endgültigen totalen Sieg des deutschen Volkes? Ich frage euch: Seid ihr entschlossen, dem Führer in der Erkämpfung des Sieges durch dick und dünn und unter Aufnahme auch der schwersten persönlichen Belastung zu folgen?" Jedes mal erklang ein vielstimmiges „Ja". Der Propagandaminister behauptete, Ziel des zum Angriffskrieg gegen Europa angetretenen „Bolschewismus" sei die „Weltrevolution der Juden". Sie wollten das Chaos über das Deutsche Reich und über Europa herbeiführen, „um in der daraus entstehenden Hoffnungslosigkeit und Verzweiflung der Völker ihre internationale, bolschewistisch verschleierte kapitalistische Tyrannei aufzurichten". Den „anstürmenden Sowjetdivisionen" würden die jüdischen Liquidationskommandos folgen. Hinter ihnen erhebe sich der Terror, das Gespenst des Millionenhungers und einer vollkommenen Anarchie.

An die Deutschen gewandt, erklärte Goebbels, der totale Krieg sei das Gebot der Stunde. Jetzt müsse Ende sein mit bürgerlichen Zimperlichkeiten, das Volk sei mit seiner Führung entschlossen, nunmehr zur radikalsten Selbsthilfe zu greifen. Rücksichten auf Stand und Beruf würden nicht genommen, Arm und Reich und Hoch und Niedrig müssten in gleicher Weise beansprucht werden. Jetzt gelte der Grundsatz „Räder müssen rollen für den Sieg", aber weiterhin würden Theater, Kinos, Musiksäle sowie Sportveranstaltungen voll im Betrieb bleiben. Er verlieh seiner Rede einen patriotischen Anstrich, als er sie mit diesem Aufruf schloss: „Wenn wir je treu und unverbrüchlich an den Sieg geglaubt haben, dann in dieser Stunde der nationalen Besinnung und der inneren Aufrichtung."

Indem Goebbels den Sieg als „greifbar nahe" beschrieb, dürfte ihm klar gewesen sein, dass der Krieg nicht mehr gewonnen werden kann. Seine Skepsis vertraute er nur seinem Tagebuch an, das nach dem Krieg veröffentlicht wurde. Goebbels wies die Presse am 18. Februar 1943 in einem Fernschreiben an: „tagesparole: die rede des reichsminister dr goebbels im berliner sportpalast bildet die aufmachung der echten freitagfrueblaetter. die teile der rede, die sich mit dem bolschewismus und dem totalen krieg befassen, verdienen besondere hervorhebung. in der textaufmachung wie in den stimmungsbildern ist die antwort des volkes auf die ihm vorgelegten fragen als willenskundgebung der ganzen nation zu verzeichnen. [...] das thema bolschewismus müsse in den deutschen tageszeitungen sehr stark in den vordergrund treten."

Nach der Rede wurden letzte Reserven mobilisiert, die Kriegsmaschine lief auf Hochtouren, Frauen mussten an der Seite unzähliger Zwangsarbeiter in den Rüstungsfabriken unter ständiger Bedrohung durch Luftangriffe Dienst tun. Ab September 1944 wurden im Volkssturm alle bisher noch nicht kämpfenden Männer zwischen 16 und 60 Jahren für die Verteidigung der Heimat rekrutiert, sofern sie irgendwie dafür geeignet waren.

ZENTRALE STELLE LUDWIGSBURG

Die Zentrale Stelle der Landesjustizverwaltungen zur Aufklärung nationalsozialistischer Verbrechen, auch Zentrale Stelle oder Zentralstelle genannt, wurde 1958 im Zusammenhang mit dem Ulmer Einsatzgruppen-Prozess von den Landesjustizministern und Justizsenatoren in der BRD gegründet. Die in Ludwigsburg tätige Behörde gibt die von ihr recherchierten und aufgearbeiteten Fälle an die zuständigen Staatsanwaltschaften weiter, die ihrerseits Ermittlungsverfahren einleiten- oder es unterlassen. Das von den Besatzungsmächten erlassene Kontrollratsgesetz Nr. 10 hatte sich darauf beschränkt, Verbrechen zu verfolgen, denen ihre eigenen Staatsangehörigen sowie die Bürger verbündeter Staaten zum Opfer gefallen waren. Bis 1951 war es deutschen Gerichten zum Teil erst durch eine Sondergenehmigung gestattet, NS-Verbrechen zu ahnden, bei denen deutsche Staatsbürger die Opfer waren.

In die Zuständigkeit der Ludwigsburger Zentralen Stelle fielen anfangs nur „NS-Verbrechen", hingegen gehörte es nicht zu ihren Aufgaben, Kriegsverbrechen aufzuklären. Es ging um Straftaten, die in Konzentrationslagern, Ghettos und in Lagern für Zwangsarbeit von Einsatzkommandos und Einsatzgruppen der Sicherheitspolizei und des SD begangen worden waren. Trotzdem leitete die Zentrale Stelle über eintausend Ermittlungsverfahren gegen Angehörige der Wehrmacht, vor allem des Heeres, ein. Jedoch führte kein einziges der Verfahren zu einer Anklageerhebung, die Verfahren wurden eingestellt. Der ehemalige Leiter der Zentralen Stelle, Oberstaatsanwalt Alfred Streim, erklärte, die strafrechtliche Aufklärung von Verbrechen der Wehrmacht sei „insbesondere aus politischen Gründen unterblieben".

Die Begrenzung auf Vorermittlungen und die Verpflichtung der Zentralstelle zur Abgabe der Fälle an die regionalen Staatsanwaltschaften erwiesen sich als Geburtsfehler, der die Strafverfolgung und Verurteilung der Täter massiv erschwerte. Erst 1964 und 1966 wurden die Zuständigkeiten der Ludwigsburger Dienstelle ausgeweitet. Jetzt konnten auch Vorermittlungen gegen Angehörige der Reichsbehörden, der Polizei und KZ-Lagermannschaften auf dem Gebiet der Bundesrepublik Deutschland eingeleitet werden, und auch Verbrechen an Kriegsgefangenen wurden verfolgt. Ursprünglich war die Zentralstelle nur mit zehn Staatsanwälten besetzt, später zählte man zeitweilig bis zu 120 Beschäftigte, unter denen 49 Staatsanwälte und Richter. Als 1965 die Verjährung von Mord drohte, erhielt Ludwigsburg die Befugnis, auch Archive in Osteuropa zu nutzen. Die Verjährungsfrist für Tötungsverbrechen wurde 1969 auf 30 Jahre verlängert und 1979 schließlich ganz aufgehoben. 1999 wurde beschlossen, die Behörde solange weiterzuführen, wie Strafverfolgungsaufgaben anfielen, so dass weitere Verfahren eingeleitet sowie NS-Verbrecher angeklagt und verurteilt werden konnten. Allerdings kamen Täter vielfach mit milden Urteilen oder Freisprüchen davon, was in der Öffentlichkeit zum Teil mit Empörung aufgenommen wurde. Von 6 500 SS-Leuten, die in Auschwitz Dienst taten, wurden in der Bundesrepublik nur 29 und in der DDR 20 verurteilt.

2013 nahm die Zentralstelle Vorermittlungen gegen 50 frühere Aufseher des Vernichtungslagers wegen Beihilfe zum Mord auf. Der in Sobibor tätige SS-Aufseher John Demjanjuk wurde in München aus diesem Grund zu fünf Jahren Haft verurteilt. Allerdings wurde das Urteil nicht rechtskräftig, da Staatsanwaltschaft und Verteidigung Revision eingelegt hatten. Zur Verhandlung am Bundesgerichtshof kam es nicht mehr, weil Demianiuk inzwischen verstorben war. In einem anderen Verfahren wurde 2015 ein ehemaliger Mitarbeiter der Auschwitzer Lagerverwaltung, der mit der Aufnahme und Registrierung von Habseligkeiten ermordeter Häftlinge befasste SS-Mann Oskar Gröning, in Lüneburg wegen Beihilfe zum Mord in 300 000 Fällen zu vier Jahren Haft verurteilt. Beiden Fälle und weiteren Verfahren konnten verhandelt werden, weil sich die Rechtslage verändert hatte, nach der auch Personen angeklagt und verurteilt werden können, die in den Vernichtungslagern an untergeordneter Stelle etwa als Schreiber oder in der Küche tätig waren. Seit Dezember 2015 ist Staatsanwalt Jens Rommel Leiter der Zentralstelle. Bei seiner Ernennung erklärte er: „ Wir sind es den Überlebenden und den Angehörigen der Opfer schuldig, nicht aufzuhören, nach den Verantwortlichen dieser schweren Verbrechen zu suchen und diese vor Gericht zu bringen."

ZIGEUNER-ERLASS

Zuständig für die systematische Verfolgung der Sinti und Roma war die so genannte Zigeunerdienststelle in Berlin, die 1938 in das „Reichskriminalamt zur Bekämpfung des Zigeunerunwesens" umgewandelt wurde. Während es für die Erfassung der Zigeuner zuständig war, wurde beim Reichsgesundheitsamt eine, wie es damals hieß, rassenhygienische und bevölkerungspolitische Forschungsstelle eingerichtet. Finanziert wurde diese Behörde von der mit der NS-Politik eng verbandelten Deutschen Forschungsgemeinschaft, die in der Bundesrepublik unter dem gleichen Namen neu gegründet wurde (s. Deutsche Wissenschaft).

Robert Ritter, der Chef der Dienststelle, behauptete, Zigeuner seien ein Volk mit ausgeprägt kriminellen Eigenschaften, die von Generation zu Generation genetisch vererbt würden, was sie so gefährlich mache. Er forderte, das deutsche Volk von dieser „Last" zu befreien. Vor allem die als besonders asozial eingestuften Mischlinge müssten in Arbeitslager eingewiesen werden, und auch ihre Fortpflanzung sei durch Sterilisation zu unterbinden. Die von Ritter und seiner Behörde gesammelten Unterlagen wurden für die Deportation ganzer Familien in die Konzentrationslager verwendet. Die Ärztin Lucie Adelsberger wurde 1943 mit weiteren Berliner Juden nach Auschwitz deportiert. Im Zigeuner- und Frauenlager des KZ Auschwitz-Birkenau als Häftlingsärztin eingesetzt, sah sie furchtbares Elend, über das sie nach ihrer Befreiung 1945 berichtete. „Die Kinder waren wie die Erwachsenen nur noch Haut und Knochen ohne Muskeln und Fett, und dünne pergamentartige Haut scheuerte sich über den harten Kanten des Skeletts überall durch [...] Aber die Not dieser Würmer schnitt noch mehr ins Herz. Vielleicht, weil die Gesichter alles Kindliche eingebüßt hatten und mit greisenhaften

Zügen aus hohlen Augen guckten. [...] Vor Hunger und Durst, Kälte und Schmerzen kamen die Kinder auch nachts nicht zur Ruhe. Ihr Stöhnen schwoll orkanartig an und hallte im ganzen Block wider."

Aufgrund des Zigeuner-Erlasses, den Reichsführer SS Heinrich Himmler am 16. Dezember 1942 unterschrieb, wurden 23 000 Sinti und Roma aus elf Ländern nach Auschwitz-Birkenau verschleppt, wo fast alle ermordet wurden. Die letzten 3 000 Kinder und ihre Mütter sowie alte Leute starben am 2. August 1944. In einem Schnellbrief an die Leiter der Kriminalpolizeistellen vom 29. Januar 1943 befahl das Reichssicherheitshauptamt unter Berufung auf Himmlers Erlass, „Zigeunermischlinge, Rom-Zigeuner und nicht deutschblütige Angehörige zigeunerischer Sippen balkanischer Herkunft nach bestimmten Richtlinien auszuwählen und in einer Aktion von wenigen Wochen in ein Konzentrationslager einzuweisen. [...] Diese Einweisung erfolgt ohne Rücksicht auf den Mischlingsgrad familienweise in das Konzentrationslager (Zigeunerlager) Auschwitz. [...] Die Einwilligung zur Unfruchtbarmachung der über 12 Jahre alten, aber noch nicht sterilen zigeunerischen Personen ist anzustreben. [...] Im Falle der Weigerung entscheidet nach Darlegung der Gründe das Reichskriminalpolizeiamt über das zu Veranlassende."

Die Morde wurden nach 1945 kaum zur Kenntnis genommen und sogar geleugnet. Der Bundesgerichtshof in der frühen Bundesrepublik stritt ab, dass eine Verfolgung stattgefunden hat, allenfalls habe es die üblichen polizeilichen Präventivmaßnahmen gegen die „Zigeunerplage" gegeben. Mit der Behauptung, Zigeuner würden zur Kriminalität und insbesondere zu Diebstählen und Betrügereien neigen und es fehle ihnen vielfach die sittlichen Antriebe zur Achtung von fremden Eigentum, wies das Gericht Entschädigungsansprüche ihrer Opfer ab (s. Wiedergutmachung). Es bediente sich nahezu der gleichen Argumentation, die schon in der NS-Zeit Grundlage von Ausgrenzung und Mord war.

Dem Gedenken an den Völkermord an den Sinti und Roma ist eine Tafel am Haus Thielallee 88-92 in Berlin-Zehlendorf gewidmet. In dem Gebäude, das heute das Bundesinstitut für Risikobewertung beherbergt, befand sich die von Robert Ritter geleitete Rassehygienische und Bevölkerungsbiologische Forschungsstelle. Sie wirkte an der Überwachung der Verfolgung und Ermordung der Sinti und Roma mit. Das von ihr gesammelte Material wurde in der Bundesrepublik Deutschland weiter genutzt, keinem der Täter ist je etwas geschehen. Ritter überlebte die NS-Zeit unbeschadet, wie andere Mediziner auch. Er brachte es bis zum Stadtrat in Frankfurt am Main und starb ohne Schuldgefühle 1951, zehn Jahre nach seinen menschenverachtenden Vorschlägen und Pseudoforschungen (s. Zweite Schuld).

Nach zwanzigjähriger Vorbereitung wurde am 24. Oktober 2012 unweit des Reichstagsgebäudes im Berliner Tiergarten das Denkmal für die im Nationalsozialismus ermordeten Sinti und Roma Europas feierlich eingeweiht: eine spiegelblanke Wasserfläche, auf der stets eine frische Blume schwimmt. Von dem israelischen Bildhauer Dani Karavan gestaltet, ist der Brunnen eine eindringliche Mahnung und Aufforderung für die Zukunft, gegen die Diskriminierung der Sinti und Roma anzugehen und sich in Deutschland und darüber hinaus immer wieder für Menschenrechte, Toleranz und den Schutz von Minderheiten einzusetzen, hieß es bei der Einweihung. Am Brunnen klären Tafeln über den Völkermord an einer halben Million Sinti und Roma auf, an seinem Rand kann man das Gedicht von Santino Spinelli: „Eingefallenes Gesicht erloschene Augen kalte Lippen ein zerrissenes Herz ohne Atem ohne Worte keine Tränen" lesen. Steinplatten am Rand des Brunnens tragen die Namen von Konzentrations- und Vernichtungslagern, in denen Sinti und Roma mit Juden und anderen als „lebensunwert" abgestempelten Menschen gefangen gehalten und ermordet wurden.

ZWANGSARBEITER, VERNICHTUNG DURCH ARBEIT

Das Deutsche Reich litt schon vor dem Zweiten Weltkrieg unter Arbeitskräftemangel und es wurde noch schlimmer, als Millionen Männer zur Wehrmacht eingezogen worden waren. Galt bis 1939 die Parole,

Frauen hätten in Fabriken nichts zu suchen und sollten sich gefälligst um Kinder und Familien kümmern, so sah das jetzt anders aus. Versuche, in den besetzten Ländern Freiwillige anzuwerben, hatten nicht den erhofften Erfolg, weshalb Zwangsrekrutierungen vorgenommen wurden. Nur weil Zwangsarbeiter, KZ-Häftlinge und Kriegsgefangene skrupellos ausgebeutet wurden und unter unbeschreiblich schlimmen Bedingungen regelrechte Sklavendienste verrichten mussten, war es der deutschen Rüstungsindustrie möglich, große Mengen Panzer, Geschütze, Munition, Flugzeuge, Kriegsschiffe und so genannte Vergeltungswaffen zum Einsatz zu bringen

Die Zwangsarbeiter waren in abgeriegelten Wohnlagern untergebracht, sie hatten keine Rechte, wurden schlecht versorgt oder ärztlich betreut. Viele starben an Unterernährung und Krankheiten und wurden so Opfer des von der Naziführung befohlenen Prinzips Vernichtung durch Arbeit. Auf der anderen Seite gibt es Berichte, nach denen Gefangene Mitmenschlichkeit erfuhren und vergleichsweise gut behandelt wurden, vor allem dann, wenn Ost- und andere Arbeiter in privaten Haushalten sowie kleinen Betrieben und auf Bauernhöfen beschäftigt wurden.

Allein in Berlin gab es etwa tausend große und kleine Zwangsarbeitslager. Viele befanden sich in Wohngebieten, andere am Rand der Stadt. Mit jeweils tausend und mehr Insassen standen zwanzig dieser Lager an der Spitze. Sie unterstanden der Wehrmacht, der Reichsbahn und der Reichspost, der Deutschen Arbeitsfront, den Berliner Verkehrsbetrieben, den Gaswerken, der Stadtverwaltung und anderen Einrichtungen. Profiteure waren Großbetriebe wie AEG, Siemens, Osram, Auto Union sowie verschiedene Rüstungsfabriken. Allein siebzig Lager gehörten zu der von Albert Speer geleiteten Generalbauinspektion. In der so genannten Arbeiterstadt Große Halle in Spandau waren vor allem aus Westeuropa verschleppte Menschen untergebracht, um Hitlers und Speers Traum von der Welthauptstadt Germania zu realisieren.

Als abzusehen war, dass die Pläne wegen des Kriegsverlaufs nicht verwirklicht werden können, wurden die Zwangsarbeiter in der

Rüstungsindustrie und anderen kriegswichtigen Bereichen eingesetzt. Den größten Anteil hatten aus der Sowjetunion verschleppte Menschen. Ausgehungerte und kranke Gefangene sollten nur so lange am Leben bleiben, wie sie die ihnen befohlene Zwangsarbeit verrichten konnten.

„Hinsichtlich der Vernichtung asozialen Lebens steht Dr. Goebbels auf dem Standpunkt, dass Juden und Zigeuner schlechthin, Polen, die etwa 3 bis 4 Jahre Zuchthaus zu verbüßen hätten, […] vernichtet werden sollten. Der Gedanke der Vernichtung durch Arbeit sei der beste" heißt es in einem Aktenvermerk vom 14. September 1942 von Reichsjustizminister Otto Thierack über ein Gespräch mit dem Propagandaminister und dem Reichsführer SS Himmler. In seinem Tagebuch notierte Goebbels, wer an dieser Arbeit zugrunde gehe, um den sei es nicht schade. Thierack konkretisierte den Plan in einer Besprechung mit Himmler am 18. September 1942 so: „Auslieferung asozialer Elemente aus dem Strafvollzug an den Reichsführer SS zur Vernichtung durch Arbeit. Es werden restlos ausgeliefert die Sicherheitsverwahrten, Juden, Zigeuner, Russen und Ukrainer, Polen über 3 Jahre Strafe, Tschechen oder Deutsche über 8 Jahre Strafe nach Entscheidung des Reichsministers."

Lange wurde darüber geschwiegen, dass auch die Kirchen in Deutschland im Zweiten Weltkrieg Zwangsarbeiter beschäftigt haben. An sie erinnert eine Gedenkstätte auf dem Friedhof der Jerusalems- und Neuen Kirche an der Hermannstraße 84–90 im Berliner Bezirk Neukölln. Beteiligt waren 39 evangelische und drei katholische Gemeinden quer durch die Reichshauptstadt. Nachdem die Fakten lange vertuscht wurden, ging die Evangelische Kirche in Deutschland (EKD) vor einigen Jahren in die Offensive und legte ein Schuldbekenntnis ab.

Eine an der Wismarer Straße im Ortsteil Lichterfelde errichtete Gedenkstätte erinnert an die Häftlinge und die Opfer eines Außenlagers des KZ Sachsenhausen. Um den hohen Steinblock ist eine Kette gelegt, eine Inschriftenplatte im Boden und eine Bild-Text-Stele weisen darauf hin, dass hier ab 1942 etwa 1500 Menschen inhaftiert waren. Sie wurden gezwungen, in öffentlichen Einrichtungen sowie in als kriegswichtig eingestuften Betrieben, aber auch bei Aufräumarbeiten nach Bombenangriffen zu arbeiten. Die SS löste am 21. April 1945 das Außenlager auf und brachte die Gefangenen zurück nach Sachsenhausen, von wo sie auf den Todesmarsch geschickt wurden. Von den Lichterfelder KZ-Bauten ist nichts mehr erhalten.

Beim Zwangsarbeitslager im Berliner Ortsteil Oberschöneweide dauerte es fast 50 Jahre, bis dort an der Britzer Straße das einzige noch komplett erhaltene Zwangsarbeiterlager Berlins für die Geschichtswissenschaft, den Denkmalschutz und ganz allgemein für die Öffentlichkeit entdeckt wurde. Die Steinbaracken waren mitten in einem Wohngebiet für mehr als 2000 ausländische Gefangene gebaut worden. Trotz mancher Veränderungen ist der ursprüngliche Charakter der in ein Dokumentationszentrum verwandelten Anlage noch gut zu erkennen. Eine Gedenktafel berichtet, dass es rund tausend Zwangsarbeitslager in Berlin und einhundert allein im Bezirk Treptow gegeben hat, und unterstreicht, dass Ausbeutung und Rassismus die Würde dieser Menschen zutiefst verletzt haben. Das Lager Schöneweide, das eng mit dem Industriestandort Ober- und Niederschöneweide/Johannisthal in Verbindung stand, ist die erste Gedenkstätte dieser Art in Deutschland. In ihr wird anhand von Schrifttafeln und Hinterlassenschaften der Sklavenarbeiter und ihrer SS-Wächter die räumliche und inhaltliche Nähe von Zwangsarbeit und Kriegswirtschaft veranschaulicht.

Im Berliner Bezirk Spandau wurden an die 40 000 Gefangene in über einhundert Lagern zur Zwangsarbeit gezwungen. An sie erinnern ein Mahnmal und eine Ausstellung auf dem Gelände des Evangelischen Waldkrankenhauses. „Sklaven- und Zwangsarbeit bedeutete nicht nur Vorenthalten des gerechten Lohns. Sie bedeutete Verschleppung, Heimatlosigkeit, Entrechtung, die brutale Missachtung der Menschenwürde. Oft war sie planvoll darauf angelegt, die Menschen durch Arbeit zu vernichten" zitiert eine Inschrift auf dem Sockel den früheren Bundespräsidenten Johannes Rau.

Im Hamburger Museum für Arbeit fand 2015/2016 die Ausstellung „Zwangsarbeit. Die Deutschen, die Zwangsarbeiter und der Krieg" statt.

Sie dokumentiert unter anderem die Versklavung von über 500 000 Menschen allein in Hamburger Rüstungsbetrieben und macht deutsche Firmen namhaft, die nach Osten gewandert waren, um die einheimische Bevölkerung für sich arbeiten zu lassen. So errichtete Daimler-Benz in Minsk einen riesigen Reparaturbetrieb für Kraftfahrzeuge der Wehrmacht. Die Ausstellung dokumentiert auch die Haltung Deutscher nach dem Ende der Naziherrschaft gegenüber den Verbrechen an Zwangsarbeitern. SS-Obergruppenführer und General der Waffen-SS Oswald Pohl, als Leiter des SS-Wirtschafts- und Verwaltungshauptamtes (WVHA) maßgeblich an der Durchführung des Holocausts sowie dem Einsatz und Tod unzähliger Zwangsarbeiter beteiligt, stellte sich beim Prozess in Nürnberg gegen ihn und weitere NS-Funktionäre unwissend und behauptete, er stehe für andere, die sich durch Selbstmord und Flucht aus der Verantwortung gezogen oder sich als Kronzeugen dem Gericht angedient haben, vor Gericht. In seinem Rechtfertigungsbuch „Credo. Mein Weg zu Gott" schrieb er, er sei Unmenschlichkeit, sofern er davon Kenntnis erhalten habe, energisch entgegen getreten. Die Hamburger Ausstellung wurde von der Stiftung Gedenkstätten Buchenwald und Mittelbau-Dora erarbeitet und von der Stiftung „Erinnerung, Verantwortung und Zukunft" initiiert und gefördert. Ab Ende 2017 soll sie im ehemaligen „Gauforum" in Weimar dauerhaft gezeigt werden.

Zwangsarbeiterinnen und Zwangsarbeiter zählten lange zu den vergessenen Opfern der Nazidiktatur, zu den Opfergruppen, die vom deutschen Entschädigungsrecht nicht berücksichtigt wurden. Jahrzehntelang kämpften sie um die Anerkennung ihrer Leiden, um Entschädigung und Wiedergutmachung. Erst im Jahr 2000 wurde nach langwierigen internationalen Verhandlungen die Stiftung „Erinnerung, Verantwortung und Zukunft" durch ein Bundesgesetz gegründet. Deutsche Unternehmen beteiligten sich mit rund fünf Milliarden DM (etwa 2,5 Milliarden Euro) an einem Zehn-Milliarden-DM-Fonds zur Entschädigung der ehemaligen Zwangsarbeiter und Zwangsarbeiterinnen und weiterer NS-Opfer sowie zur Einrichtung eines speziellen

Fonds. 2001 konnten die Auszahlungen beginnen, die sich pro Person allerdings nur auf wenige hundert Euro beliefen, für sie aber wichtig waren, auch weil der deutsche Staat ihnen so etwas wie Genugtuung für erlittenes Leid verschaffte.

ZWANZIGSTER JULI 1944, UNTERNEHMEN WALKÜRE

Das Attentat vom 20. Juli 1944 war der bedeutendste Umsturzversuch des militärischen Widerstandes in der Nazi-Zeit. Als Voraussetzung für den geplanten Machtwechsel wurde die Tötung Hitlers angesehen. Die von Claus Schenk Graf von Stauffenberg bei einer Besprechung im Führerhauptquartier Wolfsschanze deponierte und scharf gemachte Sprengladung verletzte den Diktator jedoch nur leicht. Hitler verkündete euphorisch in einer Rundfunkansprache, „Ich fasse das als eine Bestätigung des Auftrages der Vorsehung auf, mein Lebensziel weiter zu verfolgen, so wie ich es bisher getan habe." Die Beteiligten der Verschwörung des 20. Juli 1944 stammten vor allem aus dem Adel, der Wehrmacht und der Verwaltung. Sie hatten vielfach Kontakte zum Kreisauer Kreis um Helmuth James Graf von Moltke. Unter den mehr als 200 später wegen der Erhebung Hingerichteten waren Generalfeldmarschall Erwin von Witzleben, 19 Generale, 26 Oberste, zwei Botschafter, sieben Diplomaten, ein Minister, drei Staatssekretäre sowie der Chef des Reichskriminalpolizeiamts, des Weiteren mehrere Oberpräsidenten, Polizeipräsidenten und Regierungspräsidenten.

Das Attentat war aufs engste mit dem Unternehmen Walküre verknüpft, ursprünglich ein streng geheimer Plan des Nazi-Regimes für den Fall von Aufständen gegen Hitler und das Regime durch die deutsche Zivilbevölkerung, aber auch von KZ-Häftlingen, Kriegsgefangenen und Zwangsarbeitern, die mit Hilfe der Wehrmacht niedergeschlagen werden sollten. Dabei war vorgesehen, dass Angehörige des Ersatzheeres (s. Reichswehr, Wehrmacht) strategisch wichtige Örtlichkeiten und Gebäude in Berlin sowie in München, Wien und anderen

Städten besetzen und gegen Aufständische vorgehen. Hitler und der Befehlshaber des Ersatzheeres waren die einzigen, die die Aktion durch das Codewort Walküre hätten auslösen können. Gedacht war an die Mobilmachung der Ersatz- und Ausbildungstruppen sowie der etwa 300 000 auf Heimaturlaub befindlichen Soldaten. Die Strategie der Verschwörer vom 20. Juli 1944, die in die Operation Walküre eingeweiht waren, lief darauf hinaus, diese gegen Aufständische gerichteten Optionen bei dem Umsturzversuch für ihre Ziele zu nutzen.

Das Haupt der Verschwörung, Generalfeldmarschall Erwin von Witzleben, der schon vor dem Krieg an Umsturzplänen beteiligt war und sich seit 1943 Tresckow und Stauffenberg angeschlossen hatte, sollte Nachfolger von Hitler als Oberbefehlshaber der Wehrmacht werden. In einem 1943 unterzeichneten Befehl übertrug sich Witzleben selber die Macht und verschleierte die Absichten der Verschwörer mit diesen Worten: „Der Führer Adolf Hitler ist tot! Eine gewissenlose Clique frontfremder Parteiführer hat es unter Ausnutzung dieser Lage versucht, der schwer ringenden Front in den Rücken zu fallen und die Macht zu eigennützigen Zwecken an sich zu reißen. In dieser Stunde höchster Gefahr hat die Reichsregierung zur Aufrechterhaltung von Recht und Ordnung den militärischen Ausnahmezustand verhängt und mir zugleich mit dem Oberbefehl über die Wehrmacht die vollziehende Gewalt übertragen."

Da Hitler am Leben blieb und es Lücken in der Vorbereitung und zögerliches Verhalten beim Auslösen der Operation Walküre gab, scheiterte der Umsturzversuch. Vorgesehen war, führende Personen der SS, des Sicherheitsdienstes, der Gestapo und der NSDAP zu verhaften. Außerdem sollte der Ausnahmezustand verkündet und Hitler für tot erklärt werden. Henning von Tresckow schrieb 21. Juli 1944 an seinen Mitstreiter Fabian von Schlabrendorff zum Abschied, wenn einst Gott Abraham verheißen hat, er werde Sodom nicht verderben, wenn auch nur zehn Gerechte darin seien, so hoffe er, Tresckow, dass Gott Deutschland um unseretwillen nicht vernichten wird. „Der sittliche Wert eines Menschen beginnt erst dort, wo er bereit ist, für seine Überzeugung sein Leben hinzugeben."

Die Naziführung löste nach dem gescheiterten Attentat eine Verfolgungs- und Mordwelle ohnegleichen aus. Zahlreiche Mitverschwörer wurden verhaftet und hingerichtet, einige von ihnen unmittelbar vor dem Ende Naziherrschaft. Außerdem nahm das Regime Familienmitglieder der Widerstandskämpfer in Sippenhaft. Während des Schauprozesses vor dem Volksgerichtshof im ehemaligen Berliner Kammergericht brüllte Freisler Generalfeldmarschall Witzleben unflätig an, doch dieser entgegnete dem Gerichtspräsidenten unerschrocken: „Sie können uns dem Henker überantworten. In drei Monaten zieht das empörte und gequälte Volk Sie zur Rechenschaft und schleift Sie bei lebendigem Leib durch den Kot der Straßen". Dieses schmähliche Ende blieb dem Blutrichter erspart, denn er kam am 3. Februar 1945 bei einem Bombenangriff auf Berlin ums Leben.

Stauffenberg und seine Freunde wurden im Hof des Oberkommandos der Wehrmacht an der Bendlerstraße, der heutigen Stauffenbergstraße, entweder noch am Abend des 20. Juli 1944 erschossen oder in den folgenden Wochen verhaftet, vom Volksgerichtshof zum Tod verurteilt und in Plötzensee an dünnen Drahtseilen erhängt, während die Angehörigen in Sippenhaft genommen wurden. General Ludwig Beck, der nach dem Putsch neues Staatsoberhaupt werden sollte, wurde am selben Abend in den Selbstmord getrieben. An der Ostfront nahm sich der Mitverschwörer Henning von Tresckow durch Zünden einer Handgranate das Leben. Eine Gedenktafel im Hof des Bendlerblocks an der Stauffenbergstraße ehrt Mitglieder des militärischen Widerstands, die hier starben - Generaloberst Ludwig Beck, General der Infanterie Friedrich Olbricht, Oberst Claus Graf Schenk von Stauffenberg, Oberst Albrecht Ritter Mertz von Quirnheim und Oberleutnant Werner von Haeften. Die in der Mitte des Hofes aufgestellte Bronzefigur des Bildhauers Richard Scheibe stellt einen nackten Mann dar, dem man die Hände gebunden hat. Die Bronzetafel im Boden trägt die Inschrift „Ihr trugt die Schande nicht / Ihr wehrtet Euch / Ihr gabt das große / Ewig wache / Zeichen der Umkehr / Opfernd Euer heißes Leben / Für Freiheit / Recht und Ehre". In der Gedenkstätte Deutscher

Widerstand, die in den Räumen des Oberkommandos des Heeres eingerichtet ist, wird des 20. Juli 1944 und aller Kämpfer gegen das Hitlerregime gedacht.

Niemand kann die Frage beantworten, wie sich die Welt entwickelt hätte, wäre das Attentat auf Hitler am 20. Juli 1944 erfolgreich gewesen. Sicher ist, dass der Zweite Weltkrieg schneller beendet worden wäre und Millionen Menschen nicht hätten sterben müssen und auch viele Städte nicht im Bombenhagel untergegangen wären. Ganz bestimmt hätte sich aber die Nazi-Elite nicht so einfach die Macht aus der Hand reißen lassen, und es hätte wohl auch in dem zwischen zwei Fronten quasi eingeklemmten Deutschen Reich Aufstände und Fememorde gegeben. Nicht sicher ist, wie sich der Bevölkerung zu dem neuen Regime verhalten hätte. Nach dem Krieg, als die ganze Wahrheit über die Verbrechen der Hitler-Diktatur ans Tageslicht kam, hielten viele Deutsche die Verschwörer des 20. Juli 1944 für eidbrüchige Verräter, und es dauerte lange, bis ihr Mut und ihre historische Leistung erkannt und anerkannt wurden.

ZWEITE SCHULD, KALTE AMNESTIE

Die ungenügende, ja unwillige Aufklärung der Naziverbrechen in der Bundesrepublik Deutschland, das absichtliche Wegschauen von Richtern und Staatsanwälten auf das, was sie und ihre Kollegen vor 1945 getan haben, das weit verbreitete Fehlen von Empathie für die Opfer und das Verlangen, möglichst schnell einen Schlussstrich unter die Zeit zwischen 1933 und 1945 zu ziehen und sich selber als Opfer von Hitler und seinen Spießgesellen auszugeben oder nur als kleines Rädchen im Getriebe des NS-Staats, dies alles wird unter dem Begriff Zweite Schuld zusammengefasst. Der 2015 verstorbene Schriftsteller und Holocaust-Überlebende Ralph Giordano hat sich mit diesem Thema in seinem Buch „Die Zweite Schuld oder Von der Last ein Deutscher zu sein" (1987) befasst. Das mehrfach aufgelegte Buch listet die Mängel und Versäumnisse der bundesrepublikanischen Justiz bei der Verfolgung der NS-Täter auf und geht der Frage nach, wie ihre „kalte Amnestie" vonstatten ging und warum die Politik und Justiz ihren Frieden mit den Schreibtischtätern und denen machten, die aktiv am Massenmord sowie an der Verfolgung und Ermordung der Juden, Sinti und Roma, der Kranken und Behinderten, der Homosexuellen und anderen „Fremdvölkischen" beteiligt waren. Giordano definiert die zweite Schuld der Deutschen als Spiegelbild der ersten Schuld. „Jede zweite Schuld setzt eine erste voraus – hier: die Schuld der Deutschen unter Hitler. Die zweite Schuld: die Verdrängung und Verleugnung der ersten nach 1945. Sie hat die politische Kultur der Bundesrepublik Deutschland bis auf den heutigen Tag wesentlich mitgeprägt, eine Hypothek, an der noch lange zu tragen sein wird. Denn es handelt sich nicht um einen bloß rhetorischen Prozess, nicht um einen Ablauf im stillen Kämmerlein. Die zweite Schuld hat sich vielmehr tief eingefressen in den Gesellschaftskörper der zweiten deutschen Demokratie", stellt der Verfasser fest und schildert, wie die NS-Verbrechen in der Bundesrepublik systematisch vertuscht und verharmlost, klein gerechnet und schlicht geleugnet wurden und werden (s. Auschwitzlüge). Statt dessen würden „Errungenschaften" der Nazizeit von der Durchsetzung von Zucht und Ordnung bis zur Autobahn und Überwindung der Arbeitslosigkeit gepriesen. Bei den Spruchkammerverfahren habe man nicht genau hingesehen, und allzu schnell seien Persilscheine ausgestellt worden. Mit Kusshand seien hochrangige Nazis, sofern sie nicht nach dem Krieg von alliierten Gerichten angeklagt und verurteilt und damit aus dem Verkehr gezogen wurden, in den Staatsdienst aufgenommen und/oder in der Wirtschaft sowie im Wissenschafts- und Kulturbetrieb untergekommen. Giordano liefert in seinem Buch zahlreiche Beispiele dafür, nennt die Namen von Prominenten, die allenfalls wegen Beihilfe zum Mord angeklagt und meist zu geringen Haftstrafen verurteilt wurden, und von Unbekannten, die an den Selektionsrampen und Gaskammern, an den Erschießungsgräben und in verschwiegenen Krankenanstalten Morddienste taten, die die Transportlisten der Deutschen Reichsbahn für die Fahrten in die Vernichtungslager ausfüllten und die braunen Ungeist in die Gehirne der jungen Generation träufelten. Sie alle redeten sich mit Befehlsnotstand oder auch mit der Behauptung heraus, als gläubige Nationalsozialisten nach bestem Wissen und Gewissen ihrem Führer gedient zu haben und sich keiner Schuld bewusst zu sein. Dass sie „Überzeugungstäter" und von der NS-Ideologie beseelt waren, wurde entschuldigend anerkannt.

Auch das Buch von Jörg Friedrich „Die kalte Amnestie. NS-Täter in der Bundesrepublik" aus dem Jahr 1984 schildert anhand der Prozesse gegen Naziverbrecher und weiterer Bemühungen zur „Bewältigung der Vergangenheit" die ganze Bestialität und Perfidie der NS-Gewaltverbrechen und wie es die Täter mithilfe ihrer Anwälte, aber auch durch Unterstützung aus den USA etwa im Falle des Verfahrens gegen die IG Farben vermochten, sich als unwissend, unbeteiligt und gutgläubig handelnd zu gerieren. Analysiert werden unter anderem die als wissenschaftliche Forschung getarnten Medizinverbrechen und Sterilisierungen sowie die Auslöschung so genannten unwerten Lebens. Ferner wird aus Dokumenten über Geiselerschießungen und viele andere Kriegsverbrechen zitiert, in denen sich SS-, Polizei- und Wehrmachtsangehörige brüsteten, dem deutschen Volk und seinem Fortbestand einen guten Dienst zu tun. Friedrich geht der Legende auf den Grund, wonach Wehrmachtsangehörige von der Generalität abwärts „faire Haudegen" gewesen sein sollen, die sich im Unterschied zu den Mordgesellen der SS-Einsatzgruppen angeblich die Hände nicht schmutzig gemacht und weder mit Politik noch mit Massenmord zu tun gehabt haben wollen. Das Buch schildert in erschreckender Weise, wie die Westalliierten nach und nach von ihrem während des Krieges immer wieder bekundeten Vorsatz abrückten, mit NS- und Kriegsverbrechern hart ins Gericht zu gehen, und wie diese, oft genug mit geringen Strafen oder gar Freispruch davon kamen.

Die Bundesregierungen sowie die Landesregierungen und städtischen Verwaltungen, der Bundestag und die Landesparlamente, die Vertriebenenverbände und Universitäten, ja auch die Schulen und nicht zuletzt die Wirtschaft, das Justizwesen, die Geheimdienste, Polizei und die Bundeswehr waren durchsetzt von alten und neuen Nazis, von denen viele es vorzüglich verstanden, ihre braune Gesinnung zu tarnen. Da gab es Theodor Oberländer, der als Volkstumsexperte so genannte Ostforschung betrieb, sich zu Hitlers Kriegszielen bekannte und als Geheimdienstoffizier dem Oberkommando der Wehrmacht bei der Aufstellung einer Sabotageeinheit zu Diensten war. Von 1953 bis 1960 im Kabinett Adenauer als Bundesminister für Vertriebene, Flüchtlinge und Kriegsgeschädigte tätig, musste er nach heftigen Vorwürfen wegen seiner Verstrickung in NS-Verbrechen zurück treten. Das Oberste Gericht der DDR verurteilte Oberländer 1960 in Abwesenheit zu lebenslanger Haft. Die Bonner Staatsanwaltschaft hielt die Anschuldigungen für nicht relevant. Erst in den vergangenen Jahren kam die Aufarbeitung schuldhafter Verstrickungen von staatlichen Institutionen wie dem Auswärtigen Amt, dem Bundesjustizministerium und weiteren Ministerien bis zum Bundesnachrichtendienst und wissenschaftlichen Institutionen zustande.

ZYKLON B, TOPF & SÖHNE

Das von der Dessauer Firma Deutsche Gesellschaft für Schädlingsbekämpfung m.b.H. (Degesch) Schädlingsbekämpfungsmittel Zyklon B erlangte grausige Berühmtheit durch die Anwendung als Giftgas bei der Ermordung von Millionen Juden und anderen Häftlingen im Vernichtungslager Auschwitz-Birkenau und weiteren Konzentrationslagern. Als Gesellschafter der Degesch strichen die Degussa und die IG-Farben satte Gewinne ein. Ihre Chefs wollten nach dem Krieg nichts von den Verstrickungen in NS-Verbrechen gewusst haben und kamen mit Haftstrafen zwischen acht Jahren und 18 Monaten davon und konnten, als sie bald wieder in Freiheit waren, gut dotierte Posten in der Wirtschaft und als politische Berater einnehmen.

Das in Blechbehältern aufbewahrte Zyklon B enthielt flüssige Blausäure, die auf saugfähige Trägermaterialien getropft wurde. Zunächst waren das Kieselgur, dann aber Gips beziehungsweise Zellstoffschei-ben. Ein chemischer Stabilisator sorgte dafür, dass die Blausäure schnell ausgasen konnte. Ursprünglich in Schiffen, Kühlhäusern und Getrei-demühlen sowie zur „Entwesung" von Massenunterkünften und der Entlausung von Bekleidung verwendet, wurde das Giftgas zur Schäd-lingsbekämpfung in Wehrmachtsunterkünften sowie in Zwangs- und Fremdarbeiterlagern eingesetzt. In der DDR hieß das Erzeugnis Cyanol und in der Bundesrepublik Cyanosil und Zedesa Blausäure beziehungs-weise im Ausland Zyklon.

Als Massenvernichtungsmittel kam das Granulat ab Frühjahr 1942 in Auschwitz-Birkenau zur Anwendung, nachdem es zuvor an ande-ren Orten auf seine Wirksamkeit etwa bei der Ermordung von kranken Menschen erprobt worden war (s. Euthanasie). Zyklon B wurde durch Deckenöffnungen in die verriegelten Gaskammern geschüttet, in die die meist ahnungslosen Gefangenen angeblich zum Duschen geführt wurden. Mit Sauerstoff in Berührung gekommen, entwickelte sich ein tödliches Gas, das niemand überlebte. Die Wachmannschaften haben von außen unbeschreibliche Szenen in den Gaskammern beobachtet und gehört. Wenn dort alles verstummt war, mussten Häftlinge eines Sonderkommandos die Räume öffnen und die Leichen zur Verbren-nung ins Krematorium bringen. Bei den dem Straßburger Mediziner August Hirt zwecks Sektion eingelieferten Zyklon B-Leichen fiel den Ärzten auf: „...die Augen waren weit offen und glänzend. Blutunter-laufen und rot traten sie aus den Augenhöhlen. Außerdem waren Spu-ren von Blut um Nase und Mund." Man geht davon aus, dass allein in Auschwitz mehr als eine Million Menschen vergast wurden, die meisten Opfer waren Juden.

Um sprachlich die Deportation von Juden in die Konzentrations- und Vernichtungslager zu verschleiern und etwaigen Widerstand, Flucht und Selbstmorde zu verhindern, benutzten die Nazis euphemis-tische Begriffe wie Osttransporte, Verschickung, Aussiedlung, Abschie-bung oder Separierung. Weitere Tarnbezeichnungen waren straßenbau-ende Arbeitseinsätze, aber auch Duschbad für die Gaskammern. Allein in Berlin gab es 61 der von der Deutschen Reichsbahn durchgeführten Fahrten in die Konzentrations- und Vernichtungslager. Mit ihnen wurden etwa 55 000 Berliner Juden in die Ostgebiete deportiert. Außerdem gingen 123 sogenannte „Alterstransporte" mit 15 122 Berliner Juden nach Theresienstadt. Viele jüdische Bürgerinnen und Bürger wussten, was sich hinter den euphemistischen Formulierungen verbirgt. Nur wenigen zu den Sammelstellen befohlenen oder auf offener Straße verhafteten Menschen gelang es unterzutauchen, andere töteten sich und ihre Familien selbst.

Das Erfurter Unternehmen Topf & Söhne ist untrennbar mit den Krematorien verbunden, in denen die sterblichen Überreste der Opfer des Nazi-Massenmordes verbrannt wurden. Die Firma lieferte außer Verbrennungsöfen auch Entlüftungsanlagen und abgedichtete Türen für die Gaskammern. Das ursprüngliche Programm bestand aus industriellen Feuerungsanlagen sowie komplette Mälzereien, Brauereimaschinen und Silos. Eine kleine Abteilung befasste sich ab 1914 auch mit dem Bau von Öfen für Krematorien. Die Firma stellte im Zweiten Weltkrieg ihre Produktion auf Rüstungsgüter um, arbeitete für die SS, die die Konzentrationslager verwaltete und machte mit der Lieferung der Verbrennungsöfen gute Geschäfte. Am 4. November 1942 stellte sie beim Reichspatentamt Berlin den Antrag auf ein Patent für einen Durchlaufofen zur Massenverbrennung von Leichen. „In den durch den Krieg und seine Folgen bedingten Sammellagern der besetzten Ostgebiete mit ihrer unvermeidbar hohen Sterblichkeit ist die Erdbestattung der großen Menge verstorbener Lagerinsassen nicht durchführbar", heißt es in der Beschreibung. Es bestehe daher der Zwang, eine große Anzahl von Leichen schnell, sicher und hygienisch einwandfrei einzuäschern.

Nach dem Krieg wurden Topf & Söhne enteignet, das Unternehmen, arbeitete aber unter anderen Namen als Volkseigener Betrieb weiter. Die dunkle Vergangenheit des Unternehmens, das 1994 in Insolvenz ging, wurde in der DDR kaum thematisiert. Mitglieder der Topf-Familie versuchten in der Bundesrepublik einen Neuanfang. Auf

Vorwürfe, mit der SS lukrative Geschäfte gemacht zu haben, entgegnete Ernst-Wolfgang Topf, sich zu weigern hätte den Tod für ihn und andere bedeutet. Dass auf die Firma Druck ausgeübt wurde, Verbrennungsöfen für den NS-Massenmord herzustellen, lässt sich aus den überlieferten Dokumenten jedoch nicht herauslesen. Erst in den späten 1990-er Jahren wurde Licht in die Firmen- und Familiengeschichte gebracht. Ein Förderkreis mühte sich um Aufklärung und die Umgestaltung des Firmensitzes als Gedenkort. Der 2011 eröffnete Erinnerungsort Topf & Söhne gehört zum Stadtmuseum Erfurt und schildert die Verstrickung der Firma mit dem Holocaust.

LITERATUR

...**und wir hörten auf, Menschen zu sein.** Der Weg nach Auschwitz, hrsg. von Manfred Mayer, Paderborn 2005

1936. Die Olympischen Spiele und der Nationalsozialismus. Eine Dokumentation hrsg. von Reinhard Rürup, Berlin 1996

Adelsberger, Lucie: Auschwitz. Häftlingsnummer 45171 - Ein Tatsachenbericht. Neu herausgegeben, ergänzt und mit einem Anhang versehen von Eduard Seidler, Bonn 2005

Ahrendt, Hannah: Eichmann. Ein Bericht von der Banalität des Bösen, München 1986

Aly, Götz: Aktion T 4 1939-1945. Die „Euthanasie"-Zentrale in der Tiergartenstraße 4, Berlin 1995; derselbe: „Endlösung". Völkerverschiebung und der Mord an den europäischen Juden, Frankfurt am Main 1995; derselbe: Hitlers Volksstaat. Raub, Rassenkrieg und nationaler Sozialismus, Frankfurt am Main 2007; derselbe: Volkes Stimme, Frankfurt am Main 2006; derselbe: Warum die Deutschen? Warum die Juden? Gleichheit, Neid und Rassenhass 1800-1933, Frankfurt am Main 2011, derselbe und Susanne Heim: Vordenker der Vernichtung. Auschwitz und die deutschen Pläne für eine neue europäische Ordnung, Frankfurt am Main 1997

Arnold, Dietmar: Neue Reichskanzlei und „Führerbunker". Legenden und Wirklichkeit, Berlin 2005

Bahnsen, Uwe; O'Donnell, James P.: Die Katakombe. Das Ende in der Reichskanzlei, Reinbek 2004

Bajohr, Frank: „Arisierung" in Hamburg. Die Verdrängung der jüdischen Unternehmer 1933–1945, Hamburg 1998; derselbe: „Unser Hotel ist judenfrei". Bäder-Antisemitismus im 19. und 20. Jahrhundert, Frankfurt am Main 2003; derselbe: Parvenüs und Profiteure. Korruption in der NS-Zeit, Frankfurt am Main 2004; derselbe und Dieter Pohl: Der Holocaust als offenes Geheimnis. Die Deutschen, die NS-Führung und die Alliierten, München 2006.

Banach, Jens: Heydrichs Elite. Das Führerkorps der Sicherheitspolizei, Paderborn 2002

Barkai, Avraham: Vom Boykott zur „Entjudung". Der wirtschaftliche Existenzkampf der Juden im Dritten Reich 1933-1945, Frankfurt am Main 1987

Bartetzko, Dieter: Zwischen Zucht und Ekstase. Zur Theatralik von NS-Architektur, Berlin 1985

Bauer, Kurt: Nationalsozialismus. Ursprünge, Anfänge, Aufstieg und Fall. Wien 2008

Baumgärtner, Raimund: Weltanschauungskampf im Dritten Reich. Die Auseinandersetzung mit Alfred Rosenberg, Mainz 1977

Benz, Wolfgang: Herrschaft und Gesellschaft im nationalsozialistischen Staat. Studien zur Struktur- und Mentalitätsgeschichte, Frankfurt am Main 1990; derselbe: Dimension des Völkermords. Die Zahl der jüdischen Opfer des Nationalsozialismus. München 1991; derselbe: Holocaust, München 1995; derselbe: Geschichte des Dritten Reichs, München 2000; derselbe: Bilder vom Juden. Studien zum alltäglichen Antisemitismus, München 2001; derselbe: Potsdam 1945. Besatzungsherrschaft und Neuaufbau im Vier-Zonen-Deutschland, München 2005; derselbe: Ausgrenzung, Vertreibung, Völkermord. Genozid im 20. Jahrhundert, München 2006; derselbe: Deutsche Juden im 20. Jahrhundert. Eine Geschichte in Porträts, München 2011; derselbe: Das Jahr 1933. Der Weg zur Hitler-Diktatur, München 2013; derselbe: Theresienstadt. Eine Geschichte von Täuschung und Vernichtung, München 2013; derselbe: Der deutsche Widerstand gegen Hitler, München 2014; derselbe: Sinti und Roma: Die unerwünschte Minderheit, Berlin 2014; derselbe sowie Peter Eckel und Andreas Nachama (Hrsg.): Kunst im NS-Staat. Ideologie, Ästhetik, Protagonisten, Berlin 2015

Berliner Arbeiterwiderstand 1942-1945. „Weg mit Hitler – Schluß mit dem Krieg!" Die Saefkow-Jacob-Bästlein-Organisation, Katalog zur Ausstellung, Berlin 2009

Besier, Gerhard und Gerhard Sauter: Wie Christen ihre Schuld bekennen. Die Stuttgarter Erklärung 1945, Göttingen 1985

Besymenski, Lew: Der Tod des Adolf Hitler. Unbekannte Dokumente aus Moskauer Archiven, Hamburg 1968

Bracher, Karl Dietrich: Die deutsche Diktatur. Entstehung, Struktur, Folgen des Nationalsozialismus, Berlin 1997

Braun, Markus: Spuren des Terrors, Stätten nationalsozialistischer Gewaltherrschaft in Berlin, Berlin 2002

Braunbuch über Reichstagsbrand und Hitlerterror. Vorwort von Lord Marley, Basel 1933 (Reprint Berlin 1980)

Brechtken, Magnus: „Madagaskar für die Juden". Antisemitische Idee und politische Praxis 1885-1945, München 1997

Brennende Bücher. Erinnerungen an den 10. Mai 1933, hrsg. von Margrid Bircken und Helmut Peitsch, Potsdam 2003

Brenner, Hildegard: Kunstpolitik im Nationalsozialismus, Reinbek 1963

Buchheim, Hans: SS und Polizei im NS-Staat, Duisburg 1964; derselbe und Martin Broszat, Hans-Adolf Jacobsen, Helmut Krausnick: Anatomie des NS-Staates, München 1967

Buddrus, Michael: Totale Erziehung für den totalen Krieg. Hitlerjugend und nationalsozialistische Jugendpolitik, München 2003

Bullock, Alan: Hitler. Eine Studie über Tyrannei, Frankfurt am Main 1964; derselbe: Hitler und Stalin. Parallele Leben, Berlin 1991

Burger, Adolf: Des Teufels Werkstatt. Die größte Fälscheraktion der Geschichte, München 2007

Bussemer, Thymian: Propaganda und Popularkultur. Konstruierte Erlebniswelten im Nationalsozialismus, Wiesbaden 2000

Conze, Eckart; Frei, Norbert; Hayes, Peter; Zimmermann, Moshe: Das Amt und die Vergangenheit. Deutsche Diplomaten im Dritten Reich und in der Bundesrepublik Deutschland, München 2010

Coppi, Hans; Kamil Majchrzak: Das Konzentrationslager und Zuchthaus Sonnenburg, Berlin 2015

Corni, Gustavo; Gies, Horst: Blut und Boden. Rassenideologie und Agrarpolitik im Stadt Hitlers, Idstein 1994; dieselben Brot – Butter – Kanonen. Die Ernährungswirtschaft in Deutschland unter der Diktatur Hitlers, Berlin 1997

Cymes, Michel: Hippokrates in der Hölle. Die Verbrechen der KZ-Ärzte, Stuttgart 2016

Danimann, Franz: Flüsterwitze und Spottgedichte unterm Hakenkreuz, Wien 2001

Das Buch Hitler. Geheimdossier des NKWD für Josef W. Stalin. Aus dem Russischen von Helmut Ettinger, hrsg. von Henrik Eberle und Matthias Uhl, Bergisch Gladbach 2005

Das große Lexikon des Dritten Reiches, hrsg. von Christian Zentber und Friedemann Bedürftig, Hamburg 1994

Demps, Laurenz: Die Luftangriffe auf Berlin. Berichte der Hauptluftschutzstelle

1940-1945, Berlin 2012; derselbe: Zwangsarbeiterlager in Berlin 1939-1945. Miniaturen zur Geschichte, Kultur und Denkmalpflege Berlins Nr. 30/21, 1986; derselbe: Berlin-Wilhelmstraße. Eine Topographie der Macht, Berlin 2002

Denzler, Georg; Volker Fabricius: Christen und Nationalsozialisten, Frankfurt am Main 1993

Der „Generalplan Ost". Hauptlinien der nationalsozialistischen Planungs- und Vernichtungspolitik, hrsg. von Mechthild Rössler und Sabine Schleiermacher, Berlin 1993

Der Buchenwald-Report. Bericht über das Konzentrationslager bei Weimar, hrsg. von David A. Hakett, München 1996

Der Judenpogrom 1938. Von der Reichskristallnacht zum Völkermord, hrsg. von Walter H. Pehle, Frankfurt am Main 1988

Der Krieg und seine Folgen 1945. Kriegsende und Erinnerungen in Deutschland. Hrsg. von Burkard Asmuss, Kay Kufeke und Philipp Springer im Auftrag des Deutschen Historischen Museums, Berlin 2005

Der nationalsozialistische Völkermord an den Sinti und Roma, hrsg. von Romani Rose, Heidelberg 1995

Der Ort des Terrors. Geschichte der nationalsozialistischen Konzentrationslager, München 2002

Der Prozess. Adolf Eichmann vor Gericht, Berlin 2011 (Buch zur Ausstellung in der Topographie des Terrors Berlin)

Deutsche Geschichte in Daten. Hrsg. vom Institut für Geschichte der Deutschen Akademie der Wissenschaften zu Berlin, Berlin 1967

Deutschkron, Inge: Ich trug den gelben Stern, Köln 1978; dieselbe: Sie blieben im Schatten. Ein Denkmal für „stille Helden", Berlin 1996

Die Juden in Deutschland 1933-1945. Leben unter nationalsozialistischer Herrschaft, München 1998

Die letzten Zeugen. Der Auschwitz-Prozess von Lüneburg. Eine Dokumentation, Leipzig 2015

Die Rosenburg. Das Bundesministerium der Justiz und die NS-Vergangenheit - eine Bestandsaufnahme. Hrsg. von Manfred Görtemaker und Christoph Safferling, Bonn 2013

Die Rückseite des Hakenkreuzes. Absonderlichkeiten aus den Akten des „Dritten Reiches". Hrsg. von Beatrice und Helmut Heiber, Wiesbaden 2005

Diewald-Kerkmann, Gisela: Politische Denunziationen im NS-Regime oder Die kleine Macht der „Volksgenossen", Bonn 1995

Diller, Ansgar: Rundfunkpolitik im Dritten Reich, München 1980

Dimension des Völkermords. Die Zahl der jüdischen Opfer des Nationalsozialismus, hrsg. von Wolfgang Benz, München 1991

Döscher, Hans-Jürgen: „Reichskristallnacht". Die Novemberpogrome 1938, Berlin 2000

Dreier, Ralf; Wolfgang Sellert: Recht und Justiz im „Dritten Reich", Frankfurt am Main 1989

Drobisch, Klaus; Günter Wieland: System der NS-Konzentrationslager 1933-1939, Berlin 1993

Düwel, Jörn: 1945. Krieg, Zerstörung, Aufbau. Architektur und Stadtplanung 1940-1960, Berlin 1995

Eichholtz, Dietrich: Geschichte der Kriegswirtschaft 1939-1945, Berlin 1969 f.

Elam, Shraga: Hitlers Fälscher. Wie jüdische, amerikanische und Schweizer Agenten der SS beim Falschgeldwaschen halfen, Wien 2000

Eldorado. Homosexuelle Frauen und Männer in Berlin 1850-1950. Geschichte, Alltag und Kultur, Berlin 1984

Endlich, Stefanie: Wege zur Erinnerung. Gedenkstätten und –orte für die Opfer des Nationalsozialismus in Berlin und Brandenburg. Berlin 2006; dieselbe: „Vernichtung", „Giftschrank". „Zweifelhafte Fälle". Vorgeschichte und Folgen der Bücherverbrennung für jüdische Autoren, Verleger, Buchhändler und Bibliothekare, Berlin 2007

Enzyklopädie des Nationalsozialismus. Hrsg. von Wolfgang Benz, Hermann Graml und Hermann Weiß, München 2007

Erziehung und Schulung im Dritten Reich, hrsg. von Manfred Heinemann, Stuttgart 1980

Escher, Felix: Berlin – „Germania". Die projektierte Zerstörung Berlins durch Speers Planungen für „Germania" als Hauptstadt eines Großgermanischen Weltreiches, Berlin o. J. (2003)

Essner, Cornelia: Die „Nürnberger Gesetze" oder die Verwaltung des Rasenwahns 1933-1945, Paderborn 2002

Falanga, Gianluca: Berlin 1937. Die Ruhe vor dem Sturm, Berlin 2007

Fest, Joachim: Das Gesicht des Dritten Reiches. Profile einer totalitären Herrschaft, München 1963; derselbe: Hitler. Eine Biographie, Berlin und

Frankfurt am Main 1973; derselbe: Staatsstreich. Der lange Weg zum 20. Juli, München 1997; derselbe: Speer. Eine Biographie, Berlin 1999

Focke, Harald; Reimer, Uwe: Alltag unterm Hakenkreuz, Reinbek 1979; dieselben: Alltag der Entrechteten, Reinbek 1980

Frauen leisten Widerstand 1933-1945. Lebensgeschichten nach Interviews und Dokumenten. Hrsg. von Gerda Szepansky, Frankfurt am Main 1995

Frei, Norbert: Der Führerstaat. Nationalsozialistische Herrschaft 1933 bis 1945, München 2013; derselbe und Johannes Schmitz: Journalismus im Dritten Reich, München 1990

Freimark, Peter; Kopitzsch, Wolfgang: Der 9./10. November 1938. Dokumentation der „Kristallnacht", Hamburg 1988

Friedländer, Henry: Der Weg zum Genozid. Von der Euthanasie zur Endlösung, Berlin 1997

Friedländer, Saul: Das Dritte Reich und die Juden. Die Jahre der Verfolgung 1933-1945, München 2000

Friedrich, Jörg: Freispruch für die Nazijustiz, Reinbek 1983; derselbe: Die kalte Amnestie. NS-Täter in der Bundesrepublik, Frankfurt am Main 1984; derselbe: Das Gesetz des Krieges. Das deutsche Heer in Rußland 1941 bis 1945. Der Prozeß gegen das Oberkommando der Wehrmacht, München/ Zürich 1993; derselbe: Der Brand. Deutschland im Bombenkrieg 1940–1945, München 2002

Fuhrer, Armin: „Führergeburtstag". Die perfide Propaganda des NS-Regimes mit dem 20. April, Berlin 2014; derselbe: Adolf Hitler. Bildbiographie, Berlin 2015

Gamm, Hans-Joachim: Der braune Kult. Das Dritte Reich und seine Ersatzreligion, Hamburg 1962; derselbe: Flüsterwitz im Dritten Reich, München 1990

Geschichte der Kaiser-Wilhelm-Gesellschaft im Nationalsozialismus, hrsg. von Reinhard Rürup und Wolfgang Schieder, Göttingen 2000 ff.

Geheimberichte aus dem Dritten Reich. Der Journalist H. J. Noordewier als politischer Beobachter, hrsg. von Paul Stoop, Berlin 1990

Georg, Enno: Die wirtschaftlichen Unternehmungen der SS, Stuttgart 1963

Georg, Karoline; Kurt Schilde, Johannes Tuchel: „Warum schweigt die Welt?!" Häftlinge im Berliner Konzentrationslager Columbia-Haus 1933-1936, Berlin 2013

Geraubte Mitte. Die „Arisierung" des jüdischen Grundeigentums im Berliner Stadtkern 1933-1945, hrsg. von der Stiftung Stadtmuseum Berlin, Berlin 2013

Gerhard, Paul; Klaus-Michael Mallmann: Die Gestapo-Mythos und Realität, Darmstadt 1995

Gerlach, Wolfgang: Als Zeugen schwiegen. Bekennende Kirche und die Juden, Berlin 1993

Giebel, Wieland: Hitlers Terror in Berlin. Bildbiographie, Berlin 2015

Goebbels, Dr. Joseph: Vom Kaiserhof zur Reichskanzlei, München 1934; derselbe: Tagebücher 1924-1945. Hrsg. von Ralf Georg Reuth, Berlin 1998 ff.

Goebbels, Josef: Tagebücher 1945. Die letzten Aufzeichnungen. Einführung von Rolf Hochhuth, Hamburg 1977

Goebbels' Propaganda: „Das erwachende Berlin". Ein Fotobuch des NS-Agitators, hrsg. von Wieland Giebel, Berlin 2012

Goldhagen, Daniel Jonah: Hitlers willige Vollstrecker. Ganz gewöhnliche Deutsche und der Holocaust, München 1996

Gottwaldt, Alfred; Schulte, Diana: Die „Judendeportationen" aus dem Deutschen Reich, Wiesbaden 2005

Grabowski, Hans-Ludwig und Wolfgang Haney: „Der Jude nahm uns Silber, Gold und Speck...". Für politische und antisemitische Propaganda genutzte Geldscheine aus der Zeit der Weimarer Republik und des Dritten Reichs. Dokumentation basierend auf Belegen der Sammlung Wolfgang Haney (Berlin), Regenstauf 2015

Graml, Hermann: Reichskristallnacht. Antisemitismus und Judenverfolgung im Dritten Reich, München 1988

Grau, Günter: Lexikon der Homosexuellenverfolgung 1933-1945. Institutionen, Personen, Betätigungsfelder, Berlin 2011

Greiner, Bernd: Die Morgenthau-Legende. Zur Geschichte eines umstrittenen Plans, Hamburg 1995

Grube, Frank; Richter, Gerhard: Alltag im Dritten Reich. So lebten die Deutschen 1933-1945, Hamburg 1983

Gruchmann, Lothar: Euthanasie im Dritten Reich, Stuttgart 1972; derselbe: Justiz im Dritten Reich 1933-1940, München 1988

Gruner, Wolf: Judenverfolgung in Berlin 1933-1945. Eine Chronologie der Behördenmaßnahmen in der Reichshauptstadt, Berlin 1996; derselbe:

Widerstand in der Rosenstraße, Frankfurt am Main 2005

Haase, Günther: Die Kunstsammlung Adolf Hitler. Eine Dokumentation, Berlin 2002

Haffner, Sebastian: Anmerkungen zu Hitler, Frankfurt am Main 1981

Hanfstaengl, Ernst: Hitler in der Karikatur der Welt. Vom Führer genehmigt, Berlin 1933; derselbe: Zwischen Weißem und Braunem Haus. Memoiren eines politischen Außenseiters. München 1970

Harmsen, Ernst-Friedrich: Ernst von Borsig: Märkischer Gutsherr und Gegner des Nationalsozialismus, Berlin 2015

Hartmann, Ruth: Flüsterwitze aus dem Tausendjährigen Reich, München 1983

Heinemann, Isabel: „Rasse, Siedlung, deutsches Blut". Das Rasse- und Siedlungshauptamt der SS und die rassenpolitische Neuordnung Europas, Göttingen 2003

Helm, Sarah: Ohne Haar und ohne Namen. Im Frauen-Konzentrationslager Ravensbrück, Berlin 2016

Hensle, Stephan D.: Rundfunkverbrechen. Das Hören von „Feindsendern" im Nationalsozialismus, Berlin 2003

Herbert, Ulrich: Fremdarbeiter. Politik und Praxis des „Ausländer-Einsatzes" in der Kriegswirtschaft des Dritten Reiches, Bonn 1999; derselbe: Geschichte der Ausländerbeschäftigung in Deutschland 1880 bis 1980. Saisonarbeiter, Zwangsarbeiter, Gastarbeiter. Berlin, Bonn 1986; derselbe: Geschichte der Ausländerpolitik in Deutschland. Saisonarbeiter, Zwangsarbeiter, Gastarbeiter, Flüchtlinge, München 2001

Herrenmensch und Arbeitsvölker. Ausländische Arbeiter und Deutsche 1939-1945, Berlin 1986

Herzog, Rudolph: Heil Hitler, das Schwein ist tot. Lachen unter Hitler. Komik und Humor im Dritten Reich, Frankfurt am Main 2006

Hilberg, Raul: Sonderzüge nach Auschwitz,. Mainz 1981

Hildesheimer, Esriel: Selbstverwaltung unter dem NS-Regime. Der Existenzkampf der Reichsvertretung der Juden in Deutschland, Tübingen 1994

Hirsch, Rudolf; Rosemarie Schuder: Der gelbe Fleck. Wurzeln und Wirkungen des Judenhasses in der deutschen Geschichte, Berlin 1987

Hitler und die Deutschen. Volksgemeinschaft und Verbrechen. Im Auftrag der Stiftung Deutsches Historisches Museum Berlin hrsg. von Hans-Ulrich Thammer und Simone Erpel, Dresden 2010

Hitler, Adolf: Mein Kampf. Eine Abrechnung, München 1939

Hitlers Künstler. Die Kultur im Dienst des Nationalsozialismus, hrsg. von Hans Sarkowicz, Frankfurt am Main 2004

Hockerts, Hans Günter: Die Sittlichkeitsprozesse gegen katholische Ordensangehörige und Priester 1936/1937. Eine Studie zur nationalsozialistischen Herrschaftstechnik und zum Kirchenkampf. Mainz 1971

Hoffmann, Heinrich: Hitler, wie ich ihn sah. Aufzeichnungen seines Leibfotografen, Dresden 2012

Hoffmann, Hilmar: Und die Fahne führt uns in die Ewigkeit. Propaganda im NS-Film, Frankfurt am Main 1988; derselbe: Mythos Olympia, Weimar 1993

Höhne, Heinz: Der Orden unter dem Totenkopf. Die Geschichte der SS, Augsburg 1994

Hollstein, Dorothea: „Jud Süß" und die Deutschen. Antisemitische Vorurteile im nationalsozialistischen Spielfilm, Frankfurt am Main, Berlin, Wien 1983

Holocaust. Der Nationalsozialistische Völkermord und die Motive seiner Erinnerung. Hrsg. von Burkhard Asmuss im Auftrag des Deutschen Historischen Museum, Berlin 2002

Homosexualität in der NS-Zeit. Dokumente einer Diskriminierung und Verfolgung. Hrsg. von Günter Grau, Frankfurt am Main 2004

Höß, Rudolf: Kommandant in Auschwitz, München 1963

Hübner, Holger: Das Gedächtnis der Stadt. Gedenktafeln in Berlin, Berlin 1997

Internationaler Militärgerichtshof Nürnberg. Der Nürnberger Prozess gegen die Hauptkriegsverbrecher vor dem Internationalen Militärgerichtshof Nürnberg 14. November 1945 bis 1. Oktober 1946. Amtlicher Wortlauf in deutscher Sprache, Nürnberg 1947. Überarbeitete Neuausgabe Köln 1994

Jellonek, Burkhard: Homosexuelle unterm Hakenkreuz, Paderborn 1990

Jochheim, Gernot: Frauenprotest in der Rosenstraße 1943. Berichte, Dokumente, Hintergründe, Teetz 2002

Juden in Berlin. Hrsg. von Andreas Nachama, Julius H. Schoeps und Hermann Simon, Berlin 2001

Jüdische Häftlinge im Konzentrationslager Sachsenhausen 1936 bis 1945. Hrsg. von Günter Morsch und Susanne zur Nieden, Berlin 2004

Kaienburg, Hermann: Die Wirtschaft der SS, Berlin 2003

Kaiser, Gerd: Auf Leben und Tod. Stille Helden im antifaschistischen Widerstandskampf 1923 bis 1945, Berlin 2014

Kastner, Klaus: Die Völker klagen an. Der Nürnberger Prozess 1945-1946, Darmstadt 2005

Kater, Michael H.: Das „Ahnenerbe" der SS 1933-1945. Ein Beitrag zur Kulturpolitik des Dritten Reiches, München 1997

Kaule: Martin: Westwall. Von der Festungslinie zur Erinnerungslandschaft, Berlin 2014; derselbe: Wolfsschanze. „Führerhauptquartier" in den Masuren, Berlin 2014; derselbe: Peenemünde. Vom Raketenzentrum zur Denkmal-Landschaft Geschichte und Gegenwart des NS-Raketenzentrums, Berlin 2014; derselbe: Prora. Geschichte und Gegenwart des „KdF-Seebades Rügen", Berlin 2015

Kellerhoff, Sven Felix: Hitlers Berlin. Geschichte einer Hassliebe; derselbe: Berlin unterm Hakenkreuz, Berlin 2006; derselbe: Mythos Führerbunker. Hitlers letzter Unterschlupf, Berlin 2007; derselbe: Der Reichstagsbrand. Die Karriere eines Kriminalfalls. Mit einem Vorwort von Hans Mommsen, Berlin 2007; derselbe: „Kristallnacht". Das Novemberpogrom 1938 und die Verfolgung Berliner Juden 1924 bis 1945, Berlin 2008; derselbe: Hitlers Ende. Der Untergang im Führerbunker, Berlin 2015

Kennzeichen J. Bilder, Dokumente, Berichte zur Geschichte der Verbrechen des Hitlerfaschismus an den deutschen Juden 1933-1945. Hrsg. von Helmut Eschwege, Berlin 1981

Kershaw, Ian: Hitlers Macht. Das Profil der NS-Herrschaft, München 1992; derselbe: Hitler, München 1998-2000

Kielar, Wieslaw: Anus Mundi. Fünf Jahre Auschwitz, Frankfurt am Main 1994

Klee, Ernst: „Euthanasie" im NS-Staat. Die „Vernichtung lebensunwerten Lebens", Frankfurt am Main 1983; derselbe: Deutsche Medizin im Dritten Reich. Karrieren vor und nach 1945, Frankfurt am Main 2001; derselbe: Das Kulturlexikon zum Dritten Reich. Wer war was vor und nach 1945, Frankfurt a. M. 2007; derselbe: Das Personen Lexikon zum Dritten Reich. Wer war was vor und nach 1945, Koblenz 2010; Auschwitz. Täter, Gehilfen, Opfer und was aus ihnen wurde. Ein Personenlexikon, Frankfurt am Main 2013

Klemperer, Victor: LTI. Notizbuch eines Philologen, Halle 1957

Klinksiek, Dorothee: Die Frau im NS-Staat, Stuttgart 1982

Kock, Gerhard: „Der Führer sorgt für unsere Kinder". Die Kinderlandverschickung im Zweiten Weltkrieg, Paderborn 1997

Kogon, Eugen: Der SS-Staat. Das System der deutschen Konzentrationslager, München 2004

Kracauer, Siegfried: Von Caligari bis Hitler, Frankfurt am Main 1977

Kramer, Will: Die 44 Attentate auf Hitler, München 1981

Krausnick, Michail: Wo sind sie hingekommen? Der unterschlagene Völkermord an Sinti und Roma, Gerlingen 1995

Krieg im Äther. Widerstand und Spionage im Zweiten Weltkrieg. Hrsg. von Johannes Tuchel, Wien 2004

Krüger, Charlotte: Mein Großvater, der Fälscher. Eine Spurensuche in der NS-Zeit, München 2015 (Betr. Geldfälschung im KZ Sachsenhausen)

Kubatzki, Rainer: Zwangsarbeiter- und Kriegsgefangenenlager. Standorte und Topographie in Berlin und im brandenburgischen Umland 1939 bis 1945. Eine Dokumentation, Berlin 2001

Kubin, Alfred: Sonderauftrag Linz, Wien 1989

Kulish, Nicholas und Souad Mekhennet: Dr. Tod. Die lange Jagd nach dem meistgesuchten NS-Verbrecher, Berlin 2015

Kurowski, Franz: Der Luftkrieg über Deutschland, Düsseldorf und Wien 1977

Langbein, Hermann: Die Auschwitz-Prozesse, Wien 1965

Leiser, Erwin: „Deutschland erwache!". Propaganda im Film des Dritten Reichs, Reinbek 1968

Levy, Günter: „Rückkehr nicht erwünscht". Die Verfolgung der Zigeuner im Dritten Reich, München und Berlin 2011

Lilienthal, Georg: Der „Lebensborn e. V.". Ein Instrument nationalsozialistischer Rassenpolitik, Frankfurt am Main 1993

Loewy, Ernst: Literatur unterm Hakenkreuz. Das Dritte Reich und seine Dichtung, Frankfurt am Main 1966

Lofti, Gabriele: KZ der Gestapo - Arbeitserziehungslager im Dritten Reich, Frankfurt am Main 2003

Longerich, Peter: Die Wannsee-Konferenz vom 20. Januar 1942. Planung und Beginn des Genozid an den Europäischen Juden, Berlin 1998; derselbe: Der ungeschriebene Befehl. Hitler und der Weg zur „Endlösung", München 2001; derselbe: „Davon haben wir nichts gewusst!" Die Deutschen und die Judenverfolgung 1933–1945; derselbe: Heinrich Himmler: Eine

Biographie, München 2008; derselbe: Goebbels. Biographie, München 2010; derselbe: Hitler. Biographie, München 2015

Ludolf, Herbert: Totaler Krieg und die Ordnung der Wirtschaft. Die Kriegswirtschaft im Spannungsfeld von Politik, Ideologie und Propaganda 1939-1945, Stuttgart 1983

Lustiger, Arno: Im Kampf gegen Besetzung und „Endlösung", Frankfurt am Main 1995; derselbe: Zum Kampf auf Leben und Tod. Vom Widerstand der Juden 1933-1945, München 1997

Maier, Dieter: Arbeitseinsatz und Deportation. Die Mitwirkung der Arbeitsverwaltung bei der nationalsozialistischen Judenverfolgung in den Jahren 1938-1945, Berlin 1994

Mann, Thomas: Deutsche Hörer! Fünfundzwanzig Radiosendungen nach Deutschland, Leipzig 1970

Martens, Erika: Zum Beispiel „Das Reich". Zur Phänomenologie der Presse im totalitären Regime, Köln 1972

Maser, Werner: Hermann Göring. Hitlers janusköpfiger Paladin. Eine politische Biographie, Berlin 2000; derselbe: Hitlers Mein Kampf, München 1966

Massenhaftes Töten. Kriege und Genozide im 20. Jahrhundert, hrsg. von Peter Reinhart Gleichmann, Essen 2004

Medizin ohne Menschlichkeit. Dokumente der Nürnberger Ärzteprozesse. Hrsg. und kommentiert von Alexander Mitscherlich und Fred Mielke, Frankfurt am Main 1995

Meier, Kurt: Die Deutschen Christen. Das Bild einer Bewegung im Dritten Reich, Halle/Göttingen 1964; derselbe: Kreuz und Hakenkreuz. Die evangelische Kirche im Dritten Reich, München 1992

Meissner, Hans Otto: Die Machtergreifung 30. Januar 1933, München 2002

Meldungen aus dem Reich. Die geheimen Lageberichte des Sicherheitsdienstes der SS 19389-1945, hrsg. von Heinz Boberach, Herrsching 1984

Messerschmitt, Manfred; Fritz Wüllner: Die Wehrmachtsjustiz im Dienste der Nationalsozialisten. Zerstörung einer Legende, Baden-Baden 1987

Moeller, Felix: Der Filmminister. Goebbels und der Film im Dritten Reich, Berlin 1998

Mommsen, Hans: Das Volkswagenwerk und seine Arbeiter im Dritten Reich 1933-1948, Düsseldorf 1996

Morré, Jörg: Hinter den Kulissen des Nationalkomitees Freies Deutschland, München 2001

Mosch, Günter und Agnes Ohm (Hrsg.): Die Zentrale des KZ-Terrors. Die Inspektion der Konzentrationslager 1934–1945, Berlin 2015

Mulisch, Harry: Strafsache 40/61. Eine Reportage über den Eichmann-Prozess, Berlin 2002

Müller, Ingo: Furchtbare Juristen – die unbewältigte Vergangenheit unserer Justiz. Mit einem Vorwort von Martin Hirsch, München 1987

Müller, Rolf-Dieter: Der Bombenkrieg 1939-1945, Berlin 1994

Nationalsozialistische Massentötungen durch Giftgas. Eine Dokumentation, hrsg. von Eugen Kogon, Hermann Langbein und Adalbert Rückerl, Frankfurt am Main 1983

Nationalsozialistische Vernichtungslager im Spiegel deutscher Strafprozesse. Belzec, Sobibor, Treblinka, Chelmno, München 1977

Naujoks, Harry: Mein Leben im KZ Sachsenhausen 1936-1942. Erinnerungen des ehemaligen Lagerältesten, Köln 1987

Neumann, Franz: Behemoth. Struktur und Praxis des Nationalsozialismus 1933-1944, Frankfurt am Main 2004

Neumann, Hans-Joachim; Henrik Eberle: War Hitler krank? Ein abschließender Bericht, Bergisch Gladbach 2009

Niemöller, Wilhelm: Kampf und Zeugnis der Bekennenden Kirche, Bielefeld 1948

NS-Herrschaft in Österreich 1938-1945, hrsg. von Emmerich Talos, Ernst Hanisch und Wolfgang Neugebauer, Wien 1988

Ogorreck, Ralf: Die Einsatzgruppen und die „Genesis der Endlösung", Berlin 1996

Oleschinski, Brigitte: Gedenkstätte Plötzensee. Hrsg. von der Gedenkstätte Deutscher Widerstand Berlin, Berlin 1995

Ortner, Helmut: Der Hinrichter. Roland Freisler – Mörder im Dienste Hitlers, Wien 1993

Pätzold, Kurt: Faschismus, Rassenwahn, Judenverfolgung. Eine Studie zur politischen Strategie und Taktik des faschistischen deutschen Imperialismus 1933–1935. Berlin 1975; derselbe und Manfred Weißbecker: Hakenkreuz und Totenkopf. Die Partei des Verbrechens, Berlin 1982, derselbe und Irene Runge: Pogromnacht 1938, Berlin 1988; derselbe und Erika Schwarz:

Tagesordnung: Judenmord. Die Wannsee-Konferenz am 20. Januar 1942. Eine Dokumentation zur Organisation der „Endlösung", Berlin 1992; derselbe und Manfred Weißbecker: Adolf Hitler. Eine politische Biographie. Leipzig 1995; derselbe und Peter Black: Stufen zum Galgen. Lebenswege vor den Nürnberger Urteilen, Leipzig 1996; derselbe und Manfred Weißbecker: Rudolf Heß. Der Mann an Hitlers Seite, Leipzig 1999; derselbe: Stalingrad und kein Zurück. Wahn und Wirklichkeit, Leipzig 2002; derselbe und Erika Schwarz: Europa vor dem Abgrund. Das Jahr 1935. Eine nicht genutzte Chance. Köln 2005

Paul, Gerhard: Aufstand der Bilder. Die NS-Propaganda vor 1933, Bonn 1992

Peuckert, Detlev: Die Edelweiß-Piraten. Protestbewegung jugendlicher Arbeiter im Dritten Reich, Köln 1983

Picker, Günther: Der Fall Kujau. Chronik eines Fälschungsskandals, Berlin 1992

Picker, Henry: Hitlers Tischgespräche im Führerhauptquartier. Vollständige überarbeitete Neuausgabe, Stuttgart-Degerloh 1983

Piper, Ernst: Alfred Rosenberg. Hitlers Chefideologe, München 2005

Plant, Richard: Rosa Winkel. Der Krieg der Nationalsozialisten gegen die Homosexuellen, Frankfurt am Main/New York 1991

Plöckinger, Othmar: Die Geschichte eines Buches. „Mein Kampf" 1922-1945, München 2006

Poelchau, Harald: Die letzten Stunden. Erinnerungen eines Gefängnispfarrers, Berlin 1987

Pool, James und Suzanne: Hitlers Wegbereiter zur Macht. Die geheimen deutschen und internationalen Geldquellen, die Hitlers Aufstieg zur Macht ermöglichten, Bern und München 1982

Prieberg, Fred K.: Musik im NS-Staat, Frankfurt am Main 1982

Prolingheuer, Hans: Wir sind in die Irre gegangen. Die Schuld der Kirche unterm Hakenkreuz, Köln 1987

Przyrembel, Alexandra: „Rassenschande". Reinheitsmythos und Vernichtungslegitimation im Nationalsozialismus, Göttingen 2003

Pyta, Wolfram: Hitler. Der Künstler als Politiker und Feldherr. Eine Herrschaftsanalyse, München 2015

Rabenalt, Arthur Maria: Joseph Goebbels und der „Großdeutsche Film" im Dritten Reich, Berlin 1985

Rabentisch, Dieter: Führerstaat und Verwaltung im Zweiten Weltkrieg, Stuttgart 1989

Rave, Paul Ortwin: Kunstdiktatur im Dritten Reich. Hrsg. von Uwe. M. Schneede, Berlin o. J.

Reichel, Peter: Der schöne Schein des Dritten Reiches. Faszination und Gewalt des Faschismus, Frankfurt am Main 1993

Reichhardt, Hans J.; Wolfgang Schäche: Von Berlin nach Germania. Über die Zerstörungen der „Reichshauptstadt" durch Albert Speers Neugestaltungspläne, Berlin 1998

Reich-Ranicki, Marcel: Mein Leben, Stuttgart 1999

Reiss, Erwin: Wir senden Frohsinn. Fernsehen unterm Faschismus, Berlin 1979

Reitlinger, Gerald: Die Endlösung. Hitlers Versuch der Ausrottung der Juden Europas 1939-1945, Berlin 1992

Reitzenstein, Julien: Himmlers Forscher. Wehrwissenschaft und Medizinverbrechen im „Ahnenerbe" der SS, Paderborn 2014.

Röhr, Werner: Faschismusforschung im Spiegel der Kritik, Berlin 2014

Rose, Arno: Werwolf 1944-1984, Stuttgart 1980

Rössler, Mechthild: Wissenschaft und Lebensraum. Geographische Ostforschung im Nationalsozialismus, Berlin 1990

Rote Kapelle im Widerstand gegen den Nationalsozialismus, hrsg. von Hans Coppi, Jürgen Danyl und Johannes Tuchel, Berlin 1994

Rothfels, Hans: Die deutsche Opposition gegen Hitler, Frankfurt am Main 1964

Ruhl, Klaus Jörg: Brauner Alltag in Deutschland 1933-1939, Düsseldorf 1981

Rüthers, Bernd: Entartetes Recht, München 1994

Schäche, Wolfgang: Architektur und Städtebau in Berlin zwischen 1933 und 1945, Berlin 1992; derselbe und Norbert Szymanski: Das Reichssportfeld. Architekten im Spannungsfeld von Sport und Macht, Berlin 2001

Scheel, Heinrich: Vor den Schranken des Reichskriegsgerichts, Berlin 1993

Scheel, Klaus: Krieg über Ätherwellen. NS-Rundfunk und Monopole 1933-1945, Berlin 1970

Scheffler, Wolfgang; Helge Grabitz: Der Ghetto-Aufstand Warschau 1943, München 1993

Scheurig, Bodo: Verräter oder Patrioten. Das Nationalkomitee „Freies

Deutschland" und der Bund der Offiziere in der Sowjetunion 1943-1945, Frankfurt am Main 1993

Schimitzek, Stanisław: „Vertreibungsverluste"? Westdeutsche Zahlenspiele, Warszawa 1966

Schlüter, Holger: Die Urteilspraxis des nationalsozialistischen Volksgerichtshofs, Berlin 1995

Schmitz-Berling, Cornelia: Vokabular des Nationalsozialismus, Berlin 2001

Schmidt, Monika: Die jüdischen Aktionäre des Zoologischen Gartens. Namen und Schicksale, Berlin 2014

Schneider, Michael: Unterm Hakenkreuz. Arbeiter und Arbeiterbewegung 1933 bis 1939, Bonn 1999

Scholl, Hans; Sophie Scholl: Berichte und Aufzeichnungen, hrsg. von Inge Jens, Frankfurt am Main 1984

Scholtz, Harald: Nationalsozialistische Ausleschulen, Göttingen 1972

Schreiber, Matthias: Martin Niemöller, Reinbek bei Hamburg 1997

Schröder, Nina: Hitlers unbeugsame Gegnerinnen. Der Frauenaufstand in der Rosenstraße, München 1997

Schulte, Jan Erik: Zwangsarbeit und Vernichtung. Das Wirtschaftsimperium der SS. Oswald Pohl und das SS-Wirtschafts-Verwaltungshauptamt 1933-1945, Paderborn 2001

Schwerin von Krosigk, Lutz Graf von: Staatsbankrott. Die Geschichte der Finanzpolitik des Deutschen Reiches von 1920 bis 1945, geschrieben vom letzten Reichsfinanzminister, Göttingen 1975; derselbe: Persönliche Erinnerungen, Essen 1973–1974

Seidler, Franz W.: Die Organisation Todt. Bauen für Staat und Wehrmacht 1938-1945, Bonn 1998

Sereny, Gitta: Das Ringen mit der Wahrheit. Albert Speer und das deutsche Trauma, München 1995

Serke, Wolfgang: Die verbrannten Dichter. Lebensgeschichten und Dokumente, Weinheim 2002

Shirer, William L.: Aufstieg und Fall des Dritten Reiches, Bindlach 1990; derselbe: Berliner Tagebuch. Aufzeichnungen 1934-1941, Leipzig und Weimar 1991

Sigl, Robert: Im Interesse der Gerechtigkeit. Die Dachauer Kriegsverbrecherprozesse 1945-1948, Frankfurt am Main 1992

Sofsky, Wolfgang: Die Ordnung des Terrors. Das Konzentrationslager, Frankfurt am Main 1993

Sowjetstern und Hakenkreuz 1938-1941. Dokumente zu den deutsch-sowjetischen Beziehungen, hrsg. von Kurt Pätzold und Günter Rosenfeld, Berlin 1990

Speer, Albert: Erinnerungen, Berlin 1969; derselbe Spandauer Tagebücher, Frankfurt am Main, Berlin, Wien 1975; derselbe: Der Sklavenstaat. Meine Auseinandersetzungen mit der SS, Stuttgart 1981

Spoerer, Mark: Zwangsarbeit unter dem Hakenkreuz. Ausländische Zivilarbeiter, Kriegsgefangene und Häftlinge im Deutschen Reich und im besetzten Europa 1939-1945, Stuttgart/München 2001

Stalingrad. Mythos und Wirklichkeit einer Schlacht, hrsg. von Wolfgang Wette und Gerd R. Ueberschär, Frankfurt am Main 2012

Steinbach, Peter; Johannes Tuchel: Georg Elser, Berlin 2008

Steinert, Marlies: Hitlers Krieg und die Deutschen. Stimmung und Haltung der deutschen Bevölkerung im Zweiten Weltkrieg, Düsseldorf und Wien 1970

Steinke, Ronen: Fritz Bauer oder Auschwitz vor Gericht. Mit einem Vorwort von Andreas Voßkuhle, München 2013

Steinweis, Alan E.: Kristallnacht 1938. Ein deutscher Pogrom, Stuttgart 2011

Stolpersteine in Berlin. 12 Kiezspaziergänge. Hrsg. vom Aktiven Museum Faschismus und Widerstand in Berlin e. V., Koordinierungsstelle Stolpersteine Berlin und Kulturprojekte Berlin GmbH, Berlin 2013

Strebel, Bernhard: Das KZ Ravensbrück. Geschichte eines Lagerkomplexes, Paderborn 2003

Sywottek, Jutta: Mobilmachung für den totalen Krieg. Die propagandistische Vorbereitung der Bevölkerung auf den Zweiten Weltkrieg, Opladen 1976

Taler, Conrad: Asche auf vereisten Wegen. Berichte vom Auschwitz-Prozess, Köln 2013

Taylor, Telford: Die Nürnberger Prozesse. Hintergründe, Analysen und Erkenntnisse aus heutiger Sicht, München 1992

Terror ohne System. Die ersten Konzentrationslager im Nationalsozialismus 1933-1935, hrsg. von Wolfgang Benz und Barbara Diestel, Berlin 2001

Terror und „Normalität". Urteile des nationalsozialistischen Volksgerichtshofs 1934-1945. Eine Dokumentation 2004

Thomae, Otto: Die Propaganda-Maschinerie. Bildende Kunst und

Öffentlichkeitsarbeit im Dritten Reich, Berlin 1978

Tobias, Fritz: Der Reichstagsbrand. Legende und Wirklichkeit, Rastatt 1962

Tooze, Adam: Ökonomie der Zerstörung. Die Geschichte der Wirtschaft im Nationalsozialismus, München 2007

Topographie des Terrors. Gestapo, SS und Reichssicherheitshauptamt auf dem „Prinz-Albrecht-Gelände". Eine Dokumentation. Hrsg. von Reinhard Rürup, Berlin 1989

Trevor-Roper, Hugh: Hitlers letzte Tage, Frankfurt am Main und Berlin 1985

Tuchel, Johannes: Am Großen Wannsee 56-58. Von der Villa Minoux zum Haus der Wannseekonferenz, Berlin 1992; derselbe und Reinhold Schattenfroh: Zentrale des Terrors. Prinz-Albrecht-Straße 8: Hauptquartier der Gestapo, Berlin 1987

Überleben im Dritten Reich. Juden im Untergrund und ihre Helfer, hrsg. von Wolfgang Benz, München 2003

Ulrich, Herbert: Fremdarbeiter. Politik und Praxis des „Ausländereinsatzes" in der Kriegswirtschaft des Dritten Reiches, Berlin/Bonn 1985

Urban, Thomas: Der Verlust. Die Vertreibung der Deutschen und Polen im 20. Jahrhundert, München 2004; derselbe: Katyn 1940. Geschichte eines Verbrechens, München 2015

Verbrechen der Wehrmacht. Dimensionen des Vernichtungskrieges 1941-1944, hrsg. vom Hamburger Institut für Sozialforschung, Hamburg 2002

Verfahren. „Wiedergutmachung" im geteilten Berlin. Hrsg. vom Aktiven Museum Faschismus und Widerstand e. V. in Zusammenarbeit mit der Gedenkstätte Deutscher Widerstand, Berlin 2015

Verfemte Kunst. Bildende Künstler der inneren und äußeren Emigration in der Zeit des Nationalsozialismus, hrsg. von Werner Haftmann, Köln 1986

Verfolgung, Vertreibung, Vernichtung. Dokumente des faschistischen Antisemitismus 1933 bis 1942, Leipzig 1983

Verhey, Jeffrey: Der „Geist von 1914" und die Erfindung der Volksgemeinschaft, Hamburg 2002

Verrier, Anthony: Bombenoffensive gegen Deutschland 1939-1945, Frankfurt am Main 1970

Vom Generalplan Ost zum Generalsiedlungsplan, hrsg. von Czeslaw Madajczyk, München 1994

Von der Erinnerung zum Monument. Die Entstehungsgeschichte der

Nationalen Mahn- und Gedenkstätte Sachsenhausen, hrsg. von Günter Mosch, Berlin 1996

Vorländer, Herwart: Die NSV. Darstellung und Dokumentation einer nationalsozialistischen Organisation, Boppard 1988

Wagner, Bernd: Hitlers politische Soldaten. Die Waffen-SS 1933-1945. Studien zu Leitbild, Struktur und Funktion einer nationalsozialistischen Elite, Paderborn 2006

Wagner, Jens-Christian: Produktion des Todes. Das KZ Mittelbau in Dora, Göttingen 2001

Wagner, Walter: Der Volksgerichtshof im nationalsozialistischen Staat, München 1974

Wasser, Bruno: Himmlers Raumplanung im Osten. Der Generalplan Ost in Polen 1940-1944, Basel 1993

Weber, Hermann; Andreas Herbst: Deutsche Kommunisten. Biographisches Handbuch 1918-1945, Berlin 2004

Wehler, Hans-Ulrich: Der Nationalsozialismus. Bewegung, Führerherrschaft, Verbrechen 1919–1945, München 2009

Weinberg, Gerhard L.: Eine Welt in Waffen. Die globale Geschichte des Zweiten Weltkriegs, Stuttgart 1995

Weisenborn, Günther: Der lautlose Aufstand. Bericht über die Widerstandsbewegung des deutschen Volkes 1933-1945, Frankfurt am Main 1974

Weiß, Konrad: Lothar Kreyssig. Prophet der Versöhnung, Gerlingen 1998

Welzer, Harald: Täter. Wie aus ganz normalen Menschen Massenmörder werden, Frankfurt am Main 2011

Wendt, Bernd-Jürgen: Großdeutschland. Außenpolitik und Kriegsvorbereitung des Hitlerregimes, München 1993

Wette, Wolfram: Die Wehrmacht. Feindbilder, Vernichtung, Legenden, Frankfurt am Main 2002

Widerstand gegen den Nationalsozialismus, hrsg. von Peter Steinbach und Johannes Tuchel, Bonn 1994

Widerstand in Berlin gegen das NS-Regime 1933-1945. Ein biographisches Lexikon, Berlin 2003-2005

Wieland, Günter: Das war der Volksgerichtshof. Ermittlungen – Fakten – Dokumente, Pfaffenweiler 1989

Wilderotter, Hans: Alltag der Macht. Berlin Wilhelmstraße, Berlin 1998

Wildt, Michael: Volksgemeinschaft als Selbstermächtigung. Gewalt gegen Juden in der deutschen Provinz 1919 bis 1939, Hamburg 2007

Willems, Susanne: Lothar Kreyssig. Vom eigenen verantwortlichen Handeln. Eine biographische Studie zum Protest gegen die Euthanasieverbrechen in Nazi-Deutschland, Berlin 1995; dieselbe: Der entsiedelte Jude. Albert Speers Wohnungsmarktpolitik für den Berliner Hauptstadtneubau, Berlin 2002,

WIppermann, Wolfgang: Die Berliner Gruppe Baum und der jüdische Widerstand, Berlin 1981; derselbe: Steinerne Zeugen. Stätten der Judenverfolgung in Berlin, Berlin 1982

Wissenschaft in Berlin. Von den Anfängen bis zum Neubeginn nach 1945, Berlin 1987

Wissenschaft, Planung, Vertreibung. Der Generalplan Ost der Nationalsozilisten. Eine Ausstellung der Deutschen Forschungsgemeinschaft, Berlin 2006

Wöhlert, Meike: Der politische Witz in der NS-Zeit am Beispiel ausgesuchter SD-Berichte und Gestapo-Akten, Frankfurt am Main 1997

Wollt Ihr den totalen Krieg? Die geheimen Goebbels-Konferenzen 1939-43. Hrsg. und ausgewählt von Willi A. Boelcke, Herrsching 1989

Wulf, Joseph: Literatur und Dichtung im Dritten Reich. Eine Dokumentation, Gütersloh 1963; derselbe: Die Bildenden Künste im Dritten Reich, Gütersloh 1963; derselbe: Musik im Dritten Reich, Gütersloh 1963; derselbe: Theater und Film im Dritten Reich, Gütersloh 1963; derselbe: Presse und Funk im Dritten Reich, Gütersloh 1964

Wyden, Peter: Stella, Göttingen 1999

Zelnhelfer, Siegfried: Die Reichsparteitage der NSDAP, Nürnberg 2002

Zerstörte Vielfalt. Berlin 1933-1945. Eine Stadt erinnert sich, hrsg. von Moritz van Dülmen, Wolf Kühnelt und Bjoern Weigel, Berlin 2013

Zimmermann, Michael: Die nationalsozialistische Lösung der „Zigeunerfrage", Hamburg 1996; derselbe: Rassenideologie und Genozid. Die nationalsozialistische „Lösung der Zigeunerfrage", Hamburg 1996

Zumpe, Lotte: Wirtschaft und Staat in Deutschland 1933 bis 1945, Berlin 1980

Zur Geschichte der deutschen antifaschistischen Widerstandsbewegung 1933-1945. Eine Auswahl von Materialien, Berichten und Dokumenten, Berlin 1958

Zuschlag, Christoph: Entartete Kunst. Ausstellungsstrategien in Nazideutschland, Worms 1995

Zwischen den Zeilen? Zeitungspresse als NS-Machtinstrument, hrsg. von der Topographie des Terrors, Berlin 2013

Sach- und Ortsregister

Adolf-Hitler-Spende 15, 121, 162

Alliierter Kontrollrat 19, 20, 119, 122, 203, 271

Altreich 63, 112, 131, 139

Anschluss Österreich 20, 60, 177, 238, 244, 257

Anti-Hitler- Koalition 11, 23, 39, 62, 194, 199, 201, 283

„Arbeit macht frei" 141, 241

Ariernachweis 26, 41, 68, 115, 153, 225, 295

Arisierung 27, 28, 29, 108, 115, 121, 126, 144, 146, 148, 208

Atlantikwall 62, 192

Auschwitz 31, 32, 33, 34, 35, 36, 53, 67, 74, 81, 90, 91, 109, 111, 118, 119, 121, 137, 139, 140, 141, 165, 183, 208, 213, 220, 249, 260, 301, 302, 303, 315, 316

Auschwitzlüge 31, 33, 313

Bedingungslose Kapitulation 24, 39, 40, 58, 59, 201, 217, 246, 264

Befehlsverweigerung 95, 178, 263

Bekennende Kirche 26, 40, 41, 42, 43, 65, 90, 133

Belgien 46, 100, 256, 266

Berghof 100, 101, 102

Berliner Arbeiterwiderstand 44, 76, 286

Blitzkrieg 25, 46, 136, 156, 261, 266

Blockwart 98, 160

Blutrichter 50, 189, 224, 252, 311

Braunes Haus 101

Brüsseler Konferenz 18, 76

Buchenwald 18, 52, 53, 54, 55, 60, 61, 139, 141, 165, 204, 211, 242, 243, 251, 308

Bücherverbrennung 42, 55, 56, 57, 68, 83, 164, 194, 225

Casablanca 57, 58, 218

Dachau 42, 43, 54, 59, 60, 61, 79, 97, 139, 165, 219, 242, 243, 248

Dänemark 34, 199

D-Day 62, 82, 137

DDR 12, 19, 35, 36, 69, 86, 87, 146, 171, 175, 189, 196, 203, 207, 241, 264, 288, 291, 292, 301, 315, 316, 317

DEFA 93, 119

Defätismus 263

Der Stürmer 63, 64, 183, 187, 232

Deutsche Arbeitsfront 38, 50, 134, 144, 187, 274, 305

Deutsche Christen 5, 26, 41, 64, 65, 78, 107, 133

Deutsche Wissenschaft 68, 111, 302

Deutsche Wochenschau 99, 206

Deutsch-sowjetischer Nichtangriffspakt 5, 70

Drittes Reich 7, 124, 152, 155, 171, 232

Edelweißpiraten 71, 72, 85

Eichmann, Adolf 17, 32, 43, 73, 74, 75, 79, 80, 186, 188, 213, 249

Einheitsfront 76, 164, 176

Einsatzgruppen 33, 36, 109, 138, 249, 261, 263, 300, 314

Einsatzstab Rosenberg 77, 184

Elsers Attentat 252, 286

Endlösung 17, 43, 52, 66, 73, 74, 75, 79, 80, 128, 186, 213, 227, 250, 259, 262, 293, 319, 324, 330, 331

Endsieg 104, 132, 159, 171, 194, 227, 281, 282, 297

Enigma 62, 81, 82

Entartete Kunst 56, 84

Ermächtigungsgesetz 148, 164, 179, 180, 233

Erntedankfest 131

Erster Weltkrieg 37, 46, 49, 70, 82, 130, 131, 136, 145, 156, 170, 175, 227, 268, 276, 296

Euthanasie 17, 41, 61, 87, 89, 166, 167, 215, 250

Faschismus 11, 18, 19, 48, 76, 93, 120, 146, 205, 212, 234, 257, 288, 290

Feindbegünstigung 95, 100, 120, 132, 197, 278, 289, 292, 297

Feldherrnhalle 103, 169, 176

Flüsterwitze 97, 131, 227, 296

Frankreich 19, 46, 62, 70, 77, 80, 92, 94, 136, 150, 151, 152, 172, 186, 193, 203, 210, 211, 230, 231, 237, 256, 258, 264, 266, 269

Führerbefehl 63, 77, 90, 96, 164, 178, 247, 261

Führermuseum Linz 103, 105, 106, 117

Führerprinzip 176, 190, 274

Führerstadt Linz 22

Gauleiter 22, 56, 63, 91, 106, 107, 160, 187, 258, 273, 282

Gedenkstätte Deutscher Widerstand 77, 240, 285, 292, 311, 332, 336

Generalgouvernement 17, 31, 108, 109, 220

Generalplan Ost 49, 80, 109,

111, 112, 204, 249

Gestapo 12, 21, 45, 64, 68, 73, 76, 79, 85, 91, 92, 97, 98, 103, 113, 114, 115, 125, 126, 127, 128, 129, 131, 134, 153, 155, 164, 169, 181, 185, 192, 195, 213, 239, 247, 249, 259, 278, 280, 281, 285, 288, 289, 295, 310, 325

Ghetto 30, 109, 137, 199, 220, 231, 259, 260

Großbritannien 19, 23, 25, 70, 80, 82, 92, 94, 150, 151, 152, 156, 158, 171, 172, 186, 187, 201, 203, 209, 235, 237, 244, 258, 264, 265, 269

Hamburg 45, 73, 96, 103, 104, 156, 159, 279, 319, 320, 324, 325, 326

Heim ins Reich 20, 173, 177

Herrenrasse 50, 103, 112, 181, 184, 279, 282

Hitlerjugend 72, 246, 273, 283, 295, 321

Hitlerputsch 168, 176

Hitlers Ende 26, 94, 116, 217, 246, 284, 328

Hitler-Stalin-Pakt 70, 92

Holocaust 28, 31, 32, 34, 36, 75, 78, 116, 118, 119, 129, 137, 186, 220, 223, 250, 263, 308, 312, 318

Horst-Wessel-Lied 98, 119, 120

IG-Farben 15, 16, 35, 120, 121, 122, 238, 314, 315

Italien 25, 59, 77, 93, 94, 98, 172, 210, 212, 256

Jalta 57, 58, 59, 172, 201, 218

Juden 12, 17, 18, 21, 23, 26, 27, 28, 29, 30, 31, 33, 34, 36, 42, 43, 52, 60, 63, 64, 65, 73, 74, 75, 76, 78, 80, 90, 91, 98, 107, 109, 110, 111, 112, 114, 115, 116, 118, 119, 120, 122, 123, 124, 125, 126, 127, 128, 129, 131, 133, 137, 138, 139, 140, 141, 145, 148, 155, 160, 162, 165, 167, 176, 177, 181, 182, 183, 184, 186, 196, 198, 199, 200, 201, 204, 206, 208, 211, 215, 220, 223, 230, 231, 232, 241, 247, 250, 258, 259, 260, 261, 262, 282, 285, 288, 291, 293, 294, 298, 302, 304, 306, 313, 315, 316, 317

Judenboykott 122, 123, 128

Judenstern 91, 125, 126, 153, 182

Jüdische Selbsthilfe 128, 295

Kalter Krieg 20, 23, 36, 86,
   146, 171, 203, 212, 240, 290
Kanonen statt Butter 130, 193
Kirchenkampf 41, 64, 76, 88,
   132
Kohlenklau 130, 132
Konzentrationslager 22, 27, 28,
   33, 35, 36, 39, 42, 43, 50,
   52, 53, 54, 59, 60, 61, 67,
   72, 73, 79, 85, 89, 91, 92,
   97, 99, 101, 105, 107, 109,
   116, 121, 123, 126, 132,
   134, 137, 138, 139, 140,
   141, 144, 157, 164, 165,
   166, 170, 182, 183, 185,
   189, 191, 193, 194, 195,
   196, 201, 204, 208, 212,
   214, 215, 216, 219, 220,
   230, 231, 233, 239, 241,
   242, 243, 244, 248, 249,
   250, 251, 255, 259, 275,
   289, 290, 300, 301, 302,
   303, 305, 306, 307, 309,
   315, 317
Korruption 131, 143, 144
KPD 18, 44, 45, 53, 76, 174,
   176, 233, 251, 292
Kraft durch Freude 38, 104, 190
Kreisauer Kreis 77, 144, 146,
   286, 309
Kriegskosten 104, 147

Kriegsziele 149, 152, 257
KZ-Ärzte 89, 166

Lebensborn 112
Leningrad 47, 48, 111, 261
Linz 22, 61, 77, 103, 105, 106,
   117, 244, 279
London 12, 156, 173, 209, 210,
   265, 267
LTI 11, 100, 152, 153, 154,
   158, 170
Luftkrieg 156, 159, 227, 239,
   245

Machtergreifung 26, 37, 155,
   160, 162, 163, 254, 277, 292
Medizinexperimente 53, 60, 68,
   213, 215
Medizinverbrechen 89, 111,
   164, 165, 189, 314
Mefo-Wechsel 146, 147, 148,
   194
„Mein Kampf" 95, 162, 167,
   168, 169, 175, 184, 327,
   330, 332
Menschenmaterial 89, 153, 165,
   169, 170
Moskau 18, 39, 45, 67, 70, 92,
   111, 117, 174, 203, 209,
   211, 260, 261, 264
München 54, 55, 61, 78, 83,
   101, 103, 139, 143, 156,
   169, 173, 176, 229, 277,

114, 187, 204, 247, 249,
250, 259, 303

Reichstag 21, 92, 154, 156,
162, 164, 176, 179, 180,
229, 233, 234, 246, 275,
276, 280, 304

Reichstagsbrand 164, 179, 233,
234

Reichswehr 82, 150, 219, 235,
236, 237, 309

Reichswerke Hermann Göring
208, 238, 270

Rote Armee 25, 30, 32, 48, 82,
101, 216, 218, 242, 245,
246, 259, 261, 285

Rote Kapelle 45, 77, 146, 239,
240, 286, 288

Rundfunkverbrechen 67, 72

SA 15, 27, 55, 65, 113, 119,
122, 123, 142, 144, 164,
168, 185, 195, 232, 233,
236, 241, 247, 248, 273, 295

Sachsenhausen 43, 60, 61, 139,
141, 191, 194, 196, 231,
241, 242, 243, 291, 306, 307

Scheunenviertel 256

Selektion 35, 88, 155, 232, 249,
250

Sicherheitspolizei 114, 138,
247, 300

Sinti und Roma 17, 52, 114,
125, 138, 149, 155, 165,

192, 196, 199, 215, 241,
247, 256, 290, 302, 303,
304, 313

Sippenhaft 175, 251, 297, 311

Slowakei 207, 258

SMAD 203

Sobibor 17, 109, 137, 183, 199,
301

Sowjetunion 19, 23, 25, 46,
48, 54, 57, 58, 59, 60, 62,
69, 70, 71, 77, 94, 100, 109,
114, 154, 172, 174, 186,
201, 202, 203, 221, 222,
236, 239, 242, 251, 253,
260, 261, 262, 263, 264,
266, 267, 289, 306

SPD 18, 45, 76, 81, 176, 180,
233, 251, 294

Spruchkammerverfahren 86,
290, 313

SS 15, 17, 18, 27, 29, 30, 31,
32, 33, 35, 36, 39, 43, 52,
53, 54, 59, 60, 61, 66, 73,
74, 79, 89, 91, 92, 93, 102,
103, 109, 111, 112, 113,
114, 117, 122, 136, 138,
139, 140, 141, 148, 155,
164, 165, 168, 185, 187,
189, 194, 195, 199, 204,
206, 208, 211, 212, 213,
214, 215, 216, 220, 222,
237, 239, 241, 242, 243,
246, 247, 248, 249, 250,

251, 255, 259, 260, 261,
263, 267, 273, 280, 281,
282, 283, 293, 294, 295,
297, 301, 303, 306, 307,
308, 310, 314, 317, 318
Stalingrad 48, 58, 91, 137, 153,
175, 253, 254, 255, 261,
297, 332, 335
Stammlager 52, 255, 261
Stolpersteine 256, 257, 282

Tag von Potsdam 133
Teheran 57, 58, 218
Theresienstadt 139, 183, 208,
259, 260, 317
Todesmarsch 33, 53, 61, 138,
140, 215, 242, 307
Topf & Söhne 17, 113, 315,
317, 318
Topographie des Terrors 103,
204, 205, 280, 281, 285, 293
Treblinka 17, 109, 137, 138,
183, 199, 231
Tschechoslowakei 21, 147, 173,
174, 193, 202, 208, 238,
242, 257, 258

Ukraine 17, 100, 264
Untermenschen 50, 118, 153,
184, 204, 206, 255, 261
Unternehmen Barbarossa 23,
47, 71, 260
Unternehmen Seelöwe 46, 81,

174, 264, 265, 266
Unternehmen Walküre 9, 309
USA 19, 23, 38, 57, 58, 67,
84, 104, 121, 154, 171, 172,
185, 186, 191, 201, 203,
210, 212, 222, 226, 267, 314

Vatikan 133, 221, 222, 223
Vergeltungswaffe V2 53, 108,
192, 246, 266, 267, 305
Vernichtung durch Arbeit 22,
112, 138, 215, 304, 305, 306
Versailler Vertrag 16, 20, 108,
136, 150, 162, 168, 175,
177, 219, 229, 236, 237,
258, 268, 269
Vierjahresplan 151, 227, 269,
297
Völkerbund 16, 150, 164, 258,
268, 269
Völkischer Beobachter 53, 123,
254
Volk ohne Raum 48, 49, 136,
221
Volksgemeinschaft 28, 88, 125,
167, 190, 219, 273, 285
Volksgenossen 98, 99, 115, 138,
153, 190, 214, 229, 257,
289, 296, 297
Volksgerichtshof 19, 46, 144,
168, 185, 197, 198, 224,
231, 234, 270, 271, 272,
273, 278, 285, 287, 288, 311

Volkssturm 237, 246, 273, 274, 299

Vorsehung 65, 78, 135, 152, 153, 309

Wannseekonferenz 17, 75, 79, 81, 186, 262, 293

Warschauer Aufstand 30, 109

Warschauer Ghetto 30, 109, 137, 199, 231

Wehrdienst 150, 218, 224, 237

Wehrmacht 16, 17, 21, 23, 25, 26, 30, 33, 39, 40, 46, 47, 48, 62, 71, 75, 77, 82, 94, 97, 99, 100, 101, 102, 105, 107, 148, 150, 151, 173, 175, 178, 187, 193, 201, 205, 207, 209, 210, 211, 217, 219, 224, 235, 237, 245, 246, 247, 253, 254, 255, 256, 257, 258, 259, 260, 261, 262, 263, 264, 266, 270, 274, 283, 284, 286, 297, 298, 300, 304, 305, 308, 309, 310, 311, 315

Wehrpflicht 150, 229, 237, 268

Wehrwirtschaftsführer 122, 163, 188, 189, 206, 274, 275

Weimarer Republik 37, 49, 76, 102, 136, 145, 161, 162, 164, 176, 184, 218, 221, 235, 236, 251, 259, 268, 272, 275, 279, 281, 325

Weiße Rose 77, 277, 286

Welthauptstadt Germania 28, 102, 103, 126, 168, 192, 201, 229, 242, 279, 305

Westpreußen 58, 108, 112

Westwall 192, 193, 194, 219, 328

Widerstand 21, 22, 30, 40, 43, 44, 71, 72, 76, 77, 90, 110, 145, 146, 164, 168, 174, 195, 197, 199, 202, 209, 236, 239, 240, 247, 253, 256, 257, 272, 277, 285, 286, 292, 312, 316

Widerstandskämpfer 53, 79, 114, 146, 168, 197, 208, 212, 240, 247, 252, 286, 291, 292, 311

Wiedergutmachung 28, 58, 96, 97, 146, 165, 181, 196, 252, 289, 290, 291, 292, 303, 308

Wilhelmstraße 79, 102, 113, 126, 161, 204, 281, 292, 293

Wilhelmstraßenprozess 292, 293, 294

Winterhilfswerk 131, 295

Wolfsschanze 100, 101, 192, 286, 309, 328

„Wollt ihr den totalen Krieg?" 255, 297

Zentrale Stelle der Landesjustiz-verwaltungen 36, 300

Zeugen Jehovas 52, 60, 137,
    138, 196, 289, 290
Zwangsarbeit 12, 39, 53, 90,
    108, 124, 137, 139, 141,
    147, 185, 191, 208, 215,
    220, 242, 249, 255, 261,
    300, 306, 307
Zwangsarbeiter 32, 45, 90, 101,
    104, 108, 110, 112, 121,
    144, 157, 160, 192, 193,
    238, 239, 245, 275, 290,
    291, 293, 299, 304, 305,
    306, 307, 308, 309
Zweite Schuld 35, 51, 67, 86,
    90, 96, 113, 119, 122, 125,
    140, 166, 179, 181, 188,
    196, 206, 224, 249, 252,
    273, 304, 312
Zyklon B 17, 31, 34, 118, 121,
    138, 139, 220, 259, 315, 316